WOZU POLITIKWISSENSCHAFT?

WOZU POLITIKWISSENSCHAFT?

Über das Neue in der Politik

Herausgegeben von

CLAUS LEGGEWIE

WISSENSCHAFTLICHE BUCHGESELLSCHAFT
DARMSTADT

Einbandgestaltung: Neil McBeath, Stuttgart.

Einbandbild: Neuer Plenarsaal, Bundesbildstelle Bonn.

Die Deutsche Bibliothek – CIP-Einheitsaufnahme

Wozu Politikwissenschaft?: Über das Neue in der Politik / hrsg. von Claus Leggewie. – Darmstadt: Wiss. Buchges., 1994
ISBN 3-534-12075-2
NE: Leggewie, Claus [Hrsg.]

Bestellnummer 12075-2

Gedruckt auf säurefreiem und alterungsbeständigem Offsetpapier
Satz: Fotosatz Janß GmbH, Pfungstadt
Druck und Einband: Wissenschaftliche Buchgesellschaft, Darmstadt
Printed in Germany
Schrift: Linotype Times, 9.5/11

ISBN 3-534-12075-2

Inhalt

Vorwort. Von Claus Leggewie IX

Zur Einleitung

Politische Kreativität. Über das Neue in der Politik – und in der Politikwissenschaft. Von Claus Leggewie 3

Politik in den Zeiten der Politikverdrossenheit

Politikverdrossenheit und Politikwissenschaft. Von Klaus von Beyme 21

Renaissance des Politischen – oder Widersprüche des Konservatismus. Von Ulrich Beck 34

Nach dem Beben: 1989 und die Folgen

Der entfesselte Riese? Die „zivile Gesellschaft" und die liberale Demokratie nach 1989. Von Helmut Dubiel 49

Frieden und Krieg in dieser Zeit. Sechs Thesen. Von Dieter Senghaas 61

Das Projekt „Komplexes Weltregieren". Wozu Wissenschaft von den Internationalen Beziehungen? Von Michael Zürn 77

Der Kern des Entwicklungsdilemmas. Zur Revision der Internationalen Politik. Von Ulrich Menzel 89

Von der Deutschland- zur Außenpolitik. Ein historisches Plädoyer. Von Dan Diner 106

Fuzzy Politics. Weltgesellschaft, Multikulturalismus und Vergleichende Politikwissenschaft. Von Claus Leggewie 120

Streifzüge, Fragestellungen und Grenzgänge

Schattenpolitik. Streifzüge in die Grauzonen der Politik. Von Ulrich von Alemann 135

Selbstorganisation. Vom Nutzen naturwissenschaftlicher Konzepte für die Politikwissenschaft. Von Ulrich Druwe 145

Netzwerke und neue Unübersichtlichkeit. Plädoyer für die Wahrnehmung politischer Komplexität. Von Ulrike Liebert 155

Politische Ikonographie. Hinweise auf eine sichtbare Politik. Von Martin Warnke 170

Protest und Mitleid – Politik als Kampagne. „Politikverdrossenheit" – Protest in der Krise? Von Sigrid Baringhorst 179

Das ewig Männerbündische? Zur Standardform von Staat und Politik. Von Eva Kreisky 191

Anwendungen und Korrekturen

Politik als Beruf heute. Ein Anforderungsprofil an Professionelle. Von Christine Landfried 211

Die Moral der Politik. Politik, Politikwissenschaft und die soziomoralische Dimension politischer Ordnungen. Von Herfried Münkler 228

Wo bitte geht es zur Realität? Sozialwissenschaften und Zeitdiagnose. Von Sven Papcke 243

Nutzen und Nachteil des politikwissenschaftlichen Studiums für den politischen Journalisten. Von Günther Nonnenmacher 258

Politikwissenschaft ist immer noch ein Männerfach – warum? Von Barbara Sichtermann 270

Politik studieren. Eine Motivations-Skizze (Ost). Von Wolfgang Fach 276

Die Allgegenwart des Politischen und die Randständigkeit der Politikwissenschaft. Von Michael Th. Greven 285

Serviceteil

Studium Politikwissenschaft. Eine Übersicht zu Forschung und Lehre Von Svenja Falk 299

Die Autoren 313

Vorwort

Politikwissenschaft ist Reformwissenschaft und damit auf ihre Weise eine Wissenschaft vom Neuen: Sie analysiert, sozusagen in vivo, das politische Geschehen, berät aber auch seine Akteure und greift damit mehr oder weniger aktiv in Prozesse der politischen Planung und Steuerung ein. Politikwissenschaft in Deutschland ist, ungeachtet älterer Vorläufer und einiger „brauner" Spuren, ein Kind der Zeit nach 1945, zur Verarbeitung der historischer Erfahrungen des Nationalsozialismus und totalitärer Herrschaft überhaupt aufgerufen gewesen. Sie ist explizit eingerichtet worden zur Förderung des demokratischen Neuanfangs.

In mancher Hinsicht ist heute auch eine Situation des (Neu-)Anfangs gegeben: Wie reagiert die Politikwissenschaft auf den epochalen Wandel seit den 80er Jahren, seit 1989/90, ein Wandel, den sie ebensowenig zu prognostizieren vermochte wie die „Laien" der Politik? Wie ordnet sich das Fach nun in den „Kanon" der Wissenschaften und Teilkulturen ein? Wofür sind Absolventen der Politikwissenschaft gut?

Die in diesem Band versammelten Beiträge erheben gewiß nicht den Anspruch, die Politikwissenschaft neu zu erfinden oder auch bloß, fällige Korrekturen oder Paradigmenwechsel vollständig abzubilden. Sie wollen Anstöße geben, wollen über die Lokalisierung des Fachs in der Gegenwart und im Verhältnis zu anderen Teilkulturen des Wissens nachdenken. Sie regen an, bisher wenig beachtete Felder entschieden und neugierig zu beackern, und sie behaupten, daß gut ausgebildete Absolventen des Faches – als überwiegend reformorientierte „praktische Generalisten" – nützlich, ja unverzichtbar sind für Diagnose und Lösung der sich auftürmenden sozialen Probleme nicht nur dieser Republik.

Der *erste* Teil des Bandes konfrontiert Politikwissenschaft mit einer inzwischen allbekannten Stimmung, die gemeinhin als „politikverdrossen" bezeichnet wird und deren Wirkungen zwangsläufig die Fachwissenschaft affizieren, die sich am intensivsten mit der Politik beschäftigt. *Klaus von Beyme* siedelt Politikwissenschaftler an „zwischen kritischer Distanz zur Macht und Einflußsuche auf ihren Gegenstand ‚Politik'", und in dieser Mittellage kann die intelligente „Politikverdrossenheit" der Spezialisten durchaus helfen beim Abbau der politischen Apathie der Massen. Ein Formwandel, womöglich eine „Renaissance des Politischen" steht auf der Tagesordnung. *Ulrich Beck* zeigt, daß öffentliche Wahrnehmung und auch fachliche Beschreibung der bundesrepublikanischen Verhältnisse (wie auch der neuen Weltordnung) bei weitem nicht auf der Höhe der Zeit sind; die neue Konstellation einer radikal skeptischen Kritik ist durch die Kritiker selbst noch nicht eingeholt worden.

Diese Lage ist durch die markanten Folgen des Einschnitts von 1989 verursacht, dem sich die Autoren im *zweiten* Teil zuwenden. Für *Helmut Dubiel* muß sich der Passepartout-Begriff der „zivilen Gesellschaft", der jetzt nicht mehr an der Wirklichkeit realsozialistischer Systeme zu messen ist, an der realen Möglichkeit der „autoritären Entgleisung der liberalen Demokratie" bewähren. Frieden, „ein brüchiges zivilisatorisches Kunstgebilde", ist auch für *Dieter Senghaas* mit den überkommenen politischen Strategien weder zu erhalten noch wiederherzustellen. Er propagiert ein regionales Friedensprojekt Europa „im Sinne der Herausbildung eines einheitlichen Rechtsraumes, gemeinsamer Sicherheitsstrukturen, eines gesamteuropäischen Wirtschaftsraumes und eines Raumes gelebter und erlebbarer kultureller Koexistenz", das *Michael Zürn* angesichts der „ungleichzeitigen Denationalisierung des internationalen Systems" in ein Projekt „Komplexes Weltregieren" ohne herkömmliche übergeordnete Gewaltinstanz verlängert. *Ulrich Menzel* will zum Kern des (nach dem Ende der bipolaren Ost-West-Konstellation bestimmenden) Entwicklungsdilemmas vorstoßen und daraus normative Schlüsse ziehen, die auch die Intervention gegenüber Regelverletzern ermöglichen. *Dan Diner* plädiert vor dem Hintergrund des Zusammenbruchs der vom Ost-West-Konflikt geprägten Paradigmata der internationalen Beziehungen für den Wandel von einer germanozentrischen Perspektive der Deutschland- zu einer der historischen Voraussetzungen (und Risiken) bewußten Außenpolitik. *Claus Leggewie* problematisiert den Zerfall der herkömmlichen Grundlagen der „Internationalen Beziehungen" wie des Vergleichs in der Politikwissenschaft; mit der Erosion des Nationalstaates und der Herausbildung einer konfliktgeladenen Weltgesellschaft gewinnt die Perspektive eines „topischen Multikulturalismus" an Bedeutung.

Im Bewußtsein der epochalen Zäsur treten auch blinde Flecken der auf zentrale politische Institutionen fixierten Disziplin noch deutlicher zutage. Im dritten Teil unternehmen die Autoren Streifzüge durch bisher unbearbeitetes Terrain: *Ulrich von Alemann* behandelt Schattenpolitik, so nennt er die verschiedenen informellen „Grauzonen der Politik", mit weitreichenden methodischen Implikationen. *Sigrid Baringhorst* thematisiert den Formwechsel der Politik in Gestalt von werbeähnlichen, persuasiven Politkampagnen als Beispiel für die Entdifferenzierung der Sphären (post-) moderner Gesellschaften. *Eva Kreisky* konzeptualisiert den Staat als „Männerbund" und entwirft zu dieser Standardform von Politik eine feministische Gegenperspektive. Diesen drei exemplarischen Stichproben in Gebieten, die der klassischen und sozialtechnologischen Politik(feld)analyse in der Regel nicht so wichtig waren, entsprechen interdisziplinäre Grenzgänge, Ausflüge in die Kunstgeschichte, Systemanalyse und Naturwissenschaft, hier mit Skizzen einer politischen Ikonographie (*Martin Warnke*) zur Dechiffrierung der „sichtbaren Politik", einer Netzwerk-Analyse zur besseren Wahrnehmung politischer Komplexität *(Ulrike Liebert)* und der Anwendung des Konzepts Selbstorganisation *(Ulrich Druwe)*. Mehr als bisher sollte sich die Politikwissenschaft mit dem Umstand befassen, daß Politik zunehmend visualisiert wird, und sie muß sich einheitswissenschaftlichen Perspektiven stellen, die in avancierten Forschungsgebieten anderer Teilkulturen angeboten werden.

Die im *vierten* Teil des Bandes versammelten Beiträge führen in diverse Anwendungsgebiete jenseits der klassischen Policy-Bereiche: *Herfried Münkler* thematisiert die sozio-moralische Dimension politischer Ordnungen und liefert damit einen Beitrag zur „Wertedebatte" über die Funktions- und Bestandsvoraussetzungen jeder demokratischen Ordnung. *Christine Landfried* skizziert mit den Stichworten Reformwille, Folgenbewußtsein und Skeptizismus ein neues Anforderungsprofil an professionelle Politiker, die sich heute im Dilemma zwischen populistischer Pauschalkritik und Aufgabenüberlastung des (Parteien-)Staates bewegen müssen und zu verfangen drohen. *Sven Papcke* fragt, warum die Sozialwissenschaften im engeren Sinne ihre zeitdiagnostische Führungsrolle an andere Wissensgebiete, vor allem an die Geschichtswissenschaft abgegeben haben und fordert eine Rückmeldung von Soziologie und Politikwissenschaft als „interpretative Gesellschaftslehre", wozu beide freilich wieder aus ihrer sozioprofessionellen Isolation heraustreten müßten. Einem weitverbreiteten, schon oft widerlegten Vorurteil zufolge ist Politische Wissenschaft eine brotlose Kunst. Empirische Studien belegen, daß „unsere" Absolventen nach einer Übergangszeit nach wie vor gute Berufschancen haben. *Günther Nonnenmacher* benennt Qualifikationen, die (politische) Redaktionen den Abgängern politologischer Studiengänge abverlangen, die in großer Zahl den Berufswunsch Journalist verfolgen – wichtig ist vor allem eine bessere Kenntnis des „politischen Lebens" selbst. *Barbara Sichtermann* untersucht Selektionskriterien, die Politikwissenschaft immer noch zu einem Männerfach prädestinieren. Sie sieht vor allem den Affekt gegen die paradigmatische „Abstraktheit" des Fachs und die freiwillig-unfreiwillige Distanz vieler Frauen zur Macht und spekuliert über einen möglichen Formwandel von Politik, der dies grundlegend verändern könnte. *Wolfgang Fach* hat aus der Perspektive des von Ost nach West gewanderten Fachvertreters eine (recht gallig ausgefallene) Motivationsskizze von Politikstudierenden drüben wie hüben vorgelegt; die institutionelle „Landnahme“ seit 1989, die über den hier gezeigten Mentalitätswandel hinausweist, kann erst in einigen Jahren analysiert werden, wenn der Aufbau der Politikwissenschaft in den neuen Bundesländern abgeschlossen ist – eine brisante Selbstevaluation, weil es eine originäre Politikwissenschaft in der DDR nie gegeben hat und weil der reformwissenschaftliche Anspruch des Faches auf "reeducation" daran gemessen wird, wie das Fach an den ostdeutschen Universitäten „angekommen“ ist. Abgeschlossen wird der Band mit einer neuerlichen Reflexion der „Allgegenwart des Politischen“, die für *Michael Th. Greven* mit der „Realität der politischen Gesellschaft“ jenseits der klassischen Sphäre der staatlichen Politik gegeben ist. Daran gemessen ist die Randständigkeit des Faches zu beklagen. Wenn es weitverbreitete „Politikverdrossenheit“ gibt, resultiert sie vor allem aus einem Mangel an demokratischer Erziehung und Übung – und wie will man diesen Defekt beseitigen ohne die eingangs zitierten „praktischen Generalisten“, die Politikwissenschaft studiert haben und politische Urteilskraft an vielen Positionen lehren und vermitteln können? Ihrer Information dient der kleine Serviceteil am Schluß des Buches, der einen Überblick über die weitgefächerte Institutionalisierung des Faches gibt, das sich neuen An- und Herausforderungen stellen muß – und auch stellen kann.

Gießen und Frankfurt am Main, im März 1994 Claus Leggewie

Zur Einleitung

Claus Leggewie

Politische Kreativität

Über das Neue in der Politik – und in der Politikwissenschaft

Politikwissenschaft in Zeiten (angeblicher) Politikverdrossenheit erscheint manchen wie Sex im AIDS-Zeitalter – besondere Vorsicht und strengste Verhütung scheinen angezeigt. Die Zeiten sind turbulent, aber die der Gegenwart zugewandten Sozialwissenschaften wirken seltsam inaktuell und gelten auch weithin als langweilig. Was Bürgerinnen und Bürger nach dem globalen Umbruch von 1989 und der schnell verflogenen Euphorie begreiflicherweise irritiert und verzagen läßt, müßte Politikwissenschaftler doch nachgerade elektrisieren. Nur: ihnen sind die Fundamente ebenso eingestürzt wie den politischen Laien, die, nebenbei gesagt, mit ihren Prognosen auch nicht ärger daneben lagen als die Experten. Weder den Zusammenbruch des realexistierenden Sozialismus noch die akuten Probleme westlicher Demokratien hatten sie klarer vorausgesehen oder aufgedeckt.

Während nun alles in Bewegung geraten ist, macht sich in Sachen Politik ein Gefühl der Stagnation, ja des Rückschritts breit. Alles scheint beim Alten zu bleiben oder zu längst untergegangenen Konstellationen und versteinerten Verhältnissen zurückzukehren, wo doch dringend etwas Neues passieren müßte. Doch bereitet das Neue, da es auftritt als Krieg, Massenarbeitslosigkeit und ethnische Säuberung in Zentraleuropa, so viel Mißvergnügen und Panik, daß die Losungen des Status quo (ante) einleuchtender erscheinen als alle ungewissen Aufbrüche zu neuen Ufern. Die Ratlosigkeit der politischen Klasse, das Besitzstandsdenken des Publikums und die Verzagtheit der Politikwissenschaft verstärken sich gegenseitig. Gewiß muß demokratische Politik in vielerlei Hinsicht eine Arena „normalisierter Durchschnittlichkeit" (Helmuth Plessner) bleiben, gegen alle dubiosen Charisma-Erwartungen. Ebenso muß politische Wissenschaft auf Kontinuität angelegte Routinearbeit sein, was in der Regel auch nur bescheidenen Glanz abwirft. Doch die Stimmung, die unpräzise und selbsterfüllend unter dem Stichwort „Verdrossenheit" abgehandelt wird, ist nur die eine Seite der Medaille. Vielmehr leben wir in einer wahrlich aufregenden und hochpolitischen Epoche, die neues ziviles Engagement und Reformwillen hervorbringt.

Ein wenig Pathos des Neuen dürfte also „das Fach" ruhig erfassen. Dazu muß die Frage gestellt werden: Was ist überhaupt das Neue in der Politik? Ein Grundgedanke des amerikanischen Pragmatismus, die „kreative Demokratie" (John Dewey), kann dazu aufgegriffen und in einen zeitgemäßen Rahmen gestellt werden.

Was heißt hier neu?

Skeptische Vorwärtsemphase ist das Signum der Moderne. Sie will das Überraschende und Niedagewesene und bringt es in einem Maß hervor, daß den Menschen gelegentlich angst und bange wird. Die eschatologischen Erwartungen der frühen Christenheit aufnehmend und säkularisierend, wurde die Neuzeit eine Epoche der theoretischen Neugierde. Das Neue wird seither um seiner selbst willen geschätzt und mit System und Bedacht generiert. Daran beteiligten sich alle Teilkulturen des Wissens von den Künsten und Wissenschaften bis zur Ökonomie und Naturforschung. Die ganze Epoche wurde innovativ.

Was das Neue ist, unterliegt jedoch selbst permanenter Infragestellung und ständiger Innovation. Das Unerhörte, das es „noch nie" gegeben hat, entspringt in seiner emphatischen Wahrnehmung einem originären Schöpfungsakt, einem spontanen, unwiederholbaren Einfall, der gewissermaßen den göttlichen Schöpfungsprozeß der Welt imitiert. Dem liegt eine begeisterte Idee des Neuen zugrunde: Das Neue ist das Bessere (oder auch das Schlechtere), das sich im bewußten Bruch mit dem Alten ausprägt und wirkt, als Folge eines bewußten und gewollten Aktes. Diese Idee hatte eine Schwester: die programmatische Vorstellung vom Fortschritt und von der Perfektionierung des Menschen und der Welt. Innovation erhält damit eine revolutionäre Qualität und bewegt sich auf einer progressiven Zeitachse. Gegenrevolutionäre Entwürfe haben den Zeitpfeil lediglich umgedreht und erblicken im Neuen vorrangig Dekadenz und Verfall. Schon im Lauf des 19. Jahrhunderts kippte die neuerungsfreundliche Grundstimmung um: Sahen Hegel und Marx, auch Hölderlin das Neue als eine historische Epochenkategorie im Einklang mit der Geschichte, war es für Friedrich Nietzsche eine beunruhigende Irritation und „unter allen Umständen das Böse". Die Kategorie des Neuen und die optimistische Hoffnung auf kontinuierlichen Fortschritt entkoppelten sich; bei den Lebensphilosophen ermäßigte sich das Neue zum „fortwährenden Anderssein" (Bergson), das nicht mehr auf ein bestimmtes Ziel und hoch bewertetes Ende hinausläuft. Wir machen das Neue selbst, aber wir wissen nicht mehr, wohin es (uns) treibt, geschweige denn, ob es gut wird.

Demgegenüber sind auch triviale Ideen des Neuen verfolgt worden: Das

Neue kann etwas Vorhandenes, bisher nur Verborgenes sein, das zum Vorschein gebracht wird. Es handelt sich um eine Entdeckung im buchstäblichen Sinne, deren Zeitpunkt ausschlaggebender ist als das Entdeckte selbst. Neuerung kommt so in die Nähe von Änderung, die auffällig (gemacht) wird. In diesem Sinne deutet Boris Groys das Neue nach dem Muster des Kunstmarktes als etwas Bekanntes, das durch berufene (und unberufene) Vermittler „neu" (und gegebenenfalls höher und teurer) bewertet wird: Kreativität als permanente Umwertung der Werte. Die für Kommunikations- und Kulturgesellschaften typische Gewichtsverlagerung auf die Vermittler läßt Anschlußfragen (wie Verkäuflichkeit, Reproduktion oder allgemeiner der Erzeugung von Aufmerksamkeit) wichtiger erscheinen als die (schöpferische) Produktion selbst.

Kreativität ist ein modisches Wort, das den wechselhaften Konjunkturen und schwer vorhersehbaren Sprüngen der Mode verwandt ist. Das führte zwangsläufig zu einem gewissen Verschleiß des Begriffs selbst, den man in der Werbebranche oder in Trainingskursen aller Art zu Tode reitet. Als kreativ gelten *neue* Gedanken und Werke, die für ebenso *bedeutend* wie *überraschend* erklärt und gehalten werden. Der Beweis dafür wird jeweils nachträglich angetreten, wenn übereinstimmend befunden wird, daß diese drei Faktoren glücklich, d. h. auch mit einer gewissen Zufälligkeit zusammengefallen sind. So gesehen scheint „Kreativität nichts anderes zu sein als demokratisch deformierte Genialität" (Luhmann). An eine wundersame *creatio ex nihilo*, die Mimesis der (göttlichen oder natürlichen) Schöpfung und außergewöhnliche Wiederholung eines außernatürlichen Vorgangs, glauben heute nicht mehr viele. Genies werden rar, je mehr sich Gesellschaften demokratisieren. So ist es nur konsequent, Kreativität eher als Knüpfung von Netzwerken durch vorbereitete, gelegenheitsfeste Denker und Akteure anzusehen, die das Vorgefundene neu mischen und kombinieren. Anstelle des genialischen, unerneuerbaren Vorgangs der Er-Findung ist ein Algorithmus der Findung (Re-Search) gesucht, der auf alle möglichen Situationen und Felder Anwendung finden soll, damit Neues systematisch generiert werden kann.

Zusammenfassend lassen sich somit grob zwei Konzepte des Neuen in den Teilkulturen des Wissens feststellen: Das erste, mimetische Modell wird gewöhnlich den Großen Meistern der Kunst zugeschrieben. In der Kunst ist es seit der Renaissance geboten, „allweg etwas Neus durch die Werk auszugiessen" (Albrecht Dürer), das man noch nie gekannt, gehört oder geschaut hat. In der klassischen Moderne, die Kunst als autonomes System ausgliedert, steigert sich der Maßstab zum Avantgardeanspruch des künstlerischen Produzenten, und in dieser ästhetischen Fassung prägt die Kategorie des Neuen das Selbstverständnis der Moderne insgesamt. Das algorithmische Gegen-Modell entstammt der „normalen" Prozedur der experimentellen

Wissenschaft und der Suche nach einer allgemeinen Kreativitätslehre. In den Naturwissenschaften, vor allem in der Biologie, ist Erneuerung gleich „Leben“: auf der Basis gegebener Ressourcen und Informationen erneuern sich Organismen oder Systeme evolutionär selbst. Besonders interessant sind dabei die Entwicklungs- und Evolutions*sprünge*. Die Konstrukteure „künstlichen Lebens“ versuchen die organische Fähigkeit zur Selbstreproduktion auf technische Systeme wie Roboter zu übertragen. In der ambivalenten Erzeugung „künstlicher“ Intelligenz wird Kreativität zu einer maschinell reproduzierbaren Intuition, zur Fähigkeit also, Gedanken auf intelligente Weise „falsch“ einzusetzen und Denkmuster, Materialien, Techniken oder Werkzeuge auf ungewöhnliche Weise zu vernetzen. Wer Roboter instruieren will, braucht dafür XP's (Explanation Patterns). Einschlägige Ratgeber empfehlen zur Steigerung der Kreativität, in „wilden“ Denkprozessen „unpassende“ Erinnerungen zulassen, „falsche“ Ideen nicht zu früh aufgeben, Beinahe-Treffer zu identifizieren usw., also „das Ermöglichen neuer (Wechsel)Wirkungseinheiten“ (Gerd Binnig). Dazu braucht man ein System der Speicherung (Register), der Wiederauffindung (Heuristik) und der erneuten Zusammenführung (Kombinatorik), mit dem das bekannte Wissen durchsucht, bewertet und auf die je lokale („neue“) Situation adaptiert werden kann.

In den verschiedenen Teilsystemen hat das Neue also unterschiedliche Konnotationen und Bedeutungen. Überall lassen sich jedoch Codierungen nach dem Schema alt/neu feststellen, in manchen sind sie konstitutiv. Auch in der modernen Ökonomie spielt das Neue – als riskante unternehmerische Investition im ungewissen Wirkungsfeld der Marktkräfte – eine herausragende Rolle. Der klassische Entrepreneur, der technische Innovationskraft mit unternehmerischem Wagnis vereinigt, ist ein herausragender Agent des Neuen. Noch direkter beherrscht die Unterscheidung von alt und neu den Journalismus, eine Kombination aus Schriftstellerei und Unternehmung: Für die kontinuierliche Berichterstattung ist das Neue konstitutiv, tödliche Veraltung setzt hier bekanntlich bereits mit dem „Schnee von gestern“ ein. Das Neue ist definiert als Aktualität, als die Überbrückung der Differenz zwischen Gestern und Heute, die im Zeitalter der elektronischen Medien auf Millisekunden schrumpft und „virtuell“ wird. Auch im neuzeitlichen Wissenschaftssystem schließlich besteht im Unterschied zu älteren Kanonisierungen und Kodifizierungen eine deutliche Präferenz für neues Wissen: Die wissenschaftliche Leistung einer gelehrten Person muß mit dem Gütesiegel „originell“ versehen sein, um anzuzeigen, daß das bereits bekannte Wissen durch neue Informationen, Einsichten, Problemstellungen und Erklärungen angereichert worden ist, mindestens im Sinne einer einfachen Verifikation.

Das Neue in der Politik

Im Verhältnis zu diesen verschiedenen Fassungen des Neuen sollen nun Facetten von Kreativität und Innovation in politischer Hinsicht beleuchtet werden. Ich unterscheide 1. intentionale politische *Neuerungen* im Sinne von Reformen und Revolutionen, denen a) ein bestimmtes Handlungsmuster (politische Intervention und Partizipation) und b) distinkte Handlungsträger (Bürokratien, charismatische Führer, soziale Bewegungen, Intellektuelle) vorausgesetzt sind, von der 2. nicht-intendierten *Erneuerung* der systematischen Voraussetzungen politischen Handelns, die sich wiederum in a) „plötzliche" Zäsuren oder Epochenschwellen und b) „langwellige", evolutionäre Differenzierungsprozesse unterteilen lassen. Als zeitliche Spezifikation kommt 3. der politische *Generationswechsel* hinzu, der a) mit dem Auftreten der *homines novi* und b) mit dem für politische Handlungen typischen Erb- und Wahlmechanismus zusammenhängt.

Initiation und Voluntarismus: Politik als willentlicher Anfang

In der Wahrnehmung Hannah Arendts hieß Politik „Anfangenkönnen": die Fähigkeit von Menschen, in gemeinsamem Handeln den neuen Anfang zu setzen. Diese pointierte Charakterisierung galt nicht nur für revolutionäre Politik und richtete sich gegen die angebliche Geburtshelferrolle des Krieges für alles, was neu entsteht und beginnt. In einer imperialen Geste reservierte die Philosophin den Gedanken des Neuen somit fast exklusiv für das Politische. Die Politik ist demnach die herausragende Domäne der Innovation, und darin unterscheidet sie sich von den Gebieten, die fälschlich für politisch erklärt oder gehalten werden: Verwaltung und Gewalt.

Der Gedanke der Gründung (von Polis und Republik), die Wahrnehmung des *novus ordo saeclorum* und die Heraufkunft der *homines novi*, der neuen Generation, überhaupt die immer neue Lust am (politischen) Handeln, ist bei ihr abgeleitet aus der Gebürtlichkeit (Natalität), wonach „. . . der Mensch für die logisch unlösbare Aufgabe, einen neuen Anfang zu setzen, gleichsam existentiell vorbestimmt ist, insofern er ja selbst einen Anfang darstellt: Insofern der Mensch in die Welt hineingeboren ist, in ihr als ein ‚Neuer' durch Geburt erscheint, ist er mit der Fähigkeit des Beginnens begabt. Weil er ein Neuer ist, kann er etwas Neues anfangen" (Arendt 1986, 272). Diese von Vergil und Augustinus aufgeworfene existentielle Begründung des Politischen hat Hannah Arendt in die neuzeitliche Anfangsproblematik verlängert. Von den revolutionären Gründungen bürgerlicher Gemeinwesen bis zum *nation building* der jüngsten Vergangenheit finden immer neue Gründungsprozesse statt, die ihrerseits, wie vor allem der

„Gründungsvater" Thomas Jefferson gefordert hat, generationsweise durch „Neugründungen" wiederholt werden müssen, um Bestand zu haben (s. u.). Dieses Prinzip kann man konstruktivistisch ausdeuten – Gründung als Konstruktion und Rekonstruktion kollektiver Identität.

Wer kann politische Anfänge setzen? Das klassische Beispiel dafür sind Gesetzgeber wie Solon oder Kleisthenes, in jüngerer Zeit die Founding Fathers der Amerikanischen Republik und die Revolutionäre des 19. und 20. Jahrhunderts. Anfügen möchte man die Akteure der friedlichen Revolutionen, die jüngst – solange ist es noch nicht her – zum Sturz des realexistierenden Sozialismus geführt haben. Politische Gründer besaßen oftmals charismatische Qualitäten, waren aber häufig auch Amtsinhaber, wie z. B. die aufgeklärten Aristokraten der preußischen Staatsverwaltung. Bei ihnen war zudem die Grenze zwischen exzellenten Organisationschefs und Intellektuellen fließend. Nicht zu vergessen ist die emergente, im Akt ihrer Konstitution und Mobilisierung zutagetretende Innovations- und Gestaltungskraft der bewegten Massen als Träger des Neuen.

Die vier politischen Innovationsagenturen kann man zusammenfassend in einem Schema abbilden, das system- und handlungstheoretische Überlegungen zusammenführt und auf den Ansatz der „kreativen Demokratie" zuspitzt:

Systemtransformation

Zentrum	Bürokratie	Bewegung	Peripherie
	Führer	Intellektuelle	

kollektives Handeln

Das Schema verdeutlicht den Zusammenhang der vier Dimensionen politischer Kreativität: neben der bereits thematisierten voluntaristischen Dimension den situativen, epochalen und generationsförmigen Kontext von Politik. In dieser Spannweite von charismatischen Führern, sozialen Bewegungen, Reformbürokratien und Intellektuellen möchte ich jetzt Institutionen der Hervorbringung des Neuen näher untersuchen.

a) Reformbürokratien

Es mag verwundern, daß ausgerechnet die Bürokratie, die steingewordene Inkarnation methodischer Regelhaftigkeit und Beständigkeit, zu den Trägern des Neuen gerechnet wird. Sie steht, „an Ruhe, Erhaltung der traditionellen ‚Nahrung' und Zufriedenheit der Untertanen interessiert, der kapitalistischen, die gegebenen Lebensbedingungen revolutionierenden

Entwicklung fremd und mißtrauisch gegenüber", wie Max Weber das Wesen der Bürokratie am Beispiel der „patrimonialen Verwaltung" hervorgehoben hat. Die liberale Kritik richtete sich immer auf die Minimierung „bürokratischer Hemmnisse", welche die Eigendynamik ökonomischer Unternehmer und Erfinder an ihrer Entfaltung hindern. Doch erreichen Verwaltungen, die ihrer Funktion gemäß systematisch Entscheidungen generieren und ihre Verläufe verfahrensförmig rationalisieren, unter günstigen Bedingungen Innovation. Diese Konstellation galt insbesondere für den Übergang von feudal-absolutistischen zu kapitalistisch-modernen Verhältnissen, als Reformbürokratien, meist im Bewußtsein einer durch den „Vorsprung" benachbarter Gesellschaften herbeigeführten Rückständigkeit, die „Revolution von oben" einleiteten und steuerten. Die Expertise des Neuen institutionalisierte sich also nicht allein in den „lebendigen Kräften" der sich industrialisierenden Gesellschaften, sondern in spezifischer und nachhaltiger Weise auch im rational vorwärtsplanenden Staat, der sich Ende des 19. Jahrhunderts zum *welfare state* erweiterte. Bis in die Planungshoffnungen der 70er Jahre hinein, als noch einmal eine „sozialdemokratische Ära" ausgerufen wurde, hat sich diese Sichtweise erhalten, die trotz aller Ernüchterung keineswegs abwegig erscheint, seit sich die Gegenkonzepte des *minimal state* und die Selbstregelung des Markts zur Lösung aller Grundprobleme sozialer Integration als auch nicht wirkungsvoller erwiesen haben.

b) Charisma

Moderne bürokratische Herrschaft ist, ebenso wie ihr traditionales Pendant, die patriarchalische Herrschaft, ein auf Stetigkeit angelegtes Alltagsgebilde und von daher nur unter besonderen Bedingungen neuerungsfreundlich. Max Weber stellte deshalb die Frage, wie „in der Welt der Eingestelltheit auf das ‚Regelmäßige' als das ‚Geltende' irgendwelche ‚Neuerungen' je entstehen können". Die außeralltägliche, in diesem Sinne unstete und revolutionäre Kraft, die dies bewirkt, ist das Charisma, eine innerweltliche Form des Heiligen, das sich nicht nach vorgegebenen Geboten, Regeln und Ritualen richtet (sondern sie höchstens selber einrichtet). Charisma ist die persönliche Qualität eines Menschen, der, eben weil und solange er sie besitzt, als Führer anerkannt wird und seinen Gestaltungswillen durchsetzen kann. Webers Beispiele waren Jagdführer, Propheten, Rechts-Weise, therapeutische Gurus, chinesische Kaiser, Napoleons „Herrschaft des Genies" usw. Ihr Erfolg beruht nicht auf bloßer Befehlsgewalt oder einer wirtschaftlichen Interessengemeinschaft, sondern auf der gefühlsmäßigen Vergemeinschaftung von Anhängern und Gefolgsleuten, die die Aura der berufenen Person wahrnehmen, anerkennen und bekräftigen. Sobald die Kraft dieser Magie im Leben aussetzt, ist der Führungsanspruch verwirkt, zumal wenn keine Veralltäglichung im Amtscharisma stattfindet.

Charisma ist somit „die Strukturstelle für das Neue" (Soeffner). Es ist nicht, wie die zitierten Beispiele suggerieren könnten, Relikt archaischer Zeiten personaler Herrschaft, sondern auch eine Erscheinungsform der Moderne, die im massendemokratischen Zeitalter neue Bedeutung erlangte. Massengesellschaften haben die Wirkung von Charisma gewissermaßen umgekehrt und demokratisiert: Genuines Charisma machte Gefolgschaft zur „Pflicht der kraft Berufung und Bewährung zur Anerkennung dieser Qualität Aufgerufenen"; moderne Massen hingegen statten ihre Führer durch Akklamation, Wahl, demoskopische Zustimmung usw. mit charismatischen Eigenschaften aus. Es dürfte kein Zufall sein, daß nunmehr beide ehemaligen Supermächte Präsidialregime ausgebildet haben, die als personale, neopatrimoniale Herrschaftsformen anzusehen sind. Gerade der weltweite Siegeszug demokratischer Wahlverfahren und Glasnost hat eine Renaissance der plebiszitären Führerdemokratie mit sich gebracht.

c) *Soziale Bewegung*

Soziale Bewegungen waren immer wichtige Träger des sozialen und politischen Wandels, wobei sie sich zuletzt selbst mit dem Epitheton „neu" schmückten. Wichtige Reformen der modernen Industriegesellschaft sind durch sie erstritten und institutionalisiert worden: rechtsstaatliche Verfassungen durch die liberale Bewegung, die sozialpolitische Begradigung und Kompensation des Klassengefälles durch die Arbeiterbewegung, der Abbau patriarchalischer Herr-Schaft durch die Frauenbewegung und, womöglich, das ökologische Gattungsbewußtsein durch die Umweltschutzbewegung. Vielleicht hat auch die Friedensbewegung einen Anteil an der (noch ausstehenden) Überwindung der nuklearen Abschreckungslogik.

Gesellschaftliche Selbstorganisation (im kreativen Sinne) spielt auch in der aus vielfältigen Quellen (neoaristotelischer Tugenddiskurs, *civil rights movements*, Kommunitarismus, osteuropäische Bürgerbewegungen, Aktionen zivilen Ungehorsams usw.) gespeisten Debatte um die „Zivilgesellschaft" eine große Rolle. „Bürger-Bewegungen" treten nicht mehr als reine *single issue movements* und Anti-Parteien auf, sondern mit einem räumlich und zeitlich übergreifenden Reform- und Neuerungsanspruch. Im Umstrukturierungsprozeß postmoderner Industriegesellschaften fällt ihnen eine regenerative Rolle als „politische Gesellschaft" (Greven) zu, deren Vertreter auf der „Meso-Ebene" zwischen „System" und „Lebenswelt" fungieren und eine neue Sphäre des Politischen erfinden.

d) Intellektuelle

Klassische Intellektuellenrollen bestanden in der Erfindung und Inszenierung kollektiver Identitäten im Nationswerdungs- und Nationsbildungsprozeß vom 18. bis 20. Jahrhundert, ferner in der Anwaltschaft universalistischer Prinzipien gegen partikulare Interessen, als Nebenrolle auch in der prekären Funktion des Politkommissars oder Weggefährten im bolschewistischen Revolutionsprojekt. Immer bestand die Pflicht der Intellektuellen darin, dem „nachhinkenden" Alltagsbewußtsein der restlichen Bevölkerung ein Stück voraus zu sein und im Freiraum (vermeintlich) freischwebender Diskursgemeinschaften „unerhörte" Denkwege vorzugeben und jenseits der engeren Zirkel über die zeitgenössischen Kommunikationsmittel zu popularisieren. In diesem prinzipiellen Nonkonformismus und Avantgardismus steckt ein Potential über die gegebenen Zustände hinaus, das durch massenmediale Verbreitung, bürokratische Anwendung oder bewegungsförmige Generalisierung breitenwirksam werden kann.

Aktuelle Innovationshemmungen

Alle vier Urheber des Neuen im politischen Raum leiden derzeit unter einer unverkennbaren Ermattung ihrer Neuerungspotentiale. Man könnte geradezu von einer epochalen Neuigkeitsveraltung sprechen, die nicht nur die progressiven, sondern auch die konservativen Utopisten zum Schweigen gebracht hat. Die Pioniere haben den Anschluß verloren. (In der Sprache des klassischen Militärs sind Pioniere technische Voraustruppen, die der nachfolgenden Truppe den Weg bereiten. Im Zeitalter der Raumfahrt wurde die Rolle der Bahnbrecher, Schrittmacher und Wegbereiter weniger vom „Fußsoldaten" als vom losgelösten Astronauten verkörpert. Über dieser im buchstäblichen Sinne avantgardistischen Konnotation wird die ursprüngliche Bedeutung des Wortes „pion" vergessen: Im strategischen Kontext der Feldschlacht wie des Schachspiels sind Fußgänger bzw. Bauern Figuren minderen Ranges, die man verschleißt und gegebenenfalls opfert, denen jedenfalls keine Denkmale gesetzt werden – wie den Strategen auf den Feldherrnhügeln.) Diese ironische Reminiszenz kann den Verfall der charismatischen und intellektuellen Pionierfiguren wie auch der bürokratischen und bewegungsförmigen Avantgardeorganisationen illustrieren. Verantwortlich dafür sind Entwicklungen, die man als *Subpolitik, Populismus, Individualisierung* und *„Intellektuellendämmerung"* (Martin Meyer) bezeichnet hat. Wenn derzeit allenthalben das Fehlen des Neuen beklagt wird, kann dies nicht allein auf persönliche Defekte oder einen widrigen Zeitgeist zurückgeführt werden. Es müssen Veränderungen der Sozialstruktur und des politischen

Systems eingetreten sein, die der Produktion des Neuen im klassisch-modernen Sinne entgegenstehen. Ich möchte dies wieder am Beispiel der vier genannten Innovationsagenturen verdeutlichen.

a) Bürokratie

Die althergebrachte Reformbürokratie unterliegt der „Ironie des Staates" (H. Willke). Das ihr zugeschriebene Expertenmonopol zersetzt sich in dem Maße, in dem der moderne Staat seine regulative und interventionistische Funktion mit non-gouvernementalen Gruppen teilen muß. Der beamteten Fachleuteherrschaft stellen sich autonome Experten entgegen, die auf gleichberechtigter Anhörung und Teilnahme am Entscheidungsprozeß insistieren. Sie können dies um so mehr, als der Gleichschritt von Verwaltungsvernunft und wissenschaftlich-technischem Fortschritt aufgehoben ist und bürokratische Intervention in „riskanten" Technologiebereichen (und das sind mittlerweile fast alle) weniger Probleme löst als aufwirft. Ulrich Beck hat diesen der klassischen Staatlichkeit gegenüberstehenden Bereich „Subpolitik" genannt, womit sowohl die korporative Selbstorganisation mächtiger Gruppen (z. B. der angewandten medizinischen Forschung) wie demokratische Kontrollbestrebungen und Initiativen (z. B. Selbsthilfegruppen von Patienten) gemeint sein können. Die ökologische Modernisierung der Industriegesellschaft ist gar nicht mehr anders denkbar als im Zusammenwirken von reformerischen Verwaltungsstäben, aufgeklärten Technikern und eigenständig handelnden Bürgern, die eine temporäre und konflikthafte Allianz bilden. Die staatliche Bürokratie verliert dadurch ein Stück ihres Wissensmonopols und Handlungsvorsprungs und droht sich in die gesellschaftlichen Teilkonflikte zu verstricken. Um dies zu verhindern, muß sie eine „persuasive" oder supervisorische Juxta-Position einnehmen.

b) Charisma

Auch die erwähnte Renaissance charismatisch-personaler Züge der Politik hat eine Kehrseite: den Populismus. Zwischen Charismatikern und Populisten finden Verwechslungen statt, obwohl beide eigentlich strukturell unvereinbar sind: Populismus bestärkt nur das Mundan-Alltägliche und damit das Immergleiche, er äußert sich in höchst trivialen Ritualen und orientiert sich stromlinienförmig am allgemeinen Publikumsgeschmack. Insofern ist der Populist eher neuerungsfeindlich, auch wenn er sich selbst als den *dernier cri* verkaufen möchte. Soeffner hat diesen Verfallsprozeß, den potentielle Charismatiker durchlaufen, als Merkmal von Gesellschaften ohne personelle und ideelle Zentren mit verselbständigter Medienwirkung herausgearbeitet. Bemerkenswerterweise hinterlassen gerade die (elektronischen) Medien trotz (oder wegen) ihres permanenten Themenwechsels den Eindruck „rasenden Stillstands" (Virilio). Information und Kommunikation verlieren ihren historischen Bezug, damit auch die Neuerungsfunktion im klassischen Sinne.

c) Soziale Bewegung

Auch Soziale Bewegungen leiden unter der flagranten Neuigkeitsveraltung und verlieren ihre einstige Innovationskraft. Im Bezug auf die Kriterien, nach denen jüngere Bewegungen „neu" getauft wurden, ist das nur konsequent: Ihnen fehlt es an geschlossener Programmatik, festen Milieus, kontinuierlich verfolgten Themen und organisatorischer Potenz, kurz an allem, was klassische Sozialbewegungen stark gemacht hat, ohne daß sie als fraktale, dezentrierte Wirkungskräfte bisher annähernd dieselbe Bedeutung erlangen könnten. Als kultur- und identitätsorientierte Strömungen sind sie hauptsächlich auf sich selbst gerichtet und zerfallen, der eigenen Logik folgend, im sozialen Individualisierungsprozeß. Sie gehen somit vom angestrebten kollektiven Wir-Gefühl zur letztlich monadischen Ich-Identität über. Im übrigen neigen sie dazu, sich gegenüber Macht- und Verwaltungszentralen als reine Blockierungsmächte aufzubauen, und fallen dabei auch auf populistische Wahrnehmungs- und Aktionsmuster zurück.

d) Intellektuelle

Schließlich deutet auch die ubiquitäre rhetorische Figur vom „Schweigen der Intellektuellen" auf einen erheblichen Funktionswandel der Intelligenz hin, der die Vor- und Querdenker als Antriebskräfte und Katalysatoren des Neuen beeinträchtigt. Wahr ist ja, daß dieses angebliche Schweigen redselig und vielbesprochen ist und sich in einer wahren Medienpolyphonie vollzieht. In den angestammten Rollen jedoch haben die Intellektuellen in der Tat weniger zu melden – das herkömmliche Voraussein wird zur bloßen Attitüde. Die Vorwürfe, die sich in der öffentlichen Meinung gegen die vermeintlichen Abweichler und Verräter erheben, sind ebenso deplaziert. Intellektuelle können höchstens noch als Verteidiger der Differenz auftreten, wobei sie weniger dem nivellierenden Alltagsbewußtsein als den verbliebenen Erzählern der „Großen Erzählungen" der Moderne selbst entgegentreten. In dieser „normalisierten" Existenz haben Intellektuelle womöglich wichtige Anstöße zur Urteilsbildung zu geben, ohne noch einer säkularen

Kirche anzugehören (oder abschwören zu müssen), aber sie können kaum noch mit der großen Geste der Sinnstifter auftreten.

Politische Zäsuren und Epochenschwellen

Damit ist das Neue selbst natürlich nicht aus der Welt. Es taucht auf in der Gestalt der *situativen* Komponente, der gerade mit dem Verfall der institutionellen Sicherung von Innovation bedeutsam wird. Das Ereignis, das die Zeitgenossen zweifellos am meisten bewegt hat, war der Fall der Mauer und das Verschwinden des Eisernen Vorhangs. Das Neue tritt oft weniger als Resultat planvoller Geistesanstrengung und kollektiver Aktion hervor, sondern als äußeres, unerwartetes und einschneidendes Ereignis an die Zeitgenossen heran. Wir werden Zeugen von Ereignissen, die lange unser kollektives Gedächtnis bestimmen. Politische Gemeinschaft, die durch Milieubindung, gemeinsame Konfession und übereinstimmende Weltbilder kaum noch gestiftet werden kann, wird hergestellt als Zeitgenossenschaft (katastrophaler) Ereignisse (wie 1986 der Super-Gau von Tschernobyl) und geopolitischer Umbrüche wie seit 1989. Der Zerfall der bipolaren Weltordnung des 20. Jahrhunderts, symbolisiert im Fall der Mauer und dem Scheitern der Geschichtsphilosophien *beider* Seiten, hat eine Wirklichkeit erfahrbar gemacht, die bisher virtuellen Charakter hatte: die Weltgesellschaft. Ihre Genese ist nicht an das Datum des Mauerfalls selbst geknüpft; ihre Geltung wird aber durch dieses symbolische Ereignis plausibel und anschaulich, wenn auch das Verhalten der meisten sich noch ganz an früheren Zuständen orientiert – zum Schutz vor der realistischen Für-Wahr-Nehmung der Veränderungen. Neben die voluntaristische Dimension der Politik, die planvolles Handeln in bestimmten Grenzen ermöglicht, tritt also das Element des *kairós*, des rechten Augenblicks.

Es dürfte kaum übertrieben sein, die Zäsur von 1989 mit den Revolutionen von 1789 und 1917 oder auch mit Einschnitten wie 1945 auf eine Stufe zu stellen. Wenn man sich die Frage stellt, ob die auf die Überwindung der bipolaren Weltordnung hinauslaufenden Ereignisse bewußt geplant und damit intendiert waren, kommt man zu einem zwiespältigen Ergebnis: Der Wunsch nach Aufhebung der Teilungen und Gewaltverhältnisse war in beiden Lagern rhetorisch präsent, allerdings liefen praktische Politik und ihre mediale Kommentierung auf die Stabilisierung der globalen Teilung hinaus. So kam es, daß die meisten Zeitgenossen von den Geschehnissen des *annus mirabilis* überrascht wurden, die auch professionelle Akteure, Beobachter und Analytiker des Zeitgeschehens jenseits einer bloßen *petitio principii* kaum zu prognostizieren fähig gewesen waren. Politikwissenschaft und politischer Publizistik sind die z. T. heftigen Fehleinschätzungen post festum aufs Brot gestrichen worden – in der Regel von Leuten, die prognostisch keineswegs sattelfester waren und sich in der praktischen Politik ebenso konform und stabilisierend verhalten hatten. Politisches Handeln im originären Sinne kann daher als Erfassung des rechten Zeitpunktes (kairós) definiert werden, als Geistesgegenwart der Handelnden, die in wesentlichen Fragen auf der Höhe der Zeit sind.

Ende einer Epoche – politische Postmoderne?

Die *epochale* Dimension des Politischen übersteigt die situativen Elemente des Wandels und bündelt sie in einer weit über den Tag hinausreichenden Periodisierung. Ob das Jahr 1989 als Epochenschwelle ähnliche Bedeutung erlangen wird wie das Jahr 1789, ist von heute aus gar nicht zu entscheiden, wenn auch entschieden zu vermuten. Es gibt Anzeichen dafür, daß sich alle politischen Koordinaten grundlegend verändert haben. Es ist nun die Frage, ob auch von einem Wechsel des Aggregatzustands von Gesellschaft und Politik zu reden ist, wie es im postmodernen Denken geschieht. Umstritten ist auch, ob Theorien der Postmoderne in der Tat als „Hilfe zur Selbststeuerung in einer fragmentierten Welt ohne Zentrum und Normkonsens" (von Beyme) anzusehen sind.

Die in der Formel angesprochenen empirischen Tatbestände oder Probleme dürften jedoch kaum zu bestreiten sein: Der *normative Konsens* heutiger Gesellschaften hat in einer Weise nachgelassen, daß höchstens noch eine prozedurale Einigung auf Verfahren möglich erscheint, auch wenn, vor allem unter Theologen, die Suche nach einem substantiellen Weltethos weitergeht, das eine Art Minimalethik umschreibt, die allen regionalen Wertsystemen gemeinsam und lokalen Entscheidungssituationen vorauszusetzen wäre. Der Verlust des Normenkonsens, der durch artifizielle Tugendgebote nicht geheilt oder revidiert werden kann, aber durchaus Gegenstand einer „Wertedebatte" werden kann, hat für die politische Sphäre eine doppelte Konsequenz: Einerseits kann der postmoderne Staat, der schwerlich auf ethnisch-nationale Homogenität oder auf geschlossene Staatsideologeme rekurrieren kann, die normativen Voraussetzungen seiner selbst nicht mehr generieren, zum anderen aber ist in einer solchen Lage die zusammenzwingende oder überzeugende Funktion eines politischen Zentrums besonders gefragt. Diesen Spagat kann man als das Grunddilemma (oder die Ironie) postmoderner Staatlichkeit kennzeichnen. Während die herkömmlichen Legitimitätszweifel noch durch Inklusion (z. B. des „Vierten Standes") oder Protektionismus abzuwälzen waren, deutet sich heute eher eine Implosion des Staates an.

Damit ist bereits eine zweite postmoderne Figur angesprochen: die

Dezentrierung. Auch dafür gibt es zahlreiche Belege, die insbesondere auf den Kohärenzverlust nationalstaatlicher Gebilde hinweisen und ganz allgemein räumlich gefaßte Konzepte der sozialen Welt in Zweifel ziehen. Auch diese Skepsis hat unmittelbare Auswirkungen auf die politische Steuerungskapazität. Es wäre verfrüht, das Konzept der Steuerung selbst aufzugeben und Politik als gänzlich irrationales, indeterministisches Chaos aufzufassen, an dem alle Interventionen versagen oder sich allein autopoetische und nicht-intendierte Wirkungen vollziehen. Allerdings muß akzeptiert werden, daß politische Steuerung ihre Unschuld verloren hat und nun im Sinne von Netzwerkrelationen und chaotisch-dissipativen Strukturen neu zu definieren sein wird. Die Herausforderung der Postmoderne besteht also gerade darin, gültige Handlungs- und handhabbare Steuerungskonzepte unter den Bedingungen der Dezentrierung herauszuarbeiten und diese mit normativ-demokratischen Ansprüchen zu vermitteln.

Als weiteres Stichwort der Postmoderne kommt damit der Begriff der *Differenz* ins Spiel. Die Erfahrung der Fragmentierung der Welt – für eine anspruchsvolle Pluralismustheorie keine Neuigkeit – führt weiter zu der Annahme, daß in postmodernen Gesellschaften zum einen die Resultate der funktionalen Ausdifferenzierung durch partielle Entdifferenzierung zurückgenommen sind, zum anderen eine *kulturelle* Ausdifferenzierung stattfindet, die damit nicht identisch ist. Der Begriff des Multikulturalismus darf deswegen nicht im Sinne von Multiethnizität (durch Zuwanderung und Gebietsverschiebungen) verengt werden. Vielmehr ist damit angedeutet die Vielbezüglichkeit sozialer Identitäten in mehreren, gegeneinander offenen Kontexten, die bereits auf der Ebene der individuellen Persönlichkeit einsetzen. Insofern haben insbesondere die feministischen, zum Teil auch die kommunitaristischen Beiträge den auf kollektive Gleichheit (oder ihre Abwehr) gerichteten politischen Theorien die auf Differenz ohne Ungleichheit zielenden Aspekte hinzugefügt, wie sie für eine „Gesellschaft von Minderheiten" (oder sich gegenseitig Fremden) konstitutiv sind.

Es dürfte angesichts dieser hier nur angedeuteten Linien angebracht sein, bei allen Kontinuitätsannahmen eine epochale Veränderung des politischen und im engeren Sinne auch staatlichen Handelns in Betracht zu ziehen. Ob man dafür den ohnehin provisorischen Begriff der Postmoderne wählt oder sich in immer neuen Bindestrich-Konstruktionen neue Aggregatszustände der Gesellschaft ausdenkt, ist letztlich belanglos. Den damit bezeichneten Phänomenen sollte die Politikwissenschaft sich jedenfalls aufgeschlossener und neugieriger zuwenden. Das für das politische Leben konstitutive Links-rechts-Schema ist jedenfalls überholt oder, wie jüngst z. B. bei Norberto Bobbhio, nachhaltig zu modifizieren.

Generationsgestalten des Neuen

Damit eröffnet sich schließlich die biographisch-lebensweltliche Dimension des Politischen im dauernden Generationswechsel und Erneuerungsprozeß durch (demokratische) Wahlen und Nachfolgeregelungen zum Tragen kommt. Diesen normalen Wandel kann man auch emphatischer auffassen. Einer alten Idee Thomas Jeffersons folgend, betonte Hannah Arendt die Notwendigkeit einer ständigen Neugründung der Republik, um so dem Phänomen der inneren Einwanderung gerecht werden zu können. Als solche läßt sich das Auftreten neuer politischer Generationen erfassen, die immer wieder neu in den Grundkonsens der bestehenden Republik eingeführt werden müssen. Sie müssen die Chance bekommen, das grundlegende Einverständnis mitzutragen, aber auch umzudefinieren. Geschieht dies nicht, sind Demokratien von innerer Auszehrung und äußerer Gefährdung bedroht.

Neugründungen bestehender Gemeinwesen sind nicht so ungewöhnlich, wie es auf den ersten Blick erscheinen mag. Die Bundesrepublik ist ein Beispiel dafür. Nach der verordneten Gründung eines westlich-demokratischen Systems auf den Trümmern des Dritten Reiches mußte sich die westdeutsche Bevölkerung erst allmählich in die Konventionen, Prozeduren und normativen Voraussetzungen einer *civic culture* westlichen Typs einfinden – ein Prozeß, der erst mit dem politisch-kulturellen Umbruch der 60er Jahre zum Abschluß gekommen ist. Das symbolische Jahr 1968, das eine Art partizipatorischer Revolution und auch einen Machtwechsel eingeleitet hat, läßt sich als eine solche Neugründung auffassen. Nach außen wirkte die Studentenrevolte wie ein unversöhnlicher Generationskonflikt, der aus dem politischen System der Bundesrepublik hinauszuführen schien; in Wirklichkeit band er eine neue politische Generation langfristig an die Bonner Republik und schloß diese an liberale und zivile Traditionen an, so daß die Bundesrepublik auch ohne die primäre Intention, Frontstaat des Kalten Krieges zu sein, lebensfähig wurde. Mit der höheren politischen Beteiligung und dem Reformbedürfnis wuchs auch die Zufriedenheit mit der Demokratie und die Identifikation mit ihren normativen Voraussetzungen.

Dieser Vorrat scheint heute aufgezehrt, ist jedenfalls knapp geworden. Mit dem Jahr 1989 und der Realisierung einer vermeintlichen Lebenslüge, der Wiedervereinigung, ist erneut ein „Gründungsbedarf" entstanden, der bislang weder durch Verfassungsreform noch durch neue politische Initiativen befriedigt worden ist. Das Außmaß der „inneren Einwanderung" ist jedoch wesentlich gewachsen: Nicht nur steht ein politischer Generationswechsel an, wie er landläufig mit der Metapher von den „Enkeln" Adenauers und Brandts umschrieben wird; vor allem auch wären die „Neuankömmlinge" aus der alten, abgewickelten DDR aufzunehmen, die als Wohnbevölkerung der sprichwörtlichen „fünf neuen Länder" gewissermaßen emigriert sind, ohne sich überhaupt von der Stelle bewegt zu haben. Noch drastischer ist die Fremdheitserfahrung bei Hunderttausenden von Aussiedlern, die seit Jahren als De-facto-Einwanderer in die Bundesrepublik kommen. Die Fiktion ethnischer Volkszugehörigkeit und staatsbürgerlicher Gleichstellung läßt diese Fremdheit als soziokulturelles Problem erscheinen. Doch weisen diese „fremden Deutschen" viele Übereinstimmungen auf mit der dritten Variante von Neuankömmlingen, rund sieben Millionen Ausländer, darunter in Deutschland aufgewachsene und geborene Kinder und Enkel der einstigen „Gastarbeiter", die faktische Einwanderer sind, aber aufgrund derselben ethnischen Volksdefinition von der politischen Teilhabe im formalen und emphatischen Sinne ausgeschlossen bleiben.

Diese an Deutschland exemplarisch vermißte Neugründung betrifft auch die europäische Union oder Konföderation insgesamt. Sie ruht allein auf ökonomischen Fundamenten und einer erstaunlichen sozialstrukturellen Angleichung der Nationalstaaten, wird aber nicht politisch ausgestaltet durch normative Fundamente demokratischer *Europäität* und durch die Institutionalisierung einer europäischen Bürgerschaft und Staatsangehörigkeit, die die traditionellen Gegensätze von *Arm und Reich, Ost und West* und die durch die Präsenz des Islam und anderer Welt-Religionen noch gestiegene *konfessionelle Vielfalt* politisch zu integrieren und aufzuheben in der Lage ist.

Literatur

Arendt, Hannah: Über die Revolution, München 1986 (1963). Art. Neu, das Neue, in: Historisches Wörterbuch der Philosophie, Bd. 6, Basel 1984. Sp. 725ff.

Beyme, Klaus von: Theorie der Politik im 20. Jahrhundert. Von der Moderne zur Postmoderne. Frankfurt/M. 1991.

Binnig, Gerd: Aus dem Nichts. Über die Kreativität von Natur und Mensch, München 1989.

Casti, John: Szenarien der Zukunft, Stuttgart 1993.

Dewey, John: Creative Democracy: The Task Before Us, in: Essays in Honor of John Dewey, New York 1940, S. 220ff.

Groys, Boris: Über das Neue. Versuch einer Kulturökonomie, München 1992.

Gumbrecht, Hans-Ulrich (Hrsg.): Kreativität – ein verbrauchter Begriff?, München 1988.

Joas, Hans: Die Kreativität des Neuen, Frankfurt/M. 1992.

Koselleck, Reinhart: Vergangene Zukunft. Zur Semantik geschichtlicher Zeiten, Frankfurt/M. 1979.

Soeffner, Hans-Georg: Die Ordnung der Rituale. Die Auslegung des Alltags 2, Frankfurt/M. 1992.

Willke, Helmut: Ironie des Staates. Grundlinien einer Staatstheorie polyzentrischer Gesellschaften, Frankfurt/M. 1992.

Politik in den Zeiten der Politikverdrossenheit

Klaus von Beyme

Politikverdrossenheit und Politikwissenschaft

1. Die Fachkultur und Problemorientiertheit der Politikwissenschaft

Jede Disziplin entwickelt ihre eigene Fachkultur. Auch die Politikwissenschaft, die aus ungewissen und heterogenen Ursprüngen der Nachbarfächer wie Staatsrecht, Geschichte, politische Philosophie und Ökonomie zusammenwuchs, hat eine solche Fachkultur nach wenigen Jahrzehnten entwikkelt. Im Vergleich der Fächer, Universitäten und Motivationen, welche die Studenten bewegen, bestimmte Fächer zu wählen, zeigten sich in Deutschland vor allem vier Fachkulturen. Sondert man die Typen kognitiver Rationalität nach Verwendungszweck und Art des Wissens so ergeben sich vier Typen:

- spezialisierte Wissenschaftler,
- intellektuelle Generalisten,
- spezialisierte Praktiker
- und praktische Generalisten.

Studenten der Politikwissenschaft fühlen sich in ihrer Mehrheit als „praktische Generalisten". Untersucht man die Studienfachwahl im Zusammenhang mit der Fachkultur, so lassen sich wiederum vier Typen unterscheiden:

- Karriereorientierung,
- Reformorientierung,
- Lebensstilorientierung
- und Wissenschaftsorientierung.

Politikwissenschaftler, die befragt wurden, waren vor allem *reformorientiert*. Sie erwarteten Einsichten über gesellschaftliche Zusammenhänge und wollten zu den anstehenden gesellschaftlichen Veränderungen einen Beitrag leisten. Keiner dieser Typen läßt sich ungemischt in einer Population von Studenten nachweisen. Wie in anderen Sozialwissenschaften weit stärker, gibt es bei Teilen der Studenten der Politik *Lebensstilorientierung*. Sie suchen im Studium vor allem ein Moratorium gegenüber der Lebensroutine des Berufs und wollen sich erst einmal über einen sinnvollen Lebensplan Klarheit verschaffen. Bei der Wahl des Studienorts kommt dieser latente Hedonismus, der sich an der Lebensqualität des Ortes und nicht an seiner wissenschaftlichen Reputation mißt, in allen Fächern zum Ausdruck. *Wissenschaftliche Orientierung* ist bei einem Teil der Politologen nicht ausgeschlossen. Nur die *Karriereorientierung* ist gering. Die Studienanfänger haben klare Vorstellungen darüber, daß ihr Fach nur bedingt „karriereträchtig“ ist. Wer Karriere sucht, wählt eher Betriebswirtschaft, Jura oder Maschinenbau.[1]

Solche empirischen Untersuchungen zeigten, daß die Selbstselektion der Studenten nach Begabung und Neigung effektiver ist als die bürokratische Auswahl durch Numerus-clausus-Behörden. Einige Fächer werden in der Hierarchie der Disziplinen noch als elitär eingestuft. Andere übernehmen eher die Rolle eines "community college".[2]

Aufgrund dieser Selbstselektion der Studienanfänger kommt es zu einem Paradoxon: trotz der sich ausbreitenden Politikverdrossenheit wählen wachsende Zahlen der Abiturienten das Fach Politikwissenschaft ohne Rücksicht auf ihre Karriereaussichten. Hier breitet sich Wurstigkeit aus. Da selbst Juristen, Betriebswirtschaftler und Computer-Spezialisten auf dem Arbeitsmarkt in Schwierigkeiten geraten, kann man auch Ägyptologie oder Kunstgeschichte studieren. Eine postmaterialistische Gesinnung gibt Neigung und Begabung stärker nach als den antizipierten Zwängen des Arbeitssystems und der Karriereaussichten.

In der Politikwissenschaft, die von den rationalen Einheitsvorstellungen der klassischen Moderne geprägt war, herrschte die Suche nach dem legitimen System vor.[3] In einer fragmentierten Gesellschaft, die das alte Klassenschema mehr und mehr durch konkurrierende Lebensweisen ersetzt, erscheint das Legitimationsproblem im neuen Licht. Auch ältere Legitimitätsuntersuchungen hatten bereits ein Paradoxon gefunden: der kritisch unzufriedene Bürger ist nicht notwendigerweise illoyal. Der anscheinend loyale Bürger kann für ein System sogar gefährlicher werden als der illoyale, wenn er sich mit Apathie und Zynismus vom politischen System abwendet.[4]

Auf die vier Typen der Einstellung zum Studienfach angewandt kann dies bedeuten, daß der Karrierist sich zynisch seinen Geschäften zuwendet, und der Hedonist seinen Lebensstil lebt, ohne sich noch um das Gemeinwesen zu kümmern. Obwohl beide Typen wenig auffällig werden und – ohne es zu wollen – ihren Beitrag zur Stabilisierung des Systems auf ihre Weise leisten, weil sie „funktionieren“ oder in ihren Nischen keine Gefahr für das System darstellen, können sie für die gesellschaftliche Innovation gefährlich sein. Der kritische Sozialwissenschaftler mit seinem latenten „Helfersyndrom“ hingegen leidet am System, bringt aber auf seine Weise Innovationen auf den Weg.

Politikverdrossenheit der Massen kann eine Gefahr für das System bedeuten und sollte von der politischen Klasse nicht auf die leichte Schulter genommen werden. Die Politikverdrossenheit in der Politikwissenschaft hingegen hat nicht nur negative Seiten. Sie kann zwar destruktiv und eskapistisch sein. Aber die Praxisorientierung der meisten Adepten des Faches führt auch diese früher oder später in eine *konstruktive Kritik*, die sie am System arbeiten läßt. Eine kritische Politikverdrossenheit, die nicht im Stammtischgeschwätz verharrt, hat noch andere positive Seiten. Der Politikwissenschaftler ist weniger als der Normalbürger in Gefahr, überhöhte Erwartungen an die Integrität und Effizienz des politischen Systems zu stellen. Er trägt damit zum Abbau normativ überzogener Legitimitätsvorstellungen bei. Er lernt, wie das System funktioniert und welche Innovationen dem Code des politischen Subsystems gemäß überhaupt Aussichten auf Rezeption durch die politische Elite haben. Auch der Bürger hat daran Anteil – vielfach ohne es zu merken. Seit die Aufdeckung von Filz, Korruption und Selbstbedienung der politischen Klasse gigantisch gewachsen ist, hat der Bürger zwar *verbal* mit Politikverdrossenheit reagiert. Und auch sein *tatsächliches politisches Verhalten* ist einerseits passiver geworden. Die Raten der Wahlbeteiligung und des Engagements in den Parteien sinken; so sehr uns auch die empirische Sozialforschung noch immer zu trösten versucht, daß diese Einbrüche Fluktuationen sind und kein säkulärer Niedergang. Aber der Bürger hat andererseits auch mit neuen Formen des Engagements etwa in den neuen sozialen Bewegungen geantwortet.

Je nachdem wie man die Mitgliederfluktuation in den Parteien im Zeitraum aufteilt, lassen sich die Thesen des Niedergangs oder der Stabilisierung der Mitgliederzahlen „errechnen“. Im ganzen kann jedoch kein Zweifel bestehen, daß die Bereitschaft, sich im Parteiensystem zu engagieren, vor allem bei der Jugend abnimmt. Wo die Mitgliedschaft stabil erscheint, ist sie überaltert, und wo sie loyal geblieben ist, ist sie zunehmend auch innerhalb der Parteien apathisch geworden.

Lebenslange Parteimitgliedschaft kann von dem Trend der Auflösung stabiler sozialer Verhältnisse, der auch vor „heiligen Institutionen“ wie Kirche und Familie nicht haltgemacht hat, nicht ausgespart bleiben. Die Gleichung: ein Leben = ein Engagement für eine Partei – das in älteren Generationen noch vielfach ererbt war – kann nicht mehr aufgehen. In die modernen „Omnibusparteien“ steigen die Bürger ein und fahren eine Weile solange mit, wie sie sich mit der Politik dieser Partei identifizieren können oder sich wenigstens Vorteile für die eigene Karriere von einer Parteimitgliedschaft versprechen. Dieses eher *funktionale Verhalten* zum parteipolitischen Engagement – das nicht mehr von der Wiege bis zur Bahre beibehalten wird – schafft geringere Erwartungen und ist enttäuschungsfester. Umfragen zeigen, daß vor allem die Anhänger von Oppositionsparteien dem System auch bei Dauerherrschaft der Gegenpartei keineswegs ihre Loyalität aufkündigen. Sie haben geringere Erwartungen an die Regierung und können von ihr weniger enttäuscht werden.[5]

2. Die Operationalisierung der Politikverdrossenheit

Falls mein Versuch, das lose Mediengerede über die politische Klasse gegenüber der traditionellen Elitenforschung zu operationalisieren, von der Zunft akzeptiert werden sollte,[6] lassen sich die Zielrichtungen der Politikverdrossenheit in zwei Richtungen hin objektivieren. Sie richten sich einerseits gegen die *politische Elite* als dem engeren Handlungsverbund, der bindende Entscheidungen im System herstellen und soziale Probleme lösen muß; und gegen die *politische Klasse* andererseits, die bedingt durch die Lockerung der Bindungen ihrer Wähler, sich durch vielfältige Mechanismen zu stabilisieren versuchte: durch Sicherung ihrer Einkünfte, durch Stärkung des Parteienstaats auf der Basis von Subventionen aus dem Staatshaushalt und durch Verbesserung ihrer Versorgungs- und Einflußchancen, in dem Anhänger der politischen Klasse relevante Subsysteme außerhalb der Politik zu durchdringen und zu kontrollieren trachteten: die öffentlich-rechtlichen Massenmedien, die öffentliche Wirtschaft und das Erziehungssystem.

Wird von politischer Klasse gesprochen, wird meist eine gewisse *soziale Abgehobenheit* der Eliten von ihren Wählern unterstellt. Einerseits ist diese im Lebensstil deutscher Politiker kaum festzustellen, da er schwerlich zum „Klassenneid" reizt. Andererseits nehmen die Ansprüche an soziale Repräsentanz der Eliten bei den Wählern sogar ab. Worin liegt dann also diese Vorstellung von Abgehobenheit begründet?

Sie liegt in erster Linie an der Abgehobenheit des Parteienstaats von Wählern und Parteimitgliedern. *Etatisierung, Kommerzialisierung und Professionalisierung* lockern die Bande der politischen Klasse zu ihren Wählern. Sie kompensiert diese politische Distanz durch Verbesserung der *Responsivität* für Wählerwünsche in der Stimmungsdemokratie.

Ist die politische Klasse auch als einheitlicher Akteur nachweisbar? Theorien der politischen Elite entstanden entweder als Systemtheorie – wie in der Parsons-Schule – oder traten mit einem handlungstheoretischen Entscheidungsansatz auf. Beide Ansätze haben gelegentlich einen einheitlichen Akteur unterstellt. Inzwischen aber ist zweifelhaft geworden, ob selbst Institutionen ein einheitliches Handeln unterstellt werden kann.

Die politische Klasse ist nicht – wie in älteren politökonomischen Ansätzen dargestellt – eine Marionette von kapitalistischen Akteuren. Sie ist im Gegenteil eine politische Führungsgruppe, die ihre Autonomie auch finanziell und ökonomisch abzusichern trachtet, um in der Eigenschaft als politische Elite im verkleinerten Kreis sinnvoller handeln zu können. Nicht ein geheimer Macht- oder Besitzwille motiviert die politische Klasse. Ihre Autonomie-Politik wird – systematisch gesehen – durch den demokratischen Prozeß erzwungen, der immer stärkere Responsivität von ihr verlangt. Das Kartell der Parteien muß sich zudem bei abnehmender Mobilisierungskraft institutionell absichern, um die Funktionen in der politischen Willensbildung noch zu erfüllen.

Der Verselbständigungsprozeß ist kein einsinniger Depravationsprozeß. In Wellen wird der Druck der Bürger gegen die Verselbständigung verstärkt: in den 70er Jahren durch die Demokratisierungsbewegung, in den 80er Jahren durch die neuen sozialen Bewegungen, in den 90er Jahren durch neopopulistische Angriffe auf die politische Klasse.

Die Antwort auf die Frage: „Brauchen wir eine politische Klasse?", die Herzog aufgeworfen und nach einiger Abwägung bejaht hat,[7] muß differenziert werden. Die politische Klasse braucht in erster Linie sich selbst. Der Bürger ist prima vista gegen ihre Autonomisierungstendenz. Aber nach Abwägung funktionaler Gesichtspunkte wird der Bürger in einer zweiten Überlegung zum Schluß kommen, daß „wir" eine politische Klasse brauchen, falls sie sich nicht zur Machtelite verfestigt. Ein anderes Organisationsmodell politischer Führung ist angesichts der sozialen Differenzierungsprozesse in einer fragmentierten nachmodernen Welt nicht in Sicht. Die Alternative, eine strikte Mandatskonzeption in einem radikalen Demokratiemodell, wird der modernen ausdifferenzierten Gesellschaft nicht mehr gerecht.

Die Verselbständigungsprozesse in der politischen Klasse haben auf Dauer Rückwirkungen auf das Verhältnis zu den Bürgern. Die Grenze zwischen funktionsnotwendiger Abgehobenheit und ungerechtfertigten Privilegien wird nicht zu allen Zeiten in gleicher Weise wahrgenommen. In Zeiten, in denen die politische Elite an den Opferwillen der Bevölkerung apelliert, wird mangelnde Opferbereitschaft der politischen Klasse wesentlich kritischer wahrgenommen als in Schönwetterperioden der Politik, die einen Nutzenzuwachs für Eliten und Nichteliten erlauben.

Nicht wenige Punkte der neopopulistischen Kritik an der politischen Klasse haben nur indirekt etwas mit dieser zu tun. Sie betreffen eher die Entscheidungsfähigkeit des politischen Systems. Es kommt dabei zu Kurzschlüssen zwischen sozialen Eigenschaften der politischen Klasse und ihrer Handlungsfähigkeit als politische Elite. Ins Visier der Kritik gerät die Professionalisierung der Politik. Der Generalist ohne Spezialwissen und Berufserfahrung wird für die Verselbständigungs- und Selbstbedienungstendenzen verantwortlich gemacht.

Die Untersuchungen zum Prestige der politischen Klasse zeigen freilich, daß die Mehrheit der Bürger die Kritik am Generalisten nicht innerlich akzeptiert hat. Der politische Prozeß ist so komplex geworden, daß der Bürger überhaupt nur den multifunktionalen Generalisten wahrnehmen kann. Umfragen produzieren monatliche Momentaufnahmen der öffentlichen Meinung. Bei der Suche nach den beliebtesten Politikern waren 1991/1992 unter den ersten zehn meist Engholm, Schäuble, Süssmuth, Rau, Kohl und früher auch Waigel. 1992 schoben sich Biedenkopf, Diepgen, Stolpe, Seiters und Kinkel nach vorn.[8] Die Namen sind austauschbar. Es zeichnet sich jedoch die Regel ab, daß eher die Generalisten beliebt sind als verdienstvolle Politiker mit einem politikfeldbezogenen Spezialwissen. Zwei Personen unter den ersten vier (Süssmuth, Biedenkopf) brachten als Professoren hohen Sachverstand in ihr Amt. Aber sie wurden nicht als Fachpolitiker wahrgenommen. Die Mehrheit der Bürger hat längst vergessen, daß es sich um Hochschullehrer handelt.

Die Kommerzialisierung der Politik entwickelt die Tendenz, Prestige als „machbar" erscheinen zu lassen. In reißerischen Darstellungen werden Minister durch Werbung „gemacht". Aber die Realität zeigt, daß auch die größte Publizität auf Grenzen stoßen kann. Bundeskanzler Kohl hat wie kein Kanzler vor ihm die politische Werbung organisiert und kam dennoch niemals auf einen der ersten Plätze in der Beliebtheitsskala. Sinnlose Aktivitäten im „Leerlauf des Dabeigewesenseins" zahlen sich nur als symbolische Politik aus: Mitterrands Flug nach Sarajewo konnte den Bürgerkrieg nicht beenden. Der Präsident gefährdete sich sogar selbst. Aber die Geste hatte symbolische Bedeutung für die Ermutigung der bosnischen Bevölkerung.

Der „Generalist mit dem Spezialwissen, wie man politische Gegner bekämpft", wie ihn Bundespräsident von Weizsäcker abqualifizierte,[9] ist ein Zerrbild. Selbst Konfliktfähigkeit gehört zu seinen professionellen Eigenschaften, wenn sie nicht vorwiegend zum Schlag unter die Gürtellinie eingesetzt wird. Die Schauseite der Wahlkämpfe verrät zudem, daß selbst die überwiegend nicht sehr konfliktorientierten Bürger Durchsetzungsstärke honorieren.

Das Prestige der politischen Klasse scheint über die Jahre abzunehmen. 66% stimmten dem Satz zu: „Die Politiker kümmern sich nicht viel darum, was der kleine Mann sagt und denkt", 60% fühlten sich ohne Einfluß in der Politik.[10] Wo die Umfragen weniger pauschal ausfielen waren auch die Urteile der Bürger differenzierter. Erfahrenheit und Redegewandtheit sind bei den Politikern der vier etablierten Parteien die meist genannten Eigenschaften, welche sie auszeichneten. Nur bei den Grünen stand „leeres Gerede" an erster Stelle. Im Verantwortungsbewußtsein rangierten die SPD-Sympathisanten in der Wahrnehmung gegenüber der politischen Klasse leicht vor den bürgerlichen Parteien. Unionsanhänger waren eher durch „Bildung" beeindruckt.[11] Das Negativimage „verlogen, gewissenlos, egoistisch und machtgierig" tauchte nur bei einer Minderheit der Bürger als Wahrnehmung auf.

Vom Auf und Ab des Prestiges der politischen Klasse auf die Legitimität des Systems zu schließen, ist ein weitverbreiteter Irrtum. Prestige-Eliten wurden – in Anwendung des Parsonschen Schemas der Subsysteme des

Gesellschaftssystems – schon lange als eigenständige Größe gewürdigt. Sie spielen in der Phantasie des Publikums eine größere Rolle als die Exponenten der politischen Klasse. Bei der Frage nach den beliebtesten Staatsbürgern rangieren Filmstars und Sportler weit vor Politikern. Am krassesten zeigte sich dies in Ostdeutschland. Unter den Ostdeutschen rangieren Jens Weißflog, Kurt Masur, Katrin Krabbe, Stefan Heym und Christa Wolf vor den wenigen Politikerinnen, die genannt wurden (Regine Hildebrandt, Bärbel Bohley oder Angela Merkel).

Selbst wo nur das Prestige der politischen Elite getestet wird, sollten keine übertriebenen Schlüsse gezogen werden. Die Unterstützung für ein System ist weitgehend „diffus". Kritiker – und sogar Zyniker – können wegen ihres Moralismus die Werte des politischen Systems besonders stark internalisiert haben. Von der Entfremdung vom System und seiner politischen Klasse ist es ein weiter Weg bis zur Aufkündigung der Loyalität. Der entfremdete Bürger kann sich loyal verhalten – der kaum Entfremdete illoyal.[12] Legitimität, die durch Illoyalität eines Teils der Bürger zu leiden scheint, kann wieder „beschafft" werden – vor allem durch wirtschaftliche Erfolge des Systems zugunsten bestimmter Gruppen. Durch Pakte mit dissentierenden Gruppen kann die Unzufriedenheit eine ganze Weile vom Umschlag in die Illoyalität ferngehalten werden; wie vor allem die neuen Demokratien vor ihrer Konsolidierung immer wieder erfuhren.[13] Sie hätten sonst schwerlich ihre Startschwierigkeiten überlebt.

Kritik und Zynismus gegenüber der politischen Klasse sind nicht nur dysfunktional. Einerseits sind sie Ausdruck abnehmender Erwartungen gegenüber der politischen Klasse. Diese wird nicht mehr substanz- und werthaft überhöht wahrgenommen. Ihre funktionale Notwendigkeit aber wird akzeptiert. Politik ist „schmutzig", aber einer muß die Dreckarbeit leisten. Andererseits ist die laut geäußerte Entfremdung funktional, weil sie die politische Klasse zur Reaktion zwingt: Sie muß ihre Responsivität wieder steigern.

Die Führung als politische Klasse ist in der Verteidigung ihrer Privilegien ohne Bundesgenossen in der Gesellschaft. Sie kann die Wähler für politische Programme gelegentlich mobilisieren, nicht aber für die Steigerung ihrer Einkünfte. Daher ist dieser Aspekt einer Verselbständigung der politischen Klasse relativ rasch unter Kontrolle zu bringen. Die innerparteiliche Sensibilisierung für die Schmerzgrenze der Wähler wächst nach Skandalen nicht weniger rasch als die Skandale selbst. Walter Momper hat dies in Berlin 1992 erfahren. Als Parteivorsitzender wurde er zum Geschäftsführer einer Immobilienfirma. Die SPD geriet in die Schwierigkeit, ihren Wählern erklären zu müssen, wie ein Führer der Partei für niedrige Mieten kämpfen soll, wenn sein berufliches Interesse gerade auf hohen Mieten gerichtet sein muß. In einer solchen Zwickmühle konnten sich die zerstrittenen Flügel der

Partei leicht auf einen Kurs einigen: Verzicht auf die lukrative Beschäftigung oder Rücktritt vom Parteivorsitz.

Wenn Skandale der politischen Klasse bereinigt erscheinen, beginnt für ihren inneren Zirkel, die politische Elite, jedoch erst das eigentliche Problem: Die Responsivität der politischen Klasse wird langfristig an der Fähigkeit der Führung gemessen, die anstehenden Wohnungsbauprobleme zu lösen. Die Statusbedrohung, die viele Wähler durch unkontrollierte Einwanderung empfinden, läßt sich mit Verzicht auf Privilegien der politischen Klasse allein nicht aus der Welt schaffen. Bei den Verselbständigungstendenzen der Privilegien der politischen Klasse zeigt sich zudem eine starke Abhängigkeit von der wirtschaftlichen Lage: in Boomzeiten sind die Wähler geneigt, der Devise „Leben und leben lassen" zu huldigen. In Zeiten der wirtschaftlichen Stagnation aber werden höhere Anforderungen an die Responsivität der Eliten gestellt.

3. Die Kritik am Handlungsdefizit der politischen Elite

Der zur Zeit populäre Ausdruck der Politikverdrossenheit in einer Pauschalkritik der politischen Klasse führt im populistischen Überschwang auf einen Nebenkriegsschauplatz. Er ist fiskalisch unergiebig. Die Vorstellung, daß man durch Einfrieren der Einkünfte der politischen Klasse „viel Geld" sparen könnte, erinnert fatal an wohlmeinende Kampagnen der Jungsozialisten in den 70er Jahren. Sie glaubten damals astronomisch hohe Summen für soziale Zwecke zu gewinnen, wenn sie den Steuersatz für Spitzenverdiener auf schwedisches Niveau anhöben. Sie übersahen, daß auch dieser Zuwachs für den Staatshaushalt nur ein Plus von 1–2% ausmachen konnte, und durch Möglichkeiten der Umgehung oder Kapitalflucht diese Mehreinnahmen noch nicht einmal gesichert waren.

Die substantiellere Form der Politikverdrossenheit richtet sich nicht gegen die politische Klasse, sondern gegen ihren inneren Kern, die politische Elite. Die Gefahren des Neopopulismus von oben und unten liegen heute in den Tendenzen der Verselbständigung, die nicht geringer sind als die Verselbständigungstendenzen der politischen Klasse, die sich abgehoben und sozial gut gesichert im „Raumschiff" Bonn von der Gesellschaft abkapselt. Die Entlegitimierungstendenzen im politischen System, die nicht zu leugnen sind, liegen weniger in den Privilegien der politischen Klasse als in der zunehmenden Unfähigkeit der politischen Elite, die sozialen Folgen der deutschen Einheit zu bewältigen. Die Kritik meint den Esel des Entscheidungssystems, haut aber der Einfachheit und Medienwirksamkeit halber eher den Sack der Accessoires der politischen Klasse.

Die Selbstbedienungsmentalität der Führung muß bekämpft werden.

Das System zeigt sich dazu durchaus in der Lage: das Bundesverfassungsgericht hat in der Frage der Parteienfinanzierung gesprochen und der Bundespräsident und der Ältestenrat haben Kommissionen eingesetzt, um die Parteifinanzen und die Diäten zu durchleuchten. Sie haben zügig gearbeitet. 1994 wird es zur gesetzgeberischen Regelung der Materie kommen. Die eigentlichen Probleme des Systems liegen aber auf einer anderen Ebene.

Die deutsche Vereinigung hat den Staat in immer weitere Bereiche hineingezogen. Die Regierung wollte Deregulierung und Entstaatlichung – muß aber unter dem Druck der Problemlast eine Politik des Gegenteils betreiben. Die Arbeitsmarktpolitik für Ostdeutschland wurde etatistischer, als sie Schweden in seinen sozialdemokratischen Zeiten betrieben hat. Der Teufel des Staatszentralismus der DDR mußte mit dem Beelzebub einer Superbürokratie „Treuhand" ausgetrieben werden. Die DDR-Kirchen wären gern vom Staat unabhängig geblieben. Da sie aber finanziell am Tropf der Westkirchen hingen, mußten sie die staatliche Kirchensteuererhebung auf sich nehmen. Gesellschaftliche Organisationen, die in Ostdeutschland tätig werden, beziehen ihre Mittel fast ausschließlich aus der Staatskasse.

Die Etatisierungstendenzen in der modernen Demokratie sind nicht auf die politische Klasse beschränkt:

- Im Volk wächst die Neigung, das *soziale Netz als Hängematte* zu benutzen. Sie wird durch die Selbstbedienungsmentalität der politischen Klasse verstärkt. Die politische Klasse reagiert uneinsichtig, wie der Populismus von unten: die Bekämpfung von Mißbräuchen wird auf isolierbare Gruppen begrenzt (Asylsuchende, Ausländer, Sozialhilfeempfänger). Der Versuch, neue Projekte wie die Pflegeversicherung in erster Linie auf Kosten der sozial Schwachen zu finanzieren (Karenztage, neue Abgaben), stärkt nicht eben die Bereitschaft der Mehrheit, den populistischen Feindbildproduzenten in der Kampagne gegen die politische Klasse zu widerstehen.
- Die *Entbeamtung* vieler Bereiche wurde seit den 70er Jahren diskutiert. Sie scheiterte aber an unheiligen Allianzen vom Beamtenbund bis zur ÖTV.
- Die *Deregulierung* der öffentlichen Unternehmen und Medien stößt auf erbitterten Widerstand von Teilinteressen. Es muß schon der Bankrott von Bahn oder Post drohen, ehe ein Konsens zum Handeln möglich wird. Die Monopolkommission hat in ihrem Gutachten 1992 weitere Privatisierung öffentlicher Unternehmen angemahnt. Die politische Klasse ist aber mit anderen Vordringlichkeiten beschäftigt. Schließlich kann man zeigen, daß in Ostdeutschland fleißig privatisiert wird.

Da die Änderung von Eigentumsverhältnissen erfahrungsgemäß schwer durchzusetzen ist, wird es um so wichtiger, daß die politische Klasse im Bereich ihrer autonomen Entscheidungsfähigkeit im Parteienstaat Zeichen setzt:

- *Änderungen des Abgeordnetengesetzes* stehen an. Die Abgeordnetenbestechung sollte endlich auch in Deutschland unter Strafe gestellt werden.
- Die *Entflechung der Eliten in den öffentlichen Bereichen* muß vorangetrieben werden. Unvereinbarkeitsbestimmungen zwischen Mandat und Aufsichtsratsfunktionen in der privaten Wirtschaft können jedoch vermutlich nicht generell durchgesetzt werden. Es gibt keinen Grund, der politischen Klasse als einzigem Sektor der Eliten zu verbieten, Erfahrungen in der Wirtschaft zu sammeln, die zudem auch für die politische Tätigkeit von Nutzen sein können. Transparenz und Offenlegung dieser Verbindungen und der Einkünfte, die sie nach sich ziehen, müssen aber verbessert werden. Es reicht nicht, diese dem Bundestagspräsidenten mitzuteilen und die Materie in den „Verhaltensregeln" zu behandeln. Eine gesetzliche Regelung könnte hier die Offenheit schaffen, die nötig ist, um dem innerparteilichen Willensbildungsprozeß bei der Kandidatenauslese die nötigen Informationen bereitzustellen.
- Die *Zahl der Mandate* in den Landtagen und im Deutschen Bundestag sollte verringert werden. Die lineare Vermehrung der Mandate durch die Deutsche Vereinigung ist vielfach kritisiert worden. Die Symmetrie von Listen- und Direktmandaten wird schwer aufzubrechen sein. Die Direktmandate können kaum verringert werden. Deutsche Wahlkreise sind im Vergleich zu Ländern mit einem relativen Mehrheitswahlrecht ohnehin schon unangemessen groß. Eine Reduzierung der Listenmandate dürfte aber gerade die Interessen der politischen Klasse am empfindlichsten treffen. Schon die Planungen für den Ausbau des Reichstages zeigten, daß es schwer sein wird, am Status quo des Umfangs des Bundestages zu rütteln.
- Die *Zahl der Parlamentarischen Staatssekretäre* ist ins Kraut geschossen. Die Frage ist nicht mehr – wie zur Zeit der Großen Koalition –, ob sich ein Amt als Bindeglied zwischen Exekutive und Legislative bewähren kann. Die Frage lautet vielmehr, ob mehr als ein Parlamentarischer Staatssekretär pro Ressort erforderlich ist. Die Vermehrung dieser Ämter in Deutschland ist der Proliferation der Unterstaatssekretäre in Italien gefolgt, mit denen die Regierung dort seit langem Patronagepolitik treibt. Was in Italien aber noch funktional vertretbar ist, um die *correnti* – die Flügel der Parteien – zu befriedigen, hat für die Schaffung der inneren Kohäsion der Regierungsfraktionen in Deutschland keine Funktion.
- Am leichtesten sind die Vorschläge zu realisieren, die *innerparteilich* durchgesetzt werden können. Die Kontrolle der Mitglieder der politischen Klasse von außen durch politische Mittel wie Offenlegung bleibt unvollkommen. Es läßt sich kaum nachweisen, daß die Wähler Parteien

mit Stimmentzug bestrafen, bei denen die Offenlegung (disclosure) unangemessene Interessenverflechtungen zu Tage förderten. In Amerika ist die Kontrolle durch Vorwahlen (primaries) vergleichsweise größer als in Europa. Hier könnten allenfalls die Parteimitglieder, die als Delegierte bei der Kandidatenaufstellung mitwirken, eine Kontrolle ausüben, die auch über Interessenverflechtungen und unerwünschte Nebenbetätigungen informiert sind. In Europa müßte eine verbesserte innerparteiliche Demokratie die Mängel der rechtlichen Kontrolle von außen ausgleichen.

Noch ist in Deutschland kein Flächenbrand der Parteiverdrossenheit entstanden. Der Poujadismus in Frankreich und der Glistrupismus in Dänemark waren frühpopulistische Vorboten einer Systemverdrossenheit. In Italien ist mit der Lombardischen Liga eine politische Kraft entstanden, die das gesamte Parteiensystem durcheinanderwirbelte und die Regierungsbildung stark erschwerte. Die Ligen attackierten 1992 alle Bereiche der Etatisierungstendenzen im Namen des Marktes. Was einst eine elitäre neoklassische Wirtschaftsphilosophie zu sein schien, ist als „gesunkenes Kulturgut" in den politischen Bewegungen angekommen. Sogar der Wohlfahrtstaat kam mit der politischen Klasse in Verruf. Auch diesem werden immer neue Aspekte entlockt, die weniger der Versorgung der Nichteliten als der Patronage für die Eliten dienen.

Die politische Klasse Italiens wurde in der populistischen Polemik mit der Nomenklatur-Klasse der Sowjetunion gleichgesetzt. Der Untergang der Nomenklatura wird der politischen Klasse als Menetekel vorgehalten; ihr wird ein ähnliches Schicksal prophezeit.[14] Falls diese Kampagnen zum gesamteuropäischen Flächenbrand würden, wäre zu befürchten, daß im Namen einer altliberalen Idee in Verbindung mit neuliberalen Minimalstaatsideen, eine Fülle demokratischer und sozialstaatlicher Errungenschaften in ganz illiberaler Weise geopfert werden.

Die politische Klasse eignet sich schlecht als Sündenbock, weil sie mit den Wählern und ihrer Lebenseinstellung viel zu eng verbunden ist, als daß die Verselbständigung bestimmte Grenzen überschreiten könnte. Selbst die Responsivität, die von der demokratischen Theorie als Trostanker für die Aufgabe der Idee eines imperativen Mandats, ausgeworfen wurde, hat negative Seiten. Politiker werden gezwungen, den Launen hedonistischer Wähler in wachsendem Anspruchsdenken nachzugehen. Responsivität wird zur flatternden Kompaßnadel im Wellengang der Stimmungsdemokratie.

Resümee

Das Wachstum der Politikverdrossenheit der Bürger ist kein „ehernes Gesetz der Demokratie“. Was vielfach als Niedergang wahrgenommen wird, entpuppt sich im kühlen Rückblick als unvermeidlicher sozialer Wandel. Der Politikwissenschaftler steht vor keinem schlimmeren Dilemma als Studenten anderer Fächer: der Germanist muß damit leben, daß er in einem „Volk ohne Buch“ unterrichten muß. Der Kunsthistoriker ist an die elitären Wonnen gewöhnt, daß nur wenige Menschen sich für Kunst interessieren. Politik – diese Botschaft wurde in den wilden 60er und 70er Jahren vielfach überhört – ist für die meisten Lebenspläne ein ganz nebensächliches Handlungsfeld. Man muß weniger begründen, warum die Mehrheit der Bürger sich nur mäßig für Politik interessiert, sondern vielmehr das Engagement der Wenigen erklären.

Politikwissenschaftler in ihrer praxis-orientierten Selbstselektion sind in der Regel bereit, mit diesem Desinteresse zu leben; auch wenn sie sich später im Beruf in den Dienst der Weckung von politischen Bewußtsein stellen – ob in der Schule, in den Medien oder in der politischen Bildung. Sie haben das Fach vielfach trotzdem gewählt, weil sie etwas *bewegen wollen*; und das ist von den vier eingangs erwähnten Motivationen der Studienwahl neben der Orientierung an der Wissenschaft sicher die respektabelste.

Die Zeiten der 68er sind vorbei, als die studierenden Sozialwissenschaftler das politische Bewußtsein mit ihrer Art Feuer und Schwert – Dauermeetings und Vollversammlungen – zu heben versuchten, und sich dabei im politischen Sektengezänk verloren. Auch die Zeiten, die auf die Übermobilisierung folgten, sind vorbei, als die studierende Jugend links blieb, aber anarchoid und spontaneistisch gesonnen war und den utopischen Praxisbezug in Kleingruppen herzustellen versuchte. Sie erlebte die Enttäuschung, daß selbst eine alternative Kommune gegen den Sog des dominanten Marktsystems nicht gefeit war, und daß ihre eigenen aufgeklärten Erziehungsvorstellungen bei der folgenden Generation auf Widerstände stießen. Die Altachtundsechziger müssen heute damit leben, daß die Gegenreaktion gegen den linkshedonistischen Lebensstil ein neuer *„Kollektivismus von rechts“* ist. Die *Spontigeneration* wählte den Rückzug und gab gegenüber dem Ganzen die Parole aus: „Es gibt viel zu tun – lassen wir es liegen.“ Die heutige Generation ist, wenn der Augenschein nicht täuscht, überwiegend, in den Sozialwissenschaften zumindest, kritisch geblieben. Trotz aller Politikverdrossenheit will sie etwas bewegen. Den großen Patentrezepten der klassischen rationalistischen Moderne hat sie zu mißtrauen gelernt. Ideologien sind nicht gefragt, es sei denn in der abgeschwächten und pluralistischen Form der Zivilgesellschaft.

Die Politikwissenschaft hat dem kritischen Reformbedürfnis weitgehend

Rechnung getragen. Auf den Trümmern der alten ideologischen Schlachten zwischen Neomarxismus und Positivismus fand man sich in einer politikfeldorientierten und praktisch relevanten Wissenschaft zusammen. Die alte Linke versucht weiterhin, der Politikwissenschaft totale Distanz zu den Machtzentren zu empfehlen. Da wird ein Stasi-Engagement eines Berliner Politikprofessors als Beispiel dafür genommen, wohin jede Politikberatungsorientierung führen muß (E. Krippendorff). Im ganzen hat eine gewandelte Politikwissenschaft jedoch die Mitte zwischen kritischer Distanz zur Macht und Einflußsuche auf ihren Gegenstand „Politik" gehalten.

Anmerkungen

1 P. Windolf, Fachkultur und Studienwahl. Ergebnisse einer Befragung von Studienanfängern, in: Kölner Zeitschrift für Soziologie und Sozialpsychologie 2 (1992), S. 76–98.

2 Windolf (1992), ebd., S. 90.

3 K. von Beyme, Theorie der Politik im 20. Jahrhundert. Von der Moderne zur Postmoderne, Frankfurt a. M. ²1992, S. 357f.

4 P. M. Sniderman, A Question of Loyalty, University of California Press, Berkeley 1981.

5 B. Westle, Politische Legitimität. Theorien, Konzepte, empirische Befunde, Baden-Baden 1989, S. 301.

6 K. von Beyme, Die politische Klasse im Parteienstaat, Frankfurt a. M. 1993.

7 D. Herzog, Brauchen wir eine politische Klasse?, in: APuZG B 50 (1991), S. 3–13.

8 Der Spiegel Nr. 27 (1992), S. 40.

9 Richard von Weizsäcker im Gespräch mit Gunther Hofmann und Werner A. Perger, Frankfurt a. M. 1992, S. 150.

10 Zit. in R. Wildenmann, Ratlose Riesen, Baden-Baden 1989, S. 48.

11 Emnid-Informationen 5/6 (1990), S. 16, Tabelle 5.1.

12 Snidermann, a. a. O., S. 170.

13 G. di Palma, To Craft Democracies, California University Press, Berkeley 1990, S. 144ff.

14 G. Savelli, Che cosa vuole la lega?, Mailand 1992, S. 180ff.

Ulrich Beck

Renaissance des Politischen – oder Widersprüche des Konservatismus

I

In den Archiven des Kreml hat sich ein Abschiedsbrief Josef Stalins gefunden. Darin steht: Genossen seid zuversichtlich! Sollte – wider Erwarten – nicht der Kapitalismus, sondern der Kommunismus an seinen Widersprüchen zerbrechen, dann löst die Sowjetunion auf, vereinigt Deutschland und betreibt den Eintritt Moskaus in die Nato. Von diesem Schlag wird sich der Westen niemals erholen. – Sicher, eine Legende, aber eine, bei der einem das Lachen vergeht, weil sie im Realkabarett der Geschichte gerade aufgeführt wird. Schon Montesquieu sagt: „Die Institutionen gehen an ihrem Sieg zugrunde." Allmählich dämmert die dialektische Ironie, daß mit dem Osten auch der Westen verschwunden ist.

Es gibt die Bundesrepublik nicht mehr. Wir leben in einer Phantomrepublik. Wie jemand mit seinem Arm weitergreift, nachdem er ihn verloren hat, so sprechen und handeln wir in der Phantomsprache und Phantomwelt des real nicht mehr existierenden Westens. Es gibt kein europäisches Sicherheitssystem mehr, keine Gleichgewichts- und Abschreckungspolitik, keine erste und keine dritte Welt (schon weil es die zweite nicht mehr gibt), es gibt auch keine Nato und keine Bundesrepublik mehr.

Es gibt nur Fiktionen gleichen Namens, Gebilde aus Fragen, ein vom Glanzlack des Sieges mühselig verdecktes und zusammengehaltenes, riesengroßes politisches Vakuum. Wie dieses ausgefüllt wird, das ist – jenseits von Rezession und Vereinigungskrise – der zentrale Konflikt in Europa.

Verdeckt wird dieses Vakuum durch ein falsches Bewußtsein. Viele igeln und sesseln sich ein und murmeln die Rosenkränze der Postmoderne – Ende der Politik, Ende der Geschichte, sinnlos, zu spät –, während um sie herum aus den Trümmern der Ost-West-Ordnung das Politische neu ausbricht.

Die Renaissance des Politischen entsteht aus zwei sich überlagernden Bewegungen: Mit dem Zusammenbruch des Ostens sind im Glanze des Triumphes auch die Grundsätze westlicher Politik zu einem Scherbenhaufen zerschellt. Dies wiederum ist die Voraussetzung dafür, daß in fast allen Politikfeldern die Koordinaten neu erfunden, die Weichen neu ein- und ausgerichtet werden können. Beides, das Zerbrechen der alten Grundsätze wie die Neuformulierung, Neuformierung des Politischen findet in Deutschland (anders als in Italien) – noch – hinter den Fassaden von Stabilität und Kontinuität statt.

Die Implosion des Ostens hat im Westen so etwas wie eine „Entkernung des Politischen" ermöglicht: Die Biedermeier-Fassaden der alten Bundesrepublik werden hochgehalten und herausgeputzt, während im Innern kein Stein, kein Prinzip auf dem anderen bleibt. Die konservativen Sprachpolitiker haben dafür das falsche Zauberwort der „neuen Normalisierung" geprägt. Verkleidet als Anpassung, wird der Salto mortale rückwärts geprobt. Auf diese Weise lassen sich fast legitimationslos die Uhren der Moderne in Deutschland zurückdrehen.

Der Ost-West-Gegensatz war eine einzige Zementierung des Politischen. Die Rollen lagen fest, die Gegensätze regierten in alles hinein. Im kleinen wie im großen waren die Zonen von Normalität und Abweichung, Neutralität und Parteilichkeit abgesteckt und bis in die Einzelheiten der Industrieproduktion, Komunalpolitik, der Familienpolitik und der Technologiepolitik, der Militär- und Außenpolitik geplant. Von Uganda bis Eritrea, von Helsinki bis Bonn, Paris, Moskau, Warschau und den eingekerkerten Führern schwarzafrikanischer Befreiungsbewegungen wußte jeder, was er zu tun und zu lassen hatte. Das Kraftfeld dieses weltweiten Großgegensatzes absorbierte die innen- und außenpolitischen Spielräume. Dies ließ zwar so etwas Unerhörtes wie die deutsche Ostpolitik in den siebziger Jahren gerade noch zu. Aber auch schon diese mußte sich dauernd gegen den Verdacht der DDRisierung der Bundesrepublik zur Wehr setzen.

Die Konfliktmechanik des Ost-West-Gegensatzes hatte damit Politik im strengen Sinne des Wortes abgeschafft. Die im westlichen Denken erarbeitete und ausgewalzte These vom „Ende der Politik" ist die These vom Ende der Politik im Ost-West-Gegensatz. Wo alles, alle Rollen und Gegenrollen, alle Züge und Gegenzüge im Prinzip wie in einem großen Drehbuch festgeschrieben und im allgemeinen Handeln dauernd wechselseitig bekräftigt werden, gab es zwar „philologische Interpretationspolitik" über diese und jene Windung und Wendung in dieser und jener Situation, nicht aber so etwas wie Politik im eigenständigen, gestaltenden Sinne des Wortes. Der Zusammenbruch des Ostblocks hat dieses Drehbuch zur Makulatur werden lassen. Es existiert nur noch auf dem Papier und im Kopf.

Eine Epoche, die von der Aussichtslosigkeit allen Handelns überzeugt ist, gerät in den Strudel von politischen Umwälzungen und Herausforderungen, die politisches Handeln, politische Phantasie wie nie zuvor herausfordern – und chancenreich machen. Es kommt zur unfreiwilligen Renaissance des Politischen nach dem bewiesenen Ende desselben aus den Trümmern der alten Weltordnung. Angenommen, diese Diagnose trifft einen Nerv der sich herausbildenden Zukunft, dann allerdings ergibt sich ein zentrales Interesse an der Politik(wissenschaft): Ein Zeitalter, das sich mit den besten Gründen aus der Handlung verabschiedet hat, schlittert neu und grundsätzlich ins Politische hinüber. Eine zumindest im Kopf fatalistische Moderne verwandelt sich in eine politische Moderne, in der Konstanten verschoben, umgebaut und ausgewechselt werden. Vom Umbau der Familien- und Geschlechterordnung über den ökologischen Umbau der Industriegesellschaft bis zum Umbau Europas ist – wenigstens einen historischen Augenblick lang – so ziemlich alles in Bewegung geraten. Die Gleichgültigkeit, die sich mit der Aussichtslosigkeit verbunden und verbündet hat, wird zu einer Ideologie des alten Westens, weil diese guten alten Argumente, die im Kopf regieren, die Freisetzung des Politischen aus dem Zusammenbruch der alten Ordnung verkennen.

Man kann den Galopp der Geschichte in zwei Deutungen einzufangen versuchen: An die Stelle des Ost-West-Gegensatzes tritt ein um den Osten erweiterter Westen, ein Großwesten. Alles wie gehabt, nur: mehr, größer, alternativloser, kritikloser – Ende der Gesellschaftsgeschichte (was nicht Ende von Kriegen, Umbrüchen usw. heißen muß). Zweitens: Ein Westen ohne Osten ist kein Westen mehr. Ein Westen, dem sein Gegenpart beitritt, verliert im Glanze seiner neuen Überlegenheit genau das, was ihn zum Westen gemacht hat: den äußeren Gegensatz, der die inneren Rivalitäten und Eigeninteressen zu zügeln und zu kitten erlaubte.

Positiv gewendet heißt das: Europa ist keine Wirklichkeit, sondern eine Möglichkeit, ein X, von dem nur eines sicher ist: Es ist keine Bekannte, keine Konstante, sondern eine Unbekannte, eine Variable, die erst mit ihrer Gestaltung Form gewinnt.

Man muß sich, um zu verstehen, was heute in Europa geschieht, vor Augen halten, was geschehen *könnte*, wenn die notwendigen Institutionen der Politik, die es zu erfinden gilt, schon da wären: europäische Parteien, eine europäische Öffentlichkeit, eine europäische Außenpolitik, eine europäische Sicherheitspolitik, die Erweiterung der EU und der Nato nach Osten usw. Überall handeln nur die politischen Kräfte und Institutionen, die es gibt, und nicht die, die es zu gründen gilt. Das heißt: zweierlei wird falsch – erstens die Erklärung der Ereignisse aus dem Ist, zweitens die Erklärung der Ereignisse aus der Vergangenheit. Der Vorgriff auf etwas Neues, Visionäres, wird zum integralen Bestandteil einer Erklärung dessen, was sich vor unseren Augen vollzieht und doch anders vollziehen könnte und würde, wenn es dieses zu erfindende X gäbe. Es bedarf, anders gesagt, eines soliden Stücks realistischer Phantastik, um der Wirklichkeit, die begriffsmobil geworden ist, auf die Spur zu kommen.

„Im Osten drohen die drängendsten Gefahren für die Sicherheit Deutschlands“, schreibt Robert B. Zoellick (in: DIE ZEIT, Nr. 48, 26. 11. 93, S. 10). „Werden sich die Reformer in Rußland durchsetzen? Wird Rußland auf Dauer die Unabhängigkeit der Ukraine hinnehmen? Werden die Ukrainer willens und in der Lage sein, eine stabile Sicherheitsstruktur ohne Atomwaffen zu schaffen? Werden Unruhen in Eurasien Wellen von Flüchtlingen gen Westen schwappen lassen? Werden schlecht konstruierte Atomkraftwerke oder andere ökologische Katastrophen ganz Europa vergiften?“

Es bedarf einer „neuen Ostpolitik“, die die nachsozialistischen Gesellschaften, auch Rußland, wirtschaftlich, innen- und außenpolitisch an- oder einbindet in die Europäische Union und die europäische Politik. Früher war Osteuropa die Kornkammer Westeuropas. Aber wegen der Teilung des Kontinents entwickelten die Westeuropäer eine eigene Landwirtschaft, die heute die Einfuhr von Agrarprodukten aus dem Osten blockiert. Nur eine neue wirtschaftliche Arbeitsteilung kann Polen, Ungarn usw. den Weg nach Europa ebnen. Wenn aber Europa die wirtschaftliche Wiedereingliederung des Ex-Ostens nicht zuwege bringt, werden die neuen Demokratien östlich der deutschen Grenzen kaum überleben können.

„Fast verschlägt es einem den Mut, diese Fragen auch nur anzudenken. Deutschlands westeuropäische Partner scheinen von dem Ausmaß dieser Probleme so überwältigt, daß sie praktisch gelähmt sind. Anders als sie kann sich Deutschland jedoch weder nationale Nabelschau noch kurzsichtige Verzettelung in einer nach innen gewandten westeuropäischen Diskussion leisten“ (Zoellick).

Ist diese Gesellschaft, ist Europa politisch gestaltbar (geworden)? Das ist allerdings der Fall. Dies haben als erste die Konservativen in allen Parteien und auf allen Ebenen der Gesellschaft erkannt.

II

Die ins Schwarze treffende Frage “What's left?” (Steven Lukes), die die linken Gruppen und Grüppchen spaltet, ist ausdiskutiert. Es wird höchste Zeit, den Spieß umzudrehen: “What's right?” Hat rechts recht? Die Frage nach den Widersprüchen des Konservatismus muß auf die Tagesordnung!

Nicht nur die Ideengebäude des Kommunismus und Sozialismus oder das Parademodell des schwedischen Wohlfahrtsstaates zerfallen, auch die Lehren der sozialen Marktwirtschaft und des Nationalstaates, die gesamte Vorstellungswelt des Neonationalismus sprechen von der entstandenen zivilisatorischen Weltlage wie Blinde von Farben. Wenn es etwas wirklich im Überfluß zu pflücken gibt, dann sind es die Widersprüche vom Baume der rechten Erkenntnis. Wir greifen hier nur einen besonders faulen Apfel heraus: die bemerkenswerte Inkompetenz des Nationalen.

Für alle Probleme, die die Welt bewegen – vom Umweltschutz über weltweite Wirtschaftsverflechtungen und Wanderungsbewegungen bis zu den Fragen der regionalen und globalen Friedenssicherung –, hat das nationalstaatliche Denken jegliche politische Handlungskompetenz eingebüßt. Man kann es – ironisch – an dem Versuch Deutschlands zeigen, in nationaler Hoheit die eigenen Grenzen dichtzumachen, um die Flüchtlingsströme abzuwehren: Dazu brauchte und baute man einen Damm aus befreundeten Nachbarstaaten! Ein Fall von Hühneraugenoperation zur Heilung eines Krebskranken (Karl Kraus). Alles, was dem Nationalismus in Europa Auftrieb gibt: Massenarbeitslosigkeit, Flüchtlingsströme, Kriege, ist von ironischer Internationalität.

Auch der soziale und demokratisch gezähmte Kapitalismus, der nun plötzlich heiliggesprochen wird, hat einen Webfehler, der seine Ausdehnung begrenzt: Er bleibt auf Umweltzerstörungen angewiesen. Diese Wirtschaftsform ist insofern ihrem Wesen nach eine Gesellschaftsordnung für eine privilegierte Minderheit der Erdbevölkerung. Je deutlicher die zerstörerischen Folgen der Marktwirtschaft allgemein bewußt werden, um so deutlicher wird die Privilegierung sichtbar werden – mit dem doppelten Effekt: Die große Mehrheit der Erdbevölkerung muß eine ähnliche Lebensweise vorenthalten werden, und sie drängt in die Wohlstandsfestungen des Westens. Mit anderen Worten: Ökologische Zerstörungen erzeugen soziale Ungleichheiten und Armut im Weltmaßstab. Armut kann nicht länger nationalstaatlich, sie muß auch und insbesondere als internationale und mobile Armut begriffen werden – mit völlig neuen Herausforderungen an Institutionen, Politik und Wissenschaft.

Vor einiger Zeit bedauerte Joachim Fest in einem Leitartikel, daß das „letzte Tabu" der alten Bundesrepublik, das „moralische Verdikt über die Hitler-Jahre", angesichts der Brandstiftungen gegen „Fremde" nun in Flammen aufgeht. Aber haben nur die Brandsatz-Werfer und nicht auch die Brandsatz-Schreiber dieses Tabu gebrochen? Hat der politische Symbolist, der Historiker Dr. Helmut Kohl, nicht dieses Tabu ganz bewußt verletzt, als er am 20. Juli, dem Gedenktag des Widerstandes gegen die Nazibarbarei, sich mit Ernst Jünger traf, dem Antipoden dieses Widerstandes? Wie aber war dieser Tabubruch in der Mitte und Spitze der Bundesrepublik möglich? Schärfer gefragt: Wie finden Bürger und Bürgerschreck zusammen?

In Deutschland und in anderen Staaten Westeuropas tobt ein Aufstand gegen die achtziger Jahre, ein Kulturkampf der zwei Modernen. Die Integrität einer hochindividualisierten Suchgesellschaft soll durch die Entgegensetzung gegen „Fremde" zu einer im Inneren ungleichen, nach außen zur Festung ausgebauten Gesellschaft ersetzt werden. Die Ziele lauten:

Adenauerisierung, zurück in die Zukunft der fünfziger Jahre, jodelndes High-Tech!

Ironisch gesagt: Da Mann nun leider den Frauen das Wahlrecht nicht mehr entziehen kann, da ihre Ausbildungswilligkeit nur noch mit Mühen zurückzuschrauben wäre, da überhaupt alles, was in dieser Hinsicht nützlich wäre, sich nicht gut macht, ergibt sich nicht ganz bewußt, aber auch nicht ganz unbewußt ein nicht ganz untauglicher Umweg, dasselbe in der Dramaturgie der Gewalt und des Nationalen doch zu erreichen. Hier hat der Tabubruch gegen rechtsradikale Gewalt einen bislang wenig beachteten Grund: die auch im Westen aufgestaute Gegenrevolte gegen die Individualisierung, Feminisierung, Ökologisierung des Alltags.

Wie die islamischen betreiben die Fünfziger-Jahre-Fundamentalisten in allen politischen Parteien und Etagen ihre Sache versetzt. Dort wird zu Koran und Mohammed gebetet und gegriffen, um den Hausfrieden wieder einzurenken, hierzulande schwimmt man auf der braunen Welle. Dosierte Verharmlosung rechtsradikaler Gewalt – und die politischen Koordinaten driften nach rechts. Dosiertes Eindämmen und Ausgrenzen, und die Regierung schärft ihr „liberales Profil". So kann man andere die Drecksarbeit machen lassen und gegen Exzesse in die Rolle des Retters der Demokratie schlüpfen. Wann endlich wird die politische Zwickmühle erkannt und betätigt, in die sich so die Konservativen moralisch, psychologisch und politisch manövriert haben?

Der Konservatismus ist genauso pleite wie der Kommunismus. Überall wackeln die politischen Ideologien und Systeme in ihren Festen. Der Grund liegt in dem immer deutlicher sichtbar werdenden totalen Mangel einer Legitimationsgrundlage. So können – wie jetzt schon in Italien – große Staatssysteme durch bürgerlichen Ungehorsam zu Fall gebracht werden.

Die Anklage gegen die Konservativen in allen Regierungen und Parteien lautet nicht, daß sie tatsächlich nur ein Interesse verfolgen: das eigene. Glücklich die Gesellschaft, in der Schnippchen-Jäger wie du und ich regierten. Konsequent müßte eine Gesellschaft, die sich darüber entrüstet, sich selbst entlassen. Die Anklage lautet: Phantasielosigkeit, Dilettantismus, Fortschreiben, Festschreiben, Aufzehren – und erst dann: Korruption.

III

Der ehemalige CDU-Generalsekretär Heiner Geißler hat seine eigene Partei vor dem realpolitischen Fehler gewarnt: Eine Exportnation wie Deutschland, die vom freien Austausch der Waren und Ideen buchstäblich lebt, zerstört mit der Ausgrenzung von „Fremden" ihre eigenen Existenzgrundlagen. Heißt „Deutschland den Deutschen", daß amerikanisches, japanisches, israelisches, arabisches usw. Kapital von jetzt ab unter den Asylbewerberparagraphen fällt und von den Nachbarstaaten zum Zwecke der dortigen Investition abgefangen werden soll? Je stärker der Konservativismus neonationalistische Töne anschlägt, desto nachhaltiger gefährdet er seine wirtschaftliche Machtbasis und Kompetenz. Neonationalismus erzeugt Arbeitslosigkeit. *Diese* Gefährdung des „Wirtschaftsstandortes Deutschland" wird kaum erwähnt.

Hinter dem einigenden Band des Antikommunismus blieb verborgen, daß im konservativen Lager gegensätzliche Strömungen zusammengebunden sind, die nun auseinanderstreben: Wertkonservative, die das Wort „Bewahren" ernstnehmen und damit in Widerspruch geraten zu den Marktkonservativen, die auf die Ankurbelung des qualitativ unveränderten Wirtschaftswachstums setzen und dadurch die Auflösungs- und Zerstörungsmaschinerie einfacher Industrialisierung immer weiter anheizen. Diese wiederum stehen im Gegensatz zu den Staatskonservativen, die gegen die Anomie, die sie so erzeugen, in die Tastatur des Nationalen und Militärischen greifen.

Es war interessanterweise Friedrich Engels, der diesen Widerspruch zwischen kapitalistischem Kalkül und militärischer Aufrüstung bemerkt und angeprangert hat. Allerdings zog er daraus den in bisher zwei Weltkriegen blutig widerlegten Schluß, daß der Kapitalismus „essentiell unkriegerisch" (Schumpeter) sei. Doch der im klassischen Nationalbewußtsein stillgestellte Widerspruch zwischen den toten Militärinvestitionen und dem kosmopolitischen Interesse des Kapitals an weltweit offenen Märkten und Grenzen kann – gerade angesichts leerer Staatskassen – jederzeit aktiviert werden.

Dagegen versucht die Militär- und Außenpolitik Dämme zu bauen. Man muß sich noch einmal vergegenwärtigen, daß auch in diesem Politikfeld die alten Gesetzestafeln zerbrochen sind, um zu erkennen, mit welcher Hemdsärmeligkeit hier fortlaufend Tatsachen einer deutschtümelnden Weltpolitik geschaffen werden. Ganz nebenbei ist dabei nämlich anscheinend die politische Richtlinienkompetenz aus dem Bundeskanzleramt, dem Verteidigungs- und Außenministerium zu den Generälen abgewandert. Wie sonst soll man die Tatsache erklären, daß das Strategiepapier des Generalinspekteurs Günther Naumann, in dem die „legitimen Interessen" Deutschlands im weltweiten Zusammenhang postuliert und propagiert werden, kurze Zeit später vom Verteidigungsminister zur Richtschnur erhoben wurden? Heißt es im Naumann-Papier: „Eine ausschließlich auf Deutschland oder Europa konzentrierte Betrachtungsweise wird der Sicherheit Deutschlands und den zukünftigen Herausforderungen nicht gerecht", so verkünden die dies ausführenden „verteidigungspolitischen Richtlinien" des Ministers, daß unter anderem zu der neuen Normalität die „Aufrechterhaltung des freien Welthandels und des ungehinderten Zugangs zu Märkten und Rohstoffen in aller Welt im Rahmen einer gerechten Weltwirtschaftsordnung" gehören. Wo „Politik als Beruf" (Max Weber) versagt, erhält Beruf als politisches Handeln seine Chance. Das ist ein klassischer Fall regelverändernder Militär- und Außenpolitik *von unten*. Subaußen- und -militärpolitik des Militärs in eigener Sache und Regie. Es handelt sich bei dem Griff in die Sprachformeln aus der imperialistischen Mottenkiste des 19. Jahrhunderts auch nicht um einen Zu- oder Unfall, denn diese Weltsicht soll durch die Einrichtung eines Generalstabes ebenfalls neunormalisiert werden.

Es gab einmal ein Land, in dem herrschte als demokratische Selbstverständlichkeit das Tabu, unter allen Umständen und in allen Fragen das Primat der Politik gegenüber dem Militär zu wahren. Wie andere Tabus ist auch dieses von den regierenden Scheinkonservativen nicht bewahrt, sondern verletzt worden.

Insgesamt lassen sich Niedergang und Aufstieg nationalkonservativer Politik exemplarisch am Zerfall der alten „Bundesheimwehr" und ihrer Neugründung als „Bundesweltwehr" studieren. Die alte Bundeswehr war ebenso wie die Nato auf Landesverteidigung aufgebaut. Ihre Ausrüstung und Ausrichtung, ihre Macht, ihr Prestige, ihre Legitimität standen – und fielen! – also mit dem einen zuverlässig gefährlichen Aggressor „Kommunismus".

Da, wie Verteidigungsminister Rühe so herzerfrischend formuliert, das neue Deutschland „von Freunden umzingelt ist", wurden 200 000 Soldaten der Siegeslorbeer und die Entlassungsurkunde in einem Zuge ausgehändigt. Wäre die Verteidigungspolitik Verteidigungspolitik geblieben, wäre die Bundesheimwehr ein Stück westlicher DDR geworden, eine Selbstabwicklungsarmee, in der alles schrumpt: Arbeitsplätze, Geld, Prestige, Manöverakzeptanz.

Wie sehr den Generälen die Angst vor der Feindlosigkeit in die Knochen gefahren ist, geht daraus hervor, wie viele blaue Blumen Hoffnung sie pflükken zu müssen glaubten. Da entdeckten die Generäle ihr Herz für die Hungernden der Welt, den Umweltschutz, die Abrüstung, den Kampf gegen Drogenhandel und internationale Waffenschiebereien als Erweiterung und Verschönerung ihres friedenssichernden Soldatenberufs: Not macht erfinderisch.

Es ist schon bemerkenswert, wie in einem Land, das sich zum ersten Mal in seiner kriegerischen Geschichte „von Freunden umzingelt" sieht, ein so reger Handel mit allen möglichen und unmöglichen Feindbildern unter eifriger Beteiligung von Intellektuellen aller Gesinnungsgattungen blüht. Der Trend geht vom austauschbaren (islamischen Fundamentalismus, Irak) zum mobilen (Waffenhandel, vagabundierenden Atomwaffen) zum abstrakten Feind (Asylanten, Fremde, Weltbürgerkrieg). Schließlich kann eine augenblickliche Feindlücke auch durch prinzipielles Nachdenken geschlossen werden, beispielsweise dadurch, daß Feindschaft als unüberwindlich dargestellt wird. Diese anthropologische Feindbild-Flexibilisierung ermöglicht Feindbilder ohne Feinde. Je unaufhebbarer und undurchsichtiger die Bedrohungen, desto größer und vielfältiger die Zukunftsmärkte für Sicherheitsproduzenten, Friedensstifer und Militärtechnologien überall auf der Welt.

Wer die zwei Begriffe „national" und „global" in der Unterstellung „weltweiter deutscher" Interessen zusammenschraubt, begeht einen gefährlichen Kategorienfehler, denn er verwechselt und vermischt das 19. mit dem 21. Jahrhundert. Scheinbares Wiedererkennen verstellt und ersetzt inzwischen fast überall Erkennen. Hier wird dieses „täuschende déja vu" (Jürgen Habermas) geschichtsmächtig.

„Die Konzeption des modernen Militärinterventionismus", schreibt der Militärhistoriker Wolfram Wette, „läßt die folgenden Elemente erkennen:

1. einen ‚Rundumalarmismus': Die internationale Lage wird als unübersehbares Feld aktueller und potentieller Gefahren interpretiert;
2. den politischen Willen, internationale ‚Verantwortung' und nationale Interessen rein macht-militärpolitisch zu definieren;
3. die Re-Legitimisierung des Krieges als Mittel der Politik;
4. die Wiederaufnahme des Strebens nach einer deutschen ‚Weltmachtrolle', das von der Reichsgründung bis 1945 die zentrale außenpolitische Orientierung der deutschen Machteliten darstellte. Dabei handelt es sich heute allerdings um ein geläutertes, frühere Fehler möglichst nicht wiederholendes Streben: keine nationalen Alleingänge, nur begrenzte Risikobereitschaft".

Allerdings: Der Appetit kommt oft beim Essen. Institutionen – eine Binsenweisheit – dürfen nicht von den Absichten ihrer Gründer her beurteilt, sondern müssen so zugeschnitten werden, daß auch ihre Nach- und Nachnachfolger nicht aus dem demokratisch-zivilen Grundkonsens ausscheren können. Diese Frage wird seltsam verschwiegen: was verhindert *institutionell* das Militär-Macht-Gehabe späterer deutscher Regierungen gegenüber den Nachbarstaaten, zum Beispiel um doch noch den Verzicht auf die „deutschen Ostgebiete" rückgängig zu machen?

Der Aufbau einer Bundesweltwehr setzt den Abbau eines Denkens und Handelns in nationalstaatlichen Kategorien und nationalen Interessen voraus. Der Schritt mit der Waffe in der Hand über die eigenen Grenzen kann verantwortlich nur durch Preisgabe nationaler Souveränitätsrechte in – wie der konservative Politiktheoretiker Hermann Lübbe sagt – „politischen Großraum-Institutionen sui generis" gelingen. Diese seien weder als Bundesstaat noch als Staatenbund zu konzipieren, sondern „ausgestattet mit partiellen Souveränitäten zur Erfüllung von Funktionen, für deren Erfüllung die Einzelstaaten faktisch ihre Souveränität längst verloren haben. Das reicht von der Wirtschaft über den Umweltschutz bis zur Verteidigungspolitik".

Man hört jetzt oft, eine Berufsarmee entlastet von den Legitimationsproblemen, die der Einsatz der Bundeswehr jenseits der eigenen Grenzen erzeugt. Das dürfte eine Illusion sein. Man stelle sich das vor: Die alte Bundesheimwehr hatte alle Konsensvorteile auf ihrer Seite. Verteidigung, also Notwehr, gegen einen ausgewiesenen „Erzfeind". Mit dem Einsatz außerhalb der Landesgrenzen ist alle Fraglosigkeit der Verteidigung dahin. Hier müssen Angriffe – auch wenn sie im Rahmen von „Friedensmissionen" der UNO (Orwell läßt grüßen) stattfinden – im Kreuzfeuer der öffentlichen Kritik gerechtfertigt werden. Wobei die Ziele eines solchen Unternehmens immer vielschichtig und bestreitbar bleiben. „Friedensstiftung" in Somalia beispielsweise, wo immer nur Bandenführer rivalisiert und regiert haben, war eine Fata Morgana.

Wenn das ebenfalls zum alten Eisen der Geschichte gelegte Prinzip der politischen und militärischen Nichteinmischung in eine Art humanitärer Breschnew-Doktrin des Westens umgedreht wird, dann ergibt sich die Frage: Wo müssen wir in einer Welt der Ungerechtigkeit und Gewalt *nicht* „Frieden stiften", sprich: einmarschieren? Das Ganze in einem Land, das – wenn die Umfragen nicht täuschen – immer noch eine grüne Republik, genauer: eine grüne Großschweiz werden will. Und in einer Welt, die auf dem atomaren Pulverfaß lebt.

Verglichen damit war die alte Bundesheimwehr ein Konsens-Biotop, eine Quelle für Konsens sogar, an der andere sich laben konnten. Die Bundesweltwehr wird das genaue Gegenteil sein. Die Zustimmung der Parteien zu einer Grundgesetzänderung ist das eine. Dann erst beginnt die gesellschaftliche Kontroverse! Ist eine Bundesweltwehr überhaupt zustimmungsfähig? Ich glaube: Jeder Einsatz wird das ganze Land einer inneren Zerreißprobe aussetzen.

IV

Damit kommen wir zum Kern der Frage: Warum eigentlich diese Anhimmelung des Nationalen in einer transnationalen Welt?

Das Nationale ist durchaus nicht, wie jetzt wieder „bewiesen" wird, ein unterirdisches Adersystem der Geschichte, das vergessen und verdrängt wurde, aus dem es (auch deswegen) jetzt wieder heftig hervorbricht und -blutet. „Nationalismus ist keineswegs das Erwachen von Nationen", schreibt der Historiker Ernest Gellner: „Man erfindet Nationen, wo es sie vorher noch nicht gegeben hat." Das Nationale ist eine (originäre) Erfindung des 19. Jahrhunderts, eine linke Waffe übrigens gegen die herrschenden, sich (selbst) auf Gott berufenden Dynastien.

Dagegen wurde die „Volksherrschaft“ behauptet und geweckt, die das Band zwischen Jenseits und Königtum zerschneidet und Herrschaft diesseitig neugründet. Pures Ketzertum, für das man jahrhundertelang auf dem Scheiterhaufen landete. Auch mußte und muß die Vielfalt der „natürlichen“ Einheit unterdrückt werden, um den nationalen Raum staatlich und kulturell aufzuspannen und zu sichern.

Die Chinesen haben einen Fluch, den sie ihrem ärgsten Gegner nachrufen: Mögest Du in aufregenden Zeiten leben! Die Renaissance des Nationalen ist ein giftiges Gegengift gegen diesen Fluch des Weltzerfalls. Dies gilt für alle Schlüsselbegriffe der rollenden konservativen Gegenreformation – Natur, Frau, Mann, Volk, ethnische Identität und so fort. Diese Kategorien beschwören Altes, Anthropologisches, Unveränderliches und Hinzunehmendes. Sie beschwören die Wiedergeburt der Einfachheit nach ihrem Ende. Die Gegenmoderne absorbiert, verteufelt, fegt die Fragen vom Tisch, die die Moderne aufwirft, auftischt, auffrischt. Man sagt „Natur“, aber meint, betreibt Naturalisierung.

Doch die Propagandisten der Gegenmoderne leben im Widerspruch. Sie können nie einlösen, was sie versprechen. Sie heizen mit der einen Hand den Selbstlauf der Moderne an und schnüren mit der anderen Hand die gesellschaftlichen Freiheiten ein. Es ist die Maskerade der Vergangenheit, die auf den Bühnen der Moderne als Realschauspiel aufgeführt wird. Auf dem Programm steht die Wiederverzauberung des Nationalen nach seinem Ende.

Dem Nachweis, daß zwischen der Marxschen Theorie und der Unmenschlichkeit des Stalinismus ein immanenter Zusammenhang besteht, muß der Nachweis (auf dem Fuße) folgen, daß jede Art von Nationalismus und der Unbegriff der „ethnischen Säuberung“, das barbarische Schlachten im Herzen Europas, zusammengehören. Wir haben es im Gegeneinander von Kommunismus und Konservativismus mit jener ersprießlichen Alternative „Erhängen oder Erwürgen“ zu tun. Bisher lebt die Attraktivität des Erwürgens davon, daß das Erhängen seinen Reiz verloren hat.

Wer sich und andere erwürgen will, mag das offen sagen, aber nicht länger aus der öffentlichen Anklage des Erhängens seine Rechtfertigung beziehen.

V

Welche Schlußfolgerungen ergeben sich daraus für eine öffentlichkeitsorientierte Sozial- und Politikwissenschaft? Die Konstellation für Kritik in Deutschland, war nie so günstig. Die Versteinerung der Kritik, die die Übermacht der Marxschen Theorie seit einem Jahrhundert für die kritische Intelligenz in Europa bedeutete, ist weg. Der Obervater ist tot. Man kann die

Gründe und Abgründe seiner Übermacht neu und staunend zur Kenntnis nehmen. Nur für das versteinerte Denken fällt dieser Zusammenbruch mit dem Ende der Kritik zusammen. Tatsächlich kann die Kritik erst jetzt Atem schöpfen und den Blick öffnen und schärfen.

Die *nach*marxistische Gesellschaftskritik, sagen wir es deutlicher: die *anti*sozialistische Gesellschafts*kritik* kann erst nach dem Zusammenbruch des Ost-West-Gegensatzes beginnen. Erst jetzt entfällt der Denkzwang, der im Stalinismus zur Selbstfolterung, Selbstzerstörung perfektioniert und mechanisiert wurde (eindringlich geschildert in Arthur Koestlers Roman ›Sonnenfinsternis‹), aber auch die westliche Linke im “double bind” zwischen sozialistischer Kapitalismuskritik und sozialistischer Sozialismuskritik gefangengehalten hat.

Wo aber ist heute der Hebel der Kritik zu finden und anzusetzen? Steckt nicht in aller Aufklärung ein Fundamentalismus der Zweckrationalität, der sie immer wieder leicht ins Gegenteil umschlagen läßt? Vielleicht ist aber gerade diese unerschrockene Kritik primärer Aufklärung die Voraussetzung für den Beginn einer *anderen* Aufklärung, die den Skeptizismus nicht fürchtet, sondern zum Lebenselement, zum Überlebenselement macht?

Vielleicht entsteht aus dem gewählten, eingesehenen, angenommenen Skeptizismus eine Lebensform des menschlichen Maßes? Vielleicht ist der Irrtum, der nach- und nachgewiesen wird, die einzige Art, uns zur Vernunft zu bringen? Vielleicht überwindet der reflektierte Skeptizismus, der auf der Höhe seiner Zeit lebt und argumentiert, den arroganten Technikglauben des Industrialismus und begründet die Toleranz und Neugierde gegenüber der Andersheit der anderen? Dubio ergo sum: Ich zweifle, also bin ich! Ich zweifle, also werde ich! Ich zweifle, also gebe ich Dir Raum! Du zweifelst, also räumst Du mich ein! Ich und Du zweifeln, also sind wir! Wir zweifeln, also werden wir möglich! Wir zweifeln, also gibt es viele Modernen und alles beginnt von Neuem!

Der Skeptizismus, entgegen einem weit verbreiteten Irrtum, ermöglicht alles neu: Ethik, Moral, Erkenntnis, Glauben, Sozietät und Kritik, nur anders, ein paar Nummern kleiner, vorläufiger, revidierbarer, lernfähiger, damit aber auch wieder neugieriger, offener für Unvermutetes, Unvereinbares, und zwar mit der Toleranz, die in der letzten Letztgewißheit des Irrtums gründet und wurzelt. Nach Marx, Engels und Lenin, nach Horkheimer und Adorno wäre vielleicht z. B. Montaigne als Urvater einer kritischen Gesellschaftstheorie der nun „reflexiven Moderne“ neu zu entdecken.

Vielleicht ist das politische Programm der radikalisierten Moderne der Skeptizismus? Denn der durchgesetzte Zweifel erfordert eine andere Machtverteilung, eine andere Architektur von Institutionen, eine andere Technik und Technikentwicklung, eine andere Wissenschaft, andere Lernzirkel und Revidierbarkeiten von Entscheidungen.

Literatur

Beck, U.: Die Erfindung des Politischen, Frankfurt M. 1993.
Beck/Giddens/Lash: Reflexive Modernization, Polity Press, Cambridge 1994.
Baumann, Z.: Moderne und Ambivalenz, Hamburg 1992.
Beyme, K. v.: Theorie der Politik im 20. Jahrhundert, Frankfurt M. 1991.
Ewald, F.: Der Vorsorgestaat, Frankfurt M. 1993.
Gellner, E.: Nationalismus und Moderne, Berlin 1991.
Giddens, A.: Beyond Left and Right, Ms. Cambridge 1994.
Scharpf, F.: Die Handlungsfähigkeit des Staates am Ende des 20. Jahrhunderts, Politische Vierteljahresschrift 92/1991, S. 621–634.
Zapf, W. (Hrsg.): Die Modernisierung moderner Gesellschaften, Frankfurt M. 1991.

Nach dem Beben: 1989 und die Folgen

Helmut Dubiel

Der entfesselte Riese?

Die „zivile Gesellschaft" und die liberale Demokratie nach 1989

Es ist keineswegs die definitorische Klarheit eines Begriffs, die ihm in der politischen Wissenschaft und der interessierten Öffentlichkeit Aufmerksamkeit verschafft. Die kometengleiche Bahn des Begriffs der „zivilen Gesellschaft" vor und nach 1989 bietet ein Lehrstück dafür, daß vielmehr *die* Begriffe Karriere machen, die sich als Projektionsfläche für Vorstellungen eignen, die wegen ihrer internen Undeutlichkeit und der Vielfalt ihrer zeitgeschichtlichen Bezüge noch nicht unmittelbar artikulierbar sind.

Mit dem Begriff der „zivilen Gesellschaft" verbanden sich an der Wende der 90er Jahre so heterogene Motive wie die Hoffnung auf eine normative Verjüngung der liberalen Demokratie, die Hoffnung der westlichen Linken auf ein utopisches Nachfolgeprojekt der sozialen Revolution nach dem Ende der kommunistischen Welt, die Hoffnung mancher Sozialwissenschaftler auf ein analytisches Konzept zur Deutung des spezifischen Politikstils neuer sozialer Bewegungen. Keine Konnotation der „zivilen Gesellschaft" freilich war so durchschlagend wie diejenige, die sich mit dem schließlich erfolgreichen Kampf der Bürgerrechtsbewegungen im früheren Ostblock verband.

Der Begriff der „zivilen Gesellschaft" wurde schon zu Beginn der 80er Jahre von polnischen und ungarischen Intellektuellen – zunächst im Samisdat – in die Diskussion gebracht und dann erst sehr bruchstückhaft und verspätet im Westen rezipiert. Diese intellektuellen Avantgarden der mittelosteuropäischen Bürgerrechtsbewegungen suchten seinerzeit nach einer Konzeption, die von der Vorstellungswelt der kommunistischen Revolution ähnlich weit entfernt sein sollte wie vom restaurativen Schema eines traditionellen Antikommunismus. Im Revolutionsjahr 1989 schien der Begriff einer „zivilen Gesellschaft", welche dem totalitären Sozialismus Schritt für Schritt „autonome" Handlungsräume abtrotzte, sowohl den raschen und relativ gewaltfreien Zerfall des kommunistischen Systems zu erklären als auch das Subjekt zu bezeichnen, das die postkommunistische Transformation zur Demokratie erfolgreich vollziehen könnte.

Als Janos Kis, Adam Michnik und Jacek Kuron ihre Überlegungen zur „zivilen Gesellschaft" niederschrieben, hatten sie die gescheiterte ungarische Revolution von 1956 und das gescheiterte Projekt der sozialismusimmanenten Reform in Prag 1968 vor Augen. Auf dem Boden ihrer spezifischen historischen Erfahrung plädierten sie für eine politische Strategie *jenseits* von umstürzender Revolution und jenseits einer systemisch beschränkten Reform, welche das bestehende Machtsystem nur durch Modernisierung stabilisiert. Für diese wie für die anderen osteuropäischen Dissidenten war die „zivile Gesellschaft" ein Gegenbegriff zu dem des „totalitären Staates". In dem spezifischen osteuropäischen Kontext des (ehemaligen) totalitären Sozialismus bezeichnet der Begriff der „zivilen Gesellschaft" das Ensemble der Assoziationen, sozialen Bewegungen und Öffentlichkeiten, die dem totalitären Staat eigene gesellschaftliche Handlungsspielräume abtrotzen. Das abschreckende Beispiel der russischen Revolution vor Augen, die sogar die sozialen Kräfte entmachtete, die sie selbst hervorgebracht hatte und jede immanente Reform durch Terror blockierte, verzichteten die osteuropäischen Anhänger der „zivilen Gesellschaft" auf den Anspruch, selbst die Stelle der staatlichen Macht einzunehmen. Ihnen geht es – und das war Jacek Kurons Begriff – um eine „selbstbegrenzende" Revolution. Das Wort „Selbstbegrenzung" nimmt eine verschiedene Bedeutung an, je nachdem, ob es auf den Staat oder die Sphäre der „zivilen Gesellschaft" bezogen wird. Im ersten Sinne soll dem noch totalitären Staat eine „Selbstbeschränkung" in der Ausübung seiner bis dahin unumschränkten Handlungsmacht aufgenötigt werden. Im zweiten Sinn verzichten die Akteure der „zivilen Gesellschaft" aber auf das Programm einer Rücknahme des Staates in die Gesellschaft. Auch *nach* der Revolution sollte nach dieser Vorstellung die „zivile Gesellschaft" bleiben, was sie *vorher* war, nämlich eine konfliktive Sphäre der Selbstorganisation und Artikulation aller sozialen Kräfte. Es ging ihnen also nicht um eine Auflösung des Staates in die Gesellschaft, sondern um die Institutionalisierung der Differenz von Staat und Gesellschaft. Diese institutionalisierte Differenz sollte verhindern, daß *eine* soziale Bewegung den Ort des Staates usurpiert. Eine solche Strategie – z. B. von Solidarnosc – sollte garantieren, daß die eigene soziale Rolle *nach* der Etablierung einer nachtotalitären Macht beibehalten wird. Sie sollte also garantieren, daß nach dem Ende des totalitären Staates die „zivile Gesellschaft" als Quelle von Dissidenz, Innovation und öffentlicher Revision in Permanenz erhalten bleibt.

Die neuerliche Karriere des Begriffs der "civil society", die wir ein Stück weit rekonstruiert haben, verdankt sich also jener durchschlagenden Prägnanz, die er im Kontext des antitotalitären Kampfes der mittelosteuropäischen Bürgerrechtsbewegungen gewonnen hatte. Ein Gutteil der Verwirrung nun, die das Konzept seit 1989 erzeugt, ergab sich daraus, daß von ihm auch theoretische und politisch-strategische Orientierungshilfe in der *post*-kommunistischen Phase erwartet wurde. Erst im Verlauf der demokratischen Revolution selbst wurde deutlich, daß in der Euphorie des Umbruchs heterogene Bedeutungsaspekte des Begriffs zusammengedacht worden waren. "Civil society" wurde nämlich zum einen bezogen auf die *Vorgeschichte* des Umbruchs, d. h. auf die Herausbildung freiwilliger, auf demokratische Prinzipien verpflichteter autonomer Assoziationen, die mit gewaltlosen Mitteln dem Staat eine politische Gegenöffentlichkeit abtrotzten. Und zugleich wurde das Konzept – *nach* dem Umbruch – bezogen auf die politisch-kulturellen, ökonomischen und sozialstrukturellen Trägergruppen und Motivpotentiale, die den jetzt formell errichteten Demokratien erst das es stabilisierende und legitimierende Fundament geben könnte. In den Monaten unmittelbar nach den demokratischen Revolutionen haben die mittelosteuropäischen Bürgerrechtler selbst und die mit ihnen sympathisierende libertäre Intelligenz des Westens noch keinen Unterschied sehen können zwischen dem moralisch motivierten Antitotalitarismus des Konzepts und dessen realsoziologischem Potential zur Beschreibung und Anleitung der postkommunistischen Transformation. Gewiß ist ein unmittelbarer Vergleich zwischen der antitotalitaristischen Selbstinterpretation der Bürgerbewegung und einer sozialwissenschaftlichen Diagnose des Umbruchsprozesses problematisch. Jenes Konzept der „Zivilgesellschaft" diente der Selbstverständigung von Teilnehmern des politischen Kampfes, während dieses sich aus der empirisch kontrollierten Beobachtungsperspektive auf die Probleme des Aufbaus einer Konkurrenzdemokratie konzentriert.

Die rasche Etablierung von Mehrparteiensystemen und die unterschiedlich schnelle marktwirtschaftliche Transformation in den einzelnen Gesellschaften Mittelosteuropas sind mit der aus der kommunistischen Zeit überkommenen antitotalitären Konzeption nicht zu begreifen. Sofern dort – vor der demokratischen Revolution – überhaupt nennenswerte „zivile" Motivbestände und Trägergruppen existierten, sind sie durch die Errichtung eines Konkurrenzsystems politischer Parteien entweder weitgehend absorbiert oder verdrängt worden. Und die kapitalistische Transformation schafft da, wo sie überhaupt bescheidene Erfolge zeitigt, allenfalls Bruchstücke einer besitzindividualistischen „bürgerlichen Gesellschaft" – eine Gesellschaftsform also, die nur eine Schwundstufe dessen ist, was die Dissidenten einst mit der „zivilen Gesellschaft" gemeint hatten.

Mit besserer empirischer Kenntnis der in Frage stehenden Gesellschaften hätte es vielleicht zu solchen Fehleinschätzungen nicht kommen müssen. Fast alle Beobachter des Umbruchprozesses argumentierten auf der Basis von Annahmen, die starke staatliche Systeme in Konfrontation mit einer starken Zivilgesellschaft sahen. Darum war es auch konsequent, den Umbruch als eine gewaltsame Eruption zu interpretieren. Tatsächlich aber vollzog sich der Umbruch – mit der Ausnahme Jugoslawiens und Rumäniens – relativ friedlich in der Form verschiedener Allianzen von Dissidenten und reformbereiten Eliten des alten Systems. Sozialwissenschaftlich naiv aber war die antitotalitäre Theorie der zivilen Gesellschaft besonders in bezug auf deren Rolle nach der demokratischen Revolution.

Es waren vor allem zwei Problemkomplexe, die deutlich machten, daß das „Vorher" und das „Nachher" nicht mit einem einheitlichen Konzept analysiert werden konnten. Schon die ersten Runden Tische, die ersten Wahlen und vor allem die öffentlichen Debatten über neue Verfassungen machten deutlich, daß es etwas vollkommen anderes ist, dem totalitären Staat Räume gesellschaftlicher Freiheit abzutrotzen und in einer nach-totalitären Konkurrenzdemokratie politische Freiheit zu konstitutionalisieren. Das andere Problem, das eine naive Fortschreibung der antitotalitären, emphatischen Lesart der "civil society" verbot, waren die unvorhersehbaren Schwierigkeiten, die sich bei der *gleichzeitigen* Errichtung von Marktwirtschaften und Konkurrenzdemokratien zeigten.

Jerzy Szacki hat für das antitotalitäre Modell der "civil society" die Metapher des „gefesselten Riesen" vorgeschlagen. Ähnlich wie die marxistische Utopie die revolutionäre Beseitigung des Kapitalverhältnisses als Entfesselung des gesellschaftlichen Reichtums *und* der politischen Knechtschaft interpretiert hätte, würde auch in jener emphatisch antitotalitären Perzeption die demokratische Revolution als Freisetzung gesellschaftlicher Energien gedeutet, welche vom Ancien Régime der Kommunisten nur geknebelt worden seien. Diese mit der Figur der *Freisetzung* versuchte Verknüpfung des „Vorher" und des „Nachher" verkennt freilich den elementaren Unterschied zwischen einem Modell der "civil society", in dem diese dem totalitären Staat Räume gesellschaftlicher Freiheit abtrotzt und einem Modell, das die Bedingungen der Konstitution politischer Freiheit *nach* der demokratischen Revolution benennt. Selbst wenn es eine hohe soziologische oder gar personale Kontinuität in den Trägergruppen der Transformation gibt, ist es doch etwas anderes, ob diese ihre Ziele innerhalb oder außerhalb staatlicher Institutionen verfolgen. Man kann diese Differenz mit der strengen Unterscheidung illustrieren, die Hannah Arendt zwischen der *Befreiung* vom Joch absolutistischer oder totalitärer Herrschaft macht und der *Konstitution politischer Freiheit* in einem demokratischen Gemeinwesen. Diese Differenz wird auch noch einmal deutlich durch den Vergleich zwischen der Praxis antitotalitärer Bürgerrechtsbewegungen und der politischen Aktivität von neuen sozialen Bewegungen in westlichen Demokratien. Weil diese im Rahmen eines bereits etablierten Systems staatlicher und rechtlicher Institutionen agieren, können sie sich darauf beschränken, gesellschaftspolitische Mängel im Namen hoch konsentierter Verfassungsprinzipien anzuprangern. Den mittelosteuropäischen Politikern hingegen, die der Tradition der

Bürgerrechtsbewegungen entstammen, ist dieser Typus einer verfassungsimmanenten Radikalkritik fremd. Sozialisiert in einem politischen System, in dem der Staat in seiner Gänze feindliches Territorium war, neigen sie auch nach dem Umbruch zu einem antiinstitutionellen, d. h. populistischen und expressiven Politikstil, der, wenn ihm die Erfolge ausbleiben, rasch in Zynismus und Apathie umschlägt. Hinzuzufügen wäre noch die Beobachtung, daß viele Akteure der mittelosteuropäischen Befreiungsbewegungen die demokratische Transformation auch als Beschränkung ihrer früheren Handlungsspielräume wahrnehmen. Unter dem Eindruck ihrer Philosophie der *Befreiung*, ihrer Identifikation des Staates mit dem in toto feindlichen kommunistischen Staat, war der von institutionellen Orientierungsmarken unverstellte Horizont im Prinzip so unendlich wie die Akte möglicher Befreiung. In konstituierten demokratischen Systemen hingegen sind die Positionen und Kanäle politischen Handelns institutionell klar markiert, und um sie wird in einer moralisch relativ indifferenten Einstellung strategischer Konkurrenz gestritten.

Die Fremdheit vieler postkommunistischer politischer Akteure gegenüber der Handlungslogik politischer Parteien in der Konkurrenzdemokratie ist mithin ein unmittelbarer Reflex des totalitären Erbes, in dessen Nachfolge sie eingetreten sind. Manche mittelosteuropäische Bürgerrechtsbewegungen, allen voran Solidarnosc, bildeten die Merkmale des totalitären Machtblocks, zu dessen Bekämpfung sie gebildet wurden, in ihren organisatorischen und sozialpsychologischen Binnenstrukturen noch einmal spiegelbildlich ab. Besonders Solidarnosc war eine unspezifisch inklusive Großorganisation, die – gemessen an Standards westlicher Parteien – funktional wenig differenziert und demokratisch wenig kontrolliert war. Auch polnische Politikwissenschaftler schrecken heute nicht mehr davor zurück, Solidarnosc als eine im Prinzip „antipolitische" Bewegung zu charakterisieren, weil ihr innerer Zusammenhalt weniger durch die rationale Verfolgung kollektiver politischer Ziele garantiert war als vielmehr durch nationalistische und religiöse Kollektividentitäten.

Es war gerade der polnische Fall des Übergangs zum Postkommunismus, der zu der Warnung Anlaß gab, daß der religiös-nationalistische Kitt, der die polnische "civil society" vor der demokratischen Revolution zusammenhielt, die posttotalitäre Konkurrenzdemokratie mit einer ihr wesensfremden kulturellen Homogenitätserwartung belastete. Gerade das vorpolitische Ferment der "civil society", das sie unter totalitären Bedingungen zusammenhielt, konnte sich nämlich unter *nach*totalitären Bedingungen als Barriere des weiteren Demokratisierungsprozesses erweisen. Freilich ist es immer die Kontrastfolie einer westlichen Elitendemokratie, vor deren Hintergrund vorpolitische Konsenspotentiale als Gefahr für die Demokratie erscheinen. Dies führte manchen wissenschaftlichen Diagnostiker, der sich den Bürgerrechtsbewegungen politisch verbunden fühlte, zu der Einschätzung, daß der Demokratisierungsprozeß in den mittelosteuropäischen Gesellschaften zwischen der Scylla von „Bewegungspolitik“ und der Charybdis von Elitendemokratie hindurchgesteuert werden muß. Eine einseitige Basierung der Demokratie auf die im Schoße der totalitären Gesellschaft bereits ausgebildeten “civil society” könnte den Transformationsprozeß politisch-kulturell blockieren. Eine zu rasche, um kollektive Identifikationsbedürfnisse unbekümmerte Umstellung auf strategische Elitenkonkurrenz wäre nicht gefeit vor autoritären Symptomen, wie sie in abgeschotteten Elitendemokratien auftreten. Vielen schwebte noch 1990 ein dritter Weg vor *zwischen* einer zu raschen Übernahme des elitendemokratischen Modells und der politisch-kulturellen Stabilisierung der vom Totalitarismus überkommenen „zivilen Gesellschaft“. Das tschechische Bürgerforum und die Partei der Freien Demokraten in Ungarn boten seinerzeit das Modell von politischen Organisationsformen, die einerseits noch die Inklusivität und Offenheit von Bürgerbewegungen hatten und andererseits bereits das organisatorische Profil und die strategische Rationalität von modernen westlichen Konkurrenzparteien. Diese Hoffnung war sicherlich nur Index einer historischen Übergangssituation. Inzwischen hat es sich gezeigt, daß die Stabilisierung der „zivilen Gesellschaft“ und die strategischen Praktiken der Konkurrenzdemokratie nicht im Rahmen *eines* Organisationstypus gespielt werden können. Und aus dem Programm eines dritten Weges in Gestalt der Vermeidung einer komplementären Pathologie ist eher das Resultat einer realen Gefahr erwachsen, die die autoritären Implikationen moderner Elitendemokratien mit den populistischen Gefahren unterentwickelter Demokratien vereinigt.

Weitere Belege für die These, daß das antitotalitäre Modell der “civil society” für eine Erklärung des nachtotalitären Demokratisierungsprozesses empirisch wenig beizutragen hat, finden sich in den Schwierigkeiten, die sich bei dem simultanen Aufbau von Konkurrenzdemokratie und Marktwirtschaft in den osteuropäischen Gesellschaften ergeben. Diese Gesellschaften stehen ja vor dem Problem, in einem einzigen, historischen kurzen Schritt einen sozialen Wandel zu bewerkstelligen, den die meisten westlichen Gesellschaften in vielen diskreten Schritten (absolutistischer Staat, Kapitalismus, liberale Demokratie) über mehrere Jahrhunderte hin realisieren konnten. Dieser westliche Kapitalismus ist erst in einem schon relativ reifen Stadium seiner Entwicklung, nämlich als Sozial- und Interventionsstaat, ein eindeutig *politischer* Kapitalismus geworden. Die westlichen Marktgesellschaften kamen im Schoß des absolutistischen Systems auf den Weg, ohne die Stützen und Kontrollen eines demokratischen Staates. Der Kapitalismus in den postkommunistischen Gesellschaften ist dagegen – wie die polnische Soziologin Jadwiga Staniszkis ausführt – ein *politischer Kapita-*

lismus von Anfang an. In einer sehr ernüchternden Weise hat sie die Dilemmata benannt, der sich jede Demokratisierungspolitik in den mittelosteuropäischen Gesellschaften zu stellen hat. Diese Dilemmata haben allesamt mit dem Problem zu tun, daß die Spielräume einer "civil society" in den postkommunistischen Gesellschaften zwar auf eine gänzlich andere, aber nicht weniger dramatische Art beschränkt sind wie unter den Bedingungen des totalitären Sozialismus.

Zunächst macht sie deutlich, daß ein konstitutives Merkmal der kommunistischen Systeme auch in der Phase der nach-totalitären Transformation erhalten bleibt. Ähnlich wie unter dem Kommunismus das Projekt einer Zentralverwaltungswirtschaft im Namen demokratisch nicht ausgewiesener „theoretischer Interessen" verfolgt wurde, wird auch im Post-Kommunismus die Errichtung kapitalistischer Marktwirtschaften auf der Basis einer von politischen Eliten vorentworfenen Vision betrieben. Die Politik der Privatisierung von Staatsunternehmen vollzieht sich in einer Weise, daß staatliche und privatwirtschaftliche Führungsgruppen, oft beraten von westlichen Experten, ihre Vision einer kapitalistischen Zukunft auf eine stumme Gesellschaft projizieren. Anders als ihre kommunistischen Vorgänger reklamieren diese Eliten für sich auch gar nicht, bereits existente gesellschaftliche Interessen zu repräsentieren. Denn die Formierung einer Sozialstruktur, in deren Rahmen sich ökonomische Interessengruppen kristallisieren könnten (welche dann auch politisch repräsentiert werden könnten), soll mit der marktwirtschaftlichen Transformation ja überhaupt erst erreicht werden. – Damit eng zusammen hängt ein weiteres Dilemma. Auch wenn ein sozialstrukturelles Stützkorsett einer posttotalitären Zivilgesellschaft, z. B. in Gestalt eines einflußreichen demokratisch orientierten Mittelstandes, noch nicht existiert, bedarf es gleichwohl eines Bestandes an Kollektivgutvorstellungen, mit dem die dramatischen ökonomischen Engpässe *politisch* legitimiert werden können. Die verblüffende Konjunktur von nationalistischen, ethnozentrischen, fundamentalistischen und populistischen Ideologien in nachkommunistischen Gesellschaften erklärt Stanizskis also weniger mit dem *ideologischen* Vakuum, das durch Zusammenbruch des Kommunismus entstanden ist, sondern mit dem Vakuum einer *Sozialstruktur*, die politisch noch nicht repräsentiert werden kann. Die populistischen Mobilisierungsstrategien, die sich der nationalistischen und ethnozentrischen Einstellungen in der Bevölkerung instrumentell bedienen, sind somit sozusagen die Platzhalter einer sozialstrukturell und kulturell noch nicht formierten "civil society". – Dramatisiert werden diese Dilemmata noch durch den folgenden Umstand. Die Auflösung des kommunistischen Weltimperiums schien den nachkommunistischen Regimes in den einzelnen mittelosteuropäischen Nationalstaaten zunächst neue Dispositionsspielräume zu versprechen. Die von den alten totalitären „Kolonisten" aufgegebenen

Spielräume nationalstaatlicher Souveränität wurden sogleich wieder blokkiert durch die neuen Zwänge eines nunmehr absolut hegemonialen kapitalistischen Weltsystems. Der politische Manövrierspielraum der nachtotalitären Führungseliten ist durch die extreme Verschuldung der meisten Staaten Mittelosteuropas, durch ihre internen ökonomischen Krisen und ihre neuen außenwirtschaftlichen Verflechtungen außerordentlich begrenzt. In einer gewissen Zuspitzung könnte man sagen, daß die Politik der neuen Eliten von der der reformbereiten Eliten des alten Systems allenfalls durch eine höhere legitimatorische Deckung unterschieden ist. In der Summe der Faktoren ergibt sich somit eine eigentümliche, allen radikaldemokratischen Modellen widersprechende Korrespondenz zwischen den eng begrenzten Handlungsspielräumen der neuen politischen Eliten, einer sozialstrukturell noch unterentwickelten Zivilgesellschaft und der Virulenz vordemokratischer Formen der politischen Mobilisierung.

In der emphatischen Unmittelbarkeit der revolutionären Veränderungen im Winter des Jahres 1989 konnte man den Eindruck gewinnen, daß das im Begriff der „zivilen Gesellschaft" eingekapselte moralische Potential auch elektrisierende Effekte auf die normativen Grundlagen der westlichen Demokratien haben könnte. Das war freilich nur für kurze Zeit so. Im Zuge der skizzierten Schwierigkeiten des Transformationsprozesses verkehrte sich die Einflußrichtung rasch wieder in ihr Gegenteil. Nicht nur die ökonomischen, auch die politischen Eliten des Ostens orientieren sich an den etablierten politischen Institutionen des Westens. Die Liberalen innerhalb der ehemaligen Dissidenz orientieren sich an der liberalkapitalistischen Vergangenheit Europas, die Sozialdemokraten am Modell des deutschen Wohlfahrtsstaates und die Konservativen an den korporatistisch-protofaschistischen Strömungen der Zwischenkriegszeit. Die Ereignisse in der Nachfolge von 1989 verstellen eher den Blick für die Probleme, die uns das westliche Modell der liberalen Demokratie gerade im Augenblick seiner unbeschränkten Hegenomie ungelöst hinterläßt.

Denn die westlichen Demokratien sind gerade in dem historischen Augenblick, in dem nach Fukayama das „Ende der Geschichte" angebrochen schien, in dem Moment also, da ihr Modell weltweit konkurrenzlos geworden ist, keineswegs in einer guten Verfassung. Zwar gab es in den westlichen Gesellschaften der 80er Jahre massive und militante öffentliche Herausforderungen einer technokratischen Modernisierungspolitik, besonders in den Bereichen der Energie- und Militärpolitik. Aber die demokratische und wirtschaftliche Kernverfassung des Spätkapitalismus wurde durch diese Kritik der „Neuen sozialen Bewegungen" nicht ernsthaft berührt. Man kann vielmehr annehmen, daß der Kapitalismus und das Repräsentativsystem aus den Kämpfen der 80er Jahre eher noch gestärkt hervor ging. Die ökologische Modernisierung mancher Produktionszweige und die politische Karriere zuerst der Grünen und dann ihrer Themen liefern Hinweise für diese Annahme. Erst in den 90er Jahren jedoch, d. h. nach dem Ende der bipolaren Weltordnung, scheint die Krise des westlichen Modells sein innerstes Zentrum selbst erreicht zu haben, sprich: seine wirtschaftlichen und politischen Grundlagen. Nahezu alle westlichen Industriegesellschaften befinden sich in einer Rezession, deren Tiefe und Dauer häufiger mit der Weltwirtschaftskrise der 20er Jahre verglichen wird. Und auch die etablierten liberalen Demokratien Westeuropas werden paradoxerweise im Moment ihres Sieges über die autoritären Systeme in Südamerika und Mittelosteuropa zum Opfer eines eigentümlichen Substanzverlustes. Wir sind Zeugen dramatischer Reputationsverluste der politischen Klasse, der kurzfristigen Erosion ganzer Parteiformationen, die über fast ein halbes Jahrhundert Bestand gehabt hatten, hoher Grade der Wahlabstinenz und der politischen Apathie überhaupt, des Abschmelzens von Stammwählerschaften, des sprunghaften Anwachsens von zumeist rechtsextremen Protestwählern. Für diesen eigentümlichen und von niemanden so vorhergesehenen demokratischen Substanzverlust hat Marcel Gauchet den prägnanten Begriff der „zivilen Desertion" vorgeschlagen. Der Gedanke könnte sich aufdrängen, daß die Legitimität, derer sich die demokratischen Systeme Westeuropas für Jahrzehnte erfreuen konnten, nur ihrer Konfrontation mit dem Totalitarismus geschuldet war. Die intellektuelle Langeweile, die saturierte Apathie und das politische Ressentiment, das die Demokratie am „Ende der Geschichte" erzeugt, stehen in einem grotesken Mißverhältnis zu dem gewalttätigen Stolz und dem missionarischen Sendungsbewußtsein, mit dem die noch vordemokratischen Völker Europas ihre Zivilisation der nichteuropäischen Welt aufgedrängt hatten.

Die Kontexte, in denen sich Intellektuelle und Politiker auf das Konzept der „zivilen Gesellschaft" beziehen, haben sich mit dem Ende des kommunistischen Imperiums deutlich verändert. Bis 1989 war die neuerliche Konzeption der Zivilgesellschaft ein undialektisches Gegenstück zum „totalitären Sozialismus" und wurde mit der Realität der westlichen Demokratien schlicht identifiziert. In den demokratischen Revolutionen in Mittelosteuropa zerbricht endgültig eine den 60er Jahren entsprungene geistespolitische Konfrontation eines anarchistisch-marxistischen Utopismus einerseits, der die „wahre und wirkliche Demokratie" (Marx) *jenseits* ihres liberalen Rahmens verortete, und eines zynischen (oder auch nur) naiven Realismus andererseits, der die real existierenden Liberaldemokratien mit ihren ideologischen Perfektionsbegriffen einfach gleichsetzt. In dem historischen Augenblick, in dem das Modell der liberalen Demokratie weltweit ohne konzeptionelle und institutionelle Konkurrenz dasteht, ist der anti-institutionelle Utopismus der einen Position so unmöglich geworden wie der affirmative Institutionalismus der anderen. Der Schluß, der daraus zu ziehen wäre, ist folgender: die westliche Linksintelligenz muß begreifen, daß das Modell der liberalen Demokratie den Bezugsrahmen aller zukünftigen politischen Strategien ausmacht; zugleich muß die postkommunistische Intelligenz Mittelosteuropas begreifen, daß dieses Modell und seine gegenwärtigen Ausprägungen scharfer Kritik bedürfen.

Wer politische Zustände kritisiert, muß den Maßstab seiner Kritik ausweisen können. Die Frage nach diesem Maßstab war sowohl wissenschaftlich wie politisch leicht zu beantworten, solange die liberalen Demokratien sich durch den Kontrastbezug auf totalitäre Systeme legitimieren konnten. Selbst die sogenannte realistische Theorie der liberalen Demokratie, welche diese zu einem System geregelter Elitenkonkurrenz abmagerte, konnte jene im Namen des Realismus durchgeführte normative Diät nur deshalb durchhalten, weil mit dem totalitären Sozialismus ein Herrschaftsmodell vor Augen stand, das für die normative Substanz der liberalen Demokratie eine Art negativer Bürgschaft übernahm. Als nach 1989 diese eigentümliche Bürgschaft entfiel, begann eine in ihren Folgen noch gar nicht absehbare Umstellung in der Logik der Legitimation liberaler Demokratien. Denn in dem Maße, wie der Zerfall der klassischen Polarisierung von „totalitär vs. liberal-demokratisch“ ins öffentliche Bewußtsein rückt, sind Kritiker und Apologeten der herrschenden demokratischen Ordnung gezwungen, die Maßstäbe ihrer Kritik und Apologie der historisch geronnenen demokratischen Tradition selbst zu entnehmen. Im posttotalitären Zeitalter entsteht eine geistespolitische Konstellation, in der die *immanente* Kritik der liberalen Demokratie unausweichlich wird.

Die Konnotationen des Konzepts der zivilen Gesellschaft, das dieses im Kontrastbezug zum totalitären Sozialismus gewonnen hatte, sind mit diesem von der historischen Bühne verschwunden. Im Zuge dieser historischen Entwicklung wird die Zivilgesellschaft zu einem gegenüber der institutionellen Realität der westlichen Konkurrenzdemokratien abstraktifizierten normativen Konzept. Die im Begriff der zivilen Gesellschaft angesprochenen kontrafaktischen Normbestände wie z. B. die ungeteilte Gewährleistung von Bürger- und Menschenrechten, die Garantie der öffentlichen Sphäre durch institutionalisierte Kommunikationsfreiheiten etc. bekommen somit den Status einer regulativen Idee der liberalen Demokratie, an der sich ihre institutionelle Realität ständig messen lassen muß. Dies könnte auch ihre historisch neuartige normative Verletztlichkeit erklären. Denn erst jetzt, da die klassischen Mängel der Konkurrenzdemokratie nicht mehr im grellen Gegenlicht totalitärer Unfreiheit überblendet werden, erregen sie eine Aufmerksamkeit, die weit über den Kreis der intellektuellen Demokratiekritiker hinausreicht.

In der politischen Apathie der Bürger in elitendemokratischen Systemen, in der undemokratischen Binnenverfassung der Parteien und Interessenverbände, in der asymmetrischen Repräsentanz von Gruppeninteressen, in der korporativen Abdichtung der öffentlichen Sphäre etc. ist die schiefe Ebene zur autoritären Entgleisung der liberalen Demokratie immer schon vorgezeichnet. Die innere Affinität der liberalen Demokratie zu undemokratischen Herrschaftsformen war – von wenigen intellektuellen Kritikern meist marxistischer Provenienz einmal abgesehen – für fast ein halbes Jahrhundert verstellt durch die Praxis und Theorie des Totalitarismus. Daß cäsaristische, populistische, autoritär-korporative und diktatorische Momente in den Strukturen der Konkurrenzdemokratie selbst angelegt sind, wird erst dann wieder unübersehbar, wenn sie nicht mehr am negativen Gegenmodell totalitärer Herrschaft gemessen wird, sondern an dem ihr normativ immanenten Kritikmaßstab der zivilen Gesellschaft.

Literatur

Arato, Andrew: Revolution, Civil Society und Demokratie, in: Transit. Europäische Revue 1 (1990).

Beyme, Klaus von: Zivilgesellschaft contra Staatsversagen, in: Frankfurter Rundschau, 23. 1. 1993.

Bonnet, Kevin: Thatcherism, State and Civil Society, in: Vera Gáthy (Hrsg.), State and Civil Society: Relationships in Flux, Budapest 1989.

Brunkhorst, Hauke: Demokratische Frage und volonté générale, in: links 252 (1991).

Dahrendorff, Ralf: Die gefährdete "Civil Society", in: K. Michalski (Hrsg.), Europa und die Civil Society, Stuttgart 1991.

Demirovic, Alex: Zivilgesellschaft, Öffentlichkeit, Demokratie, in: Das Argument 33 (1991).

Fülberth, Georg: Zivilgesellschaft als Nationalreligion, in: Widerspruch, Zürich 1991, 11. Jg., Heft 21.

Gellner, Ernest: Civil Society in historical context, in: International Social Science Journal, Paris 1991, Vol. 43, Nr. 3 (129).

Held, David: The Contemporary Polarization of Democratic Theory: The Case for a Third Way, in: Ders., Political Theory and the Modern State, Cambridge 1989.

Joas, Hans: Die Demokratisierung der Differenzierungsfrage, in: Soziale Welt 41/1 (1990).

Kleger, Heinz: Was heißt „Zivilgesellschaft"?, in: Widerspruch, Zürich 1991, 11. Jg., Heft 21.

Koselleck, Reinhart: Drei bürgerliche Welten? Theoriegeschichtliche Vorbemerkung zur vergleichenden Semantik der bürgerlichen Gesellschaft in Deutschland, England und Frankreich, in: K. Michalski (Hrsg.), a. a. O.

Offe, Claus: Das Dilemma der Gleichzeitigkeit, in: Merkur 43 (1991), S. 502–513.

Rödel, Ulrich/Günther Frankenberg/Helmut Dubiel: Die demokratische Frage, Frankfurt a. M. 1989.

Touraine, Alain: What does democracy mean today, in: International Social Science Journal 43/2 (1991).
Shils, Edward: Was ist eine "Civil Society"?, in: K. Michalski (Hrsg.), a. a. O.
Wood, Ellen Meiksins: The Uses and Abuses of "Civil Society", in: Socialist Register, London 1990.

Dieter Senghaas

Frieden und Krieg in dieser Zeit

Sechs Thesen

***These I:* Im Gegensatz zur gängigen Behauptung einer wachsenden Entpolitisierung und Politikverdrossenheit ist, weltweit betrachtet, eine wachsende Politisierung der Welt festzustellen. Diese zunehmende Politisierung hat objektive Gründe; sie erschwert und verschärft das Problem friedlicher Koexistenz auf allen Ebenen.**

Um diese erste These zu erläutern, können ein kurzer Blick in die Vergangenheit und ein Ausblick in die absehbare Zukunft hilfreich sein. Wenn man sich die Frage stellt, worin sich die Welt des Jahres 1500, 1700, 1900 und 2100 unterschieden bzw. unterscheiden werden, dann gelangt man zunächst zu der Beobachtung, daß weite Teile der Welt noch bis in das 20. Jahrhundert hinein durch traditionale Gesellschaften gekennzeichnet waren, und daß, ausgehend von Nordwesteuropa, vor allem seit dem 18. Jahrhundert ein tiefgreifender Umwandlungsprozeß in der Welt stattgefunden hat: In der Folge von Modernisierungsprozessen verschwinden traditionale Gesellschaften, und an die Stelle von traditionalen treten „moderne" Gesellschaften. Beide Begriffe, traditionale bzw. moderne Gesellschaft, sollen in diesem Zusammenhang wertneutral benutzt werden; die lebensphilosophische Frage, ob dieser säkulare Umwandlungsprozeß, der inzwischen die Welt insgesamt erfaßt hat, als Fortschritt, Rückschritt oder einfach als zwiespältig zu bewerten ist, kann in diesem Zusammenhang undiskutiert bleiben. Hier interessieren nur der dramatische Strukturwandel und seine Konsequenzen für die Friedensproblematik.

Traditionelle Gesellschaften sind, auf eine kurze Formel gebracht, Gesellschaften, in der die meisten Menschen weit verstreut in dörflichen Kleingemeinschaften ihr Leben auf niedrigem Substistenzniveau fristen, in aller Regel nur ein ganz geringes Mehrprodukt erwirtschaften und schreibe- und leseunkundig, also Analphabeten sind. Diese traditionalen Gesellschaften zeichnen sich überdies durch eine relativ einfache innere Klassenspaltung aus: An der Spitze der Gesellschaft befindet sich eine kleine tributeintreibende herrschende Klasse, die über eine sich politisch nicht bewußte und unorganisierte Masse von Menschen wie über Privateigentum verfügt.

Demgegenüber sind moderne Gesellschaften das Ergebnis von immer noch nicht abgeschlossenen Emanzipationsprozessen, wozu insbesondere zu rechnen sind:

1. die Herausbildung überdörflicher *Verkehrswirtschaften*, die eine enorme Horizont- und Handlungserweiterung von Menschen bewirkt haben,
2. die *Verstädterung* mit der Folge, daß die Masse von Menschen in verdichteten Kommunikationsräumen interessenbewußt und organisationsfähig wird,
3. die *Alphabetisierung*, die die geistige Emanzipation der Masse der Menschen fördert, sowie
4. die *Erweiterung politischer Mitbestimmung* als Ergebnis langwieriger und wechselvoller, aber schließlich allermeist erfolgreich durchgefochtener politischer Konflikte.

Solche sich modernisierenden bzw. modernen Gesellschaften sind im Unterschied zu traditional-stationären Gesellschaften, in denen die Position von Menschen statusmäßig vorgezeichnet ist, durch Pluralismus gekennzeichnet. *Pluralismus* meint: die Pluralität von Identitäten im Sinne der Vielzahl von Selbst- und Umweltbildern, von Meinungen und „Wahrheiten" einschließlich unterschiedlicher Gerechtigkeitsvorstellungen. Und Pluralität meint vor allem auch: die Pluralität der Interessen.

Solchermaßen mündig gewordene Gesellschaften sind *per definitionem* konflikt- und tendenziell gewaltträchtige Gebilde. Auf sie bezogen ist die Antwort auf die Frage nach der „Natur des Menschen" – ist der Mensch an und für sich gut oder aggressiv-böse? – ziemlich ohne Belang: Auch mit einer optimistischen Anthropologie – einer *best case*-Anthropologie – ließe sich der Zusammenhang zwischen geschilderter Transformation bzw. *Emanzipation und Konfliktausweitung* (mit dem Grenzfall des gewalttätig ausgetragenen Konfliktes) nicht einfach definitorisch aus der Welt schaffen.

Wenn solche Gesellschaften, in denen Menschen sich ihrer Identität und ihrer Interessen bewußt werden und entsprechend organisieren, nicht in potentiell gewaltsame Dauerkonflikte, in bürgerkriegsähnliche Zustände oder in tatsächliche Bürgerkriege versinken sollen, bedarf es in ihnen der Vereinbarungen, also einer Verständigung über friedliches Zusammenleben oder Koexistenz gerade angesichts einer prinzipiell nicht überwindbaren Meinungs-, Identitäts- und Interessenvielfalt. *Formen und Formeln der friedlichen Koexistenz zu finden, unter deren Prämissen anhaltende und unausweichliche Konflikte ohne Androhung und Anwendung von Gewalt ausgetragen werden, ist in modernen Gesellschaften die zentrale zivilisatorische Aufgabe schlechthin.* Und diese Aufgabe obliegt der Politik, die angesichts der Pluralitäten Vereinbarungen im Grundsätzlichen, also Verfassungen, und im Konkreten, also in einzelnen Politikfeldern, zustande zu bringen hat. Worum es also in sich modernisierenden bzw. in modernen Gesellschaften geht, ist, *dauerhafte Formen konstruktiver, gewaltfreier Konfliktbearbeitung zu finden und zu institutionalisieren.* Diese Problemstellung bezeichnet nichts anderes als einen wesentlichen Aspekt der modernen Friedensproblematik, nämlich die *Gestaltung und Sicherung des inneren Friedens* angesichts des immer latent drohenden Bürgerkrieges.

Lassen sich in traditionellen Gesellschaften Ruhe und Ordnung von oben nach unten, also von der herrschenden Klasse mit Hilfe der dieser zur Verfügung stehenden Machtmittel gegenüber einer Bevölkerung ohne politisches Selbstbewußtsein und politische Organisationsfähigkeit, d. h. ohne eigenes Gewicht, allermeist problemlos durchsetzen, ist in sich modernisierenden bzw. modernen Gesellschaften eine vergleichbare Organisation von „Friedhofsruhe“ nicht mehr möglich. Wo sie dennoch angestrebt wird, wie in diesem Jahrhundert beispielsweise in den totalitären Systemen mit ihren unvergleichlichen Kontroll-, Überwachungs- und Spitzelapparaten, ist sie angesichts des anhaltenden Widerspruchs zwischen der versuchten Gängelung und Einschüchterung mündiger Menschen einerseits und deren politisierbarem Anspruch auf politische Teilhabe andererseits, auf die Durchsetzung selbst definierter Interessen und auf die Verwirklichung eigener Identität früher oder später zum Scheitern verurteilt.

Wenn also heute die Welt an allen Ecken und Enden politisch brodelt und die Vielzahl der Konflikte als verwirrend und unüberschaubar empfunden wird, hängt dieser Sachverhalt damit zusammen, daß der genannte Umwandlungsprozeß in der Welt und seine oft wenig erfreulichen Folgen heute offenkundiger sind als in der bipolaren Mächtekonstellation des Ost-West-Konfliktes während der Nachkriegszeit. Heute ist deutlicher als in den vergangenen vierzig Jahren, daß in der Zeit des Ost-West-Konfliktes der geschilderte säkulare Umwandlungsprozeß nicht aufgehalten wurde. Im Gegenteil hat beispielsweise gerade der Versuch innerhalb der ehemals realsozialistischen Gesellschaften (Sowjetunion und Osteuropa), den Westen einzuholen und zu überholen, zu einer Beschleunigung der Umwandlung von traditionalen in sich modernisierende Gesellschaften geführt. Die Kluft zwischen sozio-ökonomischer Modernisierung und politisch-institutioneller Gängelung hat zu den bekannten Symptomen, schließlich zum Zusammenbruch dieser Gesellschaften geführt.

Aber auch im Hinblick auf alle anderen Entwicklungsregionen der Welt läßt sich beobachten, daß der Prozeß der Herausbildung überdörflicher Verkehrswirtschaften voranschreitet; die Verstädterung in den Entwicklungsregionen der Welt, sichtbar werdend in den großen urbanen Agglomerationen, nimmt weiter zu und erreicht zum Teil dramatische Ausmaße; siebzig Prozent aller erwachsenen Menschen auf der Welt können lesen und schreiben; und in der Wissenschaft spricht man nicht umsonst von einer „dritten Welle der Demokratisierung“, wobei mit der ersten Welle die Demokratisierung in Teilbereichen der Welt im 19. Jahrhundert und nach dem Ersten Weltkrieg, mit der zweiten Welle die im Anschluß an den Zweiten Weltkrieg beobachtbare Demokratisierung gemeint ist, während die dritte Welle der Demokratisierung in den 70er Jahren mit dem Fall der autoritären Regime Südeuropas einsetzte, um sich in Teilen der Dritten Welt (vor allem in Lateinamerika) und schließlich in den realsozialistischen Ländern in der östlichen Hälfte Europas fortzusetzen.

Ist es schon schwierig, im Innern von sich polisitierenden Gesellschaften Formen der verläßlichen friedlichen Koexistenz zu finden, so ist nicht überraschend, daß innergesellschaftliche Konflikte die Gefahr zwischenstaatlicher und in wachsendem Maße interkultureller Gewaltausbrüche erhöhen, obgleich heute – rein statistisch betrachtet – die Zahl der akuten Bürgerkriege weit höher liegt als die Zahl zwischenstaatlicher kriegerischer Auseinandersetzungen.

Der zitierte Modernisierungsprozeß schreitet, weltweit betrachtet, also voran; die Anforderungen einer wachsenden Zahl von Menschen an die jeweilige politische, soziale, ökonomische und kulturelle Ordnung, die sie für lebenswert halten, werden in Zukunft eher noch vielgestaltiger sein als heute oder in der Vergangenheit; die Konfliktträchtigkeit in der Welt wird deshalb in der Tendenz weiter zunehmen und mit ihr die Gefahr des Übergleitens von Konflikt- in Gewaltträchtigkeit und in tatsächliche Gewaltanwendung.

Im übrigen ist der Eindruck wahrscheinlich falsch, als sei die hierzulande beobachtbare Politikverdrossenheit ein Ausdruck von Entpolitisierung. Viel mehr Sinn macht es, in der vielzitierten Politikverdrossenheit und dem entsprechenden Wahlverhalten ein bewußtes, politisch motiviertes Protestverhalten zu vermuten.

These II: **In und zwischen politisierbaren bzw. politisierten Gesellschaften Frieden zu stiften ist ein voraussetzungsvolles und immer rückfallgefährdetes Unterfangen: Frieden ist, insofern er überhaupt zustande kommt, ein brüchiges zivilisatorisches Kunstgebilde, das der ständigen Pflege und Erneuerung bedarf.**

In sich modernisierenden und in modernen Gesellschaften, in denen unausweichlich eine Pluralität von Meinungen und Wahrheiten, von Interessen und Identitäten vorliegt, bedarf es für eine *verläßliche Friedensgestaltung* wenigstens sechs Voraussetzungen:

Zunächst einmal ist von grundlegender Bedeutung die „Entwaffnung der Bürger“, d. h. die Entmilitarisierung der Gesellschaft bzw. die Herausbildung eines legitimen, in aller Regel staatlichen *Gewaltmonopols*, dem die einzelnen untergeordnet sind. Diese Voraussetzung wird unmittelbar einsichtig, wenn man sich die heute in der Welt vielfach beobachtbare Kontrastwirklichkeit betrachtet, nämlich Situationen, in denen das Gewaltmonopol zusammenbricht, die Wiederbewaffnung der Bürger eine Chance bekommt und eine tatsächliche Wiederaufrüstung der einzelnen oder von Gruppen stattfindet. Im Hinblick auf entsprechende Vorgänge wird in der neueren Diskussion häufig und in der Sache unmißverständlich von der Gefahr einer „Libanisierung" bzw. „Jugoslawisierung" gesprochen. In der Konsequenz bedeutet der Verlust des Gewaltmonopols bzw. die Wiederbewaffnung der Bürger eine Renaissance von Bürgerkriegssituationen.

Ein Gewaltmonopol, für sich allein genommen, ist jedoch im Grenzfall nicht mehr als eine beschönigende Umschreibung von Diktatur, und seine Repräsentanten wären dann nichts anderes als eine von mehreren Konfliktparteien in einer potentiellen Bürgerkriegssituation. Das Gewaltmonopol bedarf also in einer zivilisierten Gesellschaft der Kontrolle durch die Prinzipien des *Rechtsstaates*: Rechtsstaatlich verfaßte politische Ordnungen hegen das Gewaltmonopol ein, so durch den Schutz von Grundfreiheiten und die Gewährleistung von Menschenrechten, durch die Gleichheit der Bürger vor dem Gesetz, durch die Gewaltenteilung, die freie Wahl und das Recht auf politische Partizipation, durch die Rechtsgebundenheit von Regierung und Verwaltung, durch das Recht auf ein öffentliches und faires Gerichtsverfahren, durch die Unschuldsvermutung bis zum richterlichen Nachweis der Schuld usf.

Über das Verhältnis von Gewaltmonopol und Rechtsstaat (die Kombination beider läßt sich als Verfassungsstaat bezeichnen) ist festzuhalten: Ohne die vorgängige Konstitution des Gewaltmonopols ist der demokratische Rechtsstaat gar nicht vorstellbar. Der Rechtsstaat wird aber, wo ausgebildet, zum Inbegriff der Kontrolle des Gewaltmonopols; das Gewaltmonopol wird also seinerseits verrechtlicht. Herrschaft von Recht und Gesetz ist das politische Ziel in Verfassungsstaaten.

Die Entprivatisierung von Gewalt und die Sozialisation in eine Fülle von rechtsstaatlich definierten institutionalisierten Konfliktregelungen führen, nicht anders als die Herausbildung von großflächig angelegten Verflechtungen beispielsweise in der Folge arbeitsteiliger Ökonomien, zu einer Kontrolle von Affekten. *Affektkontrolle* in interdependenten Handlungsgefügen meint dabei Selbstkontrolle bzw. Selbstbeherrschung: Sie ist die Grundlage nicht nur von Aggressionshemmung und Gewaltverzicht, sondern darauf aufbauend von Toleranz und Kompromißfähigkeit.

Eine vierte Voraussetzung für einen verläßlichen Frieden ist in *demokratischer Beteiligung* zu sehen. Der oben dargestellte säkulare Transformationsprozeß führt anhaltend zur Herausbildung neuer Sozialschichten, die je nach ihrer Verortung in der Gesellschaft und abhängig von ihrer potentiellen Aufwärts- bzw. drohenden Abwärtsmobilität je spezifische Interessen artikulieren und verfechten. Diese Interessen müssen die Chance zur politischen Artikulation haben und in den gängigen politischen Prozeß integriert werden. In aller Regel werden in fortgeschrittenen sozial mobilen Gesellschaften Ausschließungs- und Unterordnungsverhältnisse aufgrund von Geschlecht, Rasse, Klasse oder anderen Merkmalen von den Betroffenen nicht mehr erduldet.

Eine fünfte Voraussetzung dafür, verläßlichen Frieden zu stiften, ist das Bemühen um *soziale Gerechtigkeit*. In politisierten Gesellschaften ist eine aktive Politik der Chancen- und Verteilungsgerechtigkeit, letztlich ergänzt um Maßnahmen der Bedürfnisgerechtigkeit, unerläßlich, weil sich nur dann die Masse der Menschen in einem solchen politischen Rahmen fair aufgehoben fühlt. Die materielle Anreicherung bzw. Unterfütterung von Rechtsstaatlichkeit insbesondere im Sinne eines fairen Anteils an Wohlfahrt ist also nicht eine politische Option, der in solchen Gesellschaften nach Belieben gefolgt werden kann oder auch nicht; sie ist vielmehr eine konstitutive Bedingung der Lebensfähigkeit von rechtsstaatlichen Ordnungen und damit des inneren Friedens von Gesellschaften. Rechtsstaatlich verfaßte Gesellschaften tun deshalb gut daran, die Frage der Gerechtigkeit niemals zur Ruhe kommen zu lassen, zumal wenn die ihnen zugrunde liegenden Ökonomien, in der Regel Marktwirtschaften, systembedingt in aller Regel eher Ungleichheit als Gleichheit produzieren.

Gibt es in einer nach Interessen und Identitäten vielfältig zergliederten Gesellschaft faire Chancen für die Artikulation *und* den Ausgleich von unterschiedlichen Interessen, kann aller Erfahrung nach unterstellt werden, daß ein solches Arrangement von Normen, Institutionen und Entscheidungsprozeduren von den Bürgern verinnerlicht wird, d. h., daß sich eine Bereitschaft zur produktiven Auseinandersetzung mit Konflikten entfaltet und kompromißorientierte Konfliktfähigkeit einschließlich der hierfür erforderlichen Toleranz zu einer selbstverständlichen Orientierung politischen Handelns wird. Eine solche *konstruktive Konfliktkultur*, „Bürgergesinnung", ist als sechste Voraussetzung des Friedens allerdings nur zu erwarten, wenn die zuvor genannten fünf Voraussetzungen einigermaßen gegeben sind.

Wo Menschen verläßlich in Frieden zusammenleben, liegt also nicht nur in aller Regel ein einheitlicher *Rechtsraum*, ein einheitlicher *Wirtschafts- und Sozialraum* und ggf. ein einheitlicher *Kulturraum* vor, sondern auch, was meist wenig beachtet wird, ein entsprechender *„Gefühlsraum"*, normalerweise als „nationale Identität" bezeichnet: Mit ihr wird die Fähigkeit beschrieben, im Hinblick auf eine weit größere Zahl von Menschen als die einem unmittelbar Nahestehenden empathisch zu denken und zu handeln. Durch die Kombination solcher Handlungs- und Gefühlräume entsteht *politische Gemeinschaft*.

Im übrigen ist in politischer Gemeinschaft Frieden als *dauerhafter* Frieden nur vorstellbar, wenn die genannten sechs Voraussetzungen sich wechselseitig positiv verstärken. Einbruchsgefährdet bleibt Frieden auch dann noch, weil von jedem der genannten sechs Punkte ein solcher Einbruch ausgehen kann: Das Gewaltmonopol kann in einen Polizeistaat umkippen. Die Rechtsstaatlichkeit und demokratischen Grundsätze können sich als pure Fassaden herausstellen und an Legitimität verlieren. Gesellschaftliche Zusammenhänge können sich auflösen und Affekte freisetzen. Verteilungsgerechtigkeit ist eine ständige Gefahr. Und sollten alle diese negativen Sachverhalte sich bündeln, hat Konfliktkultur keine Chance. Die politische Gemeinschaft zerbricht.

In solchem Zusammenhang wird der Begriff der „Libanisierung" nicht umsonst benutzt. Das Beispiel des Libanon exemplifiziert ein repräsentatives Zusammenbruchsszenario: Christen, Muslime und andere Gruppierungen nehmen in einem lange Zeit für relativ akzeptabel gehaltenen Verfassungsstaat eine wachsende Chancen- und Verteilungsungerechtigkeit wahr. Daraufhin entlegitimiert sich der früher einmal gefundene Verfassungskompromiß; die eingespielte und praktizierte Konfliktkultur bricht zusammen, und es kommt zu einer Reprivatisierung von Gewalt sowie zu einer Mißachtung rechtsstaatlicher Grundsätze und Prinzipien; schließlich munitionieren sich die Konfliktparteien massiv; die Ökonomie zerfällt und in der Folge lösen sich umfassende Handlungsgeflechte auf; parochiale Affekte werden freigesetzt; der offene Bürgerkrieg bricht aus, und es enthemmen sich in unerwartetem Maße die Affekte – bis sich schließlich die materiellen und emotionalen Kräfte der Beteiligten erschöpfen. Während dieses Zusammenbruchs flüchtet ein erheblicher Teil der betroffenen Bevölkerung aus dem Kriegsgebiet.

Die Dramatik, die sich heute in weiten Teilen der Welt im Hinblick auf die verfassungsmäßige, institutionelle, materielle und emotionale Begründung des Friedens zeigt, liegt darin, daß viele Gesellschaften weder über ein gesichertes Gewaltmonopol, noch über Rechtsstaatlichkeit, also auch nicht über die Kombination von beidem: den Verfassungsstaat verfügen, überdies keine leistungsfähigen Ökonomien haben, weshalb auch übergeordnete Handlungszusammenhänge und die aus ihnen resultierenden Affektkontrollen instabil sind und demokratische Streitkultur ein Fremdwort bleibt. Nüchtern betrachtet, bedeutet diese Sachlage in der Konsequenz: Man wird sich nicht nur auf Jahre, sondern auf Jahrzehnte vielfältiger politischer Turbulenzen einzurichten haben, ggf. auf die Chaotisierung politischer Ordnungen, pendelnd zwischen Anarchie und Diktatur, sowie auf eine in regionalen Zusammenhängen sich epidemiehaft ausbreitende Gewaltkultur als Ersatz für eine demokratische Konfliktkultur, für die wesentliche Voraussetzungen fehlen.

Die Situation deutet, großflächig betrachtet, auf eine gewisse Ausweglosigkeit hin: Frieden einfach herrschafts- und machtmäßig von oben nach unten im Sinne des „Leviathan“ durchzusetzen, muß in sozial mobilen und politisierbaren Gesellschaften scheitern; für den Aufbau einer lebensfähigen Friedensstruktur fehlen aber in den meisten Gesellschaften der erforderliche historische Erfahrungsvorlauf und insbesondere die materielle Substanz. Dennoch gibt es, nachdem die Welt nun einmal heute nicht mehr aus traditionalen Gesellschaften besteht, keine Alternative zu einem zeitgemäßen Friedenskonzept, in dem sich die Anstrengungen um den *Schutz vor Gewalt*, den *Schutz von Freiheit*, den *Schutz vor Not* und den *Schutz vor Chauvinismus* bündeln. Angesichts der Umbruchsituation in vielen Gesellschaften wird man sich folglich allermeist mit einer Orientierung am zureichenden Minimum begnügen müssen, wenn die Ressourcen für ein Optimum nicht zur Verfügung stehen und weniger als ein Minimum, nämlich Chaotisierung, verhindert werden soll.

These III: **Die Gleichzeitigkeit von Ungleichzeitigkeiten in der Welt verschärft die Politisierung und erschwert dauerhafte oder verläßliche Koexistenz.**

Die Welt der Gegenwart, in der die Völker immer mehr untereinander in wirksame Verhältnisse kommen, wird durch zwei widersprüchliche Entwicklungstrends gekennzeichnet: Globalisierung und Fragmentierung.

Was die *Globalisierung* und deren Vorstufen, die Internationalisierung bzw. Transnationalisierung angeht, so sind die mit diesem Begriff gemeinten Sachverhalte heute offenkundig: Wie in der Vergangenheit, so vernetzt auch heute internationaler Handel raumgeographisch weit gestreute wirtschaftliche Aktivitäten. Der Anteil dieses Handelns am Weltbruttosozialprodukt beträgt immer noch 15 Prozent, obgleich andere Dimensionen der Internationalisierung bzw. der Globalisierung von Weltwirtschaft gerade in den vergangenen fünfzehn Jahren an Bedeutung gewonnen haben, so vor allem die Transnationalisierung von Produktion durch multinationale Firmen, die immer mehr einer global orientierten Inszenierung von Produktionsstandorten gleicht. Darin ist die Internationalisierung des Dienstleistungsgewerbes zu einer inzwischen besonders markanten weltwirtschaftlichen Wachstumsbranche geworden. Auch gewinnt der Technologietransfer an Bedeutung, ebenso neuerdings die Internationalisierung von Forschungs- und Entwicklungsaktivitäten multinationaler Firmen. Eine weltwirtschaftliche Verflechtung eigener Art und Größenordnung ist inzwischen durch die Globalisierung der Finanzmärkte zustande gekommen: Unterschiede in den Öffnungszeiten der großen Börsen der Welt spielen kaum noch eine Rolle; erhebliche Transaktionen finden zeitgleich statt.

Dieses gegenwärtige Ausmaß an sich globalisierenden wirtschaftlichen Verflechtungen ist ohne die Internationalisierung von Information und Kommunikation nicht vorstellbar, auch nicht ohne preisgünstige internationale Verkehrsmittel. Das reibungslose Funktionieren setzt eine Fülle von technokratisch-funktionalen Arrangements voraus, insbesondere weltweit gültige Standards und Regelwerke, die es erlauben, daß sich weite Bereiche des internationalen Verkehrs relativ reibungslos gestalten lassen.

Diese Globalisierung, die vor allem im Weltwirtschaftssystem zu beobachten ist, untergräbt in vieler Hinsicht die nationale oder staatliche Souveränität der einzelnen Gesellschaften. Was früher staatlicherseits unschwer kontrollierbar war, beispielsweise die außenwirtschaftlichen Rahmenbedingungen nationaler Ökonomien, entzieht sich heute immer mehr nationaler Kontrolle. Deshalb ist eine anhaltende Suche nach neuen, überstaatlichen Regelungsmechanismen zu beobachten, die jedoch ihrerseits als wirklich durchgreifende nicht ausreichend zustande kommen, weil die Einzelstaaten immer noch glauben, Regelungskompetenzen zu besitzen, die sie nicht abgeben wollen, obgleich diese Annahme eher von einer Fiktion ausgeht als realitätsträchtig ist.

Während solche Globalisierung derzeit anhaltend zunimmt, ist gleichzeitig auch ein Zerfall von bisher zusammenhängenden staatlichen Gebilden zu beobachten. Solcher Zerfall *(Fragmentierung)* ereilte jüngst ein Imperium wie die Sowjetunion, und man muß sich die Frage stellen, ob Indien (möglicherweise auch China) als staatliches Einheitsgebilde die kommenden Jahrzehnte wirklich überleben wird. Fragmentierung zeigt sich im Staatszerfall, so auf schreckliche Weise in Jugoslawien und auf noch passable Weise in der Tschechoslowakei. Sie kommt auch in drohendem Staatszerfall zum Ausdruck, der sogar in hochentwickelten Staaten wie Kanada und Belgien, die über eine jahrzehntelange demokratische und rechtsstaatliche Erfahrung verfügen, nicht mehr auszuschließen ist. Gleichermaßen ist in solchem Zusammenhang an vielerorts beobachtbare separatistische, sezessionistische und irredentistische Bewegungen zu denken, aus denen heraus neue Staatsgründungen angestrebt werden.

In vielen der letzten Fälle muß der vor Jahrzehnten begonnene Nationalstaatsbildungsprozeß als inzwischen gescheitert gelten: Oft kam die Konsolidierung von Territorialstaatlichkeit nicht in hinreichendem Maße zustande, ebensowenig der Aufbau einer leistungsfähigen Volkswirtschaft oder die Vereinheitlichung wichtiger Lebensbereiche, insbesondere nicht die Sicherung von Rechtsstaatlichkeit und die institutionell abgesicherte Ausweitung demokratischer Partizipation.

Separatistischen, sezessionistischen und regionalistischen Bewegungen geht es dabei zum Teil um die eigene *Besitzstandswahrung* (so beispielsweise in Katalonien oder in Slowenien, neuerdings in der Lombardei): Kritisiert wird dabei ein kontinuierlicher Ressourcentransfer aus dem eigenen, höher entwickelten Entwicklungspol in zurückhängende Peripherien. Häufiger jedoch erwachsen Fragmentierungsvorgänge, die sich allermeist in Ethnonationalismen ausdrücken, aus anderen Konstellationen: Mehrheiten wollen nicht mehr von einer Minderheit drangsaliert werden; sie wenden sich gegen *Überfremdung* (so die Albaner im Kosovo gegen die serbische Minderheit, die baltischen Völker gegen die zugewanderten Russen usf.). Im Grenzfall geht es darum, ein Apartheid-System abzuschaffen (diese Aussage betrifft heute präzise den Sachverhalt im Kosovo). Am häufigsten jedoch sind Bewegungen, die von Minderheiten ausgehen und die sich gegen Mehrheiten wenden und darauf gerichtet sind, dem drohenden Verlust an Identität entgegenzuwirken. In diesem Fall also mobilisieren Minderheiten ihre Kräfte zur Abwehr drohender *Assimilation* und, konstruktiv formuliert, zur Bewahrung bzw. Wiedergewinnung der eigenen Identität.

Diese Art von *Defensivreaktionen* im Sinne von Abgrenzung und Desintegration ist auch in größeren, über einzelne Gesellschaften hinausreichenden Bezugsbereichen zu beobachten. So haben die Reislamisierungsbewegungen und der militante islamische Fundamentalismus eine in diesem Sinne zu deutende Funktion. Andere Sammelbewegungen wie der mancherorts wachsende hinduistische Fundamentalismus und der möglicherweise wiedererstehende Panslawismus müssen unter den gleichen Vorzeichen betrachtet werden.

Allgemein kann formuliert werden: Wo in der Abwehr von Kolonialismus, Imperialismus und Neokolonialismus, insbesondere in der Phase nach der Dekolonisierung die Bemühungen um nachholende Entwicklung und einen Nationalstaatsbildungsprozeß gescheitert sind oder nur zum Teil erfolgreich waren, ist die Wahrscheinlichkeit groß, daß Defensivreaktionen der genannten Art zu beobachten sind. Denn auch in diesen Fällen ist es trotz fehlgeleiteter und fehlgeschlagener Entwicklung zu den eingangs dargestellten säkularen Umwandlungsprozessen gekommen: zu sozialer Mobilisierung und einer Politisierung der Bevölkerung. Es ist also gerade aus solchen Zusammenhängen eine neue Welle von Entwicklungsnationalismen zu erwarten.

Dabei muß man die *Doppelgesichtigkeit* dieses wie jedes Entwicklungsnationalismus im Auge behalten: Im Entwicklungsnationalismus geht es meist um die Mobilisierung der politischen, gesellschaftlichen, ökonomischen und kulturellen Kräfte vor Ort, um dadurch weitere Marginalisierung und Peripherisierung abzuwehren und um politische, ökonomische, gesellschaftliche und kulturelle Selbstbestimmung zu ermöglichen. Darin ist der rationale Kern zu sehen, der entsprechenden Bewegungen innewohnt. Doch die Gefahr, daß eine entwicklungsmäßig und kulturell motivierte Suche nach eigener Identität in ethnozentrische Abgrenzung und Ausschließung, schließlich in Chauvinismus mündet, ist bemerkenswert groß, und besonders groß ist die Gefahr, daß solche Bewegungen brutal von Machtmenschen zu Zwecken eigener politischer Karriere instrumentalisiert werden.

Während die Globalisierung der Sicherheits-, Entwicklungs- und Ökologieproblematik neue überstaatliche Regelungen erforderlich macht, deren Übersetzung in politische Praxis, kontrovers und konfliktreich, immer auch allgemeine und besondere nationale Interessen berührt, liegt derzeit die eigentliche Konflikt- bzw. Gewaltträchtigkeit in den Fragmentierungsprozessen. Denn durch solche Prozesse der Fragmentierung werden existentielle Grundfragen des Zusammenlebens aufgeworfen: Wer ist bereit, sich unter welchen Konditionen zu welcher politischen Gemeinschaft zusammenzufinden? Mit anderen Worten: Hier stellt sich die *Verfassungsfrage* in einem politisch grundsätzlichen Sinne. Und während Verfassungen Plattformen für die Schlichtung von Konflikten sind, fehlen in den allermeisten Konflikten, die in der Folge von Fragmentierungsprozessen aufbrechen, die elementarsten Voraussetzungen einer Streitschlichtung: die wechselseitige Anerkennung des Lebensrechtes; die Fähigkeit, sich in die Lebenslage des Kontrahenten hineinzuversetzen; besondere Prozeduren für einzelne Fälle der Streitschlichtung; sowie, meist für Streitschlichtung ganz wesentlich, die Hilfe Dritter Parteien.

Wenn aber einseitig oder wechselseitig das Lebensrecht bestritten wird, entsteht ein grundlegendes Sicherheitsdilemma, und elementare vertrauensbildende Maßnahmen werden erforderlich. Gegen Ethnozentrismus ist Empathie zu mobilisieren; gegen autistische Selbstverblendung eine Horizonterweiterung; gegen die Nullsummenmentalität eine Problemlösungsorientierung. Das ist alles leichter formuliert als getan. Kurz: Gerade in einem Zusammenhang, in dem sich im Denken und in den Gefühlen die Dynamik von Gewaltkultur breitmacht, wären die Imperative einer produktiven Konfliktkultur angesagt, für die aber allermeist im Verlaufe der Konflikt- und Gewalteskalation die Voraussetzungen schwinden. Dann hilft oft nur noch eine Intervention von Dritter Seite.

***These IV:* Die Welt steht heute an einem Scheideweg zwischen Zivilisierung oder Regression; die wahrscheinliche Zukunft ist nicht prognostizierbar.**

In diesen Jahren stehen die Welt insgesamt und insbesondere auch Europa vor einer grundlegenden Alternative: Entweder wird es aufgrund bewußter und gezielter Anstrengungen zu einer Weiterentwicklung internationaler Politik im Sinne ihrer Zivilisierung kommen oder aber werden wir einen Zerfall schon erreichter Kooperationsgefüge der internationalen Politik insgesamt und auch in Europa erleben. Die Alternative lautet also: kooperationsorientierte Weiterentwicklung, politische Evolution bzw. *Zivilisierung* einerseits, Zerbröselung, Auflösung oder Zerfall, also *Regression* andererseits. Die bloße Ausrichtung des Denkens und des Handelns auf den Status quo wird aller Wahrscheinlichkeit nach das Abdriften in Regression fördern; Akzentsetzungen in Richtung auf Zivilisierung sind demzufolge unerläßlich, selbst wenn man nur das Erreichte bewahren wollte. Denn das internationale System wird untergründig immer noch durch Staatenanarchie und deren pathologisierende Dynamik geprägt, und einzelne Gesellschaften bleiben rückfallgefährdet.

Regression käme einer Entziviliserung gleich, beispielsweise wenn ein einmal erreichter Konsens über bestimmte Normen wie das prinzipielle Gewaltverbot zerbröselt; weiterhin wenn multilaterale Institutionen verfallen, wenn die materielle Grundlage politischer Gemeinschaft schwindet und Affektpolitik die Oberhand gewinnt. Konkret würde Regression z. B. bedeuten: Zerfall der Triade und Renaissance einer enthemmten Geopolitik zwischen den USA, Japan und dem EG-Europa; weiterhin Zerfall des EG-Europa mit der Folge einer Erosion von Multilateralismus und eines Wiederauflebens konflikthafter und antagonistischer Bilaterialismen im Sinne der politischen Zustände der 20er und 30er Jahre dieses Jahrhunderts. Eine Renationalisierung der Außenwirtschaftspolitik wäre dabei ebenso unausweichlich wie die Renationalisierung von Sicherheitspolitik. Das hieße aber beispielsweise innerhalb Europas: die erneute Aktualisierung von Sicherheitsdilemmata im westlichen Teil Europas, wo dieser Zustand ein für alle Mal für überwunden galt. Bemühungen in Ost- und Westeuropa, die östliche Hälfte in sich europäisierende westeuropäische und in neue gesamteuropäische Institutionen einzubinden, wären dann von vornherein zum Scheitern verurteilt. Die Idee eines friedlichen Gesamteuropas könnte ad acta gelegt werden.

Auch wäre weder eine Ökonomisierung der internationalen Politik noch deren überfällige Ökologisierung zu erwarten, sondern Militarisierung. Internationale Abmachungen würden an regulativer Kraft verlieren und zerbröseln. Regellosigkeit, Mangel an Erwartungsverläßlichkeit und Machtpolitik im Sinne der klassischen Definition, nämlich den eigenen Willen auch gegen den Widerstand anderer durchzusetzen, würden die politische Szene in und zwischen Gesellschaften charakterisieren. Solche Machtpolitik träte erneut an die Stelle der umsichtigen Steuerung von Interessenverflechtungen, also an die Stelle von Interdependenzmanagement.

Zivilisierung würde sich in einem genau gegenteiligen Trend niederschlagen. Insbesondere käme es in solchem Falle zum Beispiel in Gesamteuropa zu einem Konsens über Minimalnormen friedlicher Konfliktbearbeitung, die nicht unterschritten werden dürfen, ohne gemeinsame Sanktionen zu provozieren. Nationale Souveränität würde dabei in einem Geflecht von intergouvernementalen und supranationalen Institutionen und Verfahren eingeschränkt; es entstünden Bereiche nicht nur gemeinsamer, sondern vergemeinschafteter Handlungsfähigkeit, insbesondere allgemein akzeptierte Institutionen verläßlicher friedlicher Streitbeilegung.

Wohin die Entwicklung in der Welt insgesamt und insbesondere in

Europa tendieren wird, zu Zivilisierung oder zu Regression, kann derzeit nicht verläßlich prognostiziert werden, da es in der Wirklichkeit sowohl Tendenzen in Richtung auf weitere Zivilisierung gibt als auch Tendenzen der Regression, die zur Zeit stärker, zumindest lautstarker sind und sich möglicherweise zu einem Schreckensszenario bündeln. Um so mehr sind jedoch Gegenkräfte zu mobilisieren.

***These V:* In einer Welt zunehmender Komplexität und aufbrechender Konflikte tendieren punktuell ansetzende politische Strategien dazu, in aller Regel über kurz oder lang zu versagen. Überfälligen konzertierten Aktionen aber fehlt allermeist der intellektuelle Vorlauf und der politische Rückhalt, obgleich solche konzertierten Aktionen für Problemlösungsstrategien unerläßlich wären. Deshalb vermitteln die Welt und in ihr die Politik den Eindruck, perspektivenlos einfach dahinzudriften.**

Die Politisierung der Welt wird aus objektiven Gründen weiter voranschreiten, denn der eingangs gekennzeichnete säkulare Umwandlungsprozeß ist bei weitem noch nicht abgeschlossen. Die Vernetzungen oder Interdependenzen in der Welt werden aller Wahrscheinlichkeit nach ebenfalls weiter wachsen, und als Ergebnis zunehmender Interdependenzen wird nach aller bisherigen Erfahrung die Welt nicht notwendigerweise einheitlicher, sondern eher zerklüfteter, aufgeteilt in neue Verdichtungs- und Grenzräume, in Zentren und Peripherien. In solcher Struktur sammelt sich politischer Sprengstoff an: Wanderungsbewegungen aus ökonomischen, ökologischen oder politischen Gründen; massenhaftes Protestverhalten, das in fundamentalistischen, nationalchauvinistischen und xenophobischen Strömungen seinen politischen Ausdruck sucht; Gegenmachtbildungen durch Aufrüstung insbesondere im Bereich der ABC-Waffen und damit Verschärfung der Proliferationsproblematik; wiederauflebender Terrorismus. Dieser politische Sprengstoff könnte wenigstens zum Teil entschärft werden, wenn viel Zeit zur Verfügung stünde. Aber aus allen friedenspolitischen Problemen der Gegenwart erwächst je einzeln und schon gar in Kombination ein erheblicher Zeitdruck.

Hinzu kommt, daß unter den Vorzeichen wachsender Komplexität, sich fortsetzender Politisierung und eines zunehmenden Problemdrucks eine für Problemlösungen unabdingbare Neudefinition von Prioritäten und Interessen nicht zustande kommt; daß es also unter solchen Vorzeichen eher zu intellektuellen, emotionalen und Interessenverhärtungen kommt als zu der eigentlich erforderlichen Lernoffenheit und der entsprechenden Anpassung im konkreten Verhalten.

***These VI:* Politik bedarf als Orientierung eines Projektes. In friedenspolitischer Hinsicht ist dabei die Orientierung an einem zeitgemäßen Friedenskonzept unerläßlich. Nicht alles Wünschenswerte ist erreichbar, doch vieles kann, zumal in Europa, trotz aller Widrigkeiten erreicht werden.**

Man wird, was immer man sich einfallen läßt, das Wachstum der Weltbevölkerung nicht „in den Griff bekommen", denn das einzelne Verhalten von Milliarden von Menschen läßt sich kaum oder nur am Rande steuern, von verläßlicher Kontrolle ganz zu schweigen. Man kann aber durch gezieltes Handeln in Europa verhindern, daß die heute noch bestehenden gemeinsamen Institutionen in Westeuropa und in Gesamteuropa hinterrücks zerbrechen und daß als Ergebnis einer Renationalisierung der Politik in vielen Einzelstaaten die alte geopolitische Sicherheitsproblematik in Europa wieder auflebt.

Der Zerfall eines Großgebildes wie Indien ist möglicherweise langfristig nicht aufhaltbar und schon gar von außen kaum in die eine oder andere Richtung beeinflußbar. Aber die Idee, im gesamten Europa einen einheitlichen Rechtsraum zu schaffen, in dem Menschenrechte und die Grundsätze des Verfassungsstaates zu einer Selbstverständlichkeit würden, muß nicht nur eine Fiktion bleiben.

So wie die Welt gelagert ist, ist die Entwicklungsfrage auf der Welt insgesamt aller Wahrscheinlichkeit nach mehr als eine Jahrhundertaufgabe. Aber innerhalb Europas könnte bei entsprechenden Anstrengungen das Wirtschaftsgefälle zwischen West und Ost schrittweise innerhalb von zwei bis drei politischen Generationen, d. h. in ca. 25–40 Jahren überwunden werden. Was dabei zu tun wäre, ist nach einer mehrjahrzehntelangen Entwicklungsdiskussion nicht unbekannt und in vieler Hinsicht auch nicht mehr strittig.

Vielleicht steht die Welt vor einem internationalen Kulturkampf zwischen Islam und Christentum, Hinduismus und Islam usf. Aber es ist nicht einsichtig, warum ein Kontinent wie beispielsweise Europa nicht fähig sein sollte, neu virulent werdende und aufbrechende Kulturfronten innerhalb des eigenen Lebensraumes zu mäßigen und die Begegnung der vielfältigen Kulturen, die gerade Europa in sich birgt, produktiv zu wenden.

Man könnte noch andere Problembereiche einander gegenüberstellen. Vielleicht ist das „Friedensprojekt Welt", definiert im Sinne eines zeitgemäßen Friedenskonzeptes, noch eine Utopie. Aber das „Friedensprojekt Europa" im Sinne der Herausbildung eines einheitlichen Rechtsraumes, gemeinsamer Sicherheitsstrukturen, eines gesamteuropäischen Wirtschaftsraumes und eines Raumes gelebter und erlebbarer kultureller Koexistenz könnte demgegenüber wirklich in absehbarer Zeit realisiert werden. Ohnehin ist der Weltfrieden nur vorstellbar, wenn zunächst einmal die einzelnen Regionen in der Welt, die in der Zukunft so wenig wie einzelne Gesellschaften noch von außen steuer- oder gar kontrollierbar sein werden, in den Dimensionen von Recht, Sicherheit, Wirtschaft und Kultur friedensfähig werden, um schließlich als friedensfördernde Bausteine zu einer Weltfriedensordnung beitragen zu können.

Literatur

Amin, Samir: L'empire du chaos, Paris 1991.

Buzan, Barry, u. a.: The Logic of Anarchy. Neorealism to Structural Realism, New York 1993.

Calließ, Jörg (Hrsg.): Weltsystem und Weltpolitik jenseits der Bipolarität, 2 Bde., Loccum 1991 und 1992.

– (Hrsg.): Aufbruch in eine Neue Weltordnung, Loccum 1992.

Calließ, Jörg, Christine Merkel (Hrsg.): Peaceful Settlement of Conflict. A Task for Civil Society, Loccum 1993.

Camilleri, Joseph A., Jim Falk: The End of Sovereignty? The Politics of a Shrinking and Fragmenting World, Aldershot 1992.

Corm, Georges: Le nouveau désordre économique mondial, Paris 1993.

Czempiel, Ernst-Otto: Weltpolitik im Umbruch, München ^{2}1993.

–: Friedensstrategien, Paderborn 1986.

Dahrendorf, Ralf: Der moderne soziale Konflikt, Stuttgart 1992.

Deutsch, Karl W.: Nationalism and its Alternatives, New York 1969.

Doran, Charles F.: Systems in Crisis, Cambridge 1991.

Forndran, Erhard (Hrsg.): Politik nach dem Ost-West-Konflikt, Baden-Baden 1992.

Gantzel, Klaus Jürgen (Hrsg.): Die Kriege nach dem Zweiten Weltkrieg bis 1992, Münster 1994.

Holm, Hans-Henrik, Georg Sørensen (Hrsg.): Whose World Order? Uneven Globalization and the End of the Cold War, Boulder 1994.

Huntington, Samuel B.: The Third Wave. Democratization in the Late Twentieth Century, London 1991.

Kennedy, Paul: In Vorbereitung auf das 21. Jahrhundert, Frankfurt a. M. 1992.

Knapp, Manfred, Gert Krell (Hrsg.): Einführung in die Internationale Politik, München ^{3}1994.

Kößler, Reinhart, Henning Melber: Chancen internationaler Zivilgesellschaft, Frankfurt a. M. 1993.

Kondylis, Panajotis: Planetarische Politik nach dem Kalten Krieg, Berlin 1992.

Krell, Gert, Harald Müller (Hrsg.): Frieden und Konflikt in den internationalen Beziehungen, Frankfurt a. M. 1994.

Küng, Hans, Karl-Josef Kuschel (Hrsg.): Weltfrieden durch Religionsfrieden, München 1993.

Marty, Martin I., R. Scott Appleby (Hrsg.): Fundamentalisms Observed, London 1991.

Müller, Harald: Die Chance der Kooperation. Regime in den internationalen Beziehungen, Darmstadt 1993.

Opitz, Peter J. (Hrsg.): Weltprobleme, Bonn ^{3}1990.

Rittberger, Volker (Hrsg.): Regimes in International Relations, Oxford 1993.

Rosenau, James: Turbulence in World Politics, Princeton 1990.

Senghaas, Dieter: Friedensprojekt Europa, Frankfurt a. M. 1992.

–: Wohin driftet die Welt? Über die Zukunft friedlicher Koexistenz, Frankfurt a. M. 1994.

Tibi, Bassam: Die fundamentalistische Herausforderung. Der Islam und die Weltpolitik, München [2]1993.
Zunker, Albrecht (Hrsg.): Weltordnung oder Chaos? Beiträge zur internationalen Politik, Baden-Baden 1993.
Globale Trends 93/94. Daten zur Weltentwicklung, hrsg. von der Stiftung Entwicklung und Frieden, Frankfurt a. M. 1993.

Michael Zürn

Das Projekt „Komplexes Weltregieren"

Wozu Wissenschaft von den Internationalen Beziehungen?

Im folgenden argumentiere ich, daß die grundlegende Frage, mit der sich die Wissenschaft von den Internationalen Beziehungen auseinandergesetzt hat, *das Sicherheitsdilemma zwischen souveränen Staaten,* nicht mehr die dominierende Kernproblematik dieser Disziplin ausmacht. Wir sind heute vielmehr mit einem generellen *Governancedilemma* konfrontiert. Diese Problematik soll erläutert werden. In der Sache bedeutet dies, daß die Diskussion über politische Projekte heute auf der Ebene der *internationalen* Beziehungen geführt werden muß. Politische Orientierungslosigkeit kann nicht mehr durch nationale Projekte überwunden werden; dazu bedarf es der Bewältigung des Governancedilemmas.

1. Die Krise des Regierens

Politikwissenschaft handelt vom Geschäft des Regierens, also von der Regelung problematischer gesellschaftlicher Beziehungen und der ihnen zugrundeliegenden Konfliktlagen mittels verläßlicher und dauerhafter Institutionen *(best case)* statt durch unvermittelte Macht- und Gewaltanwendung *(worst case)*. Politik ist dieser Auffassung gemäß nicht, anders als David Easton unterstellt, die unmittelbare „autoritative Zuteilung von Werten" – etwa der Richterspruch über eine Geldstrafe für ein Verkehrsdelikt oder die Konsumentenentscheidung, nun doch auf ein Fahrrad umzusteigen. Politik umfaßt vielmehr alle die Handlungen, die auf die Ausbildung, Gestaltung, Veränderung und Zerstörung von Institutionen gerichtet sind, in deren Rahmen die Zuteilung von Werten erfolgt – beispielsweise die gesetzliche und institutionelle Ausgestaltung der Straßenverkehrsordnung und des Transportwesens. Politik ist mithin das Handeln, welches auf die Gestalt von Regieren gerichtet ist. Wo Regieren ausfällt, da herrscht unproduktives Durcheinander und letztlich der Hobbessche Zustand des Krieges aller gegen alle.

Die Wissenschaft von den *Internationalen Beziehungen* handelt vom internationalen und transnationalen Regieren: vom Versuch, die Beziehungen zwischen Staaten und die gesellschaftlichen Beziehungen über nationale Grenzen hinweg mittels verläßlicher Institutionen zu regeln. Wo internationales und transnationales Regieren scheitern, herrscht unvermittelte Macht und nicht selten nackte Gewalt in der Weltpolitik.

Die Rede vom *transnationalen und internationalen Regieren* macht deutlich, daß sich Regieren nicht auf die mit einem Gewaltmonopol abgesicherten Dekrete der nationalstaatlichen „Regierungen" beschränkt. Regieren ist nicht notwendigerweise ein hierarchischer Akt. Gesellschaften und auch die Staatengesellschaft sind potentiell dazu in der Lage, sich selbst in Abwesenheit einer übergeordneten Zentralinstanz zu organisieren und zu regieren. Insofern umfaßt das Regieren alle gesamtgesellschaftlich relevanten sozialen Institutionen, d. h. auf Dauer gestellte und verfestigte Verhaltensmuster einer angebbaren Menge von sozialen Akteuren, die auf Normen und Regeln beruhen. Die Entwicklung und konkrete Ausgestaltung solcher Normen und Regeln resultieren aus den zugrundeliegenden Macht- und Interessenlagen. Haben sich die Normen und Regeln aber einmal etabliert, gewinnen sie eine Unabhängigkeit und bestimmen das denkbare Handlungsrepertoire der Akteure mit, da sie entweder etwas verbieten, ermöglichen oder verlangen. Die Normen und Regeln lenken somit in Verbindung mit den zugrundeliegenden Macht- und Interessenlagen die Beziehungen zwischen den Akteuren in den sich wiederholenden Situationen und präjudizieren die Wertezuteilungen zwischen ihnen. Regieren umfaßt also alle ordnungsstiftenden Institutionen, die eine Erwartungsverläßlichkeit erzeugen und Kooperation zwischen den Akteuren ermöglichen. Regierungsleistungen können potentiell von allen gesellschaftlichen Akteuren erbracht werden. Regieren ist auf jeden Fall nicht nur das Privileg der Staaten.

Der Gegenstand der Politikwissenschaft und der Internationalen Beziehungen – das Regieren – steckt aber in einer tiefen Krise. Das Regieren dümpelt dahin, ohne auch nur Ansätze einer Vision aufzuzeigen. Ob es sich um die wirtschaftliche, die ökologische, die soziale oder die politisch-kulturelle Krise handelt, es wird meist nur über deren Eindämmung nachgedacht. Kaum werden jedoch Konzeptionen zur nachhaltigen Krisenüberwindung aufgezeigt. Die herrschenden politischen Kräfte scheinen Politik mit (Krisen-)Verwaltung zu verwechseln. Das mag nichts Neues sein, wie Erhard Eppler kürzlich feststellte:

> So wie die Politik in den sechziger Jahren den Fortschritt verwaltet hat, verwaltet sie heute die Risiken, die uns bedrohen. Nur mit dem Unterschied, daß es durchaus verantwortbar war, einen Fortschritt zu verwalten, der uns, Politik hin oder her, in immer bessere Zeiten zu führen versprach, während es ganz und gar unverantwortlich ist, Risiken so lange zu verwalten, bis sie in Katastrophen enden.

Mit dem Stichwort „Politik ohne Projekt“ hat Siegfried Unseld die allgemeine Ratlosigkeit auf den Begriff gebracht. Indem er allerdings die allgemeine politische Konzeptionslosigkeit innerhalb Deutschlands durch das Nachdenken über das „Projekt Deutschland“ überwinden möchte, wird der Kern der Krise verkannt: die prinzipielle Ineffektivität nationaler Politiken zu Ende des 20. Jahrhunderts und mithin die Auflösung traditioneller politischer Räume überhaupt. Die Krise ist folglich auch nicht auf die Bundesrepublik beschränkt. In all den führenden Industrieländer der sog. Gruppe der Sieben haben sich in den letzten Jahren politische Bewegungen etabliert, die eine tiefgehende Unzufriedenheit mit dem politischen Establishment und dem generellen politischen und gesellschaftlichen *Status quo* zum Ausdruck bringen. Während die politischen Eliten der Bundesrepublik und Frankreichs mit einer rapide wachsenden Gruppe von (insbesondere auch jungen) Menschen mit rechtsextremistischen Einstellungen konfrontiert sind, hat sich in den USA eine Anti-Establishment-Bewegung um Ross Perot entwickelt, die nicht in allen, aber eben doch in manchen Aspekten (etwa Anti-Intellektualismus oder geheucheltes Außenseitertum) den rechtsextremen Gruppierungen in Europa ähnelt. Die kanadische Zentralregierung steht zusätzlich und ziemlich ratlos einer Sezessionspolitik in Quebec gegenüber, die in den letzten zehn Jahren erheblich an Zielstrebigkeit gewonnen hat. Auch in der Lombardei und in Schottland treten Sezessionsbewegungen mit einer ungewohnten Vehemenz auf, die den Zentralregierungen in Rom und London ähnliche, wenngleich nicht ganz so weitreichende Schwierigkeiten bereiten. Außerdem sind die politischen Systeme Italiens und Japans unerwartet schnell mit noch nicht überschaubaren Transformationspotentialen in Bewegung geraten.

Aufgrund der Gleichzeitigkeit dieser verschiedenartigen Krisenentwicklungen liegt es nahe, externe Ursachen oder Herausforderungen zu vermuten, die für alle diese Länder in ähnlicher Weise greifen, dann aber intern unterschiedlich verarbeitet werden. Eine wichtige externe Ursache für diese parallelen Entwicklungen sehe ich in der rasant fortschreitenden Globalisierung gesellschaftlicher Handlungszusammenhänge in den Bereichen Wirtschaft, Sicherheit, Kultur und Ökologie. Dieser gesellschaftliche Globalisierungsschub hat die Handlungsspielräume des nationalen Regierens zur Überwindung von wirtschaftlichen, ökologischen und sozialen Fehlentwicklungen drastisch reduziert. Nationale Maßnahmen zur Ankurbelung der wirtschaftlichen Konjunktur sind angesichts der Beweglichkeit des Kapitals zum Scheitern verurteilt, wenn sie nicht mit anderen Regierungen abgestimmt sind; der Ausbau des Sozialstaates im nationalen Alleingang verbietet sich angesichts des heftigen Wettbewerbs der Standorte; und die drängendsten ökologischen Probleme bedürfen gar einer Bearbeitung auf der globalen Ebene. Vor dem Hintergrund drastisch reduzierter nationalstaatlicher Handlungsalternativen kann die Konzeptionslosigkeit der herrschenden, d. h. auf dem Prinzip der nationalen Souveränität beruhenden Politik eigentlich nicht überraschen. Trotzdem wird die allgemeine Konzeptionslosigkeit hinsichtlich der wichtigen Fragen unserer Zeit übertüncht, indem die wenigen Fragen, die scheinbar noch auf der nationalen Ebene geregelt werden können – sei es die Wahl des Bundespräsidenten, die Ausgestaltung des Abtreibungsrechts oder die Verfahren zur Anerkennung von Asylsuchenden – meist unverhältnismäßig hochstilisiert werden.

Das erstrangige politische Projekt zu Ende des 20. Jahrhunderts besteht mithin in der Rekonstitution von Regieren auf neuen Ebenen, um politische Handlungsmöglichkeiten zurückzuerlangen. *Nationales* Regieren zielt heute treffsicher an den wichtigsten Problemen vorbei. Modernes Regieren muß auf die Ausbildung von internationalen und transnationalen Institutionen ausgerichtet sein, die Rahmenbedingungen vorgeben, welche dann meist unterhalb der nationalen Ebene unter Einbeziehung der Regelungsadressaten konkretisiert werden. Das politische Projekt zu Ende des 20. Jahrhunderts kann mithin kein nationales, vermutlich überhaupt kein raumbezogenes mehr sein. Obgleich die Welt je nach Sektor und Problemlage in handlungsrelevante Räume unterteilt bleiben wird, sind diese jedoch zunehmend funktional bestimmt und überlagern sich gegenseitig. Notwendig ist daher das Projekt *komplexes Weltregieren.*

Freilich ist nicht jedes beliebige Projekt komplexes Weltregieren wünschenswert. Undemokratische internationale Institutionen, die an den Regelungsadressaten vorbeiregieren, die elitär sind und soziale Fragen technokratisch vernachlässigen, werden von den Menschen nicht angenommen. Sie sind nicht identitätsstiftend und stoßen auf sozialen Widerstand, der sich dann nicht selten nationalistisch und reaktionär präsentiert. Die Aufgabe für die Wissenschaft von den Internationalen Beziehungen ist somit alles andere als klein. Es geht darum, Kenntnisse über die Möglichkeiten eines demokratischen und humanen Projekts Komplexes Weltregieren aufzubereiten.

2. Dimensionen der Globalisierung

Das Kernproblem der Politik zu Ende des 20. Jahrhunderts läßt sich in Anlehnung an James N. Rosenau durch die Gegenüberstellung von zwei Bildern demonstrieren, welche die gegenwärtigen gesellschaftlichen Spannungsverhältnisse versinnbildlicht, denen modernes Regieren gerecht werden muß. Beide Bilder sind erst durch moderne Technologien ermöglicht worden und haben doch bereits eine erstaunliche Symbolkraft erlangt. Das eine ist eine intrauterinäre Aufnahme eines Fötus, die inzwischen als Symbol für den Eigenwert und die Individualität des einzelnen Menschen dient.

Das andere ist eine vom Mond aus aufgenommene Aufnahme der Erde – des blauen Planeten –, die inzwischen häufig benutzt wird, wenn die menschliche Schicksalsgemeinschaft symbolisiert werden soll. Wenn nun diese beiden Aufnahmen nebeneinandergelegt werden, kann man einen Eindruck davon gewinnen, inwieweit moderne Technologien sowohl eine Ausweitung menschlicher Handlungszusammenhänge über politisch vorgegebene Räume hinweg (sowie das Bewußtsein dafür) als auch eine Betonung der individuellen Selbstbestimmung und der Autonomie kleiner sozialer Einheiten befördert haben. Die modernen Technologien haben nicht nur die beiden Aufnahmen erst möglich gemacht, sie haben (in Verbindung mit einem allgemeineren Modernisierungsprozeß) tatsächlich auch erst die sozialen Sachverhalte, die hinter den Symbolen stehen, realisiert. Sie haben die Mittel zur Verfügung gestellt, aufgrund derer eine individualisierte Lebensweise möglich geworden ist (Stichwörter: Überfluß, Freizeit, Transportmittel, moderne Kommunikationsmittel etc.), und sie haben dazu beigetragen, daß nicht wenige gesellschaftliche Handlungszusammenhänge inzwischen eine globale Dimension erreicht haben (Stichwörter: Massenproduktion für den Weltmarkt, die aus ihr folgenden ökologischen Probleme, Massenvernichtungswaffen, Massenmedien etc.). Schließlich tragen die modernen Kommunikations- und Informationstechnologien dazu bei, daß die wirkungsmächtigen Botschaften, die in den Bildern enthalten sind, sich mit ungekannter Geschwindigkeit ausbreiten können.

Moderne Technologien befördern zum einen den Prozeß der Individualisierung, d. h. die zunehmende Ausbreitung des Prinzips der individuellen Selbstbestimmung. Individualisierung führt zu einer Auflösung traditioneller Handlungsorientierungen zugunsten der Bewertung von Handlungen aufgrund einer individuellen Leistungsbilanzierung. Politische Herrschaft kann nicht mehr mit dem Verweis auf Tradition oder mit dem Verweis auf nationale Erfordernisse begründet werden. Es zählen nur noch die für die Einzelnen meßbaren Erfolge oder Mißerfolge. Gleichzeitig verringert sich der Einfluß gesellschaftlicher Normenzwänge auf die Wahl von individuellen Lebensweisen. Der Prozeß der Individualisierung erschwert das Regieren insofern, als es die Leistungsanforderungen an die Politik erhöht und die traditionalen Legitimationen nationalstaatlicher Herrschaft unterhöhlt.

Entscheidend ist allerdings, daß den erhöhten Leistungsanforderungen an die Politik eine verringerte Leistungsfähigkeit nationaler Politik gegenübersteht. Die Globalisierung von gesellschaftlichen Handlungszusammenhängen in den Bereichen der Wirtschaft, Sicherheit, Kultur und Umwelt schwächt die Effektivität nationaler Politiken nachhaltig. Nationale Politiken allein können die Sicherheit und Wohlfahrt der Bürgerinnen und Bürger nicht mehr garantieren.

Freilich gab es schon immer Interdependenz in der internationalen Politik, verstanden als eine Situation, in der die Auswirkungen der Handlungen eines Akteurs (auch) von den Handlungen anderer abhängig sind. Das Überlegenheitsstreben von Staaten führte nie automatisch zum Erfolg. Es war immer auch von Reaktionen der anderen Staaten und ihrer Anstrengungen abhängig. Das Erreichen politischer Ziele seitens eines Staates war schon im 17. Jahrhundert von den Aktivitäten der anderen Staaten abhängig. Interdependenz in diesem Sinne ist konstitutives Merkmal des modernen Staatensystems, das in Verbindung mit der Abwesenheit einer übergeordneten Zentralgewalt das *Sicherheitsdilemma* hervorrief. Mit der Ausbreitung der Industrialisierung weitete sich die Interdependenz auch auf den wirtschaftlichen und mithin auf den gesellschaftlichen Bereich aus. Die exportorientierte Strategie vieler deutscher Unternehmer in der jüngsten Vergangenheit war beispielsweise deshalb erfolgversprechend, weil die importierenden Länder Handelshemmnisse abbauten.

Dafür waren auch die internationalen Institutionen verantwortlich, die nach dem Ende des Zweiten Weltkrieges unter amerikanischer Führung errichtet worden sind. Durch das internationale Handelsregime (GATT), das Regime zur Regelung der Währungsbeziehungen und der Finanzbeziehungen sowie durch die Europäische Wirtschaftsgemeinschaft ist ein institutioneller Rahmen gelegt worden, der den weltwirtschaftlichen Aufschwung nach dem Zweiten Weltkrieg ermöglichte. Das Prinzip, das hinter diesen internationalen Institutionen steht, wurde mit dem Begriff "embedded liberalism" (John Gerard Ruggie) auf den Punkt gebracht. Diese Institutionen ermöglichten einen relativ unbehinderten wirtschaftlichen Austausch zwischen allen Industrieländern, ohne den Raum für unterschiedliche nationale Ausgestaltungen der politischen und gesellschaftlichen Landschaft allzu gering werden zu lassen. So konnten die korporatistischen Wohlfahrtsstaaten skandinavischer Provenienz in diesem Umfeld mindestens genauso erfolgreich bestehen wie die liberalen angelsächsischen Systeme oder die staatsorientierte Gesellschaft und Wirtschaft in Ostasien. Mit anderen Worten: Internationale Institutionen waren eine Form des internationalen Regierens, die den Fortbestand des nationalen Regierens ermöglichte.

Die genannten internationalen Wirtschaftsinstitutionen waren erfolgreich: Sie unterstützten ein stabiles Wachstum in den westlichen Industriegesellschaften über beinahe drei Jahrzehnte hinweg; sie förderten die Integration der Weltwirtschaft und stärkten mithin die außenhandelsorientierten politischen Kräfte in den nationalen politischen Systemen; und sie trugen dazu bei, daß es während der weltwirtschaftlichen Rezession nach dem Zweiten Weltkrieg bisher nicht zu einer Protektionismus- und Abwertungsspirale mit katastrophalen Auswirkungen kam.

Die internationalen Wirtschaftsinstitutionen waren in gewisser Weise zu erfolgreich. Denn die insbesondere seit ungefähr zwei Jahrzehnten rapide voranschreitende Globalisierung unterminiert mehr und mehr den nationalstaatlichen Impetus der Nachkriegsordnung. Herrschte *bis dato* eine Interdependenz in der Form, daß gesellschaftliche und staatliche Tätigkeiten außerhalb des eigenen Landes erhebliche Rückwirkungen auf die Erreichung eigener politischer Ziele hatten, so ist in vielerlei Hinsicht inzwischen der Unterschied zwischen „Innen“ und „Außen“ aufgehoben. Seit Mitte der siebziger Jahre finden stille, aber um so bedeutendere Veränderungen statt, die anhand von fünf Schlaglichtern illustriert werden können:

1. Die Finanzmärkte haben sich in einem atemberaubenden Tempo globalisiert und sind längst der staatlichen Kontrolle entglitten – „Ich empfinde es als unvernünftig und unmoralisch, daß die Spekulationen mit Milliarden von Dollars das tägliche Leben von Millionen von Menschen aus der Bahn werfen und sich gegenüber den Staaten durchsetzen können, die die Interessen der Bevölkerung vertreten“, meinte kürzlich ein von der europäischen Währungskrise frustrierter François Mitterrand (Übersetzung, M. Z.).

2. Die Auslandsdirektinvestitionen weisen phantastische Wachstumsraten auf – während der Gesamtwert der getätigten Auslandsinvestitionen 1960 68 Milliarden und 1973 211 Milliarden US-$ betrug, ist dieser Wert auf inzwischen über 2000 Milliarden US-$ angestiegen.

3. Die transnationalen Unternehmen verquicken sich insbesondere im Bereich der Forschung und Entwicklung in einem beachtlichen Tempo untereinander – der neueste OECD-Report spricht von einem “world-wide sourcing of scientific knowledge”.

4. Es breitet sich, nicht zuletzt als Folge der einschlägigen UN-Konferenz in Stockholm von 1972, ein verstärktes Bewußtsein über die ökologische Interdependenz aus – so sind von den 132 multilateralen internationalen Umweltvereinbarungen, die in der Geschichte der internationalen Politik unterzeichnet wurden, über 50 Prozent erst nach dieser Konferenz entstanden.

5. Die Einführung der neuen Informations- und Kommunikationstechnologien schließlich hat zu einem Quantensprung in den Möglichkeiten transnationaler Kommunikation und den Ansätzen einer Weltkultur geführt – „Piloten, Computerprogrammierer, Bankiers, Medienspezialisten, Arbeiter auf Ölinseln, gefeierte Unterhaltungskünstler, Ökologieexperten, Bevölkerungswissenschaftler, Professoren, Athleten – diese Menschen verkörpern eine neue Art von Männern und Frauen, für die Religion, Kultur und Nationalität nur noch eine untergeordnete Rolle in ihrer Identitätsdefinition einnehmen“, schrieb kürzlich Benjamin R. Barber in einem lesenswerten Beitrag zum Atlantic Monthly (Übersetzung, M. Z.).

Vor diesem Hintergrund argumentiert Robert Reich (inzwischen Mitglied des Kabinetts von Präsident Clinton), daß die „Vorstellung von nationalen Ökonomien inzwischen genauso bedeutungslos ist wie die von nationalen Unternehmen, nationalem Kapital, nationalen Produkten und nationaler Technologie" (Übersetzung, M. Z.). Dementsprechend sind nationale Politiken immer weniger dazu in der Lage, gewünschte Zustände herbeizuführen. Die Möglichkeiten nationaler Konjunktur- und Sozialschutzprogramme haben sich angesichts rapide wachsender Direktinvestitionen und hochsensibler Finanzmärkte weiter verringert. Auch Sicherheitsbedrohungen von außen, ob militärischer oder ökologischer Natur, können immer weniger durch nationale Maßnahmen abgewehrt oder abgeschreckt werden.

Zwar versuchen Staaten die Effektivität ihrer Politik durch die Errichtung von neuen internationalen Regimen und Institutionen, in deren Rahmen sie ihre Politiken besser koordinieren können, zurückzugewinnen. Zum einen kann aber die internationale Institutionenbildung aufgrund ihrer Schwerfälligkeit den Verlust der Effektivität nationaler Politiken nicht völlig ausgleichen, so daß ein erhebliches Maß an Netto-Deregulation übrigbleibt. Das Regelungsdefizit hat im Weltmaßstab, und nicht zuletzt auch in den westlichen Industrieländern, zu einer Verschärfung gesellschaftlicher Ungleichheiten und zum rapiden Anstieg der Armut auch innerhalb der Industrieländer geführt. In allen westlichen Industrieländern ist die Einkommensverteilung zwischen der Jahrhundertwende und den 70er Jahren dieses Jahrhunderts ausgeglichener geworden. Dieser Trend hat sich aber in den allermeisten Ländern seitdem umgekehrt. Beispielsweise hatte das reichste Fünftel der Bevölkerung in den USA zwischen 1977 und 1990 ein Einkommensplus von 9% zu verzeichnen, während das unterste Fünftel ein Minus von 5% hinnehmen mußte. Mit wenigen Ausnahmen sind ähnliche Entwicklungen in den allermeisten Industrieländern zu beobachten. Zum anderen vergrößert die Ausbildung internationaler Institutionen die Unübersichtlichkeit und Komplexität der politischen Entscheidungsfindung. Das führt zu einer weiteren Reduzierung der demokratischen Kontrollmöglichkeiten, insbesondere solange keine befriedigenden Mechanismen zur Demokratisierung internationaler Institutionen gefunden werden. Die Demokratisierung internationaler Institutionen hinkt deren realer Wirksamkeit weit hinterher.

Wir befinden uns also in einer Situation, in der der *bourgeois* längst in übernationalen Kategorien denkt und handelt, während der *citoyen* noch im nationalen Rahmen gefangen ist. Es ist eine Situation, in der der *bourgeois* befreit von den Normen und Regeln kollektiver politischer Vernunft der *citoyens* seinen wirtschaftlichen Aktivitäten nachgeht, da die gesellschaftliche Globalisierung nur in stark defizitärer Weise von einer politischen Internationaliserung begleitet wird. Insofern kann die Globalisierung gesellschaftlicher Handlungszusammenhänge, insbesondere wenn sie vom Prozeß der Individualisierung begleitet wird, als ein wichtiger Grund der politischen Turbulenzen unserer Zeit angesehen werden. Sie resultieren aus einem generellen Regelungsdefizit gesellschaftlicher Handlungszusammenhänge, das vehemente Gegenreaktionen gegen den Prozeß der Globalisierung hervorruft. Viele dieser Gegenreaktionen setzen auf eine Wiederbelebung des Nationalstaates oder gar auf ethno-nationalistische Gemeinschaften.

Wir befinden uns also im Stadium der phasenverschobenen oder *ungleichzeitigen Denationalisierung*: Dem Prozeß der gesellschaftlichen Globalisierung werden auf der Ebene des politischen Bewußtseins und der identitätsstiftenden Gemeinschaftsorientierung nicht selten nationalistische, rassistische oder ethnische Konzepte gegenübergestellt. In dem Maße aber, wie sich politische Räume und damit das Grundprinzip traditioneller Politik, die Territorialität, auflöst, erscheinen raumfixierte politische Regelungen und Konzepte, also alle nationalen politischen Maßnahmen wie auch der Nationalismus selbst, als hoffnungslos anachronistische Projekte. Folglich besteht in der internationalen und transnationalen Rekonstitution des Regierens die zentrale Herausforderung der Politik zu Ende des 20. Jahrhunderts. Freilich wird damit nicht der unbegrenzten Zentralisierung das Wort geredet. Modernes internationales und transnationales Regieren bezieht die Regelungsadressaten in den Prozeß der Poliltikformulierung und in den Implementationsprozeß mit ein. Modernes internationales und transnationales Regieren muß Vor-Ort-Informationen und Situationen mittels angemessener Partizipationskanäle berücksichtigen. In der Bewältigung dieser Herausforderungen besteht das Projekt „Komplexes Weltregieren“.

3. Der Beitrag der Wissenschaft von den Internationalen Beziehungen zum Projekt „Komplexes Weltregieren“

Es sind kaum Prognosen darüber möglich, wohin die ungleichzeitige Denationalisierung führen wird. Es kann grob zwischen zwei Szenarien unterschieden werden, die sich beide durch Beobachtungen der gegenwärtigen politischen Entwicklungen stützen lassen. Pessimisten heben Ereignisse wie den Krieg in Jugoslawien, den aufkeimenden Nationalismus und Rassismus in den westlichen Industrieländern, die Schwierigkeiten bei der Transformation Osteuropas und die hoffnungsarme Lage in vielen sog. Entwicklungsländern hervor. Optimisten betonen hingegen die funktionalen Erfordernisse der politischen Integration jenseits der nationalen Ebene als Resultat wachsender gesellschaftlicher Interdependenz. Optimisten unterstreichen weiterhin den weltweiten Siegeszug der demokratischen Regierungsform und weisen auf die wachsenden analytischen Fähigkeiten der Individuen hin, die es diesen erlauben, auch komplexe politische Arrangements demokratisch zu kontrollieren. Mit dem Verweis auf die Bedeutung von gewachsener Interdependenz, die Ausbildung von neuen Institutionen, die Stabilität von Demokratien und die Weiterentwicklung des Individuums benennen Optimisten in der Tat die Faktoren, welche in der Geschichte zur politischen Integration und zum Prozeß der Zivilisierung geführt haben. Das mit dieser Argumentation verbundene Projekt zielt auf ein komplexes und ineinander verwobenes Netz von internationalen, transnationalen und subnationalen Institutionen, die weitgehend auf nicht-hierarchischen Formen der politischen Selbstorganisation beruhen. *Komplexes Weltregieren* erscheint mir ein angemessener Begriff für dieses Projekt zu sein, in dem verschiedene Teilordnungen koexistieren, die in Reichweite und Funktion variieren. Fraglos lassen sich in Westeuropa Indizien für eine solche Entwicklung entdecken.

Pessimisten halten dem entgegen, daß dauerhaftes Regieren immer auch eine übergeordnete Gewaltinstanz voraussetzt, daß nur hierarchisches Regieren stabil ist. Da der Nationalstaat wohl kaum bereit sein wird, seine beiden wichtigsten Privilegien, das Gewaltmonopol und das Steuereintreibungsrecht, abzugeben, wird komplexes Weltregieren immer unterentwikkelt bleiben und Regelungsdefizite verursachen. Da zudem die historische Beziehung zwischen Nationalstaat und Demokratisierung unauflösbar eng ist, sind die Versuche zum Scheitern verurteilt, internationale und transnationale Institutionen zu demokratisieren. Pessimisten erwarten somit, daß der Prozeß der Erosion anhalten und fortschreiten wird. Über kurz oder lang werden die negativen Rückwirkungen der ungleichzeitigen Denationalisierung wie die wachsende gesellschaftliche Ungleichheit, fehlende demokratische Kontrolle und Konfliktlinien entlang von ethnischen und zivilisatorischen Grenzen die Oberhand gewinnen. Dies kann zu einem generellen Zusammenbruch etablierter politischer Institutionen führen, ohne daß sich Alternativen anbieten und durchsetzen können.

Behielten die Pessimisten recht, dann brächte das fraglos viel zusätzliche Mühsal mit sich. Wenn wir also Galilei folgen und anhand der Wissenschaft die Mühseligkeit menschlichen Daseins verringern möchten, dann ist die Kernproblematik der Wissenschaft von den internationalen Beziehungen breiter anzulegen als die der Überwindung des *Sicherheitsdilemmas*. Es geht inzwischen um vielmehr als „nur“ um die Frage, wie in Abwesenheit einer Zentralinstanz die Verhinderung des Krieges zwischen unabhängigen politischen Einheiten gesichert werden kann. Es geht heute um ein generelles *Governancedilemma*. Wie kann in einer sich globalisierenden Gesellschaft und in Abwesenheit eines Weltstaates eine ausreichend sozial- und umweltverträgliche soziale Steuerung erzielt werden? Wie kann eine sich vergesellschaftende Welt ihre Entwicklung auf das Prinzip der Nachhaltigkeit umstellen, wenn sie sich keine übergeordnete Zentralinstanz leisten kann und will?

Wenn auch das Kernproblem internationaler Politik sich anders stellt als noch vor vierzig Jahren, der normative Bezugspunkt ist derselbe geblieben. Wie E. H. Carr bereits im Jahre 1951 geschrieben hat: „Methoden für den friedlichen Wandel zu etablieren, ist das grundlegende Problem internationaler Moral und Politik“ (Übersetzung, M. Z.). In einer Welt, deren gegenwärtiger Zustand alles andere als ideal ist, die aber auch permanent der Gefahr ausgesetzt ist, grundlegend und langfristig zerstört zu werden, ist die zentrale Frage immer, wie ein friedlicher Wandel möglich ist. Insofern ist der *friedliche Wandel* damals wie heute der zentrale normative Bezugspunkt für die Wissenschaft von den Internationalen Beziehungen. Im Konzept des friedlichen Wandels vereinigt sich der Wunsch nach einer besseren und gerechteren Welt mit der Notwendigkeit, möglichst friedliche Mittel zur Ermöglichung des Wandels und für den Fortbestand des Erhaltenswerten zu finden. Insofern ist der friedliche Wandel Weg und Ziel, Mittel und Projekt zugleich.

Es gibt noch vieles für die Wissenschaft von den Internationalen Beziehungen zu tun, um im Rahmen des normativen Postulats vom friedlichen Wandel ausreichend Erkenntnisse über das Projekt komplexes Weltregieren zur Verfügung stellen zu können. Ich bin aber davon überzeugt, daß die Wissenschaft von den Internationalen Beziehungen auf dem guten Wege ist, die traditionelle Frage nach dem Sicherheitsdilemma in der internationalen Politik zu verallgemeinern und generell das *Governancedilemma* in einer sich globalisierenden Gesellschaft ohne legitimes Gewaltmonopol zur Kernproblematik der Disziplin zu machen. Die folgenden Leseempfehlungen mögen ein Zeugnis davon abgeben.

Literatur

Brock, Lothar: Im Umbruch der Weltpolitik, in: Leviathan 21/2 (1993), 163–173.

Cox, Robert W.: Production, Power, and World Order. Social Forces in the Making of History, Power and Production, Bd. 1, New York 1987.

Czempiel, Ernst-Otto: Weltpolitik im Umbruch. Das internationale System nach dem Ende des Ost-West-Konflikts, München 1991.

Daase, Christopher, Susanne Feske, Bernard Moltmann und Claudia Schmid (Hrsg.): Regionalisierung der Sicherheitspolitik. Tendenzen in den Internationalen Beziehungen nach dem Ost-West-Konflikt, Baden-Baden 1993.

Haas, Peter M., Robert O. Keohane und Marc Levy (Hrsg.): Institutions for the Earth. Sources of Effective International Environmental Protection, Cambridge, Mass. 1993.

Held, David, Anthony McGrew: Globalization and the Liberal Democratic State, in: Government and Opposition 28/2 (1993), 261–285.

Holm, Hans-Henrik, Georg Sørensen (Hrsg.): Whose World Order? Uneven Globalization and the End of the Cold War, Boulder, Colo. 1994.

Kohler-Koch, Beate: Inselillusion und Interdependenz: Nationales Regieren unter den Bedingungen von "international governance", in: Bernhard Blanke und Hellmut Wollmann (Hrsg.): Die alte Bundesrepublik. Kontinuität und Wandel, in: Leviathan, Sonderheft 12 (1991), 45–67.

Menzel, Ulrich: Das Ende der Dritten Welt und das Scheitern der großen Theorie, Frankfurt a. M. 1992.

Müller, Harald: Die Chance der Kooperation. Regime in den Internationalen Beziehungen, Darmstadt 1993.

Risse-Kappen, Thomas: Cooperation Among Democracies. Norms, Transnational Relations, and the European Influence on U.S. Foreign Policy, Princeton, N. J. 1994.

Rittberger, Volker (Hrsg.): Regimes in International Relations, Oxford 1993.

Ruggie, John Gerard: Territoriality and Beyond: Problematizing Modernity in International Relations, in: International Organization 47/1 (1993), 139–174.

Rosenau, James N.: Turbulence in World Politics. A Theory of Change and Continuity, Princeton, N. J. 1990.

Senghaas, Dieter: Wohin driftet die Welt? Zur Zukunft internationaler Politik, Frankfurt a. M. 1994.

Senghaas, Dieter, Michael Zürn: Kernfragen der Friedensforschung der 90er Jahre, in: Politische Vierteljahresschrift 33/3 (1992), 455–462.

Unseld, Siegfried (Hrsg.): Politik ohne Projekt? Nachdenken über Deutschland, Frankfurt a. M. 1993.

Wolf, Klaus Dieter: Internationale Regime zur Verteilung globaler Ressourcen, Baden-Baden 1991.

Zürn, Michael: Interessen und Institutionen in der internationalen Politik. Grundlegung und Anwendungen des situationsstrukturellen Ansatzes, Opladen 1992.

Ulrich Menzel

Der Kern des Entwicklungsdilemmas

Zur Revision der Internationalen Politik[1]

Die Entwicklungsforschung als Teilgebiet der Lehre von den Internationalen Beziehungen ist eine vergleichsweise junge akademische Disziplin mit einer dazu noch eingeschränkten Perspektive. Zumindest in der Bundesrepublik geht ihre institutionelle Etablierung nicht weiter als bis in die frühen 1960er Jahre zurück.[2] Dabei ist sie ursprünglich gar nicht so sehr um ihrer selbst willen betrieben worden, sondern war eher ein Abfallprodukt des Ost-West-Konflikts. Dieser hatte bekanntlich einen Nebenschauplatz in der sogenannten „Dritten Welt". Dort galt es, der sich bis weit in die 1970er Jahre hinziehenden Expansion des „sozialistischen Lagers", mal nach sowjetischer, mal nach chinesischer Façon, ein westlich-kapitalistisches Entwicklungskonzept entgegenzusetzen, das unter den Begriffen „Modernisierungstheorie" und „Entwicklungsökonomie" Eingang in die Lehrbücher fand.

Auch wenn die Perspektive der Modernisierungstheorie grundsätzlich eine internalistische ist, wollten die Politiker gar nicht so ganz genau wissen, ob der langfristig unterstellte Wandel in Richtung Industrialisierung und Demokratisierung in den ehemaligen Kolonien tatsächlich stattfand, solange nur garantiert war, daß diese im Einflußbereich des Westens blieben. Weltpolitisch wichtiger war nämlich das aus dem Ost-West-Konflikt resultierende sogenannte Sicherheitsdilemma,[3] das zusätzlich zu seiner militärischen auch immer eine geostrategische Dimension aufwies. Der Ost-West-Konflikt hatte aufgrund seiner nuklearen Komponente eine ganz besondere Qualität, insofern er konstellationsbildend für das Internationale System wirkte und alle anderen internationalen Konflikte in seinen Dienst zu stellen vermochte. Neben der Abschreckungslogik stand folglich immer das Bestreben, die Ausbreitung des Sozialismus weltweit, also auch in der „Dritten Welt", einzudämmen. Genau hier lag eine wesentliche Ursache für die Entstehung des Politikfeldes „Entwicklungshilfe". Daß die Erfolge der Entwicklungshilfe eher bescheiden ausfielen, war so lange nicht dramatisch, solange das eigentliche politische Ziel weitgehend erreicht wurde.

In der Folge der 68er Bewegung verschob sich zwar im kritischen Spektrum der Entwicklungstheorie die Sichtweise, da man hier unter Rückgriff auf die klassische Imperialismustheorie die ökonomischen Motive der Nord-Süd-Politik im Vordergrund wähnte. Angestoßen durch das strukturalistische Denken der Singer-Prebisch-These über die ungleichen internationalen Austauschrelationen und die damit verbundene Wertübertragung wurde die Emanzipation aus den Klauen des Weltmarktes in der radikalen Veränderung der weltwirtschaftlichen Rahmenbedingungen gesehen. Die Wirkung dieses Paradigmenwechsels auf der deklamatorischen Ebene war zwar beträchtlich (Stichwort „Neue Weltwirtschaftsordnung"), doch haben es die Blockfreienbewegung und die aus ihr hervorgegangenen bzw. von ihr beeinflußten entwicklungspolitischen Organisationen (UNCTAD, Gruppe der 77 u. a.) letztlich nie wirklich vermocht, dem Nord-Süd-Thema auf Dauer einen vergleichbaren Stellenwert wie dem Ost-West-Thema in den internationalen Beziehungen zu erkämpfen.

Erst jetzt, d. h. mit dem Ende der Ost-West-Konfrontation, der Aufhebung der bipolaren Struktur des Internationalen Systems und der Auflösung des Sicherheitsdilemmas, ergibt sich die wirkliche Chance, daß die Entwicklungsproblematik den ihr eigentlich gebührenden Stellenwert bekommt und folglich auch auf akademischem Feld ganz neu nachgedacht werden kann.[4] Die hier zu entfaltende These lautet, daß das *Entwicklungsdilemma* und die daraus resultierenden Konflikte auf absehbare Zeit zum beherrschenden Strukturproblem des Internationalen Systems werden und das Sicherheitsdilemma in seiner konstellationsbildenden Funktion ablösen.[5] Noch grundsätzlicher läßt sich argumentieren, daß das Entwicklungsdilemma das Kernproblem der internationalen Beziehungen schlechthin ist, werden doch die Entwicklungsanstrengungen des einen Landes von anderen immer als Bedrohung im Sinne des eigenen relativen Niedergangs verstanden, denen entsprechend zu begegnen ist.

Zuvor gilt es allerdings, einen paradoxen Befund aufzuklären. Mit dem Ende des Ost-West-Konflikts ist auch das herkömmliche Interesse für die Nord-Süd-Politik erloschen und der Legitimation der Blockfreienbewegung der Boden entzogen worden. Die mittlerweile an die Grenze der Bedeutungslosigkeit heranreichende weltwirtschaftliche Rolle ganzer oder halber Kontinente (Subsahara-Afrika, Zentral- und Südasien, Andenregion in Lateinamerika) offenbart zudem, daß, abgesehen von der Ölregion am Persischen Golf, auch die unterstellten wirtschaftlichen Argumente für ein Engagement im Süden in Wirklichkeit wenig Substanz hatten. Es ist also durchaus denkbar, daß aus der Kombination von entfallener politischer Notwendigkeit und drastisch reduziertem wirtschaftlichen Interesse große Teile des Südens sich selber überlassen bleiben, also aus der Sicht der industrialisierten Welt einer umfassenden Marginalisierung preisgegeben werden.[6]

Doch das wäre nicht nur moralisch eine fatale, weil zu kurze Sicht der Dinge. Die Entwicklungsproblematik ist nämlich keineswegs erst mit der Entkolonialisierung nach dem Zweiten Weltkrieg entstanden, sondern besteht sehr viel länger, in einem umfassenden Sinn bereits seit der europäischen Aufklärung und der daraus resultierenden Rationalisierung aller Lebensbereiche, die sich wellenförmig und phasenverschoben in Europa selber ausbreitete und schließlich zur europäischen Welteroberung und der Herausbildung von Industriegesellschaften führte. Aber auch letzterer Vorgang war weder in Europa und schon gar nicht weltweit ein gleichzeitiger Prozeß.

Der eigentliche Kern des Entwicklungsdilemmas liegt somit in der von Land zu Land bestehenden *Ungleichzeitigkeit* der Modernisierungsprozesse, der phasenverschobenen Kompetenz- und Machtentfaltung einzelner Länder und des daraus resultierenden Verdrängungsdrucks gegenüber unterlegenen Gesellschaften.[7] Spätestens seit etwa 500 Jahren, also seit der schrittweisen Etablierung des modernen Weltsystems, waren die großen internationalen Konflikte immer das Resultat eines Aufstiegs und eines relativen oder absoluten Niedergangs der Nationen, waren das Resultat des Versuchs erfolgreicher Nachzügler, ihren Platz in diesem Weltsystem zu erobern, bzw. der bereits etablierten Vorreiter, ihre Position zu behaupten.[8] Aus dieser Perspektive war letztlich auch der Ost-West-Konflikt nur eine einschlägige Episode zur Lösung der Problematik nachholender Entwicklung, die lediglich aufgrund ihrer nuklearen Komponente diese Strukturierungsmacht erreichen konnte.[9]

Bezogen auf die gegenwärtige Situation steht die westlich-kapitalistische Welt, obwohl als Siegerin aus der provokativen Systemkonkurrenz mit dem Nachzügler Sowjetunion hervorgegangen, vor einem vielschichtigen Dilemma. Im Schatten des Ost-West-Konflikts ist es nämlich einer anderen Gruppe von Staaten in Ost- und Südostasien gelungen, die auch nicht dem liberalen, sondern einem neomerkantilistischen[10] Paradigma verpflichtet sind, das Entwicklungsdilemma zu meistern und zur neuen Herausforderung für den alten Westen zu werden. Japan und in seinem Gefolge die Schwellenländer der Region inklusive des südlichen Küsten-China üben jetzt ihrerseits einen wachsenden Verdrängungswettbewerb auf Nordamerika und Westeuropa aus, deren Opfer erstere seit der Mitte des 19. Jahrhunderts selber waren.

Außerdem ist neben den Aufstieg einer ganzen Weltregion der Zerfall einer anderen getreten. Gemeint ist das ehemals sozialistische Lager in Ost- und Südosteuropa mit seinen Ausläufern nach Zentralasien und Fernost. Der Stalinismus in allen seinen Spielarten muß nämlich zuallererst als der gescheiterte Versuch zur Lösung der Entwicklungsproblematik mit despotischen Mitteln interpretiert werden.[11] Der Aufbau des Sozialismus in einem

Land, eine Formel, die in China später wiederholt wurde, war nichts anderes als eine Chiffre für nachholende Entwicklung. Mit dem Wegfall des Ost-West-Konflikts ist es demnach keineswegs zur Angleichung der Systeme, nämlich der Verwestlichung des Ostens, gekommen. Es stellte sich vielmehr heraus, daß die Entwicklungsproblematik dort in weiten Teilen ungelöst blieb, also treffender von dessen Versüdlichung gesprochen werden muß.

Ferner ist zu konstatieren, daß es trotz 30–40 Jahren „Entwicklungszusammenarbeit“ nicht gelungen ist, die Lage im tiefen Süden, der eigentlichen „Dritten Welt“, substantiell und nachhaltig zu verbessern. Im Gegenteil, in weiten Teilen, so etwa im Afrika südlich der Sahara, in Zentral- und Südasien, sogar im Andenbereich, dürften die Lebensverhältnisse für die Masse der Bevölkerung nur unwesentlich, wenn überhaupt, besser sein als zum Zeitpunkt ihrer Entkolonialisierung. Es spricht vieles dafür, daß neben die politische „Chaos-Region“ vom Balkan über den Kaukasus bis in die zentralasiatischen Republiken der ehemaligen Sowjetunion inklusive Afghanistan vor allem im subsaharischen Afrika eine schiere Elendsregion getreten ist. Auch in den vielfach zitierten lateinamerikanischen Schwellenländern vom Schlage Brasiliens oder Mexikos ist keineswegs eine durchgreifende, sondern nur eine sozial, sektoral und regional begrenzte erfolgreiche Modernisierung zu bilanzieren.

Und schließlich sind wir auch noch Zeuge eines Versüdlichungsprozesses innerhalb des Nordens, der insbesondere in etlichen amerikanischen Großstädten, aber auch in den „Abwrackregionen“ Großbritanniens oder anderer europäischer Länder bereits dramatische Ausmaße angenommen hat.[12] Dieser speist sich gleichermaßen aus der Wanderung aus dem Süden und Osten wie durch die ungelösten Probleme, die aus dem Ausstieg aus der Industriegesellschaft, dem damit verbundenen Strukturwandel und der fernöstlichen Herausforderung resultieren. Auch der Übergang von der Industrie- zur Dienstleistungsgesellschaft ist im Weltmaßstab ein ungleichzeitiger Prozeß.[13]

Die etablierte Welt des alten Westens sieht sich folglich mit einem vielfältigen Problemdruck konfrontiert: mit der überlegenden Konkurrenz der neuen Indsutrieländer in Ost- und Südostasien, dem Zerfall des ehemals sozialistischen Ostens und der daraus resultierenden Wiederaufnahme der traditionellen Ost-West-Wanderung, der Verelendung im tiefen Süden sowie dem eigenen Strukturwandel. Das eigentliche Dilemma besteht darin, daß die genannten Probleme sich gegenseitig aufschaukelnd beeinflussen. Eigentlich bedürfte es aller Anstrengungen und verfügbaren Ressourcen, um den durch die fernöstliche Herausforderung zusätzlich forcierten Strukturwandel in Richtung Dienstleistungsgesellschaft abzufedern. Gleichzeitig bedarf es aber eines beträchtlichen Aufwandes, um der drohenden oder bereits eingetretenen „Chaotisierung“ im europäischen Osten und in Teilen des Südens entgegenzuwirken. Gelingt das nicht, wird der Wanderungsdruck vor Ort, der gleichermaßen politisch als Folge der Auflösung der letzten Großreiche wie wirtschaftlich als Folge der Verelendung bedingt ist, immer stärker [14] und fordert ebenfalls seinen Teil der knapper werdenden Ressourcen. Die Konzentration auf eines der genannten Problemfelder muß zwangsläufig zur Entblößung einer anderen Seite führen und damit das Dilemma verstärken. Verdrängungswettbewerb und Migration sind mithin nur zwei Seiten einer Medaille, sind Extreme in den Auswirkungen der skizzierten Ungleichzeitigkeit von erfolgreichen, gescheiterten und erfolglosen Modernisierungsprozessen.

Neue Aufgaben für die Entwicklungsforschung

Wenn diese Diagnose zutrifft, also das Entwicklungsdilemma wie zu früheren Zeiten konstellationsbildend für das internationale System wird, dann muß auch die Entwicklungsforschung eine umfassende Perspektive bekommen. Auf der Agenda steht die Bearbeitung von mindestens sechs Fragestellungen:

1. Worauf ist der durchschlagende Erfolg der fernöstlichen Region zurückzuführen? Die bislang angebotenen Theorien, so einleuchtend ihr jeweiliger Erklärungswert in Teilbereichen auch immer ist, weisen in ihrer Gesamtschau eklatante Widersprüche auf. [15] Neoliberale Autoren betonen die dort verfolgte Weltmarktstrategie und die konsequente Wahrnehmung komparativer Vorteile. Umgekehrt wird von anderen Autoren gerade im ausgeprägten Staatsinterventionismus nach innen wie nach außen eine wesentliche Erklärung gesehen. Eine weitere Argumentationslinie weist in die Richtung „Entwicklung durch Nachahmung", also der Übernahme alles dessen, was der Westen Erfolgreiches anzubieten hat, und der damit verbundenen Vermeidung von Lernkosten. Dem steht allerdings das Argument entgegen, daß die Verwestlichung dort nur oberflächlich sei, im Gegenteil, gerade in der Bewahrung des konfuzianischen Erbes, der damit verbundenen hohen Bildungsorientierung, der Tradition staatlicher Zuständigkeit und der entsprechenden Akzeptanz von seiten der Bevölkerung der Schlüssel zur Erfolgsgeschichte liege. Andere Faktoren, die ins Feld geführt werden, lauten, daß der japanische Imperialismus im Unterschied zum europäischen in der Region durchaus modernisierungsfördernd gewirkt habe, da Japan aus seiner eigenen Unterlegenheit heraus an einer systematischen Inwertsetzung der eroberten Gebiete interessiert sein mußte. Oder es wird auf die Rolle der chinesischen Minderheiten in Südostasien [16] verwiesen, die, ähnlich wie religiöse oder ethnische Minderheiten im Westen, unter Erfolgsdruck stehen, da ihnen der Zugang zu vielen Tätigkeitsbereichen ver-

wehrt ist und sie deshalb auf strategisch wichtige Busineß-Sektoren verwiesen sind. Auch dem Ost-West-Konflikt wird in dieser Region eine positive Wirkung beigemessen, da beide Seiten ihrer Klientel besondere Hilfe angedeihen ließen und die jeweiligen Eliten unter einem besonderen Druck standen, aus Gründen der Systemkonkurrenz wirtschaftlich erfolgreich zu sein.

2. Was sind die tieferen Ursachen für den zum Teil dramatischen Verelendungsprozeß im tiefen Süden? Warum ist dort nicht gelungen, was in Ost- und Südostasien so erfolgreich vorexerziert wird, was auch immer im einzelnen die triftigen Erklärungen sein mögen? Wieso können in dem einen Teil der Welt ein starker Staat, das kulturelle Erbe oder der Ost-West-Konflikt als erklärende Variablen angeführt werden, während in anderen Teilen der Welt gerade darin wesentliche Ursachen für Unterentwicklung zu vermuten sind? Ein erster Schritt zur Bearbeitung dieser Fragen ist die längst überfällige *Typologisierung von Entwicklungsländern* nach entwicklungsrelevanten kulturellen und soziopolitischen Merkmalen, also von Ländern, die so lange vom strukturalistischen Denken kategorial vereinnahmt worden sind. Warum ließen sich gesellschaftliche Reformen in einem Teil der Welt erfolgreich durchsetzen, während sie in anderen Teilen immer wieder blockiert wurden? Eine weitere systematische Beschäftigung mit der entwicklungshemmenden Logik der Rentenökonomien,[17] die unter Umständen in einem Teil der Welt möglicherweise doch zu verallgemeinerbaren Aussagen führt, könnte ein weiterer Schritt zur Beantwortung dieser Fragen sein.

3. Was sind die tieferen Ursachen des kaum weniger dramatischen Verfalls im Bereich des ehemaligen sozialistischen Lagers? Die ihm zugehörigen Länder wurden lange Zeit von allen Seiten vielleicht zu voreilig zum Kreis der Industriegesellschaften gezählt, sei es von der Linken, um die Erfolge des sozialistischen Aufbaus herauszustellen, sei es von der Rechten, um die vom Osten ausgehende Bedrohung zu betonen. Auch hier ist die Entwicklungsforschung gefordert, haben (und hatten) wir es doch auch in diesem Bereich mit den Problemen zerfallender multikultureller Kolonialreiche (dem zaristischen Imperium und Jugoslawien als einem Nachfolgestaat des Osmanischen und des Habsburgerreiches), eines verspäteten Nationalstaatsbildungsprozesses, mangelnder Aufklärung und einer Industrialisierung unter Vernachlässigung von ökonomischen Gesetzen zu tun.

4. Welche langfristige Rolle spielen immer noch historische Grenzen innerhalb Europas für die Entwicklungsproblematik? Gemeint ist etwa die alte Grenze zwischen Ost- und Westrom, die später zwischen dem Habsburger und dem Osmanischen Reich und damit quer durch das ehemalige Jugoslawien und die Ukraine verlief. Sie trennte auch die Römisch-katholische von der Orthodoxen Kirche und feudale, das heißt politisch lose organisierte, von bürokratisch-zentralisierten Gesellschaften. Gemeint ist ferner der Limes, der in etwa die EG von der Nicht-EG trennt und zu früheren

Zeiten auch die Grenze des Einflußbereichs für das römische Recht markierte. Auch der keltische Rand Großbritanniens lag jenseits des Limes.[18] Zu denken ist auch an die Elbe als Grenze zwischen dem aufgeklärten bürgerlich-republikanischen und sich entfeudalisierenden bäuerlichen Westen und dem sich refeudalisierenden (sog. zweite Leibeigenschaft) und autoritären Osten der preußischen Junker. Auch der Tiber markiert in Italien die Grenze zwischen der aufgeklärten, durch Frankreich und Österreich beeinflußten, und der mafiosen Tradition. Mindestens ist Europa aber entwicklungsgeschichtlich auf das späte 19. Jahrhundert zurückgeworfen, als der Modernisierungsprozeß in seinem westlichen Teil weitgehend abgeschlossen war.

5. Welche vielfältigen Ursachen hat die Versüdlichung im Norden? Klar ist nur, daß sie zuvorderst post- und nicht präindustrieller Natur ist. Ist der Ausstieg aus der Industriegesellschaft und der Einstieg in die Dienstleistungsgesellschaft zwangsläufig mit der Herausbildung der Zweidrittelgesellschaft verbunden? Weist etwa auch die postindustrielle Gesellschaft Aspekte einer Rentenökonomie auf, die in präindustriellen Gesellschaften für Unterentwicklung verantwortlich gemacht wird? Welche Konsequenzen ergeben sich aus der Beobachtung, daß, ähnlich wie früher der Übergang von der Agrar- und Industriegesellschaft, jetzt auch der Übergang von der Industrie- zur Dienstleistungsgesellschaft von Land zu Land phasenverschoben verläuft? Oder resultieren die Schwierigkeiten, hier den Strukturwandel zu meistern, in erster Linie aus dem gleichzeitig erfolgenden Verdrängungswettbewerb von seiten der neuen Industrieländer, die sich noch im ersten Übergangsstadium befinden? Deutlich ist jedenfalls, daß die Ungleichzeitigkeit nachholender Entwicklung ein doppelter Prozeß ist.

6. Schließlich ist eine systematische Aufarbeitung der neuen Völkerwanderung geboten. Migrationen großen Ausmaßes hat es gegeben, soweit die Geschichte erforschbar ist. Auch sind diese Wanderungen immer konfliktträchtig gewesen. Mildernd hat bis ins frühe 20. Jahrhundert allerdings gewirkt, daß es noch neue Siedlungsräume gab.[19] Ohne die Massenauswanderung nach Übersee wäre die Lösung der sozialen Frage in Europa ebensowenig möglich gewesen wie der Aufstieg der Siedlerkolonien. Solche Ventile stehen angesichts der erreichten weltweiten Siedlungsdichte aber nicht mehr zur Verfügung. Wohin sollten 20, 30, 40 Prozent der Bevölkerung Chinas oder Indiens auswandern? Migration in einer vergleichbaren relativen Größenordnung wie im 18. und 19. Jahrhundert ist nicht mehr möglich. Was also kann getan werden, um den Wanderungsdruck vor Ort zu mildern? Dazu bedarf es einer genaueren Kenntnis der Ursachen der Wanderung, die von Gesellschaft zu Gesellschaft durchaus verschieden sind und aktuell eher politischer und gesellschaftlicher Natur (Ethnonationalismus, Bürger-

krieg, Religion) sind, langfristig aber auch ökologische und wirtschaftliche Ursachen haben werden.[20] Zukünftige Kriege um Wasser, Acker- und Weideland, insbesondere als Folge möglicher Klimaveränderungen, sind durchaus denkbar. Was sind die Motive der Migranten bezüglich möglicher Push- und-Pull-Faktoren? Wie sind sie nach Alter, Geschlecht, Bildung, beruflicher Qualifikation, sozialem Status, Bekenntnis etc. gegliedert? Wer entschließt sich, umgekehrt, *nicht* zur Wanderung? Welche Konsequenzen hat diese negative Auslese für die Ursprungsländer?

Die Ethik der neuen Weltordnung

Während also auf der einen Seite theoretische, empirische und analytische Grundlagenforschung zu betreiben ist, muß gleichzeitig auch auf der *normativen* Ebene vieles neu gedacht werden.[21] Ausgangspunkt solcher normativen Überlegungen sollten die beiden Basisdokumente der Nachkriegszeit, die 1945 auf der Konferenz von San Franzisko verabschiedete ›Charta der Vereinten Nationen‹ und die 1948 ebenfalls von den Vereinten Nationen verkündete ›Allgemeine Deklaration der Menschenrechte‹ sein.[22] Die Zielsetzung beider Dokumente, noch ganz dem Rooseveltschen Idealismus der unmittelbaren Nachkriegszeit verhaftet, lassen sich folgendermaßen skizzieren:

1. Errichtung eines kollektiven Sicherheitssystems zur friedlichen Konfliktregelung, wobei allerdings ein gestaffelter Maßnahmenkatalog zur Intervention gegenüber Regelverletzern vorgesehen war.
2. Gleichberechtigung und Selbstbestimmung der Völker, wobei das Souveränitätsrecht sowohl nach außen wie nach innen im Sinne der freien Wahl des politischen Systems verstanden wurde.
3. Kooperation auf wirtschaftlichem, sozialem, kulturellem und humanitärem Gebiet, um das Entwicklungsgefälle zwischen den Nationen abzubauen.
4. Wahrung der Menschenrechte, die in einem umfassenden Sinne nicht nur als bürgerliche Freiheitsrechte, sondern auch als elementare Lebensrechte und als Garantie sozialer Sicherheit verstanden wurden.[23]

Zusammen mit der Formulierung weltwirtschaftlicher Grundsätze wie Freihandel, Konvertibilität der Währungen, Wechselkursstabilität und Bereitstellung internationaler Liquidität, wie sie 1944–1948 auf den Konferenzen von Bretton Woods und Havanna bzw. Genf formuliert wurden, sollten sie den normativen Rahmen für die damals neue Weltordnung abgeben. Die rasche Eskalation des Ost-West-Konflikts in der zweiten Hälfte der 1940er Jahre und die Herausbildung der Bipolarität ließen diese idealistischen Wunschvorstellungen aber rasch zu Makulatur werden. Inspiriert durch das die Oberhand gewinnende realistische Denken[24] ersetzten Abschreckungslogik und die Vorstellung vom Gleichgewicht der Kräfte das System der kollektiven Sicherheit, wurde die Gleichberechtigung und Selbstbestimmung der Völker im Zweifelsfalle dem Lagerdenken geopfert, unterlag der Gedanke der Kooperation dem der Konfrontation und wurde Menschenrechtsfragen ein allenfalls zweitrangiger Stellenwert gegenüber realpolitischen Erwägungen eingeräumt. Statt eines Weltsystems gab es deren zwei mit separaten politischen, militärischen und wirtschaftlichen Institutionen.

Der Umbruch der Jahre 1989ff. hat auch hier neue Bedingungen geschaffen. Es ist zu überlegen, welche von den am Ende des Zweiten Weltkriegs aufgestellten Normen weiterhin gültig und tragfähig sind, welche neu überdacht werden müssen.[25] Eine zu prüfende These lautet, daß erst jetzt, also mit dem Wegfall der Bipolarität, die Chance bestehe, die Idee der Vereinten Nationen und die Idee eines nach liberalen und integrativen Prinzipien organisierten Weltwirtschaftssystems zu verwirklichen. Dem stehen allerdings gravierende Argumente entgegen. Auch wenn die Gefahr der großen nuklearen Katastrophe bis auf weiteres gebannt scheint und einiges darauf hindeutet, daß die ehemaligen Supermächte in den Konfliktzonen dieser Welt kooperative Lösungen suchen, also das globale Sicherheitsdilemma nicht mehr die überragende Bedeutung hat, so sollte doch überlegt werden, welche globalen Probleme und Konflikte aus dem Entwicklungsdilemma erwachsen. Denkbar ist immerhin, daß die Versüdlichung des Ostens und der Zerfall im ehemaligen sowjetischen bzw. im jetzigen russischen Herrschaftsbereich sich noch weiter fortsetzt[26] und so eine große Zone der Welt „libanisiert“ oder „balkanisiert“ wird, wobei die mögliche Dramatik erneut aus der nuklearen Komponente resultiert. Denkbar ist auch eine unkontrollierte nukleare Proliferation durch den Handel mit Gefechtsfeldwaffen oder spaltbarem Material sowie die Abwerbung von Spezialisten, weil der Rüstungssektor der einzige ist, auf dem die Nachfolgestaaten der Sowjetunion international „attraktive“ Produkte anzubieten haben. „Chaosmacht“ zumindest als Folge von Armut besitzen auch die Elendsregionen im Süden. Man denke nur an die Stichworte Drogenproduktion und Drogenhandel, internationaler Terrorismus, Bürgerkriege, „ethnische Säuberungen“, Genozid, Zwangsvertreibung, Auflösung postkolonialer Grenzen, Verfall staatlicher Autorität etc.

Vor dem Hintergrund der nach dem Zweiten Weltkrieg anstehenden zweiten Welle der Entkolonialisierung war die Formulierung des Souveränitätsgebotes ein wesentliches völkerrechtliches Gut und gerade auch in der ost- und südostasiatischen Region eine Voraussetzung zur dortigen erfolgreichen Bearbeitung der Entwicklungsproblematik. Die Formulierung des internationalen Menschenrechtskatalogs stand und steht allerdings in einem kaum lösbaren Widerspruch zum Souveränitätsgebot, sowohl hinsichtlich der Souveränität nach innen wie der nach außen. Unter Berufung auf diesen Grundsatz war es jedem noch so despotischen Regime von Pol Pot bis Mobuto möglich, die Einklagung der Menschenrechte von dritter Seite als eine unzulässige Einmischung in die inneren Angelegenheiten des eigenen Landes abzutun. Dieses Argument wurde im Zweifelsfalle auch akzeptiert, von der Linken, wenn es nur dem antiimperialistischen Befreiungskampf nützlich war, von der Rechten, wenn es der Stärkung des westlichen Lagers diente. Daß es möglicherweise in nichtwestlichen Gesellschaften auch gar nicht so ohne weiteres akzeptabel ist, auch wenn alle Mitglieder der Vereinten Naitonen die Menschenrechtsdeklaration unterschrieben haben, hat vermutlich sehr viel mit der nicht vorhandenen Tradition von Aufklärung zu tun. Dennoch ist zu fragen, ob die Prinzipien der Französischen Revolution nicht doch weltweite Relevanz besitzen.

Daß das Thema Menschenrechte erst jetzt wieder auf die politische Tagesordnung gesetzt und zu einem Kriterium für die Vergabe von Entwicklungshilfe gemacht wurde, hat gleichermaßen mit den Enttäuschungen über die Befreiungsbewegungen an der Macht wie mit dem Ende des Ost-West-Konflikts zu tun. Zu fragen ist also aus heutiger Sicht, ob in Fällen von krassen Menschenrechtsverletzungen, zumal wenn sie noch einhergehen mit einer massenhaften Verelendung der Bevölkerung, das Souveränitätsgebot gegenüber dem Menschenrechtsgebot nicht als ein geringer zu erachtendes Rechtsgut anzusehen ist, mithin unter bestimmten Umständen humanitär begründete Interventionen von außen grundsätzlich legitim sind.[27]

Und schließlich stellt sich auch die Frage, ob die überkommenen liberalen weltwirtschaftlichen Prinzipien (einschließlich der internationalen Freizügigkeit, die allerdings immer schon eingeschränkt war) angesichts des weltweiten Entwicklungsdilemmas weiterhin so uneingeschränkt ihre Gültigkeit behaupten können. Die Aufsteiger in Ostasien haben sie benutzt, ohne sich selber darauf zu verpflichten. Die Leidtragenden sind die Länder des alten Westens, allen voran die USA. In Osteuropa haben die Versuche, durch liberale „Schocktherapien" das Entwicklungsproblem zu lösen, den Zusammenbruch nur beschleunigt. Im verelendeten tiefen Süden haben sie, soweit man sich überhaupt daran orientiert hat bzw. durch den Weltwährungsfonds darauf verpflichtet wurde, nicht kapitalisiert werden können oder haben internationale Ungleichheit nur festgeschrieben.

Zu fragen ist also nicht nur, ob der Neomerkantilismus, der in der Weltgeschichte immer schon als das Rezept der erfolgreichen Nachzügler praktiziert wurde, sich in Zukunft als die stärkere Idee gegenüber dem Liberalismus durchsetzen wird, so daß auch der alte Westen angesichts der fernöstlichen Herausforderung auf diese Linie einschwenken wird. Zu fragen ist auch, ob nicht für das ehemalige Sowjetimperium wie für den verelendeten Süden hier die künftige normative Perspektive liegt. Ganz im Sinne Friedrich Lists[28] ist der Liberalismus immer nur dann für alle von Vorteil, wenn für alle auch vergleichbare Ausgangsbedingugnen herrschen, also das Entwickslungsproblem universal gelöst ist, und, ebenso wichtig, wenn sich auch alle an die liberalen Prinzipien halten.

Damit stehen vier Alternativen zur Diskussion:

1. Menschenrechte versus Souveränität,
2. Weltinnenpolitik versus Chaosmacht,
3. Eintrittsbedingungen der Einwanderungsländer versus internationale Freizügigkeit,
4. Neomerkantilismus versus Liberalismus.

Zu 1: Im Zentrum steht hier die Frage, unter welchen Prämissen eine humanitäre Intervention von außen und damit im völkerrechtlichen Sinne eine Verletzung von äußerer oder innerer Souveränität erlaubt, legitim oder sogar geboten ist. Dazu ist es ggf. notwendig, den Art. 43 der Charta der Vereinten Nationen zu novellieren. Denkbar sind folgende Situationen[29]:

- krasse und massenhafte Verletzungen der Menschenrechte, wie sie von der Deklaration der Vereinten Nationen formuliert wurden, die ja immerhin von allen Mitgliedsstaaten unterschrieben wurde;
- massenhafte Vertreibung bis hin zum Genozid von ethnischen, religiösen, sozialen oder sonstigen Minderheiten;
- massenhafte Verelendung bis hin zu massenhaftem Sterben als Folge wirtschaftlicher oder ökologischer Katastrophen;
- massenhafte Verelendung bis hin zu massenhaftem Sterben als Folge von Bürgerkriegen.

Anlaß für humanitäre Intervention ist insbesondere dann gegeben, wenn die genannten Tatbestände mit einem Verfall der staatlichen Ordnung nach innen und nach außen einhergehen, wenn also an die Stelle eines staatlichen Gewaltmonopols eine Warlord-Situation getreten ist, in der nur noch das Faustrecht herrscht. In einem solchen Fall erlischt die Gültigkeit des Art. 2, Absatz 7 der Charta der Vereinten Nationen, der das Verbot der Einmischung vorsieht.[30] Die Intervention hätte also die erste Aufgabe, dieses Gewaltmonopol wiederherzustellen, um überhaupt die Voraussetzung für humanitäre Eingriffe zu gewährleisten.

Zu 2: Auch hier steht die Frage der Legitimität von Interventionen im Sinne einer Weltinnenpolitik[31] im Zentrum. Es geht dabei aber nicht um Intervention infolge einer krassen Verletzung des Völkerrechts, also etwa wenn ein Staat die Souveränität eines anderen durch Eroberungs- oder Angriffskriege einschränkt oder aufhebt, sondern um Tatbestände unterhalb dieser Ebene. Denkbar sind folgende Fälle:

- unkontrollierte und illegale Proliferation von A-, B- und C-Waffen in allen denkbaren Dimensionen (fertige Waffensysteme, Rohstoffe und Anlagen zur Herstellung von A-, B- und C-Waffen, Baupläne und Experten). Dieses gilt gleichermaßen für Industrie- wie für Entwicklungsländer, für Exporteure wie für Importeure. Es ist zu überlegen, ob der internationale Handel mit Waffen nicht grundsätzlich unter Verbot zu stellen ist;

- massenhafte illegale Produktion von und Handel mit Drogen in Kombination mit international organisiertem Verbrechen;
- international operierender Terrorismus;
- gravierende ökologische Rücksichtslosigkeit oder gar Absicht zu Lasten der eigenen, der angrenzenden oder der Weltbevölkerung.

Zu 3: Hierbei geht es um die Frage, aus welchem Anlaß, in welchem Ausmaß und unter welchen Modalitäten potentiale Einwanderungsländer Migranten aufnehmen können und müssen.[32] Klar sollte sein, daß weder eine grenzenlose Völkerwanderung noch eine reine Abschottung möglich und moralisch vertretbar ist. Grundsätzlich unterschieden werden muß zwischen Arbeitsmigranten (oft saisonaler oder mindest zeitlich begrenzter Art), Armutsflüchtlingen und politisch Verfolgten. Die Eintrittsbedingungen verlangen (unbedingt) eine Zustimmung zu den Verfassungsprinzipien der Aufnahmeländer und (möglicherweise) die Bereitschaft, sich auf die kulturelle Assimilation einzulassen. Beides läßt sich pragmatischerweise erst in der zweiten Generation wirklich realisieren. Klar sollte auch sein, daß angesichts der Dimension und der Internationalisierung des Problems nationale „Lösungen" nicht möglich sind. Denkbar ist nur eine institutionalisierte Regelung im europäischen oder Weltmaßstab, ein europaweites oder OECD-weites Einwanderungs- und Einbürgerungsgesetz für die Armutsflüchtlinge, das Quoten und Modalitäten für potentielle Einwanderungs- und Auswanderungsländer vorsieht. Nur so ist das Asylrecht für die Verfolgten, das ebenfalls weltweit zu verankern ist, zu retten.

Zu 4: Im Zentrum steht hier die Frage, nach welchen Prinzipien die Weltwirtschaft geregelt sein sollte, um allen Gesellschaften eine faire Chance zur Lösung des Entwicklungsdilemmas einzuräumen. Das gilt gleichermaßen für Osteuropa, den verelendeten Süden wie den ausgegrenzten Teil der Bevölkerung in den Industrieländern. Auch wenn der Nationalstaat bezüglich seiner Steuerungsmöglichkeiten schon seit langem von vielen Seiten für tot erklärt worden ist, gibt es, solange kein Weltstaat mit entsprechenden Regelungs- und Ausgleichskapazitäten besteht, keine Alternative zum klassischen Nationalstaat. Neomerkantilistische Strategien müssen deshalb international als legitim anerkannt werden, nicht zuletzt, um zu vermeiden, daß sich aus vorhandenen wirtschaftlichen Konflikten Wirtschaftskriege und am Ende regelrechte Kriege entwickeln, wie in der Geschichte der 1930er Jahre bereits vorexerziert.[33]

Um diese hier vorgeschlagenen Normen weltweit durchzusetzen, bedarf es internationaler Regelwerke, die institutionell abzusichern sind, entsprechende Sanktionskataloge gegen Regelverletzter vorsehen und auch abgestufte Instrumentarien bereitstellen, diese Sanktionen durchzusetzen (international governance). Gefordert sind also internationale Regime zur weltweiten Durchsetzung und Garantie der Menschenrechte im umfassenden Sinne der Deklaration der Vereinten Nationen, zur Bekämpfung von Katastrophen in allen nur denkbaren Dimensionen, zur Bekämpfung von Genozid und massenhafter Vertreibung, zur Bekämpfung von Chaosmacht und organisiertem Verbrechen inklusive Umweltkriminalität, zur Bearbeitung des Entwicklungsdilemmas und zur internationalen Regelung der Migration. Selbstverständlich kann dabei nur an kooperative Lösungen unter dem Dach der Vereinten Nationen gedacht werden, unter dem entsprechende neue Gremien zu schaffen bzw. bereits existierenden neue Kompetenzen beizumessen sind. Analog zum Sicherheitsrat müßte ein Menschenrechtsrat, ein Katastrophenrat, ein Rat zur Verhinderung von Völkermord, ein Migrationsrat, ein Umweltrat und ein zu belebender Wirtschafts- und Sozialrat mit weitergehenden Kompetenzen eingerichtet werden. Die Charta der Vereinten Nationen wäre zu ergänzen um Artikel, die die jeweils notwendigen Regelungen vorsehen. Dabei geht es um die Zusammensetzung der Gremien, das Abstimmungsprozedere, die Finanzierung, den Katalog abgestufter Sanktionen gegen Regelverletzter, die Aufstellung von Exekutivorganen zur effektiven administrativen und vorsorgenden Intervention und als ultima ratio auch um eine Blauhelmkomponente mit weitergefaßten Aufgaben. Legitimiert sein können diese Maßnahmen in letzter Instanz nur durch die Allgemeine Deklaration der Menschenrechte, die allerdings gegebenenfalls entsprechend den neuen Erfordernissen – gedacht ist an die Themen Umwelt, Proliferation, organisiertes Verbrechen und Migration – zu novellieren wäre.

Anmerkungen

1 Ich danke Hartwig Hummel und Dieter Senghaas für kritische Kommentare.

2 International ist der Beginn auf die späten 1940er Jahre anzusetzen.

3 Vgl. dazu Robert Jervis, Perception and Misperception in International Politics, Princeton 1976; ders., Cooperation under the Security Dilemma, in: World Politics 30 (1978), S. 167–214.

4 Vgl. dazu die grundlegenden Überlegungen von Dieter Senghaas/Michael Zürn, Kernfragen für die Friedensforschung der Neunziger Jahre, in: Politische Vierteljahresschrift 33/2 (1992), S. 455–462.

5 Zur Problematik auch Dieter Senghaas, Friedensprojekt Europa, Frankfurt a. M. 1992, S. 142f.; ders., Die Zukunft der internationalen Politik. Überlegungen zur Friedensproblematik nach dem Ende des Ost-West-Konfliktes, in: Erhard Forndran (Hrsg.), Politik nach dem Ost-West-Konflikt, Baden-Baden 1992, S. 11–40.

[6] Dazu im einzelnen Ulrich Menzel, Das Ende der Dritten Welt und das Scheitern der großen Theorie, Frankfurt a. M. 1992; ders., Nach dem Ost-West-Konflikt: Was wird aus der „Dritten Welt", in: Österreichische Zeitschrift für Politikwissenschaft 22/2 (1993), S. 195–206.

[7] Zum theoretischen Argument Ulrich Menzel, Auswege aus der Abhängigkeit. Die entwicklungspolitische Aktualität Europas, Frankfurt a. M. 1988.

[8] Vgl. zu diesem Argument Paul Kennedy, The Rise and Fall of the Great Powers. Economic Change and Military Conflict from 1500 to 2000, New York 1987.

[9] Zum damaligen Einfluß auf die neue Qualität in den Internationalen Beziehungen vgl. Gregg Herken, The Winning Wepon. The Atomic Bomb in the Cold War 1945–1950, New York 1982.

[10] Der Unterschied zwischen Merkantilismus und Neomerkantilismus ist darin zu sehen, daß letzterem die militärische Komponente fehlt.

[11] Vgl. dazu die Zusammenfassung der Ergebnisse eines einschlägigen Forschungsprojekts bei Dieter Senghaas, Sozialismus. Eine entwicklungsgeschichtliche und entwicklungstheoretische Betrachtung, in: Leviathan 8/1 (1980), S. 10–40; mit etwas anderer Stoßrichtung auch Reinhart Kößler, Despotie in der Moderne, Frankfurt a. M. 1993.

[12] Vgl. Lothar Brock, Auflösung oder Ausbreitung? Die Dritte Welt in ihrem fünften Jahrzehnt, in: Klaus Dieter Wolf (Hrsg.), Ordnung zwischen Gewaltproduktion und Friedensstiftung, Baden-Baden 1993, S. 49–70.

[13] Vgl. dazu demnächst Jürgen Neyer, Tertiarisierung, Invisibilisierung und verringerte nationalstaatliche Handlungsspielräume, Diss. Frankfurt i. E.; O. Giarini, The Emerging Service Economy, New York 1987; Daniell Bell, Die nachindustrielle Gesellschaft, Frankfurt a. M. 1989. Zur Gegenposition S. Cohen/J. Zysman, Manufacturing Matters. The Myth of the Post-industrial Economy, New York 1987. Grundsätzlich zur Problematik John Gerard Ruggie, Territoriality and Beyond: Problematizing Modernity in International Relations, in: International Organization 47/1 (1993), S. 139–174.

[14] Vgl. dazu Peter J. Opitz, Migrations- und Flüchtlingsbewegungen, in: Dieter Nohlen/Franz Nuscheler (Hrsg.), Handbuch der Dritten Welt, Bd. 1, Bonn 1993, S. 374–395.

[15] Vgl. dazu in Auswahl Ulrich Menzel/Dieter Senghaas, Europas Entwicklung und die Dritte Welt. Eine Bestandsaufnahme, Frankfurt a. M. 1986, Kap. 4–6; Ulrich Menzel, In der Nachfolge Europas. Autozentrierte Entwicklung in den ostasiatischen Schwellenländern Südkorea und Taiwan, München 1985; Robert Wade, Governing the Market. Economic Theory and the Role of Government in East Asian Industrialization, Princeton 1990; Frederic C. Deyo (ed.), The Political Economy of the New Asian Industrialism, Ithaca 1987; Peter L. Berger/Hsin-Huang Michael Hsiao (eds.), In Search of an East Asian Development Model, New Brunswick 1990; Bela Balassa, The Lessons of East Asian Development. An Overview, in: Economic Development and Cultural Change 36 (1988); 3. Supplement, S. 274–276; Helen Hughes (ed.), Achieving Industrialization in East Asia, New York 1977; Lin Ching-Yuan, Latin America vs. East Asia. A Comparative Development Perspective, Armonk 1989.

[16] Vgl. dazu Joel Kotkin, Tribes. How Race, Religion and Identity Determine Success in the New Global Economy, New York 1933.

[17] Vgl. Guido Ashoff, Rent-Seeking. Zur Relevanz eines relativ neuen Konzepts in der ökonomischen Theorie der Politik und der entwicklungstheoretischen Diskussion, in: Vierteljahresberichte 112 (1988), S. 103–125; Claudia Schmid, Das Konzept des Rentierstaates. Ein sozialwissenschaftliches Paradigma zur Analyse von Entwicklungsgesellschaften und seine Bedeutung für den Vorderen Orient, Münster 1991; Erich Weede, Warum bleiben arme Leute arm? Rent-Seeking und Dependenz als Erklärungsansätze für die Armut in der Dritten Welt, in: Politische Vierteljahresschrift 26/3 (1985), S. 270–286; Peter Pawelka, Der Vordere Orient und die Internationale Politik, Stuttgart 1993.

[18] Vgl. dazu Michael Hechter, Internal Colonialism. The Celtic Fringe in British National Development 1536–1966, London 1966.

[19] Der Preis war allerdings die gewaltsame Dezimierung der autochthonen Bevölkerung.

[20] Vgl. dazu Manfred Wöhlcke, Umweltzerstörung in der Dritten Welt, München 1987.

[21] Das Thema Ethik in den Internationalen Beziehungen ist auch in der amerikanischen Politikwissenschaft seit einigen Jahren ein großes Thema geworden. Vgl. dazu Haskell Fain, Normative Politics and the Community of Nations, Philadelphia 1987; Mary Maxwell, Morality Among Nations. An Evolutionary View, Albany 1990; Anthony Ellis (ed.), Ethics and International Relations, Manchester 1986; Kenneth Kipnis/Diana T. Meyers (eds.), Political Realism and International Morality. Ethics in the Nuclear Age, Boulder 1987; Gerard Elfstrom, Ethics in a Shrinking World, New York 1990; Felix E. Oppenheim, The Place of Morality in Foreign Policy, Lexington 1991; Kenneth W. Thompson (ed.), Ethics and International Relations, New Brunswick 1985; Robert J. Meyers (ed.) International Ethics in the Nuclear Age, Lanham 1987; im zusammenfassenden Überblick Emanuel Richter, Auf dem Weg zu einer neuen Weltordnung – auf ausgetretenen Pfaden der Moralphilosophie. Neue amerikanische Beiträge zu einer Ethik der internationalen Beziehungen, in: Neue Politische Literatur 37/1 (1992), S. 77–92.

[22] Vgl. Charta der Vereinten Nationen und Statut des internationalen Gerichtshofs, Genf 1983; Universal Declaration of Human Rights, New York 1986. Die wesentlichen Aussagen beider Dokumente gehen bereits auf die Atlantik-Charta von 1941 zurück.

[23] Vgl. dazu insbesondere Art. 25, Abs. 1 der Allgemeinen Deklaration der Menschenrechte: "Everyone has the right to a standard of living adequate for the health and wellbeing of himself and his family, including food, clothing, housing, medical care and necessary social services, and the right to security in the event of unemployment, sickness, disability, widowhood, old age or other lack of livelihood in circumstances beyond his control."

[24] Vgl. dazu den Klassiker Hans J. Morgenthau, Macht und Frieden. Grundlegung einer Theorie der internationalen Politik, Gütersloh 1963 (engl. 1948).

[25] Vgl. dazu Larry Diamond, The Global Imperative: Building a Democratic World Order, in: Current History 93 (1994), S. 1–7.

[26] Auch auf dem Territorium des heutigen Rußlands leben ca. 60 Nationalitäten, ist das eigentliche russische Siedlungsgebiet mehr oder weniger identisch mit dem ehemaligen Großfürstentum Moskau und einem Gebietsstreifen entlang der Transsibirischen Eisenbahn.

[27] Diese Frage wird in der Literatur sehr kontrovers diskutiert. Vgl. dazu den Überblick von Wolfgang S. Heinz, Humanitäre Intervention in der aktuellen Literatur, in: epd-Entwicklungspolitik (März 1993), S. 81–84; ders., Schutz der Menschenrechte durch humanitäre Intervention?, in: Aus Politik und Zeitgeschichte B 12–13, 19. 3. 1993, S. 3–11; Pierre Hassner, Im Zweifel für die Intervention. Ein Plädoyer, in: Europa-Archiv 6 (1993), S. 151–158; Klaus Otto Nass, Grenzen und Gefahren humanitärer Intervention. Wegbereiter für Frieden, Menschenrechte, Demokratie und Entwicklung?, in: Europa Archiv 10 (1993), S. 279–287; Christopher Greenwood, Gibt es ein Recht auf humanitäre Intervention?, in: Europa Archiv 4 (1993), S. 93–106; Volker Matthies (Hrsg.), Frieden durch Einmischung? Der Schrecken des Krieges und die (Ohn) Macht der Internationalen Gemeinschaft, Bonn 1993.

[28] Friedrich List, Das nationale System der politischen Ökonomie, Jena 1920 (1. Aufl. 1841). Zur Gegenposition vgl. David Ricardo, Grundsätze der politischen Ökonomie und der Besteuerung, Frankfurt a. M. 1972 (von 1817), darin besonders Kap. 8: Über den auswärtigen Handel.

[29] Vgl. dazu Dieter Senghaas, Weltinnenpolitik. Ansätze für ein Konzept, in: Europa Archiv 22/47 (1992), S. 642–652-

[30] Vgl. zu diesem Argument auch Franz Nuscheler, Plädoyer für einen humanitären Interventionismus, in: Entwicklung und Zusammenarbeit 33/10 (1992), S. 4–5.

[31] Schließlich sind Länder wie Somalia ja systematisch gleichermaßen vom Osten wie vom Westen aufgerüstet worden.

[32] Vgl. dazu Jürgen Habermas, Die Festung Europa und das neue Deutschland, in: Die Zeit, 28. 5. 1993, S. 3.

[33] Diese extreme Sicht der Dinge vertreten z. B. George Friedmann/Meredith Lebard, The Coming War with Japan, New York 1991.

Literatur

Brock, Lothar: Auflösung oder Ausbreitung? Die Dritte Welt in ihrem 5. Jahrzehnt, in: Klaus Dieter Wolf (Hrsg.), Ordnung zwischen Gewaltproduktion und Friedensstiftung, Baden-Baden 1993, S. 49–70.

Elfstrom, Gerard: Ethics in a Shrinking World, New York 1990.

Ellis, Anthony (ed.): Ethics and International Relations, Manchester 1986.

Fain, Haskell: Normative Politics and the Community of Nations, Philadelphia 1987.

Jervis, Robert: Perception and Misperception in International Politics, Princeton 1976.

Kennedy, Paul: The Rise and Fall of the Great Powers. Economic Change and Military Conflict from 1500 to 2000, New York 1989.

Kipnis, Kenneth/Diana T. Meyers (eds.): Political Realism and International Morality. Ethics in the Nuclear Age, Boulder 1987.

Matthies, Volker (Hrsg.): Frieden durch Einmischung? Der Schrecken des Krieges und die (Ohn) Macht der Internationalen Gemeinschaft, Bonn 1993.

Maxwell, Mary: Morality Among Nations. An Evolutionary View, Albany 1990.

Menzel, Ulrich: Das Ende der Dritten Welt und das Scheitern der großen Theorie, Frankfurt a. M. 1992.

–: Nach dem Ost-West-Konflikt: Was wird aus der „Dritten Welt“?, in: Österreichische Zeitschrift für Politikwissenschaft 22/2 (1993), S. 195–206.
Meyers, Robert J. (ed.): International Ethics in the Nuclear Age, Lanham 1987.
Morgenthau, Hans J.: Macht und Frieden. Grundlegung einer Theorie der Internationalen Politik, Gütersloh 1963.
Oppenheim, Felix E.: The Place of Morality in Foreign Policy, Lexington 1991.
Senghaas, Dieter: Weltinnenpolitik. Ansätze für ein Konzept, in: Europa-Archiv 22/47 (1992), S. 642–652.
–: Die Zukunft der Internationalen Politik. Überlegungen zur Friedensproblematik nach dem Ende des Ost-West-Konfliktes, in: Erhard Forndran (Hrsg.), Politik nach dem Ost-West-Konflikt, Baden-Baden 1992, S. 11–40.
Thompson, Kenneth W. (ed.): Ethics and International Relations, New Brunswick 1985.

Dan Diner

Von der Deutschland- zur Außenpolitik

Ein historisches Plädoyer

Es mutet inzwischen trivial an: der weltgeschichtliche Paradigmenwechsel, vom Zusammenbruch von Kommunismus und Sowjetunion ausgehend, hat nicht nur die DDR vergehen lassen, sondern berührt auch die alte Bundesrepublik. Während in den Neuen Bundesländern ein allenthalben sichtbarer Wertewandel der Angleichung an das soziale und politische Gefüge des Weststaates einsetzt, findet sich im Politischen die Kombination der beiden ehemaligen Teilstaaten zu einer folgenreichen Qualität mutiert – zum Nationalstaat Deutschland. Das Nationale wiederum zieht einen fundamentalen Paradigmenwechsel nach sich. Vierzig Jahre lang war die alte Bundesrepublik ihrer provisorisch erklärten Teilstaatlichkeit wegen im Kontext von Kaltem Krieg und globalem Wertegegensatz zwischen Ost und West ausschließlich verstaatlichte Gesellschaft gewesen. Ein Gemeinwesen also, das sich durchaus wider Willen als Verfassungsstaat verstand. Im Zentrum und damit paradoxerweise gleichsam im Windschatten des Weltbürgerkrieges der Werte zwischen liberaler Freiheit und buchstäblicher Gleichheit gelegen, sah sich das Gemeinwesen der alten Bundesrepublik wesentlich darauf verlegt, den Lebensstandard seiner Bevölkerung anzuheben, ihre Lebensqualität zu steigern und die Individualrechte seiner Bürger zu sichern und auszubauen. Weniger die verlorene Nation denn die Gesellschaft bestimmte den Charakter des Gemeinwesens. Nach Umbruch und Vereinigung hält eine substantielle Verschiebung im Bewußtsein Einzug, die sich auch im Bereich von Werten und Institutionen niederschlagen wird: Deutschland verwandelt sich zunehmend in Nation.

I

In Deutschland von Nation reden, mutet unbehaglich an. In der Tat evoziert der Begriff wenig anheimelnde Assoziationen. In ihrer negativen Ausformung reichen sie von der Konstitution des eher autokratischen preußischdeutschen Machtstaates im 19. Jahrhundert hin zu jener ausladenden Blutspur, die das Reich in seinen unterschiedlichen Ausprägungen in der ersten Hälfte des Säkulums durch Europa zog. Doch gemach – was war, muß nicht zwangsläufig wiederkehren. Vor allem angesichts jener tiefgreifenden Verwestlichung, der die alte Bundesrepublik ausgesetzt war, lassen sich zu den historischen Festschreibungen Formen nationalen Selbstverständnisses denken, die den alten Traditionen zuwiderlaufen. Dem vereinigten Deutschland stünde in der Tat offen, was in Zukunft unter Nation verstanden werden soll: Nation als ethnisch grundiertes Kollektiv mitteleuropäischer Observanz – oder Nation im Sinne westlicher Tradition als wertegebundenes politisches Gemeinwesen seiner Bürger.

Was für die Konstitutionsbedingungen des Gemeinwesens gilt, dürfte auch an wirklichkeitsgerechten sozialwissenschaftlichen Paradigmata nicht haltmachen. Auch hier zieht der Wandel von der Gesellschaft zu Nation tiefgreifende Veränderungen nach sich. Solch schleichender Paradigmenwechsel ist sowohl im Bereich der Soziologie wie in den Politikwissenschaften, aber auch in der Geschichtswissenschaft unübersehbar. In dem gesellschaftlich konnotierten Gemeinwesen der alten Bundesrepublik war in den Geschichtswissenschaften die sozialhistorische Schule beherrschend geworden. Damit scheint es sein Ende zu nehmen.

Ein Paradigmenwechsel in den Sozialwissenschaften dürfte nicht allein auf Deutschland beschränkt bleiben, auch wenn dort – der ausgesprochen gesellschaftlichen Natur der alten Bundesrepublik wegen – jener Wandel als besonders kraß empfunden werden dürfte. Allein schon des über vierzig Jahren alten Wertegegensatzes zwischen Ost und West wegen waren die verschiedenen Sparten der Sozialwissenschaften, willentlich oder nicht, dem Paradigma des Weltbürgerkriegs verpflichtet gewesen. Der nukleare Gegensatz, in den hinein sich die Metapher vom gesellschaftlichen Bürgerkrieg verdichtete und verdinglichte, trug das seinige dazu bei, Form und Gestalt von Sozialwissenschaften zu prägen. Die Lehre von den Internationalen Beziehungen etwa war gleichsam gänzlich von der Logik nuklearer Abschreckung als einem grundlegenden systemischen Verschränkungszusammenhang bestimmt, in dem sich das Staatenverhalten abspielte. Überhaupt verlängerte sich die rationalisierende Wirkung des Atoms in Form szientistischer Ansätze in die sozialwissenschaftlichen Deutungswelten hinein. Daß hiervon die politischen Wissenschaften nicht verschont bleiben konnten, dürfte auf der Hand liegen. Und dies ganz jenseits ihrer Bedeutung als Demokratiewissenschaft zur Einführung und Stabilisierung der jungen Bundesrepublik. Die Gegenwartsbefunde der Internationalen Beziehungen jedenfalls kreisten um die Schnittstelle zweiter Konstanten: die dem politischen Osten gegenüber eingenommene systemische Perspektive gemeinschaftlicher westlicher Abschreckung und das den Westen integrierende interdependente Prinzip freien Welthandels. Auf diesen Stützpfeilern ruhte nicht nur ein Weltsystem. Auch die praxisorientierten Sozialwissenschaften bildeten sich um seine Konturen aus. Insofern waren sie alles andere als thematisch wie methodisch voraussetzungsfrei.

Das bislang konstitutive Moment der alten Weltordnung, die bipolar gestaltete nukleare Abschreckung, jedenfalls ist Makulatur. Die Weltökonomie wiederum öffnet sich Bevölkerungen, die bislang gänzlich von ihr abgeschottet waren. Im Staatenverhalten melden sich altertümliche Bezüge zu Wort. Sie scheinen gleichsam dem Arsenal des 19. Jahrhunderts entsprungen. Jedenfalls führen sie verstärkt auf nationale und kulturelle Traditionen und die mit ihnen verbundenen Begriffsbildungen zurück, die längst überwunden schienen: Auf Geschichte und Differenz, Hegemonie und Gleichgewicht, auf Volk, Nation und Minorität. Nicht, daß die sich systematischer und begrifflicher Rationalisierungen analog verdichtenden institutionellen Verstrebungen der Weltgesellschaft damit in ihrer Wirkung hinfällig geworden wären. Aber die Wirklichkeit – von den Zwängen der nuklearen Abschreckung frei – ist bei weitem komplexer und kontingenter geworden. Und solche Komplexität und Kontingenz macht einen neu-alten Zugang zu ihrer Deutung erforderlich. Letztendlich läuft es darauf hinaus, die jeweiligen historischen Besonderheiten von Konstellationen und Konflikten stärker zu berücksichtigen als die Wirkung solcher Institutionen und Perzeptionen, die dem systemischen Generalisierungsdruck der bipolaren und nuklear bewehrten Weltordnung erwachsen waren.

II

Für eine neue Bundesrepublik Deutschland jedenfalls ist solcher Paradigmenwechsel im Außenverhalten mit Anforderungen befrachtet, denen das Gemeinwesen bzw. seine politischen Eliten nicht gewachsen scheinen. Hier gilt es nämlich einen Wandel einzuleiten – um von den durch die vollzogene Einheit überkommenen Mustern der Deutschlandpolitik zu einer mit ungewohnten Komplexitäten befrachteten Außenpolitik zu gelangen.

In der Tat will es scheinen, als habe sich in den vierzig Jahren seit 1949 alle Anstrengung bundesdeutschen Außenverhaltens um die Achse der Deutschen Frage gedreht – handelte es sich nun um die Phase des Souveränitätszugewinns der jungen Bundesrepublik nach Westen hin, verbunden mit Westintegration und Wehrbeitrag; der Einleitung globaler Entspannungspolitik und ihrer innerdeutschen Entsprechung, wie sie sich in der umstrittenen Ostpolitik niederschlug, um mittels der Anerkennung des territorialen Status quo Wandel durch Annäherungen zu erlangen; oder auch anhand der Rüstungskontrollpolitik – soweit von der Bundesrepublik beeinflußbar – bzw. der Nachrüstungskrise, war jener spezifische Anteil unübersehbar, der sich aufs engste mit der Deutschen Frage verband.

Überhaupt kann davon ausgegangen werden, daß alle im Kontext des Ost-West-Gegensatzes von Bonn aus betriebene Außenpolitik im Zeichen von Deutschlandpolitik und Wiedervereinigungsgebot stand – mochten Strategien und Zeitmaße der verschiedenen Regierungen erheblich voneinander abgewichen sein. Auch die zaghaften Anfänge des deutschen Weststaates, in den endfünfziger und sechziger Jahren im Bereich der sich entkolonialisierenden und neutralistischen Drittstaaten aktiv zu werden, waren nicht zuletzt deutschlandpolitisch bestimmt gewesen – galt es doch mittels der Hallstein-Doktrin einer als unliebsam erachteten Anerkennung der DDR durch neue Staaten vorzubeugen.

Mit der Vereinigung Deutschlands und dem Umsturz der weltpolitischen Konstellation, auf der die Teilung ruhte, erschließen sich nach außen hin gänzlich andere Erfordernisse von Politik. Nicht mehr die relativ überschaubare Systematik von Bipolarität und Entspannung fügte den Rahmen von Wahrnehmung und Handlung, sondern eine Komplexität von Bezügen, die in einer vielfach gestaffelten Kontingenz der Geschichte ihren Ausgang nimmt. Augenfällig ist jedenfalls der Umstand, daß gegenwärtige und in absehbarer Zukunft zu erwartende Konflikte wie ihre Wahrnehmung wesentlichen Bildern und Motiven folgen dürften, für die sowohl die Konstellationen des ausgehenden 19. Jahrhunderts als auch die der Zwischenkriegszeit so etwas wie die Bedeutung eines handlungsanleitenden Arsenals kollektiver Erinnerung einnehmen werden. Nicht, daß etwa mit einer Wiederholung von Szenarien und Konstellationen so zu rechnen wäre, als hätte es die dazwischenliegende Zeit nicht gegeben. In der Tat sind die gegenwärtig wirksamen Ausgangslagen von denen der Vergangenheit völlig verschieden. Aber mit dem Ende des nuklear bewehrten Ost-West-Gegensatzes finden sich historische Deutungsbezüge revitalisiert, die durchaus den weiterhin gültigen Maßgaben kollektiver Erinnerungen jener Völker entsprechen, für die die Zeit des Kalten Krieges gefrorene Zeit gewesen ist. Insofern orientieren sie sich eher an gelebten Konstellationen weit zurückliegender Vergangenheiten denn an den Trümmern von Realitätsmächtigkeit jüngst abgelaufener Gegenwart. Kurz: Die Sprache der Politik wird sich zur eigenen Sachverständigung wie auch zur Verständigung mit dem anderen verstärkt geschichtlicher Bezüge zu bedienen haben.

Die sich ankündigenden Probleme in Europa jedenfalls sind in einem hohen Maße geschichtsträchtig. Mehrere historische Zeiten sind mit dem Ende des Sowjetimperiums gleichzeitig aus ihrer Verankerung gerissen worden: die Nachkriegsordnung, vom Jahre 1945 ihren Ausgang nehmend und vornehmlich das Schicksal der Länder Mittel- und Ostmitteleuropas bestimmend; die Realität des Kommunismus und der vom Jahre 1917 ausgehenden

Entwicklungslinien, die über das Globale hinaus tief in die Innenpolitik fast aller Länder hineingetragen und letztendlich die parteilichen Frontlinien ausformten; die jahrhundertealte Präsenz Rußlands in seiner imperialen und kolonialen Ausdehnung sowohl nach Westen, Osten wie nach Süden hin. Heute steht das zerborstene Reichsgebilde an der Schwelle eines Prozesses, dessen Dauer nicht abzuschätzen ist und metaphorisch analog bestenfalls sich mit der universellen Bedeutung des Jahres 1918 angeben ließe – damals, als die kollabierten Vielvölkerreiche zu Nationalstaaten metastasierten und die kollektiven Sicherheitssysteme mit Minderheitenfragen und Grenzproblemen belasteten.

Mit dem Niedergang eines supranational konstituierten Imperiums in nationalstaatlich geformte Gemeinwesen lassen sich bis in weite Zukunft hinein Konflikte, Erschütterungen und Verwerfungen erwarten, die sich als politische Unwägbarkeiten weit nach Westen hin verlängern dürften. Vor allem könnte Deutschland davon in ganz besonderer Weise berührt werden. Dafür ist es allein schon seiner geopolitischen Situierung wegen prädestiniert. Allein seiner Lage wie seiner Bedeutung wegen ist es im Unterschied zu allen anderen europäischen Staaten aller anderen Nachbar. Eine problembewußte Außenpolitik hätte dieser Tatsache und den damit verbundenen Unwägbarkeiten in friedenserhaltender Absicht Rechnung zu tragen. Grundlegend hierfür wäre eine neuerliche Begründung der Verankerung Deutschlands im Westen – nunmehr jenseits aller äußeren, vom Kalten Krieg und Ost-West-Gegensatz an das Gemeinwesen herangetragenen Zwänge.

Ob ausreichendes Problembewußtsein bei den hierfür berufenen Funktionseliten anzutreffen ist, dürfte begründeterweise zu bezweifeln sein. Vor allem die nunmehr in die Verantwortlichkeiten drängende Generation machte ihre prägenden Erfahrungen in jener meteoritischen Zeit des Kalten Krieges. Die darin gewonnenen Kenntnisse und Erfahrungen finden sich in ähnlicher Weise annulliert wie die Zeit, der sie erwachsen waren. Bei jenen wiederum, die sich des Tiefganges der Wandlungen bewußt sind, macht sich eine Tendenz bemerkbar, die eher darauf drängt, die Bindungen an den Westen zu lockern, damit Deutschland eine eigenständigere Rolle in Europa einnähme.

In der Tat scheinen manche Voraussetzungen der Westintegration durch das Ende jener meteoritischen Zeit des Ost-West-Gegensatzes aufgebraucht. Schließlich fanden diese Voraussetzungen vornehmlich in der sowjetischen Bedrohung ihren Grund. Die westeuropäischen Länder und der westlich gelegene deutsche Teilstaat rückten näher aneinander, um sich institutionell verbunden unter den nuklearen Schutz der Vereinigten Staaten zu begeben. Gleichzeitig war diese Näherung von weiteren Motiven getragen. Europäische Politiker, von der nationalstaatlichen Vergangenheit des

Kontinents und seiner Katastrophen zutiefs ernüchtert, suchten nach Wegen supranationaler Integration. Hierfür war die deutsch-französische Aussöhnung Grundlage des westeuropäischen Zusammenschlusses. Inwieweit dieser sich aus sich selbst heraus zu tragen vermag – ohne Stützkorsett des Ost-West-Gegensatzes – und angesichts des Gewichts eines vereinigten Deutschlands, wird sich erst noch in Zukunft zu erweisen haben. Jedenfalls wird zunehmend fühlbar, wie sich aus der Verfallsmasse des Ost-West-Gegensatzes heraus wieder traditionelle politische Lagen in Europa herausmendeln. Nicht, daß sie in der Zeit des Kalten Krieges gänzlich in Vergessenheit geraten wären. Sie waren immer präsent gewesen – wenn auch nur als Endmoränen und lästige Störfaktoren aus abgelebt erachteter historischer Zeit.

III

Heute scheinen sie revitalisiert. So hat die Wiederherstellung des deutschen Nationalstaates in der Mitte Europas in Frankreich alte Befürchtungen und Mißtrauen geweckt. Für eine solche Realität lassen sich bislang jedenfalls keine signifikanten Anhaltspunkte ausmachen. Aber eine aus der Vergangenheit gespeiste Stimmung macht sich breit und bestimmt nicht zuletzt politische Milieus. Daß die Diskussion anläßlich des französischen Referendums zu Maastricht 1992 von Gegnern wie Befürwortern mit dem Argument der Gefahr einer deutschen Hegemonie in Europa geführt worden war, dürfte beunruhigen. Auch die Auflösung zweier zentraler Staaten der französischen Sicherheitsarchitektur in Mitteleuropa der Zwischenkriegszeit – die „Kleine Entente" –, Tschechoslowakei und Jugoslawien, hat auf das historisch geeichte französische Bewußtsein kaum beruhigend eingewirkt. Manche sahen im Untergang dieser Staaten gleichsam eine Revision der Ergebnisse des Ersten Weltkrieges aufscheinen und eine Öffnung des mittel- und ostmitteleuropäischen Raumes für eine eigenständige deutsche Politik eingeleitet. Das in Deutschland erhobene Begehren, die Europäische Union und das westliche Sicherheitssystem nach Osten hin zu erweitern, werden im Westen des Kontinents als eine wenn auch kaum abwendbare Tendenz erachtet, die Deutschland zunehmend in die Mitte und von seinen weiter westlich gelegenen Partnern abrücken läßt. Darüber wird nochmals deutlich, was die Bedeutung der engen Bindungen der frühen bundesdeutschen Politik an Frankreich war, zentriert um die institutionelle Verschränkung, wie sie von der Montanunion als Kern und erstes Projekt der europäischen Integration ausgegangen war. Insofern ist sie von durchaus eigenständiger Bedeutung und nicht als bloße Funktion des Ost-West-Gegensatzes abzutun.

Vornehmlich ging es also darum, die historischen Dissonanzen des deutsch-französischen Verhältnisses durch grenzüberwindende Kooperation ein für allemal zu neutralisieren. Der Zusammenschluß im Montanbereich fiel Frankreich insofern leicht, als es sich damit indirekt und in kontrollierender Absicht einen Zugriff auf das Herzstück der (west-)deutschen Wirtschaftsmacht sicherte. Eine Mitsprache hinsichtlich des deutschen Potentials bei Kohle und Stahl sollte die ökonomische Ungleichheit zwischen beiden Gemeinwesen austarieren und Frankreich weitere Zugeständnisse an die Bundesrepublik im Bereich der politischen Integration einschließlich eines Wehrbeitrags bei Souveränitätszugewinn erleichtern. Die bald darauf eingeleitete Entwicklung der eigenen französischen Atombombe, bei zugleich erfolgendem deutschen Verzicht auf ABC-Waffen, sollte jedenfalls langfristig eine französische Überlegenheit auf dem Kontinent auch diesseits der Systemgrenze festsschreiben. Heute dürfte die nukleare französische Prärogative ihre ursprüngliche Bedeutung durch die fundamentalen Veränderungen des globalen und europäischen Kontextes eingebüßt haben.

Durch europäische Integration ist das historisch antagonistische deutsch-französische Verhältnis ausgeglichen worden. Seither bildet es die Grundlage der Einheit Westeuropas. Während Frankreich im Bereich der großen Politik das Privileg des primus inter pares zugestanden ward, verhalf der gemeinsame europäische Markt der exportorientierten bundesdeutschen Wirtschaft zu glänzenden Erfolgen. Die wachsende Verschränkung der Märkte, die zunehmende Integration der Volkswirtschaften wird diesen Trend weiter verlängern. Gleichzeitig eröffnen sich neue Chancen weiter östlich. Nicht mehr der alte Staats- und Barterhandel bestimmt das wesentlich politisch konnotierte „Ostgeschäft", sondern Marktbedingungen und Unternehmensentscheidungen, die durchaus von kulturellen Prägungen am Ort getragen werden. Sie greifen auf historische Traditionen und Erinnerungen zurück, die sich durchaus in Produktivkraft verwandeln lassen. Daß im Bereich von „Zwischeneuropa" Deutschland mit Fug und Recht einen Platzvorteil für sich zu reklamieren vermag, ist unbestritten. Deutsch wird zunehmend wieder lingua franca. Alte Handelsräume wachsen entlang längst vergessen geglaubter Traditionslinien zusammen. Sachsen, Bayern, Böhmen und vielleicht sogar Schlesien erscheinen jenseits der staatlichen Grenzen für grenzüberschreitende Integration prädestiniert. Eine Erweiterung der Europäischen Union nach Osten hin würde diesem Trend durchaus entgegenkommen. Solche Osterweiterung könnte aber die mittels des Ost-West-Gegensatzes erleichterte westeuropäische Integration unter Umständen überspannen.

Überhaupt macht sich diesseits und jenseits des Rheingrabens zunehmend Entfremdung breit. Unterschiedliche Traditionsbestände, über Jahrzehnte hinweg durch den bipolaren Großkonflikt niedergehalten, machen immer deutlicher von sich reden. Sie betreffen die politische Kultur ebenso wie außenpolitische Prägungen. Die Mißklänge, die zwischen Deutschland und seinen westlichen Nachbarn hinsichtlich eines gemeinsamen Vorgehens auf dem Balkan deutlich wurden, rühren insofern eher aus weiter zurückliegenden nationalstaatlichen Vergangenheiten her, als daß es sich allein um aktuelle und leicht regelbare Differenzen über eine angemessene Vorgehensweise integrierter Partner handelte. Unterschiede wird man zunehmend auch im Bereich der Industriepolitik gewahr, die in Frankreich auf weit zurückreichende Traditionen verweist. Auch die Kulturbeziehungen dümpeln vor sich hin, wie überhaupt das gegenseitige Interesse aneinander zu wünschen übrig läßt. Vermutungen, das enge deutsch-französische Verhältnis der vergangenen Jahrzehnte sei vornehmlich das Anliegen einer Generation gewesen, die noch unter dem Eindruck des historisch tradierten Gegensatzes stand, den es durch besonderes Zutun zu überwinden gelte, dürften nicht leichthin von der Hand zu weisen sein. Die gegenwärtig in die politische Verantwortung drängende Politikergeneration scheint ihrem Partner jenseits des Rheingrabens gegenüber jedenfalls weit agnostischer eingestellt als ihre Vorväter. Ob bei den Jungen ein Bewußtsein von der Bedeutung der deutsch-französischen Achse für die europäische Sicherheit und Integration fortwirkt, wird vorläufig nicht unmittelbar deutlich. Der sich in Frankreich einstellende Eindruck, mit der Erlangung der Vereinigung verliere Deutschland zunehmend Interesse an der westlichen Integration, dürfte bislang noch weit hergeholt und eher Ausfluß eigener Befürchtungen denn deutscher Überlegungen sein.

IV

Dennoch: Im Unterschied zu seinen Nachbarn verfügt Deutschland zu seiner eingegangenen Westbindung im Prinzip über Alternativen. Insofern kann eine jede Öffnung der Europäischen Union nach Osten hin den problematischen Effekt nach sich ziehen, Deutschlands Bindungen an den Westen und damit vornehmlich an Frankreich zu lockern. Die an der Integrationsgeschwindigkeit der Europäischen Union geäußerte Kritik in Deutschland ist nicht zufällig mit dem Begehren verbunden, sich stärker dem östlichen Mitteleuropa zu öffnen. Distanzierend richtet sich diese Kritik nicht zuletzt an die französische Adresse, der es eher an Vertiefung denn an Erweiterung gelegen ist – allein schon der Einbindung Deutschlands wegen. Eine verantwortungsbewußte deutsche Außenpolitik hat schon allein dieses Umstandes wegen die aus anderer Zeit in die Gegenwart hineinragenden besonderen deutsch-französischen Beziehungen zu behüten – und dies auch und gerade wegen sich öffnender Alternativen deutscher Politik nach Mittel-, Ostmittel- und Osteuropa hin.

Die in den späten 60er und frühen 70er Jahren vom Status quo her betriebene Ostpolitik stand unter völlig anderem Vorzeichen. Aber auch damals ließen sich jenseits der von den Supermächten eingeleiteten Entspannungspolitik spezifische deutschlandpolitische und mithin national orientierte Anteile ausmachen. Deutschland- bzw. Wiedervereinigungspolitik sollte nicht mehr durch frontale Einforderung von Gesamtstaatlichkeit, sondern mittels Anerkennung des Gewordenen erfolgen. Diese deutschlandpolitische Wende erfolgte weniger aus eigener Einsicht – eher als späte Reaktion auf die von den Verbündeten bereits betriebene Politik der Détente. Die Bundesrepublik mußte ihre in der hohen Zeit des Kalten Krieges generierte starre Politik dem Osten gegenüber revidieren, um nicht ihren westlichen Partnern gegenüber in Verzug zu geraten.

Entspannung nach Osten hin hatte für die Bundesrepublik, außer ein ausgeglichenes Verhältnis zu Moskau zu suchen, zwei ihrem Charakter nach völlig verschiedene Seiten: Einmal die Haltung zur DDR, der gegenüber das ideologische, sprich das „innere", systemische Moment des Weltbürgerkriegs der Werte dominierte. Zum anderen galt es, das Verhältnis zu Polen zu verbessern. Hier trat – der Aussöhnung mit Frankreich nach Westen hin nicht unähnlich – ein traditionelles Moment von Außenpolitik jenseits des Systemgegensatzes ins Zentrum. Obwohl es sich bei der Volksrepublik Polen um einen Staat kommunistischen Regimes handelte, dem gegenüber die Entspannungspolitik zwischen den Systemen zur Geltung kam, überwog hier allemal die Dimension der nationalen Versöhnung zwischen Deutschen und Polen mittels der De-facto-Anerkennung der polnischen Westgrenze durch die Bundesrepublik. Diese nationale Dimension der Ostpolitik wird schon anhand eines trivialen Umstandes überdeutlich: Bundesrepublik und Polen waren keine unmittelbaren Nachbarn, die untereinander ein Grenzproblem auszuräumen hätten. Und zwischen der DDR und Polen war ein solches Abkommen bereits Jahrzehnte zuvor abgeschlossen worden. Dennoch schien die nationale Dimension der Aussöhnung zwischen Polen und Deutschen einer solchen Anerkennung zu bedürfen, wie sie von der „deutscheren" Bundesrepublik nunmehr ausgesprochen wurde. Auch der im Ratifizierungsprozeß ausgesprochene Wiedervereinigungsvorbehalt erwies sich im nachhinein als national durchaus relevant und erlosch erst mit der De-jure-Anerkennung der deutsch-polnischen Grenze durch das vereinigte Gemeinwesen im Jahre 1991. Damit scheint der historische deutsch-polnische Territorialkonflikt endgültig an sein Ende gelangt; und damit kennt Deutschland zum ersten Mal in seiner neueren Geschichte auch nach Osten hin keine offene Grenzfrage mehr. Sollte dieser Zustand in Zukunft nicht durch denkbare Virulenzen in der Minderheitenfrage oder des russischen Territoriums um Königsberg weiter belastet oder durch Grenzrevisionen anderer im Bereich Ostmitteleuropas – wenn auch nur indirekt – in Mitleidenschaft gezogen werden, dann dürfte dieses unliebsame Kapitel deutscher Geschichte als abgeschlossen gelten.

Der Doppelcharakter sozialliberaler Ostpolitik – sowohl Teil der Détente als auch Teil ganz spezifisch deutscher Versöhnungspolitik Polen gegenüber gewesen zu sein – wird heute nach dem Niedergang des vermachteten Kommunismus nicht so recht zur Kenntnis genommen. Aktuell sich häufende Vorwürfe an die damaligen politischen Akteure der Bundesrepublik, die Demokratiefrage in einem Land wie Polen wirklichen oder vermeintlichen Friedensinteressen und damit des politischen Status quo wegen hintangestellt zu haben, mag zutreffen, ignoriert jedoch die aus versöhnungsbereiter deutscher Perspektive relevante nationale Dimension jener Politik Polen gegenüber. Schließlich ging es Bundeskanzler Brandt weniger um die Hofierung eines repressiven realsozialistischen Regimes denn um die Anerkennung der territorialen Westverschiebung des Nationalstaates der Polen. Diese von Stalin und den westlichen Alliierten vereinbarte Westverschiebung des Landes auf Kosten deutscher Gebiete gewährte der dort nunmehr herrschenden kommunistischen Vereinigten Arbeiterpartei so etwas wie einen nationalen Bonus, der in seiner Wirkung nicht hoch genug veranschlagt werden kann: denn solange die polnische Westgrenze von Deutschland nicht anerkannt war, konnte das kommunistische Regime sich auch nach innen der nationalen Karte bedienen, nämlich natürlicher, weil kommunistischer Garant des Bündnisses mit der Sowjetunion und damit der territorialen Integrität des Landes zu sein. Hier verschmolzen Regime und Nation zu einer unheiligen Allianz, die jegliche regimefeindlichen demokratischen Regungen im Keime zu ersticken vermochte. Die polnische Demokratiebewegung konnte sich erst dann chancenreich und letztendlich erfolgreich entfalten, als mittels der Entspannungspolitik die territoriale Unverletzlichkeit Polens durch die Bundesrepublik anerkannt worden war. Von da an war dem kommunistischen Regime das nationale Motiv aus der Hand geschlagen. Aus der Drohung mit einer deutschen Gefahr und einer sich daraus ableitenden Notwendigkeit, Moskaus weiterhin zu bedürfen, erwuchs dem polnischen kommunistischen Regime ein nationales Monopol, dessen es erst verlustig gehen mußte, bevor es auch das gesellschaftliche verlor.

Heute jedenfalls ist das deutsch-polnische Verhältnis ausgeglichen wie niemals zuvor. Dennoch ist es von Gefährdungen nicht frei, derer sich eine aufgeklärte deutsche Außenpolitik zu besinnen hätte. Sie rühren von möglichen Konstellationen her, die sich erst in zweiter Linie auf das Verhältnis der beiden Nachbarstaaten auszuwirken vermögen. Jedenfalls erinnern sie an historische Kontexte – vornehmlich an die dilemmatische Lage Polens zwischen Deutschland und Rußland.

Von einer möglichen Wiederkehr des Teilungstraumas jedenfalls kann nicht die Rede sein. Eher von einer Konstellation, die durch äußere Umstände herbeigeführt werden könnte und deren Folgen die polnische Politik in ihrem Verhältnis zu Deutschland nicht beabsichtigen dürfte. Hier ist vom polnischen Begehren die Rede, angesichts der Unbilden in Rußland und gemeinsam mit anderen mittel- und ostmitteleuropäischen Staaten nicht nur in die Europäische Union aufgenommen zu werden, sondern sich vornehmlich in den Schutz der NATO zu begeben. Solche Osterweiterung der europäischen bzw. westlichen Institutionen widerspräche aber vor allen Dingen dem französischen Anliegen, gerade angesichts der Öffnung des ehemals politischen Ostens die Integration Kerneuropas Deutschlands wegen zu vertiefen. Eine wie auch immer geartete verbindliche Aufnahme der Mittel- und Ostmitteleuropäer drohte nicht nur aus französischer Sicht allein die Verankerung zu lockern, die Deutschland als historische Macht der Mitte mit dem traditionellen Westen verbindet.

V

Solange die bundesrepublikanische Parteienlandschaft auch im vereinigten Deutschland Konsistenz bewahrt und die seit 1949 betriebene Westintegration jenseits des überkommenen systemischen Moments weiterhin die politische Kultur zu bestimmen vermag, dürfte am Verbleib des nunmehr vereinigten Deutschland im Westen keine Zweifel bestehen. Davon ist aber nicht mit Sicherheit auszugehen. Sollte die europäische Integration Deutschlands nachlassen und eine Nationalisierung der Außenpoltiken auf dem Alten Kontinent überhandnehmen, dann öffnet sich für die Macht in der Mitte Europas auch eine andere Perspektive – nämlich die eines der nationalkonservativen Tradition entliehenen Arrangements mit Rußland. Eine solche Perspektive entspräche im übrigen genau jenen Traumata, die dem polnischen kollektiven Gedächtnis zutiefst eingekerbt sind. Eine die Sicherung deutscher Westintegration verstärkende außenpolitische Prinzipienfestigkeit sollte sich dieser Gefährdungen bewußt sein. Auch und vor allem dann, wenn manche Mitteleuropäer aus historisch verständlicher negativer Fixierung auf Rußland heraus Deutschland zu einem größeren und eigenständigeren politischen Engagement östlich seiner Landesgrenzen und jenseits seiner westlichen Einbindung auffordern. Solche Umwerbung mag der in der Vergangenheit erheblichen Unbilden ausgesetzten nationalen Seele der Deutschen schmeicheln, trübt jedoch den Blick für die darin beschlossenen Risiken und Gefährdungen.

Trotz der in bundesrepublikanischer Zeit erfolgten und vom Ost-West-Gegensatz beförderten Einbindung Deutschlands in den Westen scheinen die Bedingungen historischer Mächtekonstellationen in Europa wiederzukehren – ohne freilich einem Wiederholungszwang erliegen zu müssen.

Deutschland ist aber auch jenseits seines innenpolitischen Regimes in einer besonderen Lage. Ganz unabhängig von seinem politischen Willen ist es direkter wie indirekter Nachbar aller europäischer Staaten. Insofern ist es in der Tat ein Land der „Mitte". Die Außenpolitik eines solchen Gemeinwesens ist mehr als die anderer Staaten gefordert, sich daraus ergebender problematischer Konstellationen wie ihrer Geschichtsmächtigkeit gewärtig zu sein. Die Zeit des relativ überschaubaren Ost-West-Gegensatzes und der darin eingelegten Deutschlandpolitik als direkter oder indirekt gewirkter Wiedervereinigungspolitik ist vorbei. Deutschland steht heute vor der wenig anheimelnden Frage seiner außenpolitischen Orientierung. Ordnende Strukturen – außer dem Wunsch einer sich linear fortzusetzenden europäischen Integration – sind nicht abzusehen. Entfallene Konstanten früherer Jahrhunderte, wie die britische Gleichgewichtspoltiik von außen her in den Kontinent hinein, finden sich durch die zunehmend ausgedünnte amerikanische Präsenz nicht ersetzt. Treueschwüre der USA an die Europäer substituieren mangelndes Interesse nicht. Sollten die Proliferationsprobleme in den nichtrussischen Nachfolgestaaten der Sowjetunion einer die USA zufriedenstellenden Lösung zugeführt werden, dürfte auch ihr Interesse an den europäischen Zuständen weiter erlahmen. Eine zukunftsgewandte deutsche Außenpolitik hätte dem freilich gegenzusteuern und darauf hinzuwirken, daß die Europäer sich nicht dem Schicksal ergeben müßten, des Stützkorsetts der Vereinigten Staaten bloß und ganz alleine auf sich gestellt den Unbilden der Zukunft ausgeliefert zu sein, die in mancher Hinsicht an wenig anheimelnde Vergangenheit gemahnen.

Außenpolitik bedarf heute des Geschichtsbewußtseins mehr denn je. Andere westeuropäische Länder haben sich den Luxus einer Elitenbildung für die Außenbeziehungen erlaubt, die das Traditionsdenken pflegt. Die Wirkung solcher traditioneller Eliten mag sich zwar auch nachteilig niederschlagen, zumal solche Eliten eher dazu geneigt sein dürften, aktuelle Vorgänge vorschnell in historische Kontinuitätszusammenhänge zu versetzen und somit Opfer alter Denkweisen zu werden. In Deutschland hingegen sind solche Wahrnehmungen über ihre politische Verfallszeit hinaus lebendig geblieben, die den Mustern des gesellschaftlich bestimmten Gemeinwesens der alten Bundesrepublik entstammen. Dazu gehört ein in breite Kreise hinein wirkendes amerikafeindliches Ressentiment, das aber allem Anschein nach mit der erdrückenden Wirkung neuer Realitäten im Vergehen begriffen ist. Als kontraphobisch läßt sich wiederum ein allem Militärischen abholder Affekt kennzeichnen, der Deutschland innerhalb des Bündnisses zu isolieren bzw. die Westbindung selbst zu lockern droht. Kontraphobisch ist dieser antimilitärische Affekt insofern, als alle legitime Gewaltanwendung, auch die diskriminierende und in aller Behutsamkeit eingesetzte militärische Gewalt, vor dem Hintergrund der kollektiven Psyche in die Nähe des Nazismus gerückt wird – im übrigen auch jene Gewalt, die dazu beitrug, das nationalsozialistische Deutschland niederzuwerfen. Politisch bedenklich ist ein solcher antimilitärischer Affekt auch deshalb, weil er sich gegen eine Beteiligung deutscher Truppenverbände wendet, die im Rahmen der Vereinten Nationen oder im Kontext von Bündnisverpflichtungen des Westens zu erfolgen hätten. Insofern trägt das Bewußtsein der alten Zeit, wenn auch ganz unbeabsichtigt, dazu bei, die neuen Anforderungen ausgesetzten Bindungen Deutschlands an den Westen weiteren Belastungen preiszugeben und ein Klima zu befördern, das einer ohnehin bestehenden Tendenz in Richtung eines deutschen Sonderweges entgegenkommt.

Ob die historische Sonderwegsthese die spezifische Entwicklung deutscher Geschichte interpretatorisch angemessen zu würdigen vermag, sei dahingestellt. Nichtsdestotrotz lassen sich Unterschiede ausmachen, die deutsche Traditionen in Politik und Kultur, in geringerem Maße im Bereich ökonomischer Entwicklung, von der des klassischen Westens abheben. Neuerdings und beflügelt von dem durch die Realitäten heraufbeschworenen Paradigmenwechsel von Gesellschaft in Nation, werden jenseits der bislang gültigen Unterscheidung von Links und Rechts Überlegungen evoziert, die einen signifikanten Unterschied zwischen Deutschland und dem Westen durchaus positiv aufzunehmen bereit sind, einschließlich der sich daraus ableitenden politischen Folgerungen. Der Trend, sich vom Westen abzuwenden, zielt auf eine Zukunft, deren Perspektiven nicht nur als wort- und bilderreiche Imaginationen von sich reden machen, sondern durchaus reale Bezüge aufweisen. Gerade für die Begründung von Außenpolitik sind solche Zugänge ganz besonders gut ausgelegt.

Die Politikwissenschaft in Deutschland und darin wiederum die Lehre von den Internationalen Beziehungen wird wie keine andere Sparte der Sozialwissenschaften vom Epochenwechsel in Mitleidenschaft gezogen. Schließlich waren ihre Paradigmata vom Wertegegensatz zwischen Ost und West bis ins Methodische hinein beansprucht worden. Nunmehr ist Rückzug geboten – ein Rückzug aufs Historische, um aus dem Fundus der geschichtlich tradierten Erfahrung heraus zu einem begrifflich abgestützten praxisorientierten Zugang zu gelangen, von dem aus eine westlich integrierte deutsche Außenpolitik auf neuer Grundlage und in friedenserhaltender Absicht möglich sein soll – jenseits der Traditionen des deutschen Machtstaates, schwankend zwischen unerreichbaren hegemonialen Zumutungen und dem zerstückelnden Zugriff seiner Nachbarn.

Literatur

Ash, Timothy Garton: Im Namen Europas, Deutschland und der geteilte Kontinent, München 1993.

Bahr, Egon: Sicherheit für und vor Deutschland. Vom Wandel durch Annäherung zur europäischen Sicherheitsgemeinschaft, München/Wien 1991.

Bahring, Arnulf: Deutschland – was nun?, Berlin 1991.

Craig, Gordon A.: The Historian and the Study of International Relations, in: American Historical Review 88 (1983), S. 1ff.

Dehio, Ludwig: Gleichgewicht oder Hegemonie. Betrachtungen über ein Grundproblem der neuen Staatengeschichte, Krefeld 1948.

Diner, Dan: Weltordnungen. Über Geschichte und Wirkung von Recht und Macht, Frankfurt a. M. 1993.

Gollwitzer, Heinz: Europabild und Europagedanke. Beiträge zur deutschen Geistesgeschichte des 18. und 19. Jahrhunderts. München 1964.

Hacke, Christian: Weltmacht wider Willen. Die Außenpolitik der Bundesrepublik Deutschland, Berlin 1993.

Haftendorn, Helga u. a.: Verwaltete Außenpolitik. Sicherheits- und entspannungspolitische Entscheidungsprozesse in Bonn, Köln 1978.

Hanrieder, Wolfram F.: Deutschland, Europa, Amerika. Die Außenpolitik der Bundesrepublik Deutschland 1949–1989, Paderborn u. a. 1991.

Loth, Wilfried: Die Teilung der Welt. Geschichte des Kalten Krieges, München 1980.

Schöllgen, Gregor: Die Macht in der Mitte Europas. Stationen deutscher Außenpolitik von Friedrich dem Großen bis zur Gegenwart, München 1992.

Weber, Max: Deutschland unter den europäischen Weltmächten, in: Gesammelte politische Schriften, hrsg. von J. Winkelmann, Tübingen ^{3}1971, S. 157ff.

Claus Leggewie

Fuzzy Politics

Weltgesellschaft, Multikulturalismus und Vergleichende Politikwissenschaft

Der Vergleich gilt als „Königsweg der Politikwissenschaft“ (Massing 1969, 286). Rein monographische Studien über *einen* Zeitabschnitt *eines* Problems *einer* Gesellschaft erlauben in der Tat kaum weitreichende Schlüsse über das Wesen der Politik insgesamt. Gemessen an dieser Einsicht sind die meisten politikwissenschaftlichen Arbeiten aber immer noch, wie eine Bestandsaufnahme der 50er Jahre konstatierte, „deskriptiv, parochial, statisch und monographisch“ (Macridis 1955). Gleichwohl gilt *Comparative Government* (oder Vergleichende Regierungslehre) als Kerngebiet der Politikwissenschaft (so von Beyme 1966/1988; Berg-Schlosser/Müller Rommel 1987; Lehner 1989; Naßmacher 1991). Seit Aristoteles und Thukydides haben fast alle nennenswerten politischen Philsophen, Historiker, Staatslehrer und eben auch Politologen Synopsen zeitgenössischer und historischer Verfassungen und Herrschaftsregime erarbeitet. Emile Durkheims Studie über den Selbstmord oder die Gelegenheitsarbeit von Werner Sombart ›Warum gibt es keinen Sozialismus in den Vereinigten Staaten?‹ sind Klassiker der Komparatistik; Karl Marx’ wie vor allem auch Max Webers Monumentalwerke über den westlichen Industriekapitalismus waren selbstverständlich unter komparativem Gesichtspunkt angelegt. „Der Vergleich wurde gleichsam als Surrogat für das Fehlen experimenteller Möglichkeiten in den Sozialwissenschaften gedacht“ (von Beyme 1988, 52). In Montesquieus klassischem *Comment peut-on être persan?* kam auch die zeitdiagnostische Dimension des Vergleichs exemplarisch zum Ausdruck: Der Kontrast der eigenen Zustände mit fremden Zuständen hat vor allem (selbst-)kritische Bedeutung.

Die Bandbreite der formalen Regeln und normativen Voraussetzungen liberal-demokratischer Gesellschaften ist bis heute ein Schwerpunkt der politischen Wissenschaft auch in der Lehre. Examenskandidaten tun gut daran, die wesentlichen Unterschiede zwischen parlamentarischen und präsidentiellen Regierungssystemen zu kennen und Konkurrenz- von Konkordanzdemokratien unterscheiden zu können. Ein ähnlich beliebter, nunmehr obsolet gewordener Schwerpunkt war der „Systemvergleich" westlicher mit staatssozialistischen Systemen; dafür lassen sich jetzt Übergangsprozesse zur Demokratie in Südeuropa, Lateinamerika, Ostmitteleuropa und im Fernen Osten gegenüberstellen oder Typologien antidemokratischer und rechtsradikaler Bewegungen erarbeiten. Mit dem wachsenden Einfluß der systemtheoretisch inspirierten, auf Politikberatung zielenden Policy-Analyse interessierten vor allem sektorale Politiken (im Gesundheitswesen, in der Technologiepolitik und im Telekommunikationswesen) im Nationenvergleich. Dafür gab es reichlich Daten, Forschungsgelder und Kooperationspartner. Des weiteren regte die Ungleichzeitigkeit sozialdemokratisch und liberal-konservativ bestimmter Regierungen in den 70er Jahren an zu komparativen Analysen der Art *Do policies/parties/regimes really matter?* Der traditionellen Einteilung in Systemwelten (westliche Demokratien, sozialistische Gesellschaften, Dritte Welt) entsprachen die relevanten Untersuchungsbereiche (Parlamente, Wahlrechts- und Parteiensysteme, Verbände inkl. soziale Bewegungen, Policy-Bereiche und Politikstile). Die Veröffentlichungen beschränkten sich meist auf synchrone Zwei-Länder-Vergleiche; diesen Rahmen sprengten die in der Regel mehrere Länder einbeziehenden Wertwandeluntersuchungen, auch vergleichende Studien zur Politischen Kultur und zu den (Neuen) Sozialen Bewegungen.

Es ist unbestreitbar, daß in diesem Rahmen höchst aufschlußreiche komparatistische Arbeiten entstanden und noch in Arbeit sind (zum Überblick vgl. Berg-Schlosser/Müller Rommel 1987 und diverse Aufsätze der letzten Jahre in der PVS), wobei man auch auf scheinbar sekundäre Randgebiete achten sollte, wie z. B. Andrei S. Markovits' lehrreiche Sombart-Paraphrase „Warum gibt es keinen Fußball in den Vereinigten Staaten?" (1987). Aus den komparativen Analysen der Sozial- und Technologiepolitiken und politischen Kulturen, aus den Politikstilanalysen und den von den „neuen Institutionalisten" betriebenen Forschungen wissen Politikwissenschaftler und ihre „Kunden" heute weit besser, nach welch differenzierten Regeln und Konventionen Politik in westlichen Demokratien gemacht wird. So lassen sich Provinzialismus und Ethnozentrismus vermeiden. In der vergangenen Epoche scheinbar irreversibler Konvergenz und Konföderierung diente dies zweifellos dem besseren gegenseitigen Verstehen; heute, in einer Zeit brisanter Renationalisierung, könnte die Vergleichsperspektive sogar ausschlaggebend werden für die Verhütung und Schlichtung nationaler und ethnischer Konflikte. Vergleichen schützt vor militantem Provinzialismus und bornierter Xenophobie.

Doch kaum hat die Teildisziplin „Vergleichende Politikwissenschaft" einigermaßen sicheren Grund unter den Füßen bekommen und kann zu Recht von sich behaupten, an Wissen „in den vergangenen zwanzig Jahren deutlich zugenommen zu haben" (Berg-Schlosser/Müller Rommel 1987, 261), kaum hat sich auch die Datenlage dank grenzüberschreitender demoskopischer Umfragen und der höheren Komplementarität des statistischen Materials verbessert, steht eine fundamentale Verunsicherung ins Haus. Die Crux der Vergleichenden Politikwissenschaft liegt nämlich darin, daß die bisher selbstverständlich zugrundegelegte Analyseebene, der Nationalstaat in seiner klassischen Form, wie es scheint: ersatzlos dahingeht. Der Nationalstaat beruht auf der nützlichen Fiktion, daß Bevölkerung, Territorium und Kultur einer Gesellschaft weitgehend kongruent sind und daß die Grenzen aller drei Merkmale übereinstimmen. Diese typische Konstrukt der politischen Moderne wird nun von allen Seiten und Akteuren „dekonstruiert". Die allerorts aufflammenden nationalen Konflikte und Kriege widersprechen dem nicht: Zumeist haben sie defensiven Charakter, d. h., sie werden als Ultima ratio gegen den drohenden Zerfall der Nationalstaatlichkeit begriffen; im übrigen haben sie in der Regel eine starke ethnische, d. h. bürgerkriegsähnliche Färbung, belegen also die Implosion traditioneller Nationalstaatlichkeit. Der Nationalstaat herkömmlichen Typs unterliegt einem starken Implosionsdruck und einer ebenso starken Transnationalisierungstendenz.

So, wie Nationalstaaten Ende des 20. Jahrhunderts regionalistisch und separatistisch unterlaufen werden, werden sie auf der anderen Seite supra- und transnational übergangen. Grenzüberschreitende Interdependenzen und externe Policy-Vorgaben haben ein Maß erreicht, daß auf vielen Feldern im nationalen Rahmen längst „Unregierbarkeit" erreicht und ein distinktes „Nationalinteresse" nur noch schwer zu bestimmen ist. Die kosmopolitische Utopie der Weltgesellschaft ist Wirklichkeit geworden, freilich nicht in der harmonischen Gestalt, die sie einmal annehmen sollte. Wichtige, identitätsstiftende kulturelle Symbole entstammen einem globalen Kommunikationszusammenhang, der durch die Freizeit-, Film- und Fernsehindustrien und die Werbung gestiftet wird; hinzu kommen grenzüberschreitende Wanderungen, teils armutsbedingt, teils im Rahmen eines den Globus überziehenden Ferntourismus, und die hohe Mobilität internationalisierter Teilmilieus (Management, akademischer Jet-set, Sportler etc.). Diese Vorgänge haben aus der virtuellen Weltgemeinschaft eine real existierende Größe gemacht, auch wenn sich diese oftmals nur per Bildschirm, also „virtuell" herstellt: über weltweit rezipierte Medienereignisse und Kampagnen, Videokonferenzen und Fax-Verbindungen usw., der „natürliche" Zusammenhang von kultureller Identität, geographischem Territorium und politischem System ist zerrissen und delegitimiert, und dieser Prozeß kehrt nur die Konstruktion kollektiver Identität in Gestalt von Nationalstaaten zwischen dem 18. und 20. Jahrhundert um.

Am neuzeitlich vorherrschenden Merkmal politischer Differenzierung in

Gestalt moderner Staatlichkeit auf der Grundlage nationsförmiger kollektiver Identitäten und Handlungsmuster orientierte sich auch die Vergleichende Politikwissenschaft. Unter diesem Gesichtspunkt fanden alle Arten von „Systemvergleichen" statt, und seien es solche zwischen Andorra und Spanien oder Liechtenstein und der Sowjetunion. Es ging immer nur um das richtige "comparative design", aber die Entitäten des Vergleichs standen fest. Man setzte voraus, daß Staats- und Gesellschaftsgrenzen übereinstimmten und nationale Aggregatdaten sinnvoll sind, um beispielsweise von verschiedenen Haltungen der niederländischen und der slowenischen Bevölkerung zur Demokratiezufriedenheit oder vom Vorhandensein von Rassenhaß zu reden – so wie man gestern noch „Italien" und „Jugoslawien" miteinander verglichen hat, „späte" Nationen, die heute auf exemplarische Weise in Auflösung begriffen sind. Inwieweit sind klassische Nationalstaaten wie „Spanien" oder „Großbritannien" als analytische Größen eines „Nationenvergleichs" besser verwendbar? Sind, seitdem sie aus der Taufe gehoben wurden, Slowenien oder die Slowakei Vergleichsgrößen? Ist der „Systemvergleich" absurd geworden, seit die Bundesrepublik und die DDR sich „wiedervereinigt" haben – zur Bundesrepublik? Welche Konsequenzen hat die europäische Einigung, die meß- und spürbare sozialstrukturelle Konvergenzen z. B. zwischen „Deutschland" und „Frankreich" nach sich gezogen hat? Wie fließen die beschriebenen Faktoren (höhere Massenmobilität, die Internationalisierung von Telekommunikation, Werbung und Kulturbetrieb und transnationale Wanderungsprozesse) in die Konzepte und Methoden der Vergleichenden Politikwissenschaft ein?

Man darf wohl ohne Übertreibung und Dramatisierung feststellen, daß Kartenmaterial und Kompasse der Vergleichenden Politikwissenschaft veralten. Es besteht ein "level of analysis"-Problem, das bereits wiederholte Male in den internationalen Beziehungen Thema war. Auch in dieser Teildisziplin ist die konventionelle Bezugsebene des Nationalstaats brüchig geworden, ohne daß sich eine strukturierte „Weltgesellschaft" als fest umrissene analytische Alternative anbieten würde. Die Vorstellung des Nationalstaats als "power container" (Giddens), in dem Herrschaftsstruktur, kollektive Identität und territoriale Begrenzung konvergieren, ist unterkomplex; das Konglomerat Weltgesellschaft mag sich empirisch füllen lassen, entbehrt aber der für analytische Argumentation unabdingbaren Struktur und eines hypothetischen Gegenübers – sie ist gewissermaßen unanalysierbar, weil „unvergleichlich". Im herkömmlichen Staatensystem bestanden die konkordanz- oder differenzmethodisch notwendigen Oppositionen; der realen Weltgesellschaft fehlt gewissermaßen das Pendant, das Widerlager jedes Vergleichs.

Das Resultat eines ebenso einförmigen wie vielgestaltigen Weltsystems können wir „Multikulturismus" nennen. Multikulturelle Gesellschaften haben mit ihrer pluralen Binnenstruktur die konventionellen Vergleichsparameter internalisiert, also ins Innere der bislang extern verglichenen und definierten Analyseeinheit Nation/Gesellschaft verlegt. Sicherlich kann man nach wie vor den Grad des kulturellen Pluralismus einer linguistisch, ethnisch und religiös relativ homogenen Gesellschaft im Vergleich zu einer anderen, heterogeneren Gesellschaft bestimmen und messen. Aber die spontanen komparativen Beurteilungskriterien der Gesellschaftsmitglieder selbst richten sich mehr und mehr auf das Innere der betreffenden Gesellschaften, deren Grenzen neu, nämlich regionalistisch (z. B. in Form von „Landsmannschaften") oder lokalistisch (z. B. in Form von Nachbarschaften), bestimmt werden. Die Parameter der kulturellen Binnendifferenzierung stimmen weder mit den fortbestehenden, aber delegitimierten politisch-geographischen Grenzen noch mit den sich weiter vernetzenden Gegebenheiten der internationalen Arbeitsteilung überein. Kulturelle Differenzen relativieren die „leviathanische" Potenz der Machtstaatlichkeit ebenso wie die Kraftlinien der „unsichtbaren Hand" des Marktes. Die kultursoziologische Perspektive fordert die in der Tradition von Thomas Hobbes und Adam Smith stehenden Sozialwissenschaften heraus. Staats-Lehre und National-Ökonomie unterlagen dem „planimetrischen Irrtum" (Emerich Francis), indem sie soziale Ordnungskriterien einer spezifischen „Ortung" verbanden, die nunmehr, fast für jedermann, hochproblematisch geworden ist.

Ethnisch-kulturelle Fraktale, auch die in den Vordergrund drängenden Konstrukte "race" und "gender", überlagern die Flächendimension politischer Einheiten; an ihrer Stelle gewinnen „immaterielle" Demarkationslinien an Bedeutung, die sich auf „unsichtbare", aber nicht weniger reale Grenzen beziehen. Die geographisch-konzeptive Kategorie des Raums wird in einer „wilden", konstruktivistischen Perspektive nachhaltig virtualisiert. Dem neuen Aggregatzustand des „internationalen Systems" wird weder der geopolitische „Realismus" gerecht, der z. B. die Stellung Deutschlands in Europa aus seiner Mittellage ableitet, noch der antagonistische Kulturregionalismus, der nach Samuel Huntington nunmehr an die Stelle alter territorialer oder ökonomischer Konfliktlinien treten soll. Die besonderen soziologischen Qualitäten des Raums, in klassischer Sicht Georg Simmels Exklusivität, Rahmung und Fixierung, verschwinden nicht, werden aber problematisch – ein Vorgang, der sich in „Orientierungsverlusten" verschiedener Art abbildet.

In der multikulturellen Weltgesellschaft bilden sich somit neben den fortbestehenden und umkämpften Nationalkollektiven neue Cluster heraus, darunter ethnische Segmente, Lebensstilmilieus, neotribale Aggregationen. Historisch (von der Schweiz bis zur jugoslawischen Konföderation) ist Multikulturalismus Resultat eines assoziativen Nationbuilding gewesen, so auch im Fall der amerikanischen Republik, einer „Nation von Einwanderern“, die sich der unerreichten Vorstellung eines “melting pot” anhing und heute von allen möglichen kulturellen Seperatismen durchzogen wird. Nicht nur dort sind dissoziative Tendenzen zur „Ethnisierung“ spürbar. Multikulturalismus ist jedoch mehr als eine besonders ausgeprägte multilinguale, polyethnische oder multireligiöse Struktur; denn in wachsendem Maße kommen auch in sprachlich, ethnisch und religiös homogeneren Gesellschaften soziokulturelle Distinktion und Differenz in den Rang eines gewichtigen oder primären Stratifikationsmerkmals, an dem sich gesellschaftliche Spannungen und Konflikte entzünden. Multikulturelle Gesellschaften bilden sich also nicht allein im kumulativen Prozeß der Zuwanderung ethnisch fremder Gruppen; das Gewicht des kulturellen Pluralismus spiegelt eine generelle innere Dynamik postmoderner „Kulturgesellschaften“. Der Generalnenner der Moderne: funktionale Ausdifferenzierung der Sphären Wirtschaft, Religion, Politik, Recht usw. wird ergänzt und zum Teil eben auch konterkariert durch kulturelle Vergemeinschaftung.

In den herkömmlichen Modernisierungstheorien herrschen zumeist binäre Denkschemata vor: Die Welt ist zweistellig, im Sinn eines entweder/oder, codiert. Diese Welt-Anschauung spiegelt sich auch in der Debatte um den Multikulturalismus wieder: Universalismus und Partikularismus werden häufig als normatives Gegensatzpaar gegenübergestellt. Die Ausnahme eines Tertium datur, eines dritten (und weiterer) Pole, wirft ein Problem auf: Auch Wissenschaft funktioniert nach dem zweistelligen Code wahr/falsch. Entweder eine Aussage ist wahr (Verifikation ist Telos und Ethos der Wissenschaft), oder sie ist falsch (und eben dieser falsifikatorische Zweifel ist der Motor der wissenschaftlichen Erforschung der Wahrheit). Eine wachsende Zahl von Wissenschaftlern behauptet jedoch nicht mehr, „daß alles entweder richtig oder falsch ist. (. . .) Tatsachen sind immer unscharf, vage, ungenau bis zu einem bestimmten Grad oder eben „fuzzy“ . . . Nur Mathematik ist schwarz und weiß, ein künstliches System aus Regeln und Symbolen. Wissenschaft ging mit grauen oder ungenauen Tatsachen so um, als handelte es sich um schwarzweiße Fakten der Mathematik. Dabei hat noch niemand eine einzige Tatsache der Welt gezeigt, die hundertprozentig wahr oder hundertprozentig falsch gewesen wäre. Die Wissenschaftler behaupteten nur, daß sie alle so seien“ (Kosko 1993, 11).

Was hier mit großem Aplomb formuliert wird, ist für die meisten Politikwissenschaftler keine große Überraschung. „Politik hat die Farbe Grau“ – mit diesem Erfahrungsbericht des SPD-Politikers Hans-Ulrich Klose stimmt wohl jeder überein, und jede realistische Betrachtung der Politik muß sich auf jene Grauzustände und Gradualismen einstellen, die mit der Umstellung von zweiwertigen auf multivalente oder fuzzige Prinzipien verbunden sind: Alles ist eine Frage der Abstufung, es gibt nicht nur A und Nicht-A, nicht bloß wahr/falsch, sondern vor allem die Größenordnung ist unbestimmt. Man kann Fuzzigkeit an Beispielen aus der Ästhetik (schön/häßlich), dem Recht (legal/illegal) und längst auch aus den Lebenswissenschaften illustrieren. Selbst die scheinbar so elementare Grenze zwischen lebendig und tot hat an Deutlichkeit verloren.

Einer der Promotoren der fuzzy logics, der Mathematiker Bart Kosko, hat sich auch in der fuzzy-logischen Interpretation (internationaler) politischer Konflikte versucht – mit Resultaten, die vielleicht bei der Verbesserung von Tafel- und Schaubildern zur Veranschaulichung komplexer Verursachungsprozesse und Rückkoppelungsschleifen dienlich sein können, ansonsten aber den versierten, mit der Komplexität politischer Entscheidungs- und Rückwirkungsprozesse vertrauten Politikwissenschaftlern nicht viel neue Einsichten bieten. Abgesehen von strikteren Ableitungstheorien, die die politische Sphäre politökonomisch determinieren oder systemtheoretisch eliminieren, ist fuzzy-politischer Gradualismus ein Gemeinplatz.

Für die Komparatistik haben diese selbstverständlich wirkenden Erkenntnisse einschneidende Konsequenzen. Die Umstellung von Zweiwertigkeit auf Polyvalenz ist gerade im Hinblick auf die Buntheit der sozialen Welt geboten, in der heute eine „notorisch ambivalente Kategorie" (Zygmunt Baumann) zur hegemonialen Figur wird: der Fremde. Multikulturelle Gesellschaften sind Gesellschaften von Fremden, die als solche weder dem „Eigenen" (A) noch dem „Anderen" (B) zu assimilieren sind. Insofern muß man sich hüten, Multikulturalismus zu einer positiv oder pejorativ besetzten Utopie zu (v)erklären, wie dies in der öffentlichen Meinung und wissenschaftlichen Diskussion Europas und der Vereinigten Staaten leider noch zu oft geschieht. Der Multikulturalismus ist weder die Realisierung kosmopolitischer Luftschlösser noch eine normative Alternative zur Nationalstaatlichkeit, auch kein zwangsläufiges Debakel der Ethnisierung oder Endstufe eines kollektiven Identitätsverlustes. Als „topische" Kategorie sind multikulturelle Gesellschaften Aggregatzustände lockerer Vergesellschaftung, die weder auf kulturelle Selbstverständlichkeiten (oder gar Letztbegründungen) noch auf ethnisch homogene Substrate zurückgreifen können, sondern Verständigung zwischen den disparaten sozio-moralischen Milieus immer neu generieren und vereinbaren müssen. Die in dieser Hinsicht postmoderne Struktur erinnert insofern eher an lockere prämoderne Reichs- und Imperialverhältnisse als an die klassischen Nationalstaatskonstruktionen.

Man kann im weiteren grob drei Grundmuster multikultureller Gesellschaften unterscheiden. Im Fall kultureller Apartheidgesellschaften wird die ethnisch-rassische Herkunft der Gesellschaftsmitglieder absolut gesetzt und zum primären Ausgangspunkt sozialer Stratifikation und Hierarchiebildung, gegen die individualistische Leistungsrationalität des Marktes, die Organisationslogik der Bürokratie und die Grundlagen anderer ethnisch indifferenter Systeme. Die Grenzen zwischen den ethnischen Kollektiven werden abgeschottet, über die Verteilung der sozialen Chancen und Einflußmöglichkeiten entscheidet vorrangig das Kriterium der Abstammung. Diese Form der Differenzbekräftigung hat sich am deutlichsten im modernen Rassismus ausgeprägt, bekanntlich eine reaktionäre Antwort auf die Statuten der bürgerlichen Revolutionen des 18. und 19. Jahrhunderts; doch ist tendenziell jeder Nationalismus in diesem Exklusionscode befangen. Die Programme „ethnischer Säuberung" in Ostmitteleuropa oder die Versuche in Südafrika, das Apartheidsystem zu retten, zeugen von der Vitalität dieser exklusiven Variante des Multikulturalismus, der letztlich nur eine kulturalistische Version der Rassengesellschaft anbietet.

Die zweite Variante ist die weltgesellschaftlich am häufigsten anzutreffende: es handelt sich um Gesellschaften mit hohem Anteil ethnischer Gruppen, die sich entweder im Nationsbildungsprozeß als kulturell nichtassimilierte Minderheiten behauptet haben (bzw. als unterdrückte Gruppen um Anerkennung ringen) oder die als Einwanderer einen kulturellen Sonderstatus für sich reklamieren. Diese freiwillige oder erzwungene Ethnisierung ist, anders als in Apartheidgesellschaften, nicht der einzige Ausgangspunkt sozialer Stratifizierung, sondern vielfach überformt durch integrative und kompensatorische Mechanismen des Marktes, durch die egalisierende Wirkung des Rechtssystems und des Wohlfahrtsstaates und durch kulturelle Generalstandards. Die individuellen und kollektiven Wanderungsgeschichten des 19. und frühen 20. Jahrhunderts ließen bezüglich dieser Minoritäten die etappenweise und individualisierte Anpassung an die Mehrheitskultur erwarten, in deren Verlauf Gruppenidentität auf folkloristische, modernitätskonforme Restdifferenzen schrumpfen würde. Schematisch läßt sich diese Vorstellung als binäre und asymmetrische Opposition von Mehrheit und Minderheit denken, wobei sich die peripheren Minderheiten um einen zentralen Gesellschaftskern herumgruppieren. Dieser universalistisch geprägte Assimilationsgedanke beruht auf zwei Voraussetzungen: erstens der Trennung von Privatheit und öffentlichem Raum, in dem ethnische Herkunftskriterien bedeutungslos werden und kulturelle Gleich-Gültigkeit herrscht, zweitens auf der Dichotomie von Tradition und Moderne, die sich im Prozeß funktionaler Ausdifferenzierung letztlich durchsetzt und kulturelle Distinktion nur in der modernistischen Variante Masse zuläßt.

Als dritte Variante des Multikulturalismus kann eine Gesellschaft ohne kulturelles Zentrum und ohne klar definierte hegemoniale Mehrheit aufgefaßt werden. Sie tritt ein, wenn transnationale Mobilität und Kommunikation die dominanten Kulturmuster patchwork-artig relativiert bzw. von ihrem territorialen Fixpunkt löst. In diesem Gesellschaftstyp löst sich die binäre Mehrheit-Minderheit-Relation auf; weil es keine ethnisch-kulturellen Mehrheiten mehr gibt, verliert der Begriff der Minderheit selbst seinen

Sinn oder wird ubiquitär. Die Gesellschaft ist nicht mehr vom bilateralen Gegenüber der unterdrückten/fordernden Minorität gegenüber der repressiven/gewährenden Mehrheit geprägt, sondern von reziproken Ansprüchen der Minderheiten aneinander, ohne daß es noch eine allein und allgemein verbindliche weltliche oder geistliche Führungsinstanz gäbe. Die Pluralisierung der monotheistischen Glaubensgemeinschaften und die Dezentrierung des unitarischen Nationalstaates zeugen von dieser Tendenz, die Modernisierung nicht etwa rückgängig macht, sondern über die Etappe der modernen Staatsbildung hinaustreibt. Nicht beim isolierten Individuum, sondern vermutlich bei dieser variablen, multiperspektivischen Clusterbildung kommt der Prozeß der Ausdifferenzierung zum (vorläufigen) Ende. Hiermit löst sich die für die klassische Moderne typische, zweistellige Opposition des „Eigenen" und des „Anderen" auf und verwandelt sich in eine multiple, chaotisch wirkende Konstellation von Personen und Gemeinschaften, die zueinander in einem Verhältnis struktureller Fremdheit und situativer Vergemeinschaftung stehen.

Eine solche Sichtweise, die sich aus der soziologischen Tradition eines Georg Simmel oder Robert Ezra Park ebenso anregen läßt wie aus der Analyse neuronaler Netzwerke, hat erhebliche politische Konsequenzen. Die Zentralfrage republikanischer Vergemeinschaftung multikultureller Gesellschaften ist, inwieweit Differenz oder Vielfalt als Ressourcen genutzt werden können, ohne auf der anderen Seite sprengende Wirkungen zu entfalten und zu permanenten Spannungen oder gewaltsamen Konflikten zu führen, wie mit anderen Worten die Maxime: soviel Integration wie nötig und soviel Autonomie wie möglich jenseits manischer Überfremdungsphobien und unverbindlicher Toleranzgebote im Alltag multikultureller Gesellschaften verwirklicht werden kann. Daran schließt sich die Frage an, wie man die nicht-intendierten, in ihrer Wirkung fatalen und kontraproduktiven Folgen einer kompensatorischen Politik vermeiden kann, die ethnische, rassische und religiöse Diskriminierung verhindern will, aber gerade dadurch neue Konfliktanlässe schafft, indem sie zur permanenten Selbstethnisierung, also Abschottung, entlang von konstruierten Herkunftsgrenzen in offenen Gesellschaften zwingt.

Folgen kultureller Differenzierung sind bisher weitgehend als zwischenstaatliche, d. h. völkerrechtliche Problematik begriffen und behandelt worden. Im Zuge der Nationalstaatsbildung auf dem Boden imperialer Vielvölkergebilde ist in diesem Zusammenhang der Schutz ethnischer Minderheiten relevant geworden; diesen hat man nicht nur aus allgemein menschenrechtlichen Erwägungen favorisiert, sondern auch als möglichen Auslöser von Loyalitätskonflikten in Spannungs- und Konfliktfällen. Durch die weitreichenden Grenzöffnungen, die Intensivierung der Wanderungsströme und die jederzeitige „kommunikative Erreichbarkeit" (Niklas Luhmann), wie sie für die sich herausbildende Weltgesellschaft stilbildend ist, haben sich diese Fälle im Prinzip externer Differenz als Tatbestände ethnischer Diskriminierung ins Innere der betreffenden Gesellschaften verlegt. Nicht mehr die Pflege der Eigenheiten marginaler, aber staatsbürgerlich gleichgestellter „Ureinwohner" (wie in Deutschland vorrangig der Sorben) ist das Problem multikultureller Gesellschaften, wobei sich unter den gegebenen weltgesellschaftlichen Umständen auch Einwanderung mehr und mehr als transitorischer Zustand beschreiben läßt und erlebt wird.

In der „Verfassungsdebatte" über die Neufassung des Grundgesetzes der Bundesrepublik Deutschland ist jüngst vorgeschlagen worden, unter den Staatszielbestimmungen als Artikel 20b einzufügen: „Der Staat achtet die Identität der ethnischen, kulturellen und sprachlichen Minderheiten." Der Vorschlag ist gemacht worden, weil erstens mit der in der DDR-Verfassung gegebenen Sonderstellung der Sorben ein Anpassungsproblem vorlag, das schwer zu ignorieren und abzuwickeln war, zweitens offenbar, um angesichts der massiven Diskriminierungen und Gewaltakte gegen ausländische Bürger ein symbolisches Zeichen zu setzen. Die vorgeschlagene „Achtensklausel" soll signalisieren, daß die Bundesrepublik Assimilationsdruck vermeidet, also alle „Versuche, etwa die Sprache oder andere kulturelle Besonderheiten der betroffenen Gruppe von Staats wegen zu beeinflussen oder gar wegzudrängen – mehr als dies ohnehin und unvermeidlich geschieht –, dem Mehrheitsvolk untersagt sind". Sie reklamiert dies übrigens im deutsch-polnischen Vertrag von 1991 auch für die deutsche Minderheit in Polen.

Diese Verfassungsergänzung ist aus mehreren Richtungen abgelehnt worden. Neben sekundären Bedenken, auf diese Weise würde die doppelte Staatsangehörigkeit näherrücken (auch ein „fuzzy-logisches" Prinzip, das den Gegebenheiten der heutigen Weltgesellschaft entspricht), wurde vor allem die Befürchtung geäußert, ein auf eingewanderte Minderheiten ausgedehnter Schutz würde den Einstieg in die „multikulturelle Gesellschaft" bedeuten, einen Anknüpfungspunkt für gruppenrechtliche Ansprüche bilden und die ethnische Differenz zwischen Mehrheit und Minderheit als Anspruchsgrundlage zementieren. Die Kritiker präferieren eine Streichung des Staatsziels Minderheitenschutz oder seine Beschränkung auf rein individualrechtliche Konsequenzen, die die Diskriminierung einzelner Mitglieder ethnischer und sonstiger Minderheiten verhindert und ihnen als Individuen Chancengleichheit einräumt. Dies entspricht der politischen Kultur und Verfassungsordnung der Bundesrepublik, die auf den Schutz der Autonomie des Individuums ausgerichtet ist, während andere Gesellschaften (wie z. B. Großbritannien) Gruppenrechte stärker berücksichtigen.

Man muß allerdings darauf achten, daß diese Orientierung nicht lebensfremd wird. Auch wenn die Menschenwürde des Einzelnen und individuelle

Menschenrechte in der westlichen Kultur im Mittelpunkt stehen und diese Akzentsetzung eine Universalie geworden ist, kann man weder ihre kommunitäre Einbindung in die „Lebenswelt" konkreter Gemeinschaften leugnen (oder denunzieren), noch in Abrede stellen, daß in ihrer Würde und in ihren Rechten verletzte Individuen bei Gruppen Schutz suchen, wenn ihre Anerkennungskämpfe anderwärts mißachtet worden sind. Dieser Prozeß ist in vollem Gange, und es ist eine Illusion zu glauben, „alle Menschen seien diesseitig denkende Individualisten, die private Ziele mit optimalen Mitteln verfolgen", wie Ernest Gellner kürzlich das „Scheuklappendenken" des methodologischen Individualismus bezeichnet hat, der große Teile der Sozialwissenschaften kennzeichnet. Multikulturalismus ist insofern auch ein „dritter Weg" zwischen dem liberalistischen Mainstream und der kommunitaristischen Dissidenz, die sich in den letzten Jahren in einen unfruchtbaren Grundsatzstreit verwickelt haben (Taylor 1993).

Wie kann man die vorgetragenen Bedenken gegen die konventionelle Verortung politischer Ordnungskategorien im zu eng gewordenen Rahmen der nationalstaatlich verfaßten Gesellschaft der Individuen für künftige Vergleichsstudien fruchtbar machen? Es wäre lächerlich vorzuschlagen, die Ebene des Nationalstaates als Aggregatgröße aufzugeben. Sie muß allerdings „nach oben" durch übergreifende Kommunikationsstandards der Weltgesellschaft erweitert und „nach unten" durch die genauere Berücksichtigung lokaler und regionaler Ebenen ergänzt werden. Die nach wie vor etatistisch orientierte „Vergleichende Regierungslehre" muß sich also kultursoziologisch informieren, wozu mit der Ausrichtung am Paradigma der Politischen Kultur ein erster Schritt getan worden ist. Ganz allgemein hat das empirische Studium des Multikulturalismus im Alltag der Demokratien und Zivilgesellschaften westlichen Typs und darüber hinaus eben erst begonnen.

Literatur

Bauman, Zygmunt: Moderne und Ambivalenz, Hamburg 1992.

Berg-Schlosser, Dirk/F. Müller Rommel (Hrsg.): Vergleichende Politikwissenschaft, Opladen 1987.

Beyme, Klaus von: Der Vergleich in der Politikwissenschaft, München 1988.

–: Theorie in der Politik im 20. Jahrhundert. Von der Moderne zur Postmoderne, Frankfurt a. M. 1991.

Gellner, Ernest: Was brauchen wir jetzt? Die soziale Anthropologie und ihr neuer globaler Kontext, in: Freibeuter 58 (1993), S. 21–32.

Giddens, Atnhony: Nation-state and violence, Oxford 1983.

Kosko, Bart: fuzzy-logisch. Eine neue Art des Denkens, Hamburg 1993.

Leggewie, Claus: Multikulti. Spielregeln für die Vielvölkerrepublik, 3. Aufl., Berlin 1993.

–: Space – not time? Raumkämpfe und Souveränität. Skizzen zu einer 'Geopolitik' multikultureller Gesellschaften, in: Transit 7 (1994), S. 27–42.

Lehner, Franz: Vergleichende Regierungslehre, Opladen 1989.

Luhmann, Niklas: Die Weltgesellschaft, in: Ders., Soziologische Aufklärung 2, Opladen 1975.

Macridis, R.: The Study of Comparative Government, New York 1955.

Markovits, Andrei S.: Why is There No Soccer in The United Staates?, in: Leviathan, Heft 4 (1987), S. 486–525.

Massing, Otwin: Vergleichende Regierungslehre (Comparative Government), in: Kress/Senghaas (Hrsg.), Politikwissenschaft, Frankfurt a. M. 1969.

Naßmacher, Hiltrud: Vergleichende Politikforschung, Opladen 1991.

Richter, Emanuel: Weltgesellschaft und Weltgemeinschaft, in: PVS 31/2 (1990) S. 275–379.

Taylor, Charles: Multikulturalismus und die Politik der Anerkennung, Frankfurt/Main 1993.

Streifzüge, Fragestellungen und Grenzgänge

Ulrich von Alemann

Schattenpolitik

Streifzüge in die Grauzonen der Politik

Denn die einen sind im Dunkeln
Und die anderen sind im Licht.
Und man siehet die im Lichte.
Die im Dunkeln sieht man nicht.
Bertolt Brecht

I

Was ist Politik? „Alle Politik ist Kunst. Sie bewegt sich in der Welt der historischen Thaten, verwandelt sich und treibt neue Bildungen hervor, während wir reden. Daher muß jede Theorie mangelhaft bleiben." So begann Heinrich von Treitschkes Vorlesung ›Politik‹ von 1897. Politik als Kunst, Staatskunst, Machtkunstlehre – diese Auffassung von Politik hat eine lange Tradition, aber erscheint uns heute doch längst überwunden.

Politik ist die "authoritative allocation of values", deklarierte der Amerikaner David Easton. Politik sei also gesellschaftliches Handeln, welches darauf gerichtet ist, gesellschaftliche Konflikte über Werte verbindlich zu regeln, so übersetzte Gerhard Lehmbruch dieses Konzept ins Deutsche. Verbindlichkeit, Rechtsstaat, Regelmäßigkeit, Öffentlichkeit: das scheinen seit der Aufklärung die Schlagworte der Politik zu sein. Die Aufklärung wollte aufklären und öffnen. Heraus aus den arcana imperii, weg mit den Geheimräten, der verschwiegenen Diplomatie und der verschlossenen Kabinettspolitik der Monarchen. Die Republik wird zur Demokratie, wo die res publica, die öffentliche Sache, im Parlament öffentlich besprochen wird.

Die „Öffentlichkeit" ist zur doppelten Inkarnation des demokratischen Staates erwachsen: Einmal ist die Öffentlichkeit das Publikum, geradezu synonym für das Volk, von dem alle Staatsgewalt ausgehen soll; zum anderen ist „öffentlich" fast synonym mit staatlich, im Gegensatz zu privat, wenn man an öffentliches Recht, an die öffentliche Hand, das öffentliche Interesse denkt, das der Staat wohlverstanden zu vertreten und zu wahren hat.

In diesem Sinne ist das Öffentliche auch das gesetzlich geregelte, Verläßliche, Regelmäßige, Formale. Das ist nicht willkürlich, privaten Interessen verhaftet, informell und vertraulich, sondern prüfbar anhand objektiver Kriterien, justitiabel, rechtlich sanktioniert und kodifiziert.

Schon im klassischen Griechenland, das uns die Begriffe Politik und Demokratie bescherte, war der Gegensatz zur Sphäre des privaten Haushalts, des oikos, das politikon, das die Gemeinde, die Stadt, die Öffentlichkeit Betreffende, wie die res publica der Römer, wenn auch dort weniger demokratisch gemeint.

Die Tradition des römischen Rechts hat unseren Rechtsstaat stark geprägt, mehr noch unsere Bürokratie als unsere Demokratie; die obrigkeitsstaatliche Verwaltung ist in Deutschland älter als die demokratische Regierung. Beides begegnet uns in der bundesdeutschen Wirklichkeit in einer eigenartigen Mischung, die zu begreifen Amerikaner oder Engländer manchmal Schwierigkeiten haben.

Die Kategorie des Öffentlichen erscheint mir für die Konzeption von Politik so wichtig, daß ich ihr eine herausragende Stellung in einem jüngeren Versuch einer Politikdefinition eingeräumt habe: „Politik ist öffentlicher Konflikt von Interessen unter den Bedingungen von öffentlichem Machtgebrauch und Konsensbedarf" (von Alemann 1994, 135). „Öffentlich" tritt so gleichberechtigt neben die Schlüsselbegriffe Konflikt, Konsens, Macht und Interessen und prägt auch die drei Dimensionen, in denen Politikwissenschaftler Politik betrachten, nämlich unter der Perspektive der politischen Form (polity), der politischen Inhalte (policy) und der politischen Prozesse (politics).

So wichtig die Kategorie des Öffentlichen im weitesten Sinne, also auch des Allgemeinen, Verallgemeinerbaren und öffentlich-rechtlich Verbindlichen ist, so ist sie doch nicht alles – eine notwendige, aber keine hinreichende Bedingung des Politischen. Ich will deshalb in diesem Essay einen Blick auf das Nichtöffentliche, das Informelle, Unregelmäßige, Personale, ja auch das Illegitime und Illegale in der Politik werfen. Es ist eine Expedition in die Grauzonen der Politik, in einen Bereich, den ich Schattenpolitik nennen möchte.

II

Die Grauzonen der Schattenpolitik, die sich jenseits von Verfassung und Institutionen, parlamentarischer Debatte und diplomatischem Vertrag auftun, sind keineswegs eine terra incognita, von der ich behaupten wollte, sie gerade neu entdeckt zu haben. Keineswegs. Ich möchte nicht mehr und nicht weniger, als mit diesem neuen Begriff der Schattenpolitik etwas mehr Licht in diesen Bereich werfen und die Aufmerksamkeit darauf lenken, um ihn einerseits nicht zu vergessen, und um ihn andererseits auch nicht zu verteufeln. Denn Schattenpolitik soll nicht dunkle Machenschaften, schwarze Mächte und finstere Verschwörung bedeuten. Solche dunklen Machenschaften gibt es zweifellos auch in der Politik, es gibt politische Korruption, Verschwörung, Staatsstreiche und organisiertes politisches Verbrechen in aller Welt und zu allen Epochen. Aber sie sind sicher nicht typisch für die Politik in Mitteleuropa oder gar in Deutschland, auch wenn dies neuerdings einige behaupten, die Bücher unter Titeln wie ›Die Mafia im Staat‹, ›Die Mafia in der Politik‹ oder ›Der Staat als Beute‹ publizieren.

Daß Politik mehr ist als Recht und Ordnung, wie heute noch das Credo standfester Koservativer lautet, das wußte schon ein Niccolò Machiavelli, der Begründer jeder modernen Reflexion von Politik (vgl. dazu Münkler 1991, 63f.). Gute Gesetze entstünden nicht durch Harmonie und Ordnung im Innern, vielmehr durch Parteienkämpfe und inneren Streit. Deshalb warnte Machiavelli die Politiker davor, den Zustand größtmöglicher Ordnung, also äußerster Formalisierung politischer Einflüsse, anzustreben, sondern vielmehr alles daranzusetzen, daß der von ihnen gelenkte Staat in einem sub-optimalen Zustand verbleibe, d. h. eine erkennbare Größe informellen Einflusses auf die Politik verfügbar sei. Sie könne als Moment der Unruhe regenerative Kräfte freisetzen, die den Staat vor Verkrustung und Immobilismus bewahre. Denn daraus entstehe Umsturzgefahr. Münkler resümiert Machiavellis Lob des Unberechenbaren und Informellen in der Politik: „Soviel Formalisierung wie nötig, soviel Informalität wie möglich" (Münkler 1991, 64). Machiavellis Machtlehre wird noch heute von Fußballtrainern, Tenniscracks und Schachgenies beherzigt: Wer berechenbar ist, hat schon verloren! Der Bundeskanzler Helmut Schmidt, dem die Berechenbarkeit deutscher Politik über alles ging, hätte seinen Sturz durch Studium von Machiavelli oder Beckenbauer vielleicht abwenden können.

Aber auch einer der ersten empirischen politischen Soziologen und Politikwissenschaftler (den Begriff gab es 1911 allerdings noch nicht), Robert Michels, zielte mit seiner Untersuchung der internen demokratischen Entscheidungsstruktur in Parteien auf reale, informelle Machtstrukturen jenseits von Satzung und Parteitagsprotokoll. Allerdings ist sein „ehernes Gesetz der Oligarchie", nach dem jede Organisation naturgesetzlich zu undemokratischen Strukturen tendiere, eine methodische Übersimplifizierung: Aus seiner Fallstudie der damaligen SPD läßt sich schlechterdings kein generelles „Gesetz" ableiten, schon gar kein „ehernes", und seine krude Mischung aus Massenpsychologie und Führerkult dürfte heute in keiner sozialwissenschaftlichen Examensarbeit durchgehen. Dennoch war der Ansatz, reale Organisationssoziologie zu betreiben und sich auf die informalen Strukturen einzulassen, innovativ. Deshalb wurde er mit Recht ein Klassiker der politischen Organisationsforschung, obwohl er so vielfältig irrte.

Ein jüngerer Klassiker der jungen deutschen Politikwissenschaft der Nachkriegszeit wurde das Werk des deutschamerikanischen Politologen C. J. Friedrich ›Der Verfassungsstaat der Neuzeit‹. Aber auch dieser Protagonist einer traditionellen, verfassungsrechtlich geprägten Institutionenkunde hat ein in Deutschland weniger bekanntes Buch publiziert ›Die Pathologie der Politik‹ mit dem Untertitel ›Die Funktion der Mißstände: Gewalt, Verrat, Korruption, Geheimhaltung, Propaganda‹. Auch dem Verfassungstheoretiker Friedrich waren die Seilschaften und personalen Netzwerke nicht fremd. Auch er erkannte, daß Verfassungstheorie nicht ohne Beobachtung der informalen Politik leben kann. Gerade heute sollte man sein Buch wieder nachlesen (Friedrich 1973).

In der jungen Politologie der 50er und 60er Jahre wurde recht häufig mit den Gegensätzen „Recht und Politik" oder dem Spannungsfeld von „Verfassung und Verfassungswirklichkeit" gearbeitet. Die Wirklichkeit, die „lebende Verfassung" wurde geradezu als Sensation entdeckt hinter den Artikeln und Paragraphen der Verfassungsjuristen. Dieses „Spannungsfeld" – eine beliebte, aber fragwürdige Metapher aus dem Experimentierkasten des kleinen Elektrikers, der zwischen Plus- und Minuspol Funken schlagen kann – sollte die neue Wissenschaft von der Politik rechtfertigen, die sich mühselig zwischen Verfassungsrecht, Zeitgeschichte, Staatswissenschaft, wie die Volkswirtschaftslehre noch an manchen Universitäten hieß, behaupten mußte. Da flogen manche Funken in den Fakultäten.

Auch die Entdeckung der „politischen Kultur" in den 60er Jahren bedeutete eine Expedition in ein Neuland, denn über ältere Studien zum „Nationalcharakter" hinaus hatte man systematisch und empirisch vergleichend die Einstellungen der Bevölkerung zu Politik und Partizipation, Staat und Demokratie noch nie zuvor so intensiv analysiert. Auch politische Kultur, ähnlich wie politischer Stil, stellt ab auf schwer faßbare, aber nichtsdestoweniger wissenschaftlich analysierbare informale Beziehungen der Werthaltungen und Einstellungen, die größtenteils über gemeinsame Sozialisation vermittelt werden.

Der Non-decision-Ansatz in kommunalen Politikanalysen ist einem verwandten Teilphänomen unserer Schattenpolitik auf der Spur. Die "two faces of power" von Bachrach/Baratz (1977) meinen die Licht- und die Schattenseiten der Politik. Neben den manifesten Entscheidungsprozessen und Machtbeziehungen gelte es, auch die verborgenen und latenten Machtstrukturen und Politikmechanismen aufzudecken. Das klingt plausibel. Nicht befriedigend gelöst ist allerdings das methodische Problem, wie man Nicht-Entscheidungen untersucht. Wo nichts ist, da sieht man auch nichts. Oder doch?

Der politische Philosoph Kurt Röttgers hat kürzlich (1990) ein kluges und materialreiches Werk mit dem Titel ›Spuren der Macht‹ veröffentlicht. Sein

Thema, das er von der Antike über das Mittelalter bis zu Hegel und weiter in die moderne politische Philosophie und Theorie verfolgt, ist nicht die manifeste Macht, sondern es sind ihre flüchtigen Fußspuren. „Macht ist eine Erscheinungsform von Möglichkeit“ (1990, 50). Der Wissenschaftler darf deshalb nicht nur das Abbild der Macht abfotografieren – das ist platter Positivismus, das kann die Tagesschau noch besser –, sondern der Wissenschaftler muß Spuren lesen. Da kann die gegenwärtige Macht sogar stören, denn „Spuren, in denen einer gerade noch steht, kann man nicht lesen“ (1990, 31). Über Spuren, über Indikatoren Rückschlüsse zu ziehen, das ist freilich kein ungewöhnliches wissenschaftliches Vorgehen. Die empirische Umfrageforschung nützt die meisten Antworten als Indikatoren in Form einer Meinung für tieferliegende Werte, z. B. für Postmaterialismus, oder als Item für ein skalentheoretisch konstruiertes Konzept, z. B. Partizipation oder political action. Auch hier ist man auf der Spurensuche, liest Fährten, rekonstruiert Indizien und hat keineswegs harte Fakten mit Händen zu greifen, was manche Sozialwissenschaftler vergessen.

Die Spuren der informellen Politik, das ist auch ein Bereich, den neuerdings die Verwaltungswissenschaft, insbesondere die politikwissenschaftliche Verwaltungslehre, entdeckt hat. Thomas Ellwein spricht in einem Beitrag für ein Symposion der Sektion „Staatslehre und Politische Verwaltung“ der Deutschen Vereinigung für Politische Wissenschaft im Dezember 1989 in Bad Herrenalb sogar von einem Paradigmenwechsel in der Verwaltungswissenschaft, der sich auf die Normierung des Vollzugs, ihre Voraussetzungen und ihre Folgen bezieht. „Das Normale ist nicht identisch mit dem Normierten“ in der deutschen Verwaltung. Die Eindeutigkeit des Verhältnisses von Norm und Vollzug sei beeinträchtigt durch Normenflut, Vollzugsdefizite und Regelungsdichte. Überregelung führe gerade nicht zur völligen Verrechtlichung, sondern zur Entrechtlichung und zu größerer Dispositionsfreiheit des tatsächlichen Verwaltungshandelns, da alle Normen, z. B. im Bereich des Baurechts, sowieso nicht berücksichtigt werden könnten, da sonst Unbeweglichkeit entstünde.

Auf demselben Symposion weist der renommierte Verwaltungsrechtler Helmuth Schulze-Fielitz darauf hin, daß informelles Verwaltungshandeln nicht mehr oder weniger häufig illegal sei als formales Verwaltungshandeln. Nur die gerichtliche Kontrolle informalen Verwaltungshandelns sei wegen unangemessener Maßstäbe schwieriger. Informelle Politik, das sei hier festgehalten, ist also generell durchaus nicht illegale oder illegitime Politik. Die Grauzone der Schattenpolitik reicht nur an ihren Rändern in den schwarzen Bereich der Kriminalität. Das verbindet die Schattenpolitik mit der Schattenwirtschaft.

Arthur und Wolfgang Seibel schließlich gaben auf dem erwähnten Symposion zum ›Abweichenden Verhalten in der Verwaltung‹ ihrem Beitrag den provozierenden Titel ›Verwaltungshandeln zwischen Kooperation und Korruption‹. Die Beiträge sind 1992 als Buch publiziert worden (Benz/Seibel 1992). Ihre Hauptthese ist die folgende: Die Logik des Tausches bestimme das Verwaltungshandeln stärker als die formale Normenerfüllung. Aufgrund individuellen Eigennutzes werden den Klienten Lösungen angeboten, die nur zustande kommen, wenn angebotene Leistungen und erwartete Gegenleistungen übereinstimmen. Damit sind wir von der Schattenpolitik über das informelle Verwaltungshandeln bei der Korruption angelangt, allerdings bei einem sehr unbefriedigenden Korruptionsbegriff. Er scheint hier mit informellem Verwaltungshandeln gleichgesetzt zu werden, jedenfalls tendenziell. Gerade dieses möchte ich vermeiden (vgl. dazu von Alemann/Kleinfeld 1992).

Schattenpolitik und informelles Verwaltungshandeln sind eine große Grauzone, die keineswegs illegalisiert werden sollte. Dies haben besonders eindrucksvoll die Autoren des Bandes ›Regieren in der Bundesrepublik II‹ (hrsg. von Hartwich und Wewer 1991) demonstriert. In diesem Buch mit dem Untertitel ›Formale und informale Komponenten des Regierens in den Bereichen Führung, Entscheidung, Personal und Organisation‹ sind nicht nur systematische und historische, fallbezogene und empirische Analysen von Politikwissenschaftlern nachzuvollziehen, sondern auch einige Erfahrungsberichte von Politikern durchaus mit Spannung nachzulesen.

Schattenpolitik, so kann man als Zwischenbilanz zum Forschungsstand festhalten, ist also nichts Unerhörtes oder Unerforschtes. Sie ist der Politikwissenschaft in unterschiedlichen Analyseperspektiven vertraut. Sie muß nicht den "muck-rackers", den Skandaljournalisten, den Untersuchungsausschüssen oder den Strafjuristen überlassen werden.

III

Was ist nun Schattenpolitik? Den Begriff habe ich adaptiert aus der „Schattenwirtschaft", auch Untergrundwirtschaft, verborgene Ökonomie, irreguläre, parallele oder Sekundärökonomie oder auch informeller Sektor bzw. Selbstversorgungswirtschaft genannt. Diese Begriffe passen alle überraschend gut auf die entsprechende Politik: Untergrundpolitik, verborgene Politik, irreguläre, parallele oder Sekundärpolitik, informeller Sektor der Politik oder auch Selbstversorgungspolitik – besonders zutreffend ist dieser letzte Begriff für die Nutzenmaximierung bei politischer Korruption.

Als Schattenwirtschaft definiert Manfred G. Schmidt (1983, 391):

> ... diejenigen privatwirtschaftlichen Aktivitäten ..., die, im Unterschied zur offiziellen (öffentlichen und privaten) Wirtschaft nicht oder nur teilweise in die Sozialproduktrechnung eingehen, obwohl sie Teil der gesamtwirtschaftlichen Wertschöp-

fung sind. Dazu gehören (1) der hauswirtschaftliche Produktionsbereich (Eigenfertigung, Selbstversorgung, Hausarbeit), (2) der auf Nachbarschaftshilfe und kleineren Selbsthilfenetzen basierende gemeinschaftliche Produktionssektor und (3) der vor der amtlichen Registratur verheimlichte Teil der privaten Erwerbswirtschaft (z. B. Schwarzarbeit, Steuerhinterziehung und Kriminalität). Bei den ersten beiden Typen handelt es sich um eine – im Regelfall legale – bedarfsorientierte Selbstversorgungswirtschaft, im dritten Fall um die irreguläre „Untergrundwirtschaft". Alle drei Bereiche zusammen ergeben die „Schattenwirtschaft" im weiteren Sinne.

Das läßt sich vortrefflich übertragen: Schattenpolitik wären demnach diejenigen politischen Aktivitäten, die im Unterschied zur offiziellen (öffentlichen und privaten) Politik nicht oder nur teilweise in die formale Politikformulierung eingehen, obwohl sie Teil der gesamtgesellschaftlichen Politikproduktion sind. Dazu gehören (1) der individuelle Bereich (Eigennutz, Selbstversorgung), (2) der auf kleinen Selbsthilfenetzen basierende gemeinschaftliche Politiksektor (Mesobereich) und (3) der vor den staatlichen/politischen Normen verheimlichte Teil der kollektiven Politikproduktion (z. B. Ämterpatronage, Nepotismus, Korruption, Simonie, organisierte politische Kriminalität). Im ersten Fall handelt es sich um bedarfsorientierte Selbstorganisation von Information und Interaktion in Organisationen, also um Mikropolitik; im zweiten Fall um intermediäre Interessenpolitik (z. B. Networks und Seilschaften); nur im dritten Fall handelt es sich um die irreguläre, illegitime und illegale Untergrundpolitik (also z. B. internationale Drogenkartelle oder Kartelle im Rüstungsgeschäft, aber auch die langfristigen illegalen Systeme der Parteienfinanzierung, die sozialistische Nomenklatura, die korrupten Atommüllentsorgungskartelle usw.). Der klassische Typus ist hier die organisierte politische Kriminalität. Alle drei Bereiche zusammen ergeben die „Schattenpolitik" im weiteren Sinne.

Diese Begriffsbestimmung von Schattenpoltiik, parallel zur Schattenwirtschaft, kann aber nur ein erster Behelf sein, um die Nischen informeller Politik zu erkunden. Denn es wäre falsch, die beispielhaft genannten drei Bereiche zu festen Sektoren zu materialisieren, in denen die Schattenpolitik stattfindet. Es ist gerade ihr Kennzeichen, daß sie sich dem Scheinwerfer klarer Kategorien oder sauberer Vierfeldertafeln entzieht. Wo Licht dräuf scheint, verschwindet bekanntlich der Schatten – und entsteht an anderer Stelle neu.

Werner Jann (1986) hat die amerikanischen Versuche, politischen Stil und Verwaltungskultur allzu griffig zu typologisieren, sehr überzeugend kritisiert. Das ist kein Grund zur analytischen Kapitulation. Eine Dichotomie von formal versus informal ist genauso unfruchtbar wie das „Spannungsfeld" Verfassung und Verfassungswirklichkeit. Denn natürlich interessiert uns Politologen in erster Linie die Wirklichkeit, aber die Verfassung ist doch auch wirklich und real existent. Vielversprechender als solche Dichotomien erscheint es mir deshalb, von einem Kontinuum an Verhaltens- und Handlungsformen auszugehen, in dem neben den formalen (Verfassungs-)Regeln und schriftlich fixierten Abläufen auch Konventionen, Spielregeln, Rollen, Muster, informale Organisationsstrukturen, Organisationskulturen sowie politische Netzwerke ihren Platz haben. Kastning (1991, 71) schlägt folgendes Kontinuum für Varianten politischen Handelns und Verhaltens vor:

KONTINUUM				
formal festgelegt	informell festgelegt	regelmäßig erwartet	regelmäßig beobachtet	situative Abweichung

Abb. 1: Varianten politischen Handelns und Verhaltens

Auch dieses Kontinuum ist mir noch zu eindimensional, um die Grauzonen der Schattenpolitik wirklich zu erfassen. Ich bin so verwegen, nicht zwei oder drei, sondern fünf Dimensionen vorzuschlagen, die man berücksichtigen sollte, wenn man die Grauzonen der Schattenpolitik betritt. Damit will ich bewußt vorschnellen Modellbildungen das Handwerk legen, die man bis zu drei Dimensionen noch bildlich darstellen (etwa im Sinne des Rubic cube) und sich bis zu vier vielleicht noch mit Mühe vorstellen könnte. Methodisch handelt es sich also eher um ein Polaritätenprofil, auf dem man, wenn man will, einzelne Verhaltensweisen einer bestimmten Kurve zuordnen könnte. Das Gegenstück zur Schattenpolitik, die auf der rechten Seite lokalisiert ist, könnte man vielleicht Verfassungspolitik nennen. Meine fünf Dimensionen sind aber keine abschließende und erschöpfende Liste, sondern nur ein plausibel erscheinender Diskussionsvorschlag.

1.	formal	informal
2.	offen	vertraulich
3.	legitim	illegitim
4.	legal	illegal
5.	regelmäßig	akzidentiell

Abb. 2: Polaritätenprofil zwischen Verfassungspolitik und Schattenpolitik

Bemerkenswert ist nun, daß gerade die politisch interessanten Aktionsformen ein sehr gezacktes Profil zwischen beiden Polen aufweisen. Formal kann auch vertraulich sein, nicht nur bei Geheimdiensten, sondern auch bei Personalakten. Legitim kann auch illegal sein, wie manche spontanen Demonstrationsformen reklamieren, wenn Bauern oder LKW-Fahrer die Grenzen blockieren oder Friedensfreunde die Straße eines Raketendepots besetzen. Legal kann auch illegitim sein, wenn sich Politiker von betuchten Freunden zu Traumreisen einladen lassen, ohne daß ihnen damit formal Bestechlichkeit nachgewiesen werden kann. Legal ist schließlich zunächst auch jeder Rechtsakt, obwohl er von Verwaltungs- oder Verfassungsgerichten nachträglich als gesetzes- oder verfassungswidrig einkassiert werden könnte.

Man könnte zu den einzelnen Dimensionen noch viel sagen. Dies wird zum großen Teil in den beiden schon erwähnten Bänden von Benz/Seibel 1992 und Hartwich/Wewer 1991 ausgiebig getan. Analytisch gäbe es manches zu verfeinern, und besonders lohnte es sich, anekdotisch vieles zu illustrieren. Ich will mir das hier versagen, weil der gegebene Raum dazu nicht ausreicht.

Beispiele aus der Politik, die strikt auf der linken Seite, der Verfassungspolitik, angesiedelt sind, also wo Politik gleichzeitig formal, offen, legitim, legal und regelmäßig erscheint, finden sich in traditionellen Staatsbürgerkunde-Büchern, aber auch in Hochglanzschriften aus Parlament, Regierung und Parteien. Beispiele dagegen, die ausschließlich auf der rechten Seite des Spektrums punkten, kann man in der reichlichen politischen Skandalliteratur nachlesen – wobei manche Fälle leider nicht nur akzidentiell, sondern strukturell und damit regelmäßig zu sein scheinen. Der große graue Bereich in der Mitte zwischen den beiden Extremen bleibt das spannendste Forschungsfeld der Politologen, da wo Licht und Schatten sich treffen.

IV

Was tun? Was lernen wir daraus? Politikwissenschaft hat viel zu tun, Schattenpolitik aufzuarbeiten und aufzuklären. Die Frage nach dem Wozu dieser Zunft im Buchtitel erscheint mir deshalb müßig. Die Politikwissenschaft sollte sich verstärkt kreativ und phantasievoll um Recherchiermethoden in diesem Feld kümmern, wie es z. B. die moderne Organisationsforschung längst tut, wenn sie der „Mikropolitik“ in Betrieben, Unternehmen und sonstigen Organisationen nachgeht. Da helfen Umfrageforschung und Aggregatdatenanalyse oder ein paar Experteninterviews – dies sind wohl die beliebtesten Methoden der Politikwissenschaft – nur sehr bedingt weiter. Vertiefe Fallstudien, teilnehmende Beobachtung, narrative Interviews, intensives Aktenstudium können hier oft mehr hergeben. Auch ihren methodischen Instrumentenkasten muß die Politikwissenschaft überprüfen.

Die vermehrte Analyse von Schattenpolitik ist auch gerade im Bereich von Interessenvermittlung und Willensbildung notwendig, um einen Beitrag zur Aufarbeitung von Politikverdossenheit und Demokratiemüdigkeit zu leisten. Nicht jede vertrauliche Aktivität ist illegitim, nicht jede informelle Handlung illegal, nicht jeder politische Skandal und personelle Bereicherung ist ein Anzeichen einer „verlotterten Republik“, wie uns manche Kritiker der Parteien und der Politiker in Wissenschaft und Medien einreden wollen. Gerade Parteien und Interessenorganisationen sind die Klammern im politischen Geschäft zwischen formalen politischen Rechtsakten und gesellschaftlichen Interessen. Ihr Handeln wird derzeit besonders kritisch unter die Lupe genommen, die ganze „politische Klasse“ beargwöhnt. Kritik und Argwohn gehen in Ordnung, aber Tendenzen zur pauschalen Abqualifizierung – von notwendig auch informaler Politik in unserer Gesellschaft – sind gefährlich. Wenn einem heute in Diskussionsveranstaltungen entgegenschallt, Politiker seien ja doch alle Verbrecher, stimmt etwas nicht. Politikwissenschaft sollte deshalb stärker mithelfen, die Grauzonen der Schattenpolitik aufzuhellen, schwarze Schafe klar zu markieren, aber verhindern, daß jede Informalität als Illegalität denunziert wird.

Literatur

Alemann, Ulrich von: Grundlagen der Politikwissenschaft. Ein Wegweiser, Opladen 1994.

Alemann, Ulrich von/Ralf Kleinfeld: Begriff und Bedeutung der politischen Korruption aus politikwissenschaftlicher Sicht, in: Benz/Seibel 1992, S. 259–282.

Bachrach, Peter/Morton Baratz: Macht und Armut. Eine theoretisch-empirische Untersuchung, Frankfurt a. M. 1977.

Benz, Arthur/Wolfgang Seibel (Hrsg.): Zwischen Kooperation und Korruption. Abweichendes Verhalten in der Verwaltung, Baden-Baden 1992.

Friedrich, Carl J.: Pathologie der Politik. Die Funktion der Mißstände: Gewalt, Verrat, Korruption, Geheimhaltung, Frankfurt a. M./ New York 1973.

Hartwich, Hans-Hermann/Göttrik Wewer (Hrsg.): Regieren in der Bundesrepublik II, Formale und informale Komponenten des Regierens in den Bereichen Führung, Entscheidung, Personal und Organisation, Opladen 1991.

Jann, Werner: Vier Kulturtypen, die alles erklären? Kulturelle und institutionelle Ansätze der neueren amerikanischen Politikwissenschaft, in: Politische Vierteljahresschrift 27 (1986), S. 361–377.

Kastning, Lars: Informelles Regieren – Annäherung an Begrifflichkeit und Bedeutungsgehalt, in: Hartwich/Wewer 1991, S. 69–78.

Münkler, Herfried: Staat und Regieren – formales Regierungssystem und informelles Regieren in Ideengeschichte und Staatstheorie, in: Hartwich/Wewer 1991, S. 51–67.

Röttgers, Kurt: Spuren der Macht. Begriffsgeschichte und Deutungssystematik, Freiburg/München 1990.

Schmidt, Manfred G.: Schattenwirtschaft, in: Ders (Hrsg.), Pipers Wörterbuch zur Politik, Bd. 2, Westliche Industriegesellschaften, München/Zürich 1983, S. 391–394.

Ulrich Druwe

Selbstorganisation

Vom Nutzen naturwissenschaftlicher Konzepte für die Politikwissenschaft

1. Einführung

Versucht man, über den Nutzen naturwissenschaftlicher Konzepte in der Politikwissenschaft zu reflektieren, so kommt einem zunächst der in den Sozialwissenschaften immer noch, beispielsweise von Habermas, postulierte Dualismus der Wissenschaften in den Sinn. Dieser Wissenschaftsdualismus, wonach Natur- und Sozialwissenschaften bezogen auf Gegenstand und Methodik prinzipiell unterschiedlich sind, geht zurück auf Thesen von Dilthey, Windelband und Rickert Ende des 19. Jahrhunderts. Folgte man dieser Behauptung, so könnte man die im Titel formulierte Frage überhaupt nicht stellen.

Daher trifft es sich, daß sich der Wissenschaftsdualismus wissenschaftstheoretisch als Scheinproblem erweist.[1] Unabhängig von methodologischen Argumentationen zeigt sich heute auch dem naturwissenschaftlichen Laien bei der Betrachtung aktueller naturwissenschaftlicher Problemstellungen, daß sich hier teilweise gravierende Veränderungen vollzogen haben, wenn z. B. nach der Entstehung des kohärenten Verhaltens von Lasern in der Physik, sog. chemischen Uhren in der Chemie, der Entwicklung organischer Moleküle in der Biologie oder, um es allgemein zu formulieren, nach der Entstehung von Hochkomplexem aus Einfachem gefragt wird, ohne auf Transzendentes zurückgreifen zu müssen. Es stehen folglich Entwicklungsprozesse und die Welt der „Instabilitäten" im Mittelpunkt des Interesses. Schlüsselwörter in diesem Zusammenhang sind Selbstorganisation, Evolution, Synergie, Fluktuation, Dissipative Strukturen, Autopoiese und Nichtgleichgewichtszustände.

Bereits in den 30er Jahren dieses Jahrhunderts wurde die sog. Thermodynamik irreversibler Prozesse entwickelt. Sie bildet, modifiziert mit nicht-linearen dynamischen Gesetzen, die Grundlage für ein seit den 60er Jahren vorzufindendes interdisziplinäres Forschungsprogramm, welches die angesprochenen Fragen als „selbstorganisierende Strukturbildungsprozesse" thematisiert und nach deren allgemeinen Regeln forscht.

2. Selbstorganisationskonzepte

Als wichtigste Vertreter naturwissenschaftlicher Selbstorganisationskonzepte gelten der Physiker H. Haken (Synergetik), der Chemiker I. Prigogine (Dissipative Strukturen) und der Biologe M. Eigen (Hyperzyklus).

Hermann Haken entwickelte seine Selbstorganisationsüberlegungen auf der Basis der Laserforschung. Haken konnte Anfang der 60er Jahre theoretisch darlegen, daß das Laserlicht aus einer kohärenten Welle mit sehr geringen Intensitätsschwankungen besteht. Der Übergang des Lichts zum Laser wird mittels einer „Lasergleichung" beschrieben. Das Problem war hier zunächst, daß „man ungeheuer viele Variablen hat (entsprechend den Atomen, U. D.) . . . – jedenfalls ein hochdimensionales, nicht-lineares System –, und der entscheidende Gedanke war: Wie werde ich nun diese Freiheitsgrade der Atome los? Im Laufe der Jahre haben wir dann festgestellt, . . . daß man diese Varianten exakt eliminieren kann. Das eben ist das Versklavungsprinzip, das besagt, daß in der Nähe von Instabilitätspunkten die ganze Dynamik des Systems nur durch wenige Ordnungsparameter bestimmt wird . . .".[2] Das Laser war damit ein erstes Beispiel von Naturphänomenen, die in der Lage sind, sich selbst in einer neuen, komplexeren Ordnung zu organisieren.

Ilya Prigogine (Chemienobelpreis 1977) beschäftigte sich mit oszillierenden chemischen Reaktionen wie der Bénard-Instabilität und sog. chemischen Uhren wie der Belousov-Zhabotinsky-Reaktion. Der entscheidende Durchbruch zu seiner Theorie der dissipativen Strukturen erfolgte ebenfalls Anfang der 60er Jahre. Prigogine stellte fest, daß in energetisch offenen und sich fern von Gleichgewicht befindlichen Systemen ab einem bestimmten kritischen Punkt (Bifurkationspunkt) spontan neue Ordnungen entstehen. Prigogine nennt diesen Zusammenhang „Ordnung durch Fluktuation".

Manfred Eigens (Chemienobelpreis 1967) Forschungen beschäftigen sich mit der Frage, wie aus „toter" Materie „Leben" entstehen bzw. wie dieser Prozeß unter Rückgriff auf ausschließlich naturwissenschaftliche Gesetzmäßigkeiten erklärt werden kann. Dabei setzte Eigen bei der Wechselwirkung zwischen Nukleinsäuren und Proteinen an, die einen sog. Hyperzyklus bilden. In diesem replizieren sich Nukleotide durch den Katalysatoreffekt der Proteine, und die Struktur der Proteine wird umgekehrt durch die Nukleotide festgelegt. So entstehen selbstorganisierte Makromoleküle, die sich über Selektion perfektionieren. Eigens „Evolutionsgleichung" belegt damit, daß bei Vorliegen bestimmter Voraussetzungen im Molekularbereich die Evolution (des Lebens) kein Zufall, wie noch J. Monod behauptet hatte, sondern eine Notwendigkeit ist.

Ein Vergleich der in unterschiedlichen Naturwissenschaften festgestellten Ergebnisse zeigt nun eine fundamentale Gemeinsamkeit: Selbstorganisationsphänomene finden sich nur bei nicht-linearen Systemen im Nichtgleichgewichtszustand. Diese Erkenntnis führte zu dem Bemühen, eine allgemeine Theorie des Komplexen bzw. dynamischer Systeme zu entwickeln. Mathematik (beispielsweise in Form der mathematischen Theorie des Chaos), Kybernetik (vgl. etwa Heinz v. Foersters Kybernetik 2. Ordnung) und Systemtheorie (z. B. Maturanas Theorie der Autopoiese) stellten für die Beschreibung von Selbstorganisationsprozessen einen formalen, vom konkreten empirischen System abstrahierenden Rahmen bereit.

Bekannt wurde insbesondere die von den chilenischen Neurobiologen Humberto Maturana und Francisco Varela entwickelte biologische Systemtheorie „Theorie der Autopoiese". Nachdem sie vor allem in den Sozialwissenschaften die am meisten in Anspruch genommene Konzeption ist, soll sie wenigstens in Grundzügen skizziert werden.

Die „Theorie der Autopoiese" ist ein Modell für „lebende Systeme". Lebende Systeme sind folglich alle Phänomene, die die Definition für lebende Systeme von Maturana/Varela erfüllen. Nach ihrer Definition weisen alle lebenden Systeme eine identische, autopoietische Organisation auf. Die autopoietische Organisation ist dadurch charakterisiert, daß ihre Bestandteile Relationen erzeugen, und die Relationen erzeugen die Bestandteile. Die Organisation des Lebendigen ist folglich zirkulär angelegt. Die Wechselwirkungen zwischen Bestandteilen und Relationen erzeugen erst das System. Es stellt sich also selbst her. Lebende Systeme unterscheiden sich konkret in ihrer Struktur. Die reale Existenz eines autopoietischen Systems, die Struktur, setzt weiter die Existenz eines Mediums voraus. Zwischen Medium und autopoietischem System muß es daher zu strukturellen Kopplungen kommen, die immer Zustandsveränderungen bewirken.

Aus diesen Definitionen ergeben sich nun fünf wichtige Folgerungen:

1. Autopoietische Systeme sind strukturdeterminiert. Autopoietische Systeme sind mit ihrer Struktur identisch. In Abhängigkeit von dieser Struktur interpretieren sie die Welt. Was in der Struktur nicht angelegt ist, wird nicht wahrgenommen.
2. Autopoietische Systeme sind operational geschlossen. Von der Struktur eines Systems ist logischerweise auch seine Handlungsfähigkeit abhängig. Handlungsweisen, die im System nicht angelegt sind, können auch nicht gelernt und umgesetzt werden.
3. Das Medium bewirkt Perturbationen (Störungen). Da autopoietische Systeme strukturdeterminiert sind, wird alles, was von außen kommt,

entweder überhaupt nicht oder nur als Störung wahrgenommen. Der Begriff „Perturbation“ soll verdeutlichen, daß hier zunächst ein völlig unbestimmter Reiz vorliegt.

4. Zustandsveränderung des autopoietischen Systems sind immer strukturdeterminiert, d. h. ob und wie eine Perturbation abgearbeitet wird, hängt völlig vom System selbst ab.
5. Für das autopoietische System existiert kein Innen und Außen. Nimmt ein autopoietisches System einen Reiz wahr, dann hat es in Wirklichkeit diesen Reiz selbst produziert, also agiert. Autopoietische Systeme können demnach gar nicht *re*agieren, sondern immer nur agieren. Aus ihrer Sicht stellt sich nicht die Frage, ob etwas von innen oder von außen kommt, sondern ob „etwas da ist“ oder nicht. Nur für einen Außenstehenden, den sog. „Beobachter“, erscheint es so, als würde ein autopoietisches System reagieren.

Die „Theorie der Autopoiese“ nimmt zusammengefaßt strikt die Perspektive des jeweiligen sich selbst organisierenden Systems ein. Die klassischen Kausalbeziehungen existieren nur als Beobachterkonstrukt. Die auf dieser Grundlage entwickelte empirisch-konstruktivistische Theorie der Erkenntnis (Kognitionstheorie) heißt „Konstruktivismus“.

3. Selbstorganisationskonzepte und Politikwissenschaft

Im Zusammenhang mit Selbstorganisations-Diskussion stellt Klaus v. Beyme fest, daß es seit „den Tagen des Sozialdarwinismus und seit dem Biologismus vieler prämoderner Soziologen . . . keine so starken Anleihen mehr bei den Naturwissenschaften gegeben“ [3] hat. Bedingt ist dies einerseits durch die zahlreichen populärwissenschaftlichen Veröffentlichungen, mit denen die „Gründungsväter“ der Selbstorganisation auf ihr „neues Paradigma“ aufmerksam machten und seine Brauchbarkeit für sozialwissenschaftliche Disziplinen anpriesen; andererseits erkannten die Sozialwissenschaftler die Ähnlichkeiten zwischen den neuen naturwissenschaftlichen Themen und ihren eigenen Gegenständen, geht es ihnen doch ebenfalls um das Problem der Entstehung und Ausdifferenzierung von Ordnung. In diesem Sinne sind beispielsweise Lernprozesse, Kultur, gesellschaftlicher Wandel, Wirtschaftsprozesse etc. Selbstorganisationsphänomene.

Als einer der ersten Sozialwissenschaftler griff N. Luhmann den Terminus der Selbstorganisation auf und entwickelte in Anlehnung an die Theorie der Autopoiese eine „Theorie sozialer Systeme“. Bei ihm ist die Gesellschaft der Prototyp eines „autopoietischen Systems“: Sie entsteht und erhält sich durch Kommunikation, „und was immer Kommunikation betreibt, ist eine Gesellschaft“.[4] Die zirkuläre Organisation kommt bei ihm dadurch zustande, daß Kommunikation Kommunikation erzeugt. Die gesellschaftlichen Subsysteme unterscheiden sich durch ihre unterschiedlichen Kommunikationen. „Jedes Funktionssystem orientiert sich an eigenen Unterscheidungen, also an eigenen Realitätskonstruktionen.“ [5] Damit wird die Autonomie der Subsysteme von der Gesellschaft beschrieben.

So plausibel prima facie diese Interpretation auch klingen mag – und sie hat sich in den Sozialwissenschaften zahlreiche Anhänger erworben –, es ist zunächst die Frage angebracht, ob die Selbstorganisationskonzepte überhaupt auf die Sozialwissenschaften übertragbar sind.[6] Bei genauerer Betrachtung[7] ergibt sich bei Luhmann und seinen Nachfolgern das Problem, daß sie die Terme der Theorie der Autopoiese oder des Hyperzyklus-Konzeptes – welches von G. Teubner noch zusätzlich verwendet wird – nur als Begriffshülsen verwenden. Verdeutlichen wir dies einmal bei dem heute inflationär benutzten Chaosbegriff. Böhret[8] beschreibt das Chaos als „Umkippen auf der ganzen Linie“ bzw. als einen völlig neuen Zustand; in den Naturwissenschaften ist Chaos dagegen präzise als „deterministisches Chaos“ definiert, d. h., im Zentrum dieses Chaosverständnisses stehen strenge Gesetzmäßigkeiten, die notwendig in einem komplexen System chaotische Bewegungen hervorrufen.

Eine strikte Übertragung naturwissenschaftlicher Selbstorganisationskonzepte bzw. ihrer mathematischen Methoden verlangt folglich von den Sozialwissenschaften zumindest präzises empirisches Wissen der zentralen Variablen, durch die ein komplexes System wie Gesellschaft bestimmt ist, sowie das Vorliegen weiterer Merkmale, beispielsweise für die Anwendung der Chaostheorie die empirische Identifikation von Bewegungen, die mittels chaotischer Zeitreihen zu beschreiben wären.

Erste Anwendungsmöglichkeiten finden sich diesbezüglich beispielsweise in den Wirtschaftswissenschaften. Hier werden chaostheoretische Überlegungen zur Beschreibung des Börsengeschehens oder von Konjunkturverläufen angewendet. Auch in Teilbereichen der Politikwissenschaft befaßt man sich mit ähnlichen Projekten. Zwei Beispiele sollen kurz angeführt werden, die zugleich für den aktuellen Stand bei der Anwendung der mathematischen Selbstorganisationskonzepte stehen.

Für die (internationale) Gesundheitspolitik (der WHO) ist es entscheidend, daß ihr zutreffende Prognosen über den Verlauf und die Ausbreitung bestimmter Krankheiten zur Verfügung stehen, beispielsweise für AIDS. Am interdisziplinären Forschungsschwerpunkt „Strukturbildungen in der Natur“ der Universität Bielefeld konnte mittels chaostheoretischer Verfahren ein Modell entwickelt werden, das mit dem tatsächlichen Verlauf der AIDS-Ausbreitung weit besser übereinstimmt als die mit klassischen, deterministisch strukturierten Modellen berechneten Daten.

Wie dieses Beispiel zeigt, wird gegenwärtig erst einmal interdisziplinär versucht, Selbstorganisationsphänomene, also Prozesse der Strukturbildung und Strukturdifferenzierung, zu identifizieren und mathematisch präzise zu beschreiben. Weitere Phänomene in der Politikwissenschaft, die sich vermutlich für solche Beschreibungen eignen, sind „Öffentliche Meinung" oder sozialer Wandel.

Ein zentrales Problem für Stadtplaner stellen die zunehmend „chaotischeren" Verkehrsverhältnisse dar. In ausgewählten Verkehrsabschnitten gelang es bereits, das Verkehrsaufkommen empirisch zu erfassen und die verschiedenen Muster, z. B. "Stop and go"-Wellen oder kinematische Wellen, chaostheoretisch zu beschreiben, d. h., die Beschleunigungsgleichung läßt die charakteristische Form eines seltsamen Attraktors erkennen. Mittels Computersimulation – vorgenommen an der TU Aachen – wird nun an der präzisen Steuerung des Verkehrsaufkommens gearbeitet.

An diesem Beispiel läßt sich insbesondere die Perspektive illustrieren, die mit der Anwendung der Selbstorganisationskonzepte in der Politikwissenschaft verbunden wird: Nicht nur soll die Selbstorganisation sozialer Systeme präzise beschrieben werden, sondern im Mittelpunkt steht die Diskussion der besonders relevanten Frage nach politischer Steuerung.

Nachdem die mathematisch-präzise Beschreibung sozialer Selbstorganisationsphänomene in den Sozialwissenschaften noch in den Kinderschuhen steckt, ganz abgesehen von der Möglichkeit, hier mathematische Steuerungskonzepte zu entwickeln – was auch in den Naturwissenschaften noch Vision ist –, griff man bei der Diskussion der sozialen Selbstorganisation und seiner Steuerung vor allem auf das nur in qualitativer Sprache vorliegende Systemkonzept der Theorie der Autopoiese zurück. Nachdem in der Steuerungsdiskussion der primäre Nutzen der Selbstorganisationskonzepte für die Politikwissenschaft besteht, soll dieses Problem etwas detailliert skizziert werden.

Empirisch zeigen sich im Zusammenhang mit politischen Steuerungsversuchen vor allem vier Probleme, die mit den bisherigen Steuerungskonzepten nicht bewältigt werden konnten. 1. Das von Fritz Scharpf thematisierte sog. Komplexitätsproblem,[9] wonach die Beherrschung der Komplexität der Gesellschaft durch das politische System nach einer ihm parallel auf allen Ebenen zugeordneten adäquaten Struktur des politisch-administrativen Apparates verlangt, mit der Folge, daß es zu Überbürokratisierung kommt. 2. „Gravierend für den Prozeß der politischen Steuerung ist auch das Problem der politisch-administrativen Informationsgewinnung und -verarbeitung, das alle Planungsbemühungen durchzieht. Für den Planungsprozeß relevante Informationen müssen rechtzeitig und problemgerecht verfügbar und kommunizierbar sein. Präzise zu bestimmen, was relevante Daten sind, ist dabei prinzipiell ebenso unmöglich wie die Lösung des Verfügbarkeits- und Kommunikationsproblems."[10] Ebenfalls nicht zu bewältigen sind

3. das Implementationsproblem und damit verbundene Vollzugsdefizite. Schließlich sind 4. die sog. nicht-intendierten Folgen politischer Steuerung zu erwähnen.

Die Schwierigkeiten politischer Steuerung werden verständlich, wenn man sowohl das politische System als auch die zu steuernden gesellschaftlichen Subsysteme als sich selbst organisierende, autonome Sozialsysteme auffaßt, die von außen nicht intentional im Sinne des politischen Systems zu beeinflussen sind, wie die Theorie der Autopoiese postuliert. Damit stellt sich die Frage, wie ein adäquater Begriff der politischen Steuerung formuliert werden kann.

Im Konzept der „Medialen Steuerung“,[11] das in Übertragung der Theorie der Autopoiese formuliert wurde, wird ein Steuerungsbegriff entwickelt, der die hierarchisch-kausale Struktur des klassischen Steuerungsverständnisses aufhebt und Steuerung als einen nicht-kausalen, wechselseitigen und rekursiven Prozeß definiert.

Ein solches Steuerungsverständnis wird auf der Basis der damit korrespondierenden sozialwissenschaftlichen Interpretation der „Theorie der Autopoiese“ verständlich. Zwischen einem sozialen System und seinem Medium, also einem anderen sozialen System, finden Interaktionen handlungsmäßiger und sprachlicher Art statt, die jeweils systemrational abgearbeitet werden. Die strukturelle Kopplung kennt damit nur gleichberechtigte Interaktionsteilnehmer. Die Systemrationalität eines jeden Sozialsystems erlaubt keinen Determinismus und keine Kausalität. Soziale Systeme reagieren nicht, sondern agieren nur. Diesem Umstand wird theoretisch mit dem Begriff der Perturbation Rechnung getragen. Systeme können demnach andere Systeme zwar perturbieren, aber die Abarbeitung der Perturbation ist strukturdeterminiert. Ob ein anderes System den Reiz überhaupt wahrnimmt, gegebenenfalls wie es ihn wahrnimmt und verarbeitet, ist nicht kausal determiniert, sondern von seiner Struktur, seinen Mitgliedern, seiner Rationalität, seiner Sprache, seinen Handlungsmustern etc. abhängig.

Der Mediale Steuerungsbegriff kann damit wie folgt zusammengefaßt werden:

1. Die gängige Kausalstruktur von Steuerung, also die Konzeption, daß ein Steuerungssubjekt ein Steuerungsobjekt steuert, wird aufgegeben.
2. Die hierarchische Struktur von Steuerung wird zugunsten einer auf gleicher Ebene verlaufenden Interaktionsstruktur verändert.

Als Ergebnis bleibt festzuhalten, daß Steuerung nunmehr als Selbststeuerung oder als rekursiver, komplementärer Interaktionsprozeß zwischen zwei Sozialsystemen definiert wird.

Für das Konzept der Medialen Steuerung stellt sich nun allerdings die weitergehende Frage, wie auf dieser Grundlage politische Steuerung vonstatten gehen kann.

Steuerung wird dabei als Selbststeuerung angesehen. Ein Steuerungssubjekt (klassische Terminologie) kann nur versuchen, Reize zu setzen, die von der Struktur des „Steuerungsadressaten“ „verstanden“ und adäquat „verarbeitet“ werden. Dazu müssen erstens die Struktur und die Sprach- und Verhaltensmöglichkeiten der „Steuerungsadressaten“ und zweitens der Interaktionsbereich zwischen zwei Systemen, darunter immer des politischen, untersucht werden.

(1) Um die Aktionsmöglichkeiten – und darunter sind auch die Interaktionspotentiale zu subsumieren – sozialer Systeme zu verstehen, sind Kenntnisse ihrer Strukturen (Bestandteile und Verhaltenskoordinationen) sowie der hier verorteten Systemrationalitäten unabdingbar. Die Politik(-wissenschaft) muß daher die sozialen Systeme untersuchen, mit denen das politische System strukturell gekoppelt werden soll. Ihre Systemrationalitäten sind ausschlaggebend für den Steuerungs- bzw. den Kopplungserfolg.

(2) Steuerung als strukturelle Kopplung findet in einem Interaktionsbereich statt, dessen Träger die Mitglieder der jeweiligen Systeme sind. Ohne das Wissen um die systemrelativen Verhaltenskoordinationen, d. h. der Sprache und Handlungsweisen, welche die Interaktionslogik der Mitglieder eines System bestimmen, kann es zu keiner strukturellen Kopplung und damit auch nicht zu einem gelungenen Interaktionsprozeß kommen. Die Politikwissenschaft muß sich daher den funktionsspezifischen Kommunikations- und Handlungssystemen – des politischen und des anderen Sozialsystems – sowie den Koinzidenzbedingungen zwischen den beiden Systemen zuwenden und nach Möglichkeiten ihrer Kopplung suchen.

Sind diese beiden Voraussetzungen erfüllt, dann kann das politische System Perturbationen setzen. Die systemrelativen Aktionen, die solche Perturbationen vermutlich in Gang setzen, lassen sich nur schätzen. Hier kann man allerdings folgende Vermutung formulieren: Perturbationen des politischen Systems werden mit um so größerer Wahrscheinlichkeit vom perturbierten System adäquat strukturell abgearbeitet werden, je höher der Grad an struktureller Kopplung der Kommunikations- und Handlungssysteme ist. Diese Kopplung wiederum ist um so wahrscheinlicher, je fundierter die Kenntnisse über die jeweilige Struktur der zu perturbierenden sozialen Systeme sind.

Mit diesem Konzept wird Steuerung „in seiner strukturinternen Determiniertheit begriffen und vor übertriebenem Erwartungsdruck bewahrt“.[12]

4. Resümee

Seit den 60er Jahren findet sich in den Naturwissenschaften das Forschungsprogramm der „Selbstorganisation“, mit dem es gelungen ist, die Entstehung, Dynamik und den Wandel von Strukturen und Systemen in

Teilbereichen präzise zu beschreiben, zu erklären und auch zu steuern. Die Erkenntnis, sich mit analogen Fragestellungen zu befassen, hat dazu geführt, daß Selbstorganisationskonzepte sehr rasch Eingang in die politiktheoretische Debatte fanden.

Der Nutzen dieser Konzepte für die Politikwissenschaft liegt bislang in ihrer heuristischen Funktion, da sie die Konstruktion neuer gesellschaftstheoretischer Modelle, Fragestellungen und Lösungskonzepte ermöglichen. Langfristig könnte es möglich sein, mittels der entwickelten mathematischen Konzepte die wissenschaftstheoretische Präzision und die empirische Reichweite politikwissenschaftlicher Theorien erheblich zu verbessern.

Anmerkungen

[1] Vgl. U. Druwe, The Structural Identity of the Natural and Social Sciences, in: Zeitschrift für allgemeine Wissenschaftstheorie XVIII (1987), S. 96ff.

[2] H. Haken, Interview mit G. Küppers in Stuttgart 1985, zit. nach R. Paslack, Urgeschichte der Selbstorganisation, Braunschweig 1991, S. 102f.

[3] K. v. Beyme, Theorie der Politik im 20. Jahrhundert, Frankfurt a. M. 1991, S. 204.

[4] N. Luhmann, Soziale Systeme, Frankfurt a. M. 1988, S. 555.

[5] N. Luhmann, Die Wirtschaft der Gesellschaft, Frankfurt a. M. 1988, S. 346.

[6] Vgl. U. Druwe, „Selbstorganisation" in den Sozialwissenschaften, in: KZSS 40 (1988), S. 762–775.

[7] Vgl. die Kritik in K. v. Beyme, Theorie der Politik im 20. Jahrhundert, Frankfurt a. M. 1991, S. 224f.

[8] Vgl. C. Böhret, Folgen, Opladen 1990, S. 150.

[9] Vgl. F. Scharpf, Planung als politischer Prozeß, Frankfurt a. M. 1973, S. 77.

[10] U. Druwe/A. Görlitz, Politikfeldanalyse als mediale Steuerungsanalyse, in: H. Bußhoff (Hrsg.), Politische Steuerung, Baden-Baden 1992, S. 149f.

[11] Vgl. A. Görlitz (Hrsg.), Politische Steuerung sozialer Systeme, Pfaffenweiler 1989; A. Görlitz/U. Druwe (Hrsg.), Politische Steuerung und Systemumwelt, Pfaffenweiler 1990.

[12] K. v. Beyme, Theorie der Politik im 20. Jahrhundert, Frankfurt a. M. 1991, S. 234.

Literatur

Eigen, M.: Self-Organization of Matter and the Evolution of Biological Macromolecules, in: Naturwissenschaften 58 (1971), S. 465–528.

Foerster, H. v./W. Zapf (Hrsg.): Principles of Self-Organization, New York 1962.

Görlitz, A. (Hrsg.): Politische Steuerung sozialer Systeme, Pfaffenweiler 1989.

Görlitz, A./U. Druwe (Hrsg.): Politische Steuerung und Systemumwelt, Pfaffenweiler 1990.

Haken, H.: Synergetik, Berlin 1983.

Hejl, P.: Sozialwissenschaft als Theorie selbstreferentieller Systeme, Frankfurt a. M. 1982.
Luhmann, N.: Soziale Systeme, Frankfurt a. M. 1984.
Maturana, H.: Erkennen. Die Organisation von Wirklichkeit, Braunschweig 1982.
Paslack, R.: Urgeschichte der Selbstorganisation, Braunschweig 1991.
Prigogine, I./G. Grégoire: Die Erforschung des Komplexen, München 1987.
Schmidt, S. J. (Hrsg.): Der Diskurs des Radikalen Konstruktivismus, Frankfurt a. M. 1987.
Zelleny, M.: Autopoiesis: A Theory of Living Organizations, New York 1981.

Populärwissenschaftliche Literatur zur Selbstorganisation

Dress, A./H. Hendrichs/G. Küppers (Hrsg.): Selbstorganisation, München 1986.
Eigen, M./R. Winkler: Das Spiel, München 1975.
Haken, H.: Erfolgsgeheimnisse der Natur, Stuttgart 1981.
Jantsch, E.: Die Selbstorganisation des Universums, München 1979.
Prigogne, I./I. Stengers: Dialog mit der Natur, München 1986.

Ulrike Liebert

Netzwerke und neue Unübersichtlichkeit

Plädoyer für die Wahrnehmung politischer Komplexität

Erhöhte Anforderungen an das politische Denken stellt schon die Geschwindigkeit, mit der sich seit 1989/90 unwahrscheinliche politische Ereignisse allerorten überstürzen und von anderen überholt werden, noch ehe sie auf den Begriff gebracht sind: Der Fall der Berliner Mauer – so unerwartet wie die reihenweise Implosion der Befehlshierarchien des real existierenden Sozialismus, und unmittelbar gefolgt von der noch unwahrscheinlicheren Inkorporation der ehemaligen DDR durch die Bundesrepublik – steht für eine solche Ereigniskette. Intellektuell aber noch schwieriger zu bewältigen ist die Tatsache, daß nach dem Zusammenbruch von Strukturen, die – sei es in den innerdeutschen Beziehungen und im Ost-West-Konflikt, sei es in den Staaten des früheren Ostblocks, im ehemaligen Jugoslawien oder in Italien – jahrzehntelang mehr oder weniger für Ordnung sorgten, nun Unordnung und Unübersichtlichkeit um sich greifen. So sind auch mit der staatlichen Vereinigung von Ost- und Westdeutschland zentrale ideologische Feindbilder als tragende Säulen kollektiver politischer Orientierungen abhanden gekommen. Die in der neuen Bundesrepublik klaffenden Diskrepanzen zwischen politischen Soll- und Ist-Werten zeigen an, daß der Parteienstaat als Steuerungszentrum für gesellschaftliche Entwicklungen immer fragwürdiger wird. Traditionelle nationalstaatliche Ideen stoßen sich nach innen an einer zunehmenden gesellschaftlich-kulturellen Pluralität und Heterogenität und nach außen an den gesteigerten transnationalen Verflechtungen. Immer noch oder immer wieder behindern aber alte Mauern in den Köpfen die Herausbildung von Orientierungs- und Verhaltensmustern, die diesen veränderten Realitäten demokratischer und trans-nationalstaatlicher Gesellschaften gerecht würden. Die rechtspopulistische Nostalgie einer straffen, obrigkeitsstaatlichen Führung ebenso wie der harmoniesüchtige Wunsch nach nationaler Geschlossenheit des Gemeinwesens erleben offensichtlich gerade deswegen eine Renaissance, weil beide so überaus simpel gestrickt sind. Doch die hieraus resultierenden, erhöhten Enttäuschungsanfälligkeiten und die Gefahr ihrer Degeneration in manisch-depressive

Pathologien stellen die Kehrseite solcher Simplifizierungen dar. Dabei verkörpern der gewalttätige Aktionismus auf der einen und die politische Verweigerung auf der anderen Seite nur besonders drastisch die Folgen von Tendenzen, differenzierte und komplexe Zusammenhänge nicht wahrhaben und unüberschaubar gewordene Verhältnisse mit dem Holzhammer vereinfachen zu wollen.

Aber welche alternativen Denkmuster bieten sich an, wenn man nicht bereit ist, den drastischen Komplexitäts- und damit Realitätsverlust obrigkeitsstaatlich-nationalkonservativer Images politischer Prozesse in Kauf zu nehmen? Weder die Metapher einer staatlichen Machthierarchie noch deren Verschmelzung mit Volk und Territorium zu einem einheitlichen Akteur erscheinen angemessen, die Realität multizentrischer, intra- und international verflochtener Systeme wie der Bundesrepublik zu begreifen. Ein demgegenüber angemessenes, modernes politisches Denken müßte u. a. drei Anforderungen genügen: politisch bindende Entscheidungen nicht als nationale obrigkeitsstaatliche Akte, sondern als Resultante transnationaler, politisch-gesellschaftlicher Interaktionszusammenhänge zu begreifen; demokratische Politik nicht als statisches System der Interessenvermittlung und Konfliktregelung, sondern als dynamischen Prozeß pluralistischer Ungleichgewichte zu erklären; und schließlich politische Institutionen und Verfassungen nicht nur unter funktionalen und interessenbezogenen Gesichtspunkten, sondern auch im Spannungsverhältnis zu den in der politischen Öffentlichkeit reflektierten konfligierenden Normen zu verstehen.

Zu einem Schlüsselbegriff für ein gegenüber komplexen Entscheidungsproblemen wie intellektuellen Neuerungen aufgeschlossenes Programm politischen Denkens entwickelt sich neuerdings die Kategorie des „politischen Netzwerkes“: Wo die politische Bearbeitung gesellschaftlicher Probleme – also Entscheidung – ansteht, sind Netzwerke als Kommunikations- und Interaktionsstrukturen zwischen den verschiedensten Akteuren anzutreffen (Marin/Mayntz [Hrsg.] 1991); der Begriff des Netzwerkes gilt als ein neues „Paradigma für die Architektur der Komplexität“ (Kenis/Schneider 1991). Die Realisierung dieses Anspruches hat allerdings derzeit mit zwei Problemen zu kämpfen: einerseits mit der modischen Verbreitung einer unscharfen Netzwerk-Metapher in der politisch-gesellschaftlichen Alltagssprache der achtziger und beginnenden neunziger Jahre – der den zuvor populären Begriff des „Zentrums“ abzulösen begann; andererseits aber mit dem anspruchsvollen methodischen und konzeptuellen Niveau der quantitativen Netzwerkanalyse, das den Einsatz von Computerprogrammen erfordert (Pappi [Hrsg.] 1987).

Mein Plädoyer für Netzwerke als Kategorie für die Wahrnehmung politischer Komplexität soll sich auf die These konzentrieren, daß eine differenzierte und präzisierte, aber szientistisch nicht überfrachtete Netzwerk-Metapher ein Bewußtsein für die in marktwirtschaftlichen, transnationalen Demokratien gewandelten komplexeren Politikformen zu schärfen vermag. Diese programmatische These möchte ich ausführen, indem ich zentrale Elemente eines politikwissenschaftlichen „Netzwerkparadigmas" skizziere. Dabei verzichte ich hier auf den mathematisch-methodischen Apparat der Netzwerkanalyse, lehne mich aber insbesondere an die mir theoretisch besonders fruchtbar erscheinende Tauschnetztheorie an. Ich beginne (1) mit einer Skizzierung der Ursprünge des Netzwerkbegriffs und der möglichen Ursachen der Ausbreitung von Netzwerken in modernen demokratischen Gesellschaften und plausibilisiere dies (2) anhand ihrer Abgrenzung von marktförmigen Beziehungen einerseits und von hierarchischen Strukturen andererseits. Unter den für die Politikwissenschaft nützlichen Anwendungsbereichen möchte ich sodann (3) auf den „inneren Zirkel" von Macht- und Elitennetzwerken, (4) auf Policy-Netzwerke als dezentrale Steuerungsformen sowie (5) auf die Kommunikations-Strukturen einer autonomen, gegenüber der Lebenswelt offenen, politischen Öffentlichkeit eingehen. Ich ende mit einem Blick – und Ausblick – auf die unter demokratietheoretischen Gesichtspunkten problematischen Aspekte politischer Netzwerke und die mögliche praktisch-politische Relevanz von vernetztem Denken.

1. Ursprünge und Ursachen: zur Entwicklung von „Netzwerken"

Mit der Erkenntnis, daß sich mit den theoretischen Konzepten der Netzwerkanalyse u. a. „Elitennetze", „interorganisatorische Netzwerke", „Politiknetzwerke" oder „Policy-Netze" als spezifische neuartige Erscheinungsformen moderner Politik erfassen lassen (Mayntz 1992), hinkt die Politikwissenschaft anderen Disziplinen um einiges hinterher. Während sich die sozialwissenschaftliche Tauschnetztheorie in den USA eines relativen Bekanntheitsgrades erfreut, wurden die in der Marxschen strukturalistischen Tausch- und Konflikttheorie und in Georg Simmels Austauschtheorie angelegten theoretischen Fäden von der deutschsprachigen Politikwissenschaft bislang kaum weitergesponnen. Insbesondere in der US-amerikanischen Kulturanthropologie und britischen Sozialethnologie wurde seit Beginn des Jahrhunderts eine Sensibilität für vielschichtige Verwandtschafts- und Nachbarschaftsbande, religiöse, Freundschafts-, Transaktions-, Hilfeleistungs- und Machtbeziehungsnetze in Stammeskulturen – etwa Papua-Neuguinea – wie in komplexen Gesellschaften – so z. B. den literarischen Salons jüdischer Minderheiten in Westeuropa im 19. Jahrhundert – entwickelt (vgl. Schweizer [Hrsg.] 1989). Auch die experimentelle Sozialpsychologie, die biologische Verhaltensforschung und die Soziologie sind in der Entwicklung und dem Test von Theorien mittlerer Reichweite hinsichtlich der sozialen

Interaktionen in der Menschen- und Tierwelt fortgeschrittener als bislang die Politikwissenschaft angesichts ihrer Spezies der politischen Eliten und Bürger (Schenk 1984; Cook [Hrsg.] 1987; Turner 1991, 540ff.).

Die Politikwissenschaft muß erst eine Reihe von Voraussetzungen schaffen, sprich einige ihrer Scheuklappen beseitigen, damit sie diesen Rückstand aufholen kann: Das formale Paradigma der staatswissenschaftlichen Institutionenlehre muß zugunsten der Einbeziehung informaler Strukturen und Prozesse erweitert werden; solche gesellschaftstheoretischen Doktrinen, die politische Entscheidungsstrukturen herkömmlich entweder als „bürgerlichen Machtblock" oder als „Diktatur des Proletariats" mystifizierten, ebenso wie normative Modelle „pluralistischer" bzw. „korporatistischer" Interessenvermittlung, müssen sich gleichermaßen für eine empirische Überprüfung ihrer Theoreme im Lichte politischer Entscheidungsprozesse öffnen. Am ehesten findet die Netzwerkanalyse einen Anknüpfungspunkt bei den Politikwissenschaftlern, die sich bereits seit längerem für Phänomene der „interorganisatorischen Verflechtungen" oder für „Verhandlungssysteme" interessierten. Auch diese können vom Potential der Netzwerkanalyse profitieren, die es ihnen erlaubt, präziser und differenzierter komplexe Konfigurationen einer Vielzahl von untereinander abhängigen, privaten und politischen, individuellen und organisierten Akteuren zu beschreiben. Aber auch für die Forscher, die das interesse- oder zweckgeleitete, „strategische Handeln" der Akteure ins Zentrum stellen, dürften Netzwerkstrukturen als „Handlungsrestriktionen" bzw. „-optionen" eine Rolle spielen. In Entscheidungsanalysen stellt die Netzwerkanalyse eine methodisch anspruchsvolle, wenn auch keineswegs immer anschauliche analytische Strategie dar, den Ausgang politischer Entscheidungsprozesse vorherzusagen bzw. nachträglich zu erklären (Laumann/Knoke 1987). Zunächst aber, und darauf kommt es mir im vorliegenden Zusammenhang an, verhilft die Netzwerk-Perspektive dazu, in den Bereichen von Policy-, Politics- und Polity-Forschung neue Varianten moderner gesellschaftlich-politischer Selbstorganisation und Steuerung zu entdecken.

Aber haben diese Netzwerke nicht – nur unter anderen Namen – schon immer existiert und stellen keine wirklich modernen Phänomene dar? Als Gegenargument zu dieser These läßt sich u. a. auf das explosionsartige Ansteigen der Informations- und Datenmengen durch die Entwicklung neuer Kommunikationssysteme und neuer Medien verweisen; zusammen mit der gestiegenen Ressourcen-Spezialisierung und der entwickelten Arbeitsteilung mögen diese das Ausmaß der für die gesellschaftliche Integration erforderlichen Kommunikations- und Koordinationsbeziehungen erklären. Hinsichtlich der politischen Sphäre geht insbesondere die These der „Entzauberung des Staates" (Willke 1983) von dem Übergang von hierarchischer Machtausübung zu vertikal angelegten Verhandlungssystemen aus. In der gesellschaftlichen Sphäre führen Prozesse der Fragmentierung und Mobilisierung zur Auflösung primordialer Vergesellschaftungsformen (Familie, Clan, Freundesgruppen), und Individualisierung und Atomisierung verändern das traditionelle Gemeinschaftsleben. Voraussetzungen für die Entstehung von Netzwerken ist dabei, daß die Individuen sich nicht als „autonom", sondern grundsätzlich als mit anderen durch verschiedene Beziehungstypen verbunden wahrnehmen.

In welchen unterschiedlichen Formen sich unter diesen neuen Bedingungen ungleicher Ressourcenverteilung bei gestiegenen Kooperationszwängen nun monopolistische, arbeitsteilige, geschichtete, offene bzw. geschlossene, zentralisierte oder unterschiedlich dichte Netzwerke herausbilden, dies erklärt die soziologische Tauschnetztheorie im wesentlichen aus zwei Variablen: der Ressourcen-Abhängigkeit der Netzwerk-Akteure sowie ihren Machtdifferenzen (Turner 1991). Die Mechanismen für strukturellen Wandel in Netzwerken lassen sich demnach in den Ungleichgewichten in diesen Beziehungsnetzen lokalisieren: damit wird nichts weniger als der Anspruch erhoben, die Entwicklung und Veränderung gesellschaftspolitischer Makrostrukturen aus der Perspektive von Mikroprozessen auf der Netzwerkebene zu erklären.

2. Das „Netzwerk" als Alternative zu „Markt" und „Hierarchie"

Die Metapher „sozialer Netzwerke" im Sinne von Verbindungsnetzen zwischen den Gesellschaftsmitgliedern suggeriert nicht nur eine komplexe Fülle von nicht-zentralisierten Beziehungen, sondern auch eine spannungsreiche und dynamische Verbundenheit aller verschiedenen Teile des Ganzen. Ein solch undifferenzierter Gebrauch des Begriffs kann jedoch irreführend sein, wenn er auf Zentralitätsmaße und die Unterscheidung unterschiedlicher Formen von Verbundenheit verzichten zu können glaubt. Wichtig ist dennoch die prinzipielle Abgrenzung der Netzwerkkategorie von den beiden hegemonialen Images von Markt und Hierarchie. Am Beispiel der allseits bekannten Phänomene des Heirats- und Arbeitsmarktes einerseits und des Parteienstaates andererseits kann dies illustriert werden. Entgegen der in der Wortwahl zum Ausdruck kommenden landläufigen Annahme sind nämlich Heirats- und Arbeitsmärkte keineswegs als vollständig kompetitive Märkte, sondern vielmehr als Netzwerke strukturiert: Die Erfolgschancen eines Heiratswilligen oder Arbeitssuchenden, einen Partner oder Job zu finden, bemessen sich in aller Regel nur sekundär an der jeweiligen Relation von Angebot und Nachfrage, primär aber an den Merkmalen der verschiedenen Beziehungsnetzwerke, in denen sich der Kandidat bewegt, sowie an seiner Netzwerkposition. Ebenso wie in diesen sozialen und ökonomischen Sphären das Image des Marktes fehl am Platze scheint, trifft dies in der politischen Sphäre auf den Hierarchie- bzw. traditionellen Staatsbegriff zu. Der „Parteienstaat“ etwa sollte keineswegs im Sinne einer staatlichen Hierarchie interpretiert werden: Die Chancen einer Regierungspartei, ihre programmatischen Ziele politisch umzusetzen, lassen sich kaum auf der Grundlage der formalen zentralstaatlichen Machtkompetenzen, besser dagegen ebenfalls in einer Netzwerkperspektive beurteilen. Dabei sind für den Erfolg von Parteiregierungen nicht nur die persönlich-freundschaftlichen Netzwerke führender Parteipolitiker bestimmend, sondern auch insbesondere die Strukturen der Macht- und Elitennetzwerke, der spezifischeren Policy-Netze, sowie der öffentlichen Kommunikationsnetze, die die Position der Regierungspartei gegenüber dem Regierungskabinett, den anderen Parteien, den staatlichen Institutionen, den Interessengruppen und Medien sowie der politischen Öffentlichkeit bestimmen. Hier im politischen ebenso wie in den genannten gesellschaftlichen und ökonomischen Bereichen haben wir es gleichermaßen mit komplexen Netzwerkstrukturen zu tun, deren Kenntnis uns eher weiterhilft als das vom landläufigen Sprachgebrauch suggerierte Image eines Marktes bzw. einer Hierarchie. Insbesondere sollten die Voraussetzungen des Marktmodells aus der klassischen ökonomischen Theorie nicht in den politisch-sozialen Bereich übertragen werden: weder die Annahme eines vollständig oder teilweise kompetitiven Marktes mit einer großen Anzahl von „Käufern“ und „Verkäufern“ mit „freiem“ Zugang zueinander, d. h. ohne strukturelle Barrieren, noch die Prämisse „rational“ entscheidender Akteure, gegebener Akteurs-Präferenzen und voller Information auf seiten aller Akteure (Cook 1990, 215). In sozialen und politischen Handlungssphären sind die kognitiven und motivationalen Dynamiken des individuellen Akteurs nicht die des rationalen „homo oeconomicus“, sondern die des sozial vernetzten, „manipulierten“ oder „intentionalen“ Menschen. Vor allem aber unterscheidet sich der institutionelle Kontext, innerhalb dessen die Transaktionen in demokratischen politischen Systemen stattfinden, d. h. die Opportunitätsstrukturen von politisch handelnden Akteuren, grundlegend von den Bedingungen vollständig kompetitiver Märkte ebenso wie von den Grundlagen staatlicher Befehlshierarchien.

Verflechtungen der Transaktionen zwischen politischen Akteuren prägen die politische Landschaft in unterschiedlichsten Varianten. Aber da sie zumeist informeller und intransparenter Natur sind, sucht die politische Alltagssprache die reale Formenvielfalt zunächst in die diffuse "catch-all" -Kategorie des Netzwerkes zu pressen. Damit aber wird es der Artenvielfalt des Netzwerk-Phänomens keineswegs gerecht. Auch in den verfügbaren politikwissenschaftlichen Lexika fehlt bislang der Begriff politischer Netzwerke so gut wie vollständig. Als Ausgangspunkt für eine genauere Begriffsbestimmung und Unterscheidung von Netzwerktypen kann die allgemeinste – der Elektronik, Kulturanthropologie, wie Soziologie gleichermaßen zugrunde liegende – Definition dienen, derzufolge das Netzwerk ein Geflecht aus einer Menge von „Knoten“ sowie den „Verknüpfungen“ zwischen diesen darstellt. Im Bereich der Politik kann im Prinzip dann von einem Netzwerk gesprochen werden, wenn eine Menge von politischen Akteuren (individuellen oder organisierten Rollenträgern bzw. Positionsinhabern) – als „Knoten“ verstanden – durch spezifische Beziehungen miteinander verknüpft sind.

Wenn man einer inflationären Verwendung des Begriffs entgegenwirken möchte, läßt man zwei oder mehr paarweise Kommunikations-, Macht- etc. -Beziehungen nur dann als Tauschnetzwerk gelten, wenn sie tatsächlich untereinander verbunden sind, d. h. wenn Tausch in einer Paarbeziehung Konsequenzen für Tausch in den anderen Paarbeziehungen hat. Je nachdem, ob Tausch in einer Beziehung den Tausch in den anderen Beziehungen fördert, können die Verbindungen als positiv = kooperativ, oder als negativ = kompetitiv bezeichnet werden. Positive Tauschnetze fördern demnach kooperative Beziehungen, während auf vollständig kompetitiven Märkten die Konkurrenzbeziehungen negativ verbunden sind und Macht und Abhängigkeiten erzeugen (Cook/Emerson 1978; Cook 1990). Eine für die Realität marktwirtschaftlicher, organisierter Demokratien charakteristische Netzform stellt die „antagonistische Kooperation“ dar: dabei handelt es sich um ein „gemischtes Netzwerk“, in dem negativ verbundene Tauschbeziehungen zwar Konkurrenz und Antagonismus zwischen den Akteuren fördern, diese aber gleichzeitig aufgrund ihres hohen Grades von Ressourcenspezialisierung und Arbeitsteilung zur Kooperation gezwungen sind (Cook 1990, 219).

Für Analysen praktisch-politischer Aushandlungsprozesse lassen sich fruchtbare Fragestellungen aus der Unterscheidung von Formen des elementaren, des produktiven und des generalisierten Tauschs entwickeln. Die vergleichsweise primitivste Form des „elementaren Tauschs“ setzt den direkten oder indirekten, bilateralen oder multilateralen Transfer von Ressourcen voraus; in den bereits anspruchsvolleren „produktiven Tauschnetzen“ werden die Ressourcen der Akteure so kombiniert, daß sie ein Gut produzieren, das durch die einzelnen Akteure allein nicht hätte produziert werden können; „generalisierte Tauschsysteme“ repräsentieren schfließlich die anspruchsvollste Form der Vernetzung durch einen Ressourcenfluß von einem Akteur zum anderen ohne die Erwartung einer direkten, äquivalenten Gegenleistung. Im Fall „generalisierter Tauschsysteme“ besitzen die Akteure die generalisierte Erwartung eines Fast-Äquivalents als Gegenleistung entweder von einem anderen Akteur oder der Gruppe als ganzer. Hierfür stellt der in Neuguinea entdeckte und zuerst 1922 von Malinowski und 1969 von Lévi-Strauss beschriebene „Kula-Ring“ das klassische Beispiel dar: dabei handelt es sich um zeitverzögerte, unilaterale rituelle Transfers materieller und symbolischer Güter zwischen den 16 Inseln des Archipels, die zu einer Kette verbunden sind. Voraussetzung für ein gutes Funktionieren dieser Art von generalisiertem Tausch ist allerdings nicht nur die reale Abhängigkeit der Akteure voneinander, sondern vor allem ihr gegenseitiges Vertrauen, bzw. das Vorhandensein einer Kreditmentalität. Die These liegt auf der Hand, daß auch in moderneren, pluralistisch fragmentierten Gesellschaftssystemen – wie der erweiterten Bundesrepublik Deutschland – politisch-gesellschaftliche Integration am ehesten über diese Form des generalisierten Ketten-Tauschs erreicht werden kann, wobei die sechzehn alten und neuen Länder als „Knoten“ fungieren könnten.

3. Zur Aufhellung des „inneren Zirkels“ von Elitennetzwerken

Die politischen Machtverhältnisse wurden in Elitentheorien und den Theorien der politischen Klasse aufgrund von Empirieferne häufig als „herrschende Klasse“ oder als geschlossenes Machtkartell mystifiziert. Die Beantwortung der Frage, wie groß, wie offen oder geschlossen und wie pluralistisch, polarisiert oder kohäsiv die politischen Eliten eines Landes tatsächlich sind und welchen Einfluß bestimmte Interessenorganisationen auf sie haben, wird durch Netzwerk-Analysen erleichtert. Beispiele hierfür sind etwa Untersuchungen, die zeigten, wie stark sich die Machtstrukturen in deutschen und amerikanischen Städten unterscheiden (Laumann/Pappi 1976; Pappi/Melbeck 1984; Melbeck 1990).

Als in der Realität macht- und einflußreich können dabei nicht schon diejenigen Personen gelten, die offizielle politische Positionen innehaben (positionelle Methode) – mancher Positionsinhaber mag in der Entscheidungspraxis weniger zu sagen haben als „private Akteure“ ohne ein öffentliches Amt; auch Erkenntnisse, die aus der Befragung von Informanten über „einflußreiche Akteure“ gewonnen werden (reputationelle Methode), mögen häufig nur Situationsaufnahmen widerspiegeln (von Beyme 1993, 34ff.). In einer Netzwerkperspektive dagegen wird der „innere Elitenzirkel“ als der integrative Kern der Positions- und Reputations-Eliten identifiziert: dazu gehören die Personen bzw. Organisationen mit einer besonders hohen Interaktionsdichte untereinander. Dies mag in Einzelfällen zu dem Ergebnis führen, daß das Zentrum eines Elitennetzes hohl ist – und in anderen, daß Akteure mit einer geringen Machtreputation durchaus eine zentrale Netzwerk-Position innehaben können. Solche Widersprüche lösen sich auf, wenn man sich klarmacht, daß zumeist nur “Outsider” der Spitzenposition formal-hierarchischer Organisationen die höchste Machtreputation zuschreiben; für "Insider" resultiert dagegen Macht in der Regel aus zentralen Netzwerkpositionen.

Auf wie unterschiedlichen Grundlagen die „Macht" eines Akteurs in einem Netzwerk basieren kann, verdeutlichen die von der Netzwerktheorie entwickelten unterschiedlichen Zentralitätskonzepte (Freeman 1979; Yamagishi/Gillmore/Cook 1988): Der Begriff von „Beziehungs-Zentralität" ("Centrality based on degree") mißt Macht anhand der Zahl der (potentiellen) Tausch- oder Kommunikationsbeziehungen eines Akteurs; das Konzept der „Vermittlungs-Zentralität" basiert auf der Bedeutung eines Akteurs für die Verbindung anderer Akteure, also der potentiellen Kommunikationskontrolle durch einen Akteur; das Konzept der „Unabhängigkeits-Zentralität" mißt Macht daran, inwieweit ein Akteur nicht auf Vermittlungen anderer angewiesen ist; für negativ-verbundene Netzwerke wurde weiterhin „Positions-Zentralität" im Sinne von Verwundbarkeit aufgrund der Annahme konzipiert, daß Macht eine Funktion der Position ist, von der innerhalb eines Netzwerkes die gesamte Struktur abhängt. Nur in einfachsten Netzwerken sind die zentralsten Positionen im Sinne dieser vier unterschiedlichen Konzepte identisch. Komplexere politische Verhältnisse sind dagegen durch mehrere Machtzentren gekennzeichnet, die sich auf unterschiedliche Typen von Netzwerk-Zentralität gründen können. Nicht nur „polyzentrische" politische Entscheidungssysteme, sondern auch ökonomische Machtstrukturen lassen sich auf diese Weise differenzierter – und realistischer – untersuchen. Beispiele bieten etwa die Analysen von Unternehmensverflechtungen – der "interlocking corporate directorates" im Rahmen des „amerikanischen korporativen Netzwerks" (Mizruchi).

4. Policy-Netzwerke als dezentrale Steuerungsformen

Der Begriff der „Policy-Netze" oder „Politiknetzwerke" enthält die Behauptung einer Form dezentraler politischer Steuerung als Alternative zu den Parteiregierungen oder Parlamenten zugeschriebenen zentralisierten Steuerungsformen. In der Policy-Netzwerk-Perspektive liegt der Entscheidungsprozeß über staatliche Politik weder in der exklusiven Kompetenz des Parlamentes, noch der Regierung oder Ministerialbürokratie, sondern wird von einer Vielzahl „informeller" Akteure mitgestaltet – in der Regel denen, die die Implementation bestimmen. Wenn sich im Verlauf der Policy-Prozesse innerhalb eines Politikfeldes ein System von Akteuren herausbildet, zwischen denen Beziehungen existieren, weil sie bei ihren Interventionen in die Policy-Prozesse strategisch aufeinander Bezug nehmen, dann wird von einem „Politikfeld-Netz" (Pappi 1993) gesprochen. Beispiele hierfür sind etwa das von Volker Schneider untersuchte Feld der Chemikalienkontrolle

(Schneider 1988), oder das von Thomas König analysierte Feld der Arbeitsmarktpolitik (König 1992). Politikfeld-Akteure sind in der Regel nicht Individuen, sondern Organisationen, für die jene stellvertretend handeln: seien es Partei-, parlamentarische, Regierungs-, bürokratische oder Interessengruppenorganisationen. Insofern sind Politikfeld-Netze in der Regel „interorganisatorische Netzwerke“, die unterschiedlichste Typen umfassen können (vgl. van Waarden 1992).

Als eine der für parlamentarische Demokratien charakteristischsten dezentralen Steuerungsformen erscheinen die in den verschiedenen Politikfeldern entwickelten „Lobby-Netze“. Die Netzwerk-Perspektive erbringt bei der Neubeschreibung des bekannten Phänomens des Lobbyismus durchaus ein Mehr an Präzision, bei einem Weniger an Polemik. Der Netzwerk-Begriff des Lobbyismus zielt darauf ab, diesen von anderen Formen der Beteiligung und des Einflusses organisierter Interessen an staatlichen Entscheidungen abzugrenzen, etwa gegenüber der „parteipolitischen Patronage“, dem „bürokratischen Klientelismus“, der „neo-korporatistischen Konzertation“ oder der Korruption. In der Sprache der Netzwerkanalyse unterscheiden sich „lobbyistische Netzwerke“ von den parteipolitischen Patronage-Beziehungen durch ihre multiplen, parteien-überkreuzenden Beziehungen von relativ geringer Intensität und Stabilität. Vom bürokratischen Klientelismus bzw. den “iron triangles” unterscheiden sie sich durch das Fehlen von Repräsentationsmonopolen und zentralen Positionen und durch den Einbezug einer nicht koordinierten Vielzahl konkurrierender Interessengruppen. Im Verhältnis zur neo-korporatistischen Konzertation zeichnen sich lobbyistische Policy-Netzwerke durch ihren informellen, gering institutionalisierten Charakter und den vorherrschenden Typus kompetitiver Beziehungen aus. Von Korruptionsbeziehungen unterscheiden sie sich jedoch durch ihre Legalität, Legitimität und Professionalisierung aufgrund der Ausdifferenzierung spezifischer Berufsrollen (“Profession Lobby-Man”), sowie ihre begrenzte Transparenz aufgrund von öffentlichen Reglements, die eine mehr oder weniger weitreichende Publizität, Offenlegungspflicht und Kontrolle des Lobbyismus festlegen. Gegenüber den drei klassischen Ressourcen des Lobbyismus – nämlich Geld, Sex und Alkohol (“broads, booze und bribes”) – hob die neuere “public choice”-Forschung hervor, daß Politiker – als rationale Wählerstimmen-Maximierer – in ihren Tauschbeziehungen mit Interessengruppen vielmehr an drei ganz anderen Ressourcen interessiert seien: an dem durch die Gruppen repräsentierten Wählerpotential; an dem Ziel, den Gruppen die Kosten ihrer Publicity-Arbeit zu übertragen, sowie an dem spezialisierten Wissen und der Expertise der Gruppen auf bestimmten Policy-Feldern. Eine Netzwerkanalyse des Lobbyismus kann somit nicht nur der populären Anrüchigkeit dieser Form moderner Interessengruppenpolitik entgegenwirken, sondern insbesondere auch ihr Potential als dezentrale Form der Politiksteuerung bezüglich der Partizipation unterschiedlichster gesellschaftlicher Interessengruppen klären helfen.

5. Politische Öffentlichkeit als offenes Kommunikationsnetzwerk

Die Komplexität des Politischen in modernen Demokratien bestimmt sich nicht allein durch die Vielschichtigkeit der Struktur der inneren Elitenzirkel oder durch die von den organisierten Interessen mitgeformten „Policy-Gemeinschaften“ als Varianten dezentraler Politiksteuerung, sondern ebenso durch die Strukturen der politischen Öffentlichkeit. Jürgen Habermas hat am ausdrücklichsten die Vorstellung entwickelt, daß von einer als „autonom“ verstandenen politischen Öffentlichkeit einflußreiche Thematisierungen politischer Probleme ausgehen und daß diese als „Warnsystem“ und „Resonanzboden“ für neu aufkommende lebensweltliche Probleme fungieren könne (Habermas 1992, 435ff.). Ob und inwieweit „politische Öffentlichkeit“ diese Funktion zu erfüllen vermag, scheint nicht zuletzt von den vorherrschenden Strukturen der öffentlichen Kommunikationsnetzwerke abzuhängen: ob diese – seitens des politisch-administrativen oder des ökonomischen Systems – institutionell und organisatorisch „vermachtet“ sind und ob sie relativ fest definierte Grenzen zwischen Öffentlichkeit und Privatsphäre besitzen, oder ob sie sich als „autonome“ Kommunikations-Netzwerke konstituieren, mit zur Lebenswelt und der Privatsphäre hin offenen, durchlässigen und verschiebbaren Grenzen, und einer allgemeinverständlichen, nicht spezialisierten Sprache als Medium. In dieser Netzwerkperspektive könnten diese wie andere von der philosophisch-sozialwissenschaftlichen normativen Theorie entwickelten Annahmen in empirische Fragestellungen verwandelt werden. Manche der sich selbst als Netzwerke ausgebenden bereichsspezifischen Organisationen sollten dagegen eher den Varianten von Interessengruppen zugerechnet werden, wenn sie auf definierten Mitgliedschaftsregelungen basieren. Denn der Netzwerkbegriff kann den der Organisation nicht ersetzen: Organisationen sind nun einmal die prominenten „Knoten“ in modernen politischen Netzwerken, auch wenn bestimmte Politiken nur mittels organisationsübergreifender Netzwerke befördert werden können; ein Beispiel hierfür bot etwa die interfraktionelle Initiative im Bundestag zur Reform des § 218 im Jahr 1992/3. Weiterhin bedienen sich auch Bürgerinitiativen oder soziale Bewegungen häufig persönlicher oder kommunikativer Netzwerke: so etwa im Sinne von „Brücken der Mobilisierung“ von „Bürgerinitiativen gegen militärischen Tiefflug“ (Ohlemacher 1993). „Untergrundnetzwerke“ – etwa von Privatpersonen, Bürgerinitiativen und Kirchengemeinden in Schweden, die politische Flüchtlinge mit einem auf ihren Asylantrag hin ergangenen Ablehnungsbescheid betreuen – können so lange zu einem Typus von „politischer Öffentlichkeit" gerechnet werden, wie ihre Grenzen zur Lebenswelt hin durchlässig bleiben. Für den Fall der immer offensichtlicher werdenden „klandestinen Vernetzung" neo-nazistischer Organisationen innerhalb der Bundesrepublik und auf europäischer Ebene hingegen trifft genau dies nicht zu: diese lassen die Offenheit als Kriterium demokratischer politischer Öffentlichkeit außer acht und etablieren – im Gegenteil – interne symbolische und kommunikative Kodes, mit denen sie sich provokativ aus der politischen Alltagssprache ausgrenzen.

Ausblick: Demokratie-Defizite von Politiknetzwerken und die praktische Relevanz des vernetzten Denkens

Policy-Netzwerke ebenso wie Verhandlungssysteme allgemein weisen in demokratietheoretischer Hinsicht das Manko auf, Entscheidungen nicht bestimmten verantwortlichen Akteuren – der regierenden Mehrheit – zurechnen und diese zur Rechenschaft ziehen zu können. Diese Verantwortlichkeitslogik liegt dem Westminster- oder majoritären Modell der Demokratie zugrunde. Anders in Konsensus-Demokratien bzw. konkordanzdemokratischen Systemen: hier ist eine Vielzahl von Akteuren an den Entscheidungsprozessen „mehr oder weniger" und auf relativ wenig transparente Weise beteiligt. Noch gravierender wird dieses Legitimationsproblem aufgrund der Beteiligung von „privaten Akteuren" – etwa Interessenverbänden – an Entscheidungsprozessen, für die sie keine formale Legitimation besitzen und auch nicht zur Rechenschaft gezogen werden können. Demokratie im „verhandelnden Staat" wird damit zum zentralen Problem (Scharpf 1993).

Hinsichtlich des strukturellen Problems der mangelnden Transparenz von Policy-Netzwerken könnten Netzwerk-Analysen zumindest partiell – hinsichtlich wichtiger Entscheidungsprozesse und -felder – Abhilfe schaffen, indem sie die politisch interessierte Öffentlichkeit über Zahl der beteiligten Akteure, ihre Interaktionsdichte und relative Zentralität informieren. Das Problem der demokratischen Legitimation des Entscheidungsoutputs (bzw. der Nicht-Entscheidungen) von Policy-Netzwerken wirft die Frage der Repräsentativität der Netzwerkakteure auf: Wie repräsentativ sind jene mit einer hohen Zentralität im Netzwerk? Sind wichtige öffentliche oder gesellschaftliche Interessen im Netzwerk nicht vertreten? Auch diese Fragen könnte eine politikwissenschaftlich fundierte Analyse der Netzwerkstrukturen klären helfen. Gegenüber herkömmlichen akteurszentrierten Ansätze, die zumeist einige wenige Akteure berücksichtigen, kann die Netzwerkanalyse mehrere hundert Akteure einbeziehen. Größere Netzwerke erfordern

Matrixdarstellungen und machen den Einsatz von Großrechnern notwendig. In dieser Hinsicht ist das methodische Instrumentarium auf die Erfassung höchster Komplexität eingerichtet. Damit dabei allerdings nicht die Kluft zwischen szientifischem Niveau und demokratietheoretischer Reflexion unüberwindbar wird, muß eine Voraussetzung erfüllt werden: daß nicht das Komplexitätsniveau der Analyse um ihrer selbst willen gesteigert wird und sich die Netzwerkanalyse als esoterische Sonderdisziplin vom politikwissenschaftlichen "Mainstream" szientistisch abkapselt. Zweifellos bedarf die Netzwerkanalyse einer kritischen, gesellschaftspolitischen Reflexion ihrer Prämissen und Implikationen; auf dieser Grundlage aber versprechen netzwerkanalytisch inspirierte Beobachtungen der Politik einen Gewinn an öffentlicher Transparenz, an Kontrolle und möglicherweise auch an Legitimation.

Aber noch in einer anderen Dimension könnte das Netzwerk-Paradigma von praktisch-politischer Relevanz sein. Das vernetzte Denken nimmt Abschied sowohl von einem mechanistischen wie von einem funktionalistischen Weltbild, wie insbesondere von den Prämissen linearer Kausalität. Im Umgang mit komplexen Problemen erlaubt es, diese zu eng gewordenen Denkschemata durch ein umfassenderes, differenzierteres und flexibleres Instrumentarium zu ersetzen. Auf der Grundlage der Netzwerk-Metapher lassen sich ganzheitliche Bilder von Entscheidungssituationen zeichnen. Die netzwerkanalytische Methode erlaubt es darüber hinaus, detaillierte Informationen – etwa hinsichtlich der Macht- und Kommunikationsstruktur politischer Eliten, von Policy-Feldern, sozialen Bewegungen und Interessengruppen – zu sammeln und zu strukturieren, wobei der jeweilige Problembezug angesichts der Komplexität der Beziehungsmuster im Auge behalten werden muß. Insgesamt verhindert die Netzwerk-Perspektive damit ein eindimensionales „Ursachendenken", d. h. ein Denken, das die soziale Welt als zusammengesetzt aus einzelnen Ursachenketten vorstellt. Statt dessen fördert sie ein „vernetztes", ganzheitliches Denken und eine Reflexion auf die realen Wechselbeziehungen der entscheidenden Akteure in einem Handlungsfeld. Sicherlich stellt Netzwerk-Denken damit keine Kreativitätstechnik zur Lösung komplexer Probleme dar, aber zumindest eine notwendige Voraussetzung, mit unbestimmten, komplexen und dynamischen Situationen umgehen zu können – zumindest verbal. Inwieweit dies für die praktische Problembewältigung gilt und Netzwerkdenken zu Problembewältigungswissen führt, sollte seinerseits nicht mit allzu mechanistischen Effizienz-Kriterien beurteilt werden: Denn gegenüber der derzeitigen Situation erschiene bereits viel gewonnen, wenn sich statt der Nachfrage nach kollektiven, exklusiven und antagonistischen Identitäten multiple und relativ offene Selbstverständnisse auf der Basis von sei es kooperativen, kompetitiven oder auch antagonistisch-kooperativen

Beziehungs-Netzwerken durchsetzten; wenn sich in der weltweiten Unübersichtlichkeit der politisch-gesellschaftlichen Landschaften mit Netzwerkkategorien einigermaßen Ordnung schaffen ließe; wenn sich anhand des Musters dezentraler Politiksteuerung politische Entscheidungsprozesse besser verstehen und möglicherweise beeinflussen ließen; wenn sich die „inneren Zirkel" der Elitennetzwerke als der Aufhellung – und Entmystifizierung – zugänglich erwiesen und wenn nicht nach Leitlinien, sondern nach Orientierungsmustern verlangt würde, die Neugier stimulierten und für multistabile Dynamiken offen wären.

Unter solchen – zugegeben einigermaßen utopischen – Bedingungen bestünde dann vielleicht kein Bedarf mehr an jenen konzeptuellen Vereinfachungsversuchen gesellschaftspolitischer Komplexität, die auf ihre gewaltsame Negation hinauslaufen könnten.

Literatur

Beyme, K. von: Die politische Klasse im Parteienstaat, Frankfurt a. M. 1993.

Cook, K. S. (Hrsg.): Social Exchange Theory, Sage/Beverly Hills/London 1987.

–: Exchange Networks and Generalized Exchange: Linking Structure and Action, in: B. Marin (Hrsg.), Generalized Political Exchange. Antagonistic Cooperation and Integrated Policy Circuits, Frankfurt a. M./Boulder 1990, 215–230.

Freeman, L.: Centrality in Social Networks. Conceptual Clarification, in: Social Networks 1 (1979), 215–239.

Habermas, J.: Faktizität und Geltung. Beiträge zur Diskurstheorie des Rechts und des demokratischen Rechtsstaats, Frankfurt a. M. 1992.

Kenis, K./V. Schneider: Policy Networks and Policy Analysis: Scrutinizing a New Analytical Toolbox, in: Marin/Mayntz (Hrsg.), Policy Networks, Frankfurt a. M. 1991, 25–59.

König, Th.: Entscheidungen im Politiknetzwerk; Wiesbaden 1992.

Laumann, E./D. Knoke: The Organization State. Social Choice in National Policy Domains, Madison 1987.

Laumann, E. O./F. U. Pappi: Networks of Collective Action. A Perspective on Community Influence Systems, New York 1976.

Marin, B./R. Mayntz (Hrsg.): Policy Networks. Empirical Evidence and Theoretical Considerations, Frankfurt a. M./Boulder 1991.

Mayntz, R.: Modernisierung und die Logik von interorganisatorischen Netzwerken; in: Journal für Sozialforschung 1 (1992).

Melbeck, Chr.: Die Machtstruktur deutscher und amerikanischer Städte in Abhängigkeit von institutionellen Rahmenbedingungen, in: Aus Politik und Zeitgeschichte, B 25/90, 15. Juni 1990.

Ohlemacher, Th.: Brücken der Mobilisierung. Soziale Relais und persönliche Netzwerke in Bürgerinitiativen gegen militärischen Tiefflug, Wiesbaden 1993.

Pappi, F. U.: Die Netzwerkanalyse aus soziologischer Perspektive, in: Ders. (Hrsg.),

Methoden der Netzwerkanalyse, Bd. 1 der Techniken der empirischen Sozialforschung, München 1987.

–: Policy-Netze: Erscheinungsform moderner Politiksteuerung oder methodischer Ansatz?, in: Politische Vierteljahresschrift, Sonderheft (1993).

Pappi, F. U./Chr. Melbeck: Das Machtpotential von Organisationen in der Gemeindepolitik, in: Kölner Zeitschrift für Soziologie und Sozialpsychologie 3 (1984).

Scharpf, F.: Versuch über Demokratie im verhandelnden Staat, in: R. Czada/M. G. Schmidt (Hrsg.), Verhandlungsdemokratie, Interessenvermittlung, Regierbarkeit. Festschrift für Gerhard Lehmbruch, Opladen 1993.

Schneider, V.: Politiknetzwerke in der Chemikalienkontrolle, Berlin/New York 1988.

Schenk, M.: Soziale Netzwerke und Kommunikation, Tübingen 1984.

Schweizer, Th. (Hrsg.): Netzwerkanalyse. Ethnologische Perspektiven, Berlin 1989.

Turner, J. H.: Network Analysis, in: Ders., The Structure of Sociological Theory, 5. Aufl., Belmont 1991, 540–572.

Waarden, F. van: Dimensions and Types of Policy Networks, in: Jordan/Schubert (Hrsg.), Policy Networks; European Journal of Political Research, Special Issue, Vol. 21/Nr. 1–2, Februar 1992.

Willke, H.: Entzauberung des Staates. Überlegungen zu einer gesellschaftlichen Steuerungstheorie, Königstein/Ts. 1983.

Yamagishi, T./M. R. Gillmore/K. S. Cook: Network Connections and the Distribution of Power in Exchange Networks; in: American Journal of Sociology 4 (1988), 833–851.

Martin Warnke

Politische Ikonographie

Hinweise auf eine sichtbare Politik

In vielfacher Weise sind Bilder mit dem politischen Leben verbunden. Nimmt man das Fernsehen als eine Form der Bildproduktion, in der Inhalte der Politik vor Augen gestellt werden, hinzu, dann dürfte deutlich sein, welches politische Gewicht visuelle Phänomene haben können.

Es ist bekanntlich umstritten, ob und inwieweit Massenmedien Einfluß auf die politische Einstellung ihrer Adressaten gewinnen. Auch aus kunsthistorischer Sicht ist über Erfolge der visuellen Medien nichts Endgültiges und Erhellendes beizubringen. Die nachfolgenden Bemerkungen lassen die Frage der Wirkung der Bilder und der entsprechenden Massenmedien ganz außer acht. Man kann aber beobachten, daß zu allen Zeiten unter den Herrschenden die Meinung verbreitet war, sie könnten über Bilder die Untertanen am wirksamsten beeinflussen, und sie müßten deshalb erhebliche Mittel in die bildliche Umsetzung politischer Botschaften investieren. Schon die christliche Kirche hat das ihr ursprünglich vorgegebene Bilderverbot schließlich aufgegeben mit dem Argument der Volksnähe bildlicher Mitteilungen: „Die Bilder sind die Bibel der Analphabeten." Im Mittelalter und in der Neuzeit hat man immer wieder gemeint, für das Volk seien Bilder wirksamer als Worte, visuelle Erfahrungen prägten sich einfachen Gemütern stärker ein als verbale Mitteilungen.

Von der modernen empirischen Forschung wird eher in Zweifel gezogen, daß die Medien die Macht haben, habitualisierte Haltungen und Überzeugungen kurzfristig zu ändern. Möglicherweise gibt es einen ganz anderen Grund für die hohe Einschätzung der Wirkungsmacht der visuellen Medien: die Autosuggestion. Es ist denkbar, daß weniger die Untertanen oder das Volk als vielmehr die Initiatoren selbst und ihre Getreuen die süchtigsten Konsumenten der visuellen Botschaften sind. Der aufbauende, stabilisierende Effekt einer bildlichen Selbstinszenierung auf deren Träger und Beförderer ist vielleicht die eigentliche Triebkraft für den nicht nachlassenden und gerade in aufgeklärten demokratischen Gesellschaften forcierten Einsatz visueller Medien.

Unter den künstlerischen Gattungen, die in alteuropäischen Gesellschaften politisch relevant geworden sind, spielt die *Architektur* schon aus ökonomischen Gründen eine Hauptrolle. Große Bereiche sozialer Aktivität des Staates war durch eine Bautätigkeit abgedeckt: „Denn er war ein friedlicher Fürst, und der es dafür hielt, daß man viel armen Leuten damit dienet, wenn man bauet“, so heißt es im 16. Jahrhundert von dem sächsischen Kurfürsten Friedrich dem Weisen. Die fürstliche Bautätigkeit umfaßte sowohl sicherheitspolitische Maßnahmen wie Festungs-, Grenz- oder städtischen Mauerausbau, als auch infrastrukturelle Maßnahmen im Straßen-, Lager- oder Wasserbauwesen. Diese Aktivierung der fürstlichen Baufürsorge trug nicht wenig zu dem allgemeinen Prozeß der staatlichen Intensivierung in der Neuzeit bei. An der Bedeutung des baulichen Sektors, der durch große Behörden und Ministerien sowie durch umfangreiche Gesetzeswerke immer noch erweitert wurde, hat sich bis heute kaum etwas geändert.

Eine andere Seite politischer Architektur kann mit der pragmatischen verknüpft sein, aber semantisch eine eigene Ausformung erhalten. Staatliche Bauten können in Gestalt und Größe Formen annehmen, die von den Bauzwecken nicht mehr abzuleiten sind. Es kommt immer wieder vor, daß Staaten, die es sich eigentlich nicht leisten können, Staudämme oder Kraftwerke errichten, die dann die größten der Welt sind, auch wenn ihr energiepolitischer und ökologischer Sinn umstritten ist. Darin äußert sich eines der ebenso simplen, wie geläufigen Motive politischer Architektur: das Bauen als Nachweis der Konkurrenz- und Wettbewerbsfähigkeit. Mit einem imposanten Bau kann ein Regime nach außen und nach innen immer noch den größten Respekt zu erwerben hoffen. Baustellen- und Industriebesichtigungen gehören zum unausweichlichen Programmpensum eines jeden Staatsbesuchs. Die gewaltigen Gefängnisse und Justizpaläste, die noch im 20. Jahrhundert allenthalben aufgeführt wurden, können nur als respektheischende Demonstrationen nach Innen und nach Außen verstanden werden. Die Magistralen der Metropolen des Ostblocks, die, wie die Stalinallee, gegen alle soziale Vernunft aufgeführt wurden; olympische Bauten, hauptstädtische Großprojekte, prunkvolle Gästehäuser, schwungvolle Zu- und Auffahrten – all dies gehört zu einer architektonischen Manifestation der Macht, die psychologisch so plausibel zu sein scheint, daß sie verhältnismäßig selten problematisiert wird.

In einer weiteren Form politischer Repräsentation ist dem Bau ein Zeichensystem zugeordnet, das ausdrücklich und lesbar ist. Fahnenmaste, Treppen, Portalfiguren, Giebelstatuen, aber auch Fresken oder Mosaike können Bauten zu Trägern ganzer politologischer Programme machen. Der Baukörper und seine Teile können aber auch unmittelbar symbolische Gestalt annehmen: Eine Kuppel kann in einem Parlament das überwölbende Volk meinen, Burg- und Zinnenmotive können an einem zivilen Bau

Grundsatzfestigkeit signalisieren, sakrale Elemente aus dem Kirchenbau, wie Türme oder Rundfenster, können einen profanen Bau feierlich einstimmen.

Kritik am Bauluxus der Herrschenden ist zu allen Zeiten geübt worden, an den Anlagen von Versailles ebenso wie an denen der Wilhelmshöhe in Kassel; an dem Palast der Republik der Deutschen Demokratischen Republik ebenso wie an der Staatskanzlei der Bayerischen Landesregierung in München. Noch keine Partei jedoch, die an dem Für und Wider beteiligt war, hat überprüfbare Beweise dafür beigebracht, ob Repräsentationsbauten einer staatlichen Autorität entbehrlich sind oder nicht.

Der offensichtlichste Einsatz von Kunstwerken für politische Zwecke geschieht durch *Denkmäler.* Sie werden in der Regel durch Skulpturen erstellt, obwohl oft auch architektonische und malerische Anteile eine Rolle spielen. Im Mittelalter gibt es das öffentliche Denkmal, das einer Person gewidmet ist, nicht. Aber auch noch im 15. Jahrhundert, als in Form des Reiterdenkmals erste Personaldenkmäler auftauchen, stehen diese immer in einem kirchlichen oder rechtlichen Schutzbereich. Es kennzeichnet eine fortschreitende Verstaatlichung, daß städtischer Raum durch herrscherliche Standbilder und Reiterdenkmäler, die auf öffentlichen Plätzen stehen, besetzt werden kann.

Im 19. Jahrhundert, dem Jahrhundert des „Denkmalkultus", greift das Bürgertum in die Denkmalgeschichte ein, nicht nur selbstbewußt, indem es seinen Geistesgrößen – zuerst Luther – Denkmäler setzt, sondern auch submiß, indem es den Regenten und Potentaten freiwillig Denkmäler widmet. Die Bismarckdenkmäler und Wilhelmstürme, die durch studentische oder städtische Sammelaktivitäten in Gang gebracht worden waren und ganze Landschaften überzogen, sind die markantesten Zeugen einer flächendeckenden Denkmalbesetzung in politischer Absicht.

Eine besondere Rolle spielen jene gewaltigen Denkmalprojekte, die man als Nationaldenkmäler bezeichnet. Die Walhalla, die Befreiungshalle in Kelheim, das Kreuzbergdenkmal zu Berlin, das Niederwalddenkmal, das Völkerschlachtdenkmal in Leipzig oder das Hermannsdenkmal im Teutoburger Wald sind solche Monumente, die, wenn nicht vom gesamten Volk durch Spenden finanziert, dann doch für das Volk als Identitätsangebot gedacht waren. Auch Personaldenkmäler, wie manches der gründerzeitlichen Denkmäler zum 100. Geburtstag Kaiser Wilhelms I., so das Kyffhäuser-Denkmal oder das Denkmal an der Porta Westfalica, wachsen durch systematische Propagierung in die Rolle eines Nationaldenkmals hinein. Das Berliner Kaiser-Wilhelm-Denkmal ist wohl für immer beseitigt. Das vor dem Hamburger Rathaus ist auf einem Nebenschauplatz abgestellt. Doch dasjenige am Deutschen Eck in Koblenz ist jüngst wieder errichtet worden.

In Deutschland hat die Wiedervereinigung die Denkmalfrage plötzlich wieder aktuell werden lassen. Eine einzelne Skulptur in der zur nationalen Gedenkstätte erklärten Schinkelschen Neuen Wache in Berlin hat die Gemüter erhitzt: Es bleibt umstritten, ob die von Käthe Kollwitz einer Mutter zugelegte Trauer um ihren gefallenen Sohn die angemessene Versinnbildlichung für das leisten kann, wovor Staatsmänner aller Länder ihre Reverenz erweisen sollen.

Die Geschichte des politischen Denkmals ist nicht unwesentlich bestimmt von der Möglichkeit, daß sie wieder beseitigt werden können. Ein Denkmal öffentlich aufzustellen, bedeutet, des Respektes der Untertanen sicher zu sein. Es ist auffallend, daß im 18. Jahrhundert die ersten und meisten öffentlichen Denkmäler Feldherren gesetzt wurden. Sie werden durch Popularität geschützt. Jedes gesetzte Denkmal braucht und verkörpert eine Akzeptanz des Publikums, welche die Sicherheit gewährt, daß es stehen bleiben kann. Denn komplementär zur Denkmalsetzung verläuft die Geschichte der Denkmalzerstörung. Sie muß nicht immer von unten erfolgen. Der Sturz des Denkmals des verhaßten Statthalters Alba in der Antwerpener Zitadelle im Jahre 1577 ist auf Anordnung Philipps II. erfolgt, um die Bürger Antwerpens nicht weiter zu provozieren. In der englischen, in der amerikanischen, vor allem aber in der französischen und dann der russischen Revolution gehört der Sturz von Denkmälern zu den markanten politischen Akten, die oft von den neuen Machthabern angeordnet worden waren. Auch in dieser Hinsicht hat die Gegenwart die eindrucksvollsten Beispiele zu bieten. Offensichtlich sieht man in einer möglichen Wirkung der Denkmäler eine Gefahr, so wie ihre Begründer von ihrer Wirkung sich einen Gewinn versprachen.

Die politischen Signale, die von Architektur und Skulptur ausgehen, rechnen damit, daß eine politische Botschaft vor einer breiteren Öffentlichkeit auf Dauer bestehen kann. Die *Malerei* dagegen hat zeitlich und räumlich einen eingeschränkteren Wirkungsradius und kann dafür deutlichere Aussagen machen. Die unverblümtesten Selbsterhöhungen kaiserlichen Amtsverständnisses wurden im frühen Mittelalter in der Sphäre der Buchmalerei vorgenommen, die in der Regel einen persönlichen Adressaten hat. Wand- und Tafelbilder sind gewöhnlich nur in Zimmern zugänglich. Die Städte lassen in den Amtsstuben der Rathäuser manchmal umfangreiche Bilderzyklen ausführen, um die Maximen eines guten Regiments oder die Gefahren eines tyrannischen Regiments darzulegen. In den Rathäusern hingen auch oft jene „Gerechtigkeitsbilder“, in denen anhand von Exempla aus der Bibel oder aus der römischen Geschichte politische Normen verdeutlicht wurden. In den Schlössern weltlicher Herren werben oft mythologische Programme, die die Legitimation eines fürstlichen Regiments und seiner Prinzipien vor Augen führen. Auch die Wandmalereien und Teppiche breiten ein ähnliches Gedankengut in den Innenräumen aus.

Es ist ein deutliches Zeichen einer sich ausbildenden Öffentlichkeit, wenn solche Bildprogramme auch auf den Straßen vorgetragen werden. Über ephemere Inszenierungen auf Triumphbögen konnten einziehende Herrscher durch Gemälde oder Lebende Bilder auf die Nöte und Wünsche der Bürger hingewiesen werden. Dabei wird ein lebender Fürst gerne als Jupiter, Mars, vor allem aber als Herkules „verkleidet", denn Herkules ist der Inbegriff des wohltätigen, wagemutigen Tugendhelden. Von Frankreich geht im 16. Jahrhundert eine Tendenz aus, den Herkules als Redner zu zeigen und seine Autorität auf Überzeugungsleistungen zu stellen – ein Indiz dafür, daß man monarchische Gewalt neu zu begründen versucht. In spätmittelalterlichen Städten wird es im Norden wie im Süden üblich, durch umfangreiche Fassadenmalereien auch moralische und politische Grundsätze zu verkünden. Die intellektuellen Ansprüche an die Maler werden durch solche programmatischen Explikationen allmählich so hoch, daß Handbücher herausgegeben werden, die mit mythologischen und allegorischen Deutungsangeboten behilflich sind. In der Emblematik entwickelt sich seit um 1600 aus der Impresenkunst ein eigenes spezialisiertes Genre von politischer Emblematik, die dann für Rathausausstattungen, wie z. B. in Nürnberg, ausgiebig genutzt wird. Die Technik der Wandmalerei hat in sozialistischen Ländern noch in jüngster Zeit eine Wiederbelebung erfahren. Aber auch in den westlichen Demokratien sind die unverhofft auftauchenden "murals", die aggressiven Attacken der „Sprayer", eine dauernde Irritation der Behörden und Bürger.

Die politische Bedeutung der Bilder in der Neuzeit ist in hohem Maße davon geprägt, daß sie mobil und reproduzierbar geworden waren. Um 1400 waren die neuen Techniken des Bilddrucks, der Holzschnitt und der Kupferstich, erfunden worden, und um 1500 tauchen die ersten politischen *Flugblätter* auf. In der Reformationszeit, vor allem in den Bauernkriegen, werden illustrierte und nicht-illustrierte Flugblätter Hauptmittel des politischen Kampfes. Im Niederländischen Freiheitskampf und im Dreißigjährigen Krieg erreicht diese Form der politischen Auseinandersetzung einen neuen Höhepunkt, um dann erst wieder in der Französischen Revolution hervorzutreten. Aus den satirischen und polemischen Elementen dieser Flugblattbilder entwickelt sich in England und dann in Frankreich die politische *Karikatur,* die mit Daumier ihre ästhetische und argumentative Höchstform erreicht. Nicht selten wird in Karikaturen Politik nicht nur kommentiert, sondern auch provoziert. Sie stellt die Toleranzschwellen eines politischen Systems immer wieder auf die Probe. In der Karikatur überleben invertiert all die mythologischen und allegorischen Verkleidungsformen bis zum heutigen Tage weiter; während in der offiziellen Kunst literarische oder überhöhende Inhalte so gut wie wegfallen, werden sie in der Karikatur weiter aktiviert: So kann Bismarck als

Herkules, Reagan als Michael oder Jelzin als Sisyphus verballhornt werden.

Die politische Bildpublizistik operiert nicht immer parteiisch. Nicht selten beabsichtigt sie eine chronistische Darstellung, einen objektiven, wahrscheinlichen Bildbericht. Schlachten, Hochzeiten, Festivitäten, Zeremonien, Begegnungen, Staatsempfänge, Sonderleistungen oder bemerkenswerte Ereignisse werden in Bildern berichtet und befriedigen ein Nachrichtenbedürfnis eigener Art. Im Zeitalter der Aufklärung entsteht ein besonderer Bilderdienst, der Bänkelsänger, der eine „herumziehende Person ist, die auf öffentlichen Plätzen historische Ereignisse, Mord- und Räubergeschichten etc., meist unter Hindeutung auf ein aufgerolltes, den Gegenstand darstellendes Gemälde, theils singend, theils erzählend vortragen". Es sind die Vorformen der *Bildreportage,* die dann durch die Entwicklung der Fotografie, des Films und des Fernsehens zur universalen Visualisierung aller politischen Akte führt. Aus der Faszination dieser Bildbenachrichtigung erklärt sich, warum die größte deutsche Zeitung „Bildzeitung" heißt.

Ein noch wenig ausgeleuchtetes Feld politischer Ikonographie ist die konkrete Verwendung oder der reale *Einsatz der Bilder* in der politischen Sphäre.

Bilder sind oft als Objekte genutzt worden, wenn es darum ging, Untertanen unmittelbar zu bedenken oder auszuzeichnen. Wenn ein Herrscher in eine Stadt einzog, wurden Medaillen und Münzen mit dem Bildnis des Herrschers unter das Volk geworfen. Solche Medaillen konnten aber auch gezielt eingesetzt werden: An goldenen Ketten befestigt, wurden Medaillen in unterschiedlichen Kategorien für unterschiedliche Grade der Anerkennung und Tugendprämierung feierlich verliehen.

Das *Bildnis* ist in solchen Zusammenhängen politischer Interaktion besonders oft genutzt worden. Seitdem Politik auch mit persönlichen psychologischen Reaktionen rechnet, soll das Bildnis helfen, Daten über persönliche Dispositionen oder Willensstrukturen zu übermitteln. Im diplomatischen Verkehr spielt deshalb die Überreichung und Übersendung von Bildnissen eine große Rolle. Ein Nachklang dieser Praxis ist noch die wechselseitige Überlassung von signierten Porträtfotos unter Politikern; aber auch gegenüber den politischen Anhängern kann das signierte Bildnisfoto noch immer eine bindende Kraft entfalten.

Das Bildnis des Fürsten konnte aber auch ganz praktische Repräsentationsaufgaben erfüllen. Es tauchen im 14. Jahrhundert in England jene "effigies" auf, z. T. noch erhaltene Puppen, die nach dem Tod eines Königs diesen noch in all seinen Vollmachten vertraten. Es sind zahlreiche Fälle bekannt, daß bei Thronbesteigung eines Fürsten die notwendige Huldigung der Stände nicht vor dem Fürsten selbst, sondern vor dessen Bildnis vollzogen wurde. Der Fürst wurde durch das Bildnis „vertreten". So wurde im

Jahre 1705 in Regensburg vor dem Bildnis Kaiser Josephs I. der Huldigungseid abgelegt. Man kann den Vorgang so deuten, daß auf diese Weise Herrschaft sich versachlicht, entpersonalisiert. Über diese Zeremonie schreibt der Zeremonialwissenschaftler Johann Christian Lünig 1720: „Auf dem Huldigungs-Saal wird ein prächtiger Tron aufgerichtet, wenn der Landesherr sie selbst in eigener Person entgegennehmen will; wenn er aber nicht in eigener Person zugegen ist, wird nur an der Stelle, wo sein Bevollmächtigter die Huldigung entgegennimmt, das Porträt des Landesherren in Lebensgröße gestellt." Vermutlich hängt es mit dieser Vertretbarkeit des Urbildes durch das Bild zusammen, daß noch heute vor allem in Diktaturen alle Schul- und Amtsstuben mit dem Bildnis des Diktators ausgestattet sind.

Die eminente Bedeutung, die das Bildnis des Herrschers gewinnen kann, erklärt auch, warum sich Potentaten zu allen Zeiten um das richtige Erscheinungsbild bemüht haben. Kaiser Maximilian I. hat persönlich Bildnisentwürfe korrigiert. Später wurde es verboten, Herrscherbildnisse ohne die Erlaubnis des Hofes auszugeben: Es wurde als wichtig erachtet, das richtige *Image* zu haben. Darüber hinaus wurde es als ein Majestätsverbrechen angesehen, das Bildnis des Königs zu beschädigen oder zu zerstören. Bis heute ist das Bildnis der öffentlichen Personen in besonderer Weise gegen Angriffe geschützt.

Im 20. Jahrhundert hat das Herrscherbildnis sowohl in faschistischen wie in kommunistischen Regimen hypertrophe Formen angenommen, wie sie kaum je zuvor in der Geschichte vorgekommen sind. Andererseits jedoch haben im 20. Jahrhundert auch politische Gruppen weiterhin Bildnisse als Kampfmittel „von unten" eingesetzt. Mit dem Bildnis Che Guevaras konnten studentische Gruppen in den siebziger Jahren eine erstaunliche Resonanz erzielen. Selbst in islamischen Bewegungen, wo ja eigentlich Bildverbot herrscht, spielen bei Massenaktionen die Bildnisse der ersehnten oder verehrten Führer eine wichtige Rolle.

Eine Art Analogiezauber, der die Identität zwischen Bild und Abgebildeten insinuiert, könnte auch letztlich zugrunde liegen, wenn politische Gegner mit Hilfe von Bildnissen bestraft und verfolgt werden. Im spätmittelalterlichen Italien breitete sich die „Schandmalerei" aus, die Hochverräter, die nicht mehr greifbar waren, mit Hilfe von Bildern dingfest zu machen versuchten. Von einem Florentiner Hauptmann, den der Papst um 1377 gegen Florenz eingesetzt hatte, wird berichtet: „Die Florentiner aber verfolgten ihn wie einen Verräter und ließen sein Bildnis an alle Türen malen, wie er nackt am Galgen hing, so als hätten sie ihn nackt erhängt." Prominente Künstler, darunter auch Botticelli, mußten solche Bilder malen. Nach einem Attentat auf den Bischof von Lipari im Jahre 1534 wurde Gregorio Magalotti verurteilt und „auf die Fassade des Kapitols gemalt als Rebell mit den Händen auf den Rücken gebunden". Ebenso üblich war die Verbrennung von Gegnern als Puppen, so etwa, als 1586 in London die Puppen des Papstes und des entthronten Königs den Flammen übergeben wurden. Damals beschloß auch das Pariser Parlament, entflohene Majestätsverbrecher sollten durch eine öffentliche Scheinhinrichtung bestraft werden. So wurde Coligny als strohgestopftes Mannequin hingerichtet.

Die hier versuchte Skizze zur Politischen Ikonographie sollte andeuten, in wie vielen Bereichen des politischen Lebens Bilder eine Rolle spielen können. Die Indizien, Phänomene und Ereignisse beweisen nur, daß man den Bildern immer wieder eine große Wirkung zugetraut hat; sie beweisen nicht, ob sie diese Wirkung tatsächlich hatten. Es scheint aber eine Art Konsens darüber gegeben zu haben, daß man Argumente und Auseinandersetzungen mit Hilfe von Bildern ernst zu nehmen habe.

Die bisherigen Forschungen zur politischen Ikonographie haben noch zu keiner ausformulierten Theorie über Wirkung und Bedeutung nonverbaler politischer Eindrücke auf die Menschen geführt. Es hieß, daß die Massaker der chinesischen Regierung an den Studenten auf dem Platz des Himmlischen Friedens ausgelöst und in dem Augenblick befohlen wurden, als aus der protestierenden Masse eine Puppe der New Yorker Freiheitsstatue auftauchte. Wieder beweist ein solcher Vorgang nur, daß die Inhaber der staatlichen Gewalt so sehr an die Macht einer Puppe glaubten, daß sie gegen sie rücksichtslos ihr Bildmonopol durchsetzen zu müssen glaubten; er beweist nicht, daß die Puppe schon irgendeinen mobilisierenden Effekt auf die Massen gehabt haben könnte. Einigkeit besteht in der Politischen Wissenschaft offenbar nur darin, daß es sich bei den visuellen Erscheinungsformen politischen Willens um einen eher suspekten, irrationalen, sinnlich gesteuerten und deshalb unkontrollierbaren Impuls handelt, der eigentlich im politischen Geschäft nichts zu suchen habe, weil sinnliche Erkenntnis nicht wahrheitsfähig ist. Wenn die Meinung darüber eine andere wäre, dann hätte die Politische Wissenschaft diese Phänomene nicht ignoriert.

Die grundsätzliche Frage, welche die Entwicklung visueller Argumentationsstrategien in politischen Systemen der Vergangenheit und Gegenwart stellt, lautet, ob in der visuellen Ausgestaltung politischer Vorstellungen ein Bedürfnis angesprochen wird, das durch diskursive, schriftliche oder wörtliche Aussagen nicht berührt wird.

Der geschichtliche Rückblick erlaubt die Feststellung, daß in der politischen Bildproduktion von Jahrtausenden sich ein Fundus von politischen Wünschen, Phantasien, von sinnlich plausibel gemachten Normen, Leitbildern und Idealen angesammelt hat, der in den politischen Umwälzungen des 19. Jahrhunderts dann auch paraphiert und in die Verfassungen eingegangen ist. Dies mag der tiefere Grund dafür sein, daß die Hochkunst damals grundsätzlich aus der unmittelbaren Tagespolitik ausschied. Außerdem waren ihre Produkte für eine Massengesellschaft nicht mehr wirksam genug. Foto und Film konnten rein technisch die Funktionen der Bilder von ehedem auf einem neuen Wirkungsniveau wieder wahrnehmen. Sie bedienen die politischen Apparate wohl willenloser als die alten Künstlerindividuen. Wenn sie aber irgend erfolgreich sind, dann muß daran nicht das politische Bildungsdefizit des Publikums Schuld haben, sondern dann kann es auch daran liegen, daß die nackten und unverkleideten politischen Botschaften ein Bedürfnis unerfüllt lassen, das die sinnlich ansprechenden Medien noch bedienen können.

Literatur

Brückner, Wolfgang: Bildnis und Brauch, Berlin 1966.

Chapeaurouge, Donat de: Theomorphe Porträts der Neuzeit, in: Deutsche Vierteljahrsschrift, Bd. 42 (1968), S. 55–62.

Diers, Michael (Hrsg.): Mo(nu)mente. Formen und Funktionen ephemerer Denkmäler, Berlin 1993.

Ehalt, Hubert Ch.: Ausdrucksformen absolutistischer Herrschaft. Der Wiener Hof im 17. und 18. Jahrhundert, Wien 1980.

Freedberg, David: The Power of Images. Studies in the History and Theory of Response, Chicago/London 1989.

Gauger, Jörg-Dieter/Justin Stagl: Staatsrepräsentation, Berlin 1982.

Harms, Wolfgang (Hrsg.): Deutsche Illustrierte Flugblätter des 16. und 17. Jahrhunderts, 2 Bde., Tübingen 1980, 1985.

Keutner, Herbert: Über die Entstehung und die Formen des Standbildes im Cinquecento, in: Münchner Jahrbuch für Bildende Kunst, Bd. 7 (1956), S. 138–168.

Mayor, A. Hyatt: Prints & People. A social history of printed pictures, Princeton 1971.

Nipperdey, Thomas: Nationalidee und Nationaldenkmal in Deutschland im 19. Jahrhundert, in: Historische Zeitschrift, Bd. 206 (1968), S. 529–585.

Scharf, Helmut: Kleine Kunstgeschichte des deutschen Denkmals, Darmstadt 1984.

Tenfelde, Klaus: Adventus. Zur historischen Ikonologie des Festzuges. In: Historische Zeitschrift, Bd. 235 (1982), S. 45–84.

Warnke, Martin (Hrsg.): Politische Architektur in Europa vom Mittelalter bis heute, Köln 1984.

Sigrid Baringhorst

Protest und Mitleid – Politik als Kampagne

„Politikverdrossenheit“ – Protest in der Krise?

Der Katzenjammer der politischen Klasse in Bonn hat der Politikwissenschaft ein neues Modethema beschert: Unter dem Stichwort „Politikverdrossenheit“ macht sich die Profession eifrig daran, Ursachen des kollektiven politischen Vertrauensverlustes zu ergründen und – dem selbstlegitimatorischen Ziel der Politikberatung folgend – Wegweiser aus der Krise zu markieren. Angeregt durch die osteuropäischen Demokratiebewegungen und die amerikanischen Kommunitarismus-Debatten ist dabei die „Zivilgesellschaft“ zur aktuellen Sozialutopie avanciert. Bürgergesellschaft statt Zuschauerdemokratie, freie Assoziation statt Rückzug in die Apathie – an wohlmeinenden Appellen zur zivilen Einmischung mangelt es der „bewegungslosen Republik“ vermutlich nicht.

Bei der normativen Fixierung auf wohl kaum noch als „unkonventionell“ zu bezeichnende Partizipationsformen außerparlamentarischen Protestes wie Bürgerinitiativen und Aktionskomittees sind innovative, persuasive Mobilisierungsstrategien wie massenmedial vermittelte Kampagnen im Kontext von Diagnose und Therapie der politischen Vertrauenskrise bisher weitgehend ungeachtet geblieben. Betrachtet man die horrenden Summen massenmedial vermittelter Weltkollekten und die Inflation und Vielfalt politisch-moralischer Solidaritätskampagnen seit Mitte der 80er Jahre, so indizieren diese keineswegs eine Abkehr vom Politischen schlechthin, sondern eher eine Unzufriedenheit mit einer Politik, die sich, unter der Inszenierung ideologischer (Schein)gefechte, vor allem auf die Durchsetzung partikularer Egoismen politischer und gesellschaftlicher Akteure beschränkt.

Von den emanzipatorischen Zielen und politischen Partizipationsformen zivilgesellschaftlicher Assoziationen wie den schon klassisch zu nennenden „Neuen Sozialen Bewegungen“ sind die Soli-Kampagnen der letzten Jahre jedoch meilenweit entfernt: Es geht weder um die Durchsetzung individueller oder gruppenspezifischer Autonomieansprüche noch um die Auslösung gesamtgesellschaftlicher Transformationsprozesse, orientiert an ideologischen

Vorgaben und Utopien. Vielmehr sind wir Zeugen einer weitreichenden Transformation politisch-moralischen Protests. Diese soll im folgenden in dreifacher Hinsicht skizziert werden:

1. Auf der Ebene der inhaltlichen Zielbestimmung werden emanzipatorische Bestrebungen im Sinne des Autonomie-Projekts der Aufklärung tendenziell durch „lebenspolitische" Initiativen abgelöst, d. h. durch eine Orientierung an lebensentscheidenden humanitären oder ökologischen Elementarfragen wie Krieg, Hunger, Umweltkatastrophen, Aids, rassistische Gewalt, Vergewaltigung, Kindesmißhandlung oder Abtreibung.

2. Im Gegensatz zu sozialen Bewegungen sind die Kampagnen viel stärker fokussiert und temporär wie gegenstandsbezogen ganz auf die Durchsetzung bzw. Verhinderung eines konkreten Zieles ausgerichtet. Im Zeichen von Erlebnis- und Mediengesellschaft dominieren dabei auf der Ebene der Aktions- und Mobilisierungsformen spektakuläre Ritualinszenierungen, Benefizveranstaltungen und lifestyle-gerechte Werbekampagnen.

3. Auf der Ebene der sozialen Träger und Akteure treten Medienexperten, Werbeagenturen und VIPs aller Couleur in zunehmende Konkurrenz zu etablierten wie alternativen Bewegungsorganisationen und -netzwerken.

Die Analyse massenmedial vermittelter Protest- und Hilfskampagnen zeigt, so die abschließende These, daß die Politologie, verstanden als Wissenschaft politischen Handelns, im Zuge fortschreitender Moralisierung, Ästhetisierung und Mediatisierung des Politischen keineswegs ihr Sujet verloren hat. Um den Wandel des Forschungsgegenstands jedoch adäquat nachvollziehen zu können, ist eine intensivere Öffnung fachspezifischer Perspektiven für Kenntnisse und Methoden angrenzender Sozial- und Kulturwissenschaften unabdingbar.

"Pro Life" – die Suche nach den letzten Werten

Nach dem Fall der totalitären Regime in Osteuropa scheinen emanzipatorische Politikkonzepte, die normativen Grundlagen der Demokratisierungsbewegungen, an gesamtgesellschaftlicher Geltung wie sozialer Trägerschaft eher verloren als gewonnen zu haben. Auch in den hochindustrialisierten westlichen Demokratien ist emanzipatorische Politik, nachdem sie im weltgesellschaftlichen Maßstab eindeutig den Siegeszug angetreten hatte, ein Opfer ihres Erfolges geworden. Vor allem bezogen auf individuelle Freiheitsvorstellungen haben radikalisierte Modernisierungsprozesse primär die Ambivalenzen und Schattenseiten einer absoluten Freisetzung von herrschaftlichen und gesellschaftlichen Zwängen offenbart, weniger den Anbruch eines paradiesischen Reiches selbstbestimmter Freiheit. Im Signum der «condition postmoderne» geht es gegenwärtig eher um die Bewältigung individueller Überforderungszumutungen – Stichwort: Angst vor Freiheit – als um eine weitergehende Befreiung aus traditionellen Bindungen. Nicht das Abschütteln normativer und politischer Bevormundungen steht im Zentrum gesellschaftlicher Selbstreflexion, sondern die Frage, wie ohne Substitution der tradierten normativen Schranken durch den Aufbau neuer Verhaltenszwänge eine moralische Lebensführung gerechtfertigt und gesichert werden kann.

Am Ende der einst geschichtsmächtigen Meta-Erzählungen und Ideologien erfährt sich der einzelne im fundamentalen Wahrheitszweifel prinzipiell auf sich selbst zurückgeworfen. Ungewißheit und Skepsis kennzeichnen sein grundsätzliches Verhältnis zur Welt, nicht bürgerliches Selbstbewußtsein und Autonomiewille. Die vom Zweifel getragene Suche nach den letzten Verbindlichkeiten endet in den moralisch-existenzialistischen Fragen von Leben und Überleben: Sind alle normativen Geltungsansprüche relativ geworden, ist nur noch der Einsatz für den Erhalt des „Lebens an sich" universal verbindlich zu machen. Nur das humanitäre Engagement ist über allen Zweifel erhaben und deshalb zum zentralen Fluchtpunkt politischen Handelns geworden. Vor ihm verblassen alle parteipolitischen Rechts-links-Differenzierungen. Jede Form von Machtpolitik ist diskreditiert; selbst militärische Einsätze lassen sich nur noch als humanitäre Hilfsaktionen wirkungsvoll legitimieren.

Werden in den Sozialwissenschaften im allgemeinen eine natürliche, phänotypische Ähnlichkeit, geteilte Werthaltungen, arbeitsteilige Abhängigkeit, Interaktionshäufigkeit, soziale Nähe oder eine gemeinsame Bedrohung als Konstitutionsbedingungen für die Entstehung von Solidarität betrachtet, deutet die Analyse massenmedial vermittelter Weltkollekten eher darauf hin, daß die Fernstenliebe der Nächstenliebe in der Hierarchie öffentlicher Empathiebekundungen den Rang abgelaufen hat. Nicht den vermeintlichen „Brüdern und Schwestern im Osten", dem selbst verschuldeten, demonstrativen Hunger streikender, da von Arbeitslosigkeit bedrohter ostdeutscher Kali-Kumpel oder den Stahlkochern im Ruhrgebiet gilt die uneingeschränkte Anteilnahme. Demonstrative Sympathiebekundungen richten sich vor allem auf die von rassistischer Gewalt bedrohten, kulturell Fremden im eigenen Land – siehe Lichterketten in Deutschland oder SOS-Racism in Frankreich – und die hungernden Fremden geographisch entfernter Regionen.

Die Globalisierung kommunikativer Vernetzungen zusammen mit der wachsenden internationalen Verflechtung der gesellschaftlichen Arbeitsteilung haben den Radius potentieller Solidaritätsaktionen ins Weltgesellschaftliche dimensioniert. Je exotischer, fremder und hilfloser die zum Opfer stilisierte Adressatengruppen, je leichter entwickelt die „kühle Gesellschaft" warme Gefühle. Während innergesellschaftliche Armut als selbstverschuldet stigmatisiert und Sozialhilfeempfängern der Arbeitszwang angedroht wird, bedürfen Hilfsaktionen gegen Hungerkatastrophen in Afrika oder für die Unterstützung von Kriegsopfern, allen modernen Reziprozitätsnormen zum Trotz, keiner weiteren argumentativ-legitimatorischen Anstrengungen.

Mit den humanitären Weltkollekten und Soli-Kampagnen wird der vorherrschenden Reduktion des Politischen auf Fragen des Machterwerbs und Machterhalts und den damit verbundenen Freund-Feind-Distinktionen die Rückbesinnung auf elementare, nicht mehr hintergehbare Seinsfragen gegenübergestellt. Krankheit (Aids), Folter, Vergewaltigung und Tod, bedingt durch Hunger, Umweltkatastrophen, Krieg oder andere Formen der Gewalt werden zu neuen Fokuspunkten gesellschaftlicher Mobilisierung – auch die antirassistischen Solidaritätskampagnen fanden erst massenhafte Unterstützung, nachdem die ersten Toten zu beklagen waren.

Dabei reicht die Solidaritätsbereitschaft weit über das Humane hinaus: Prinzipiell ist die gesamte belebte Natur – erinnert sei nur an die spektakulären Aktionen gegen Tierversuche – in das globale lebenspolitische Engagement einbezogen. Auch wenn sich Robbenbabies und Walfische besonderer Beliebtheit erfreuen, so kann doch grundsätzlich jede vom Aussterben bedrohte Spezies zum Gegenstand lebensschützerischer Kampagnen werden.

Häufig bildet die demonstrative Identifizierung mit dem Opfer nach dem Muster „Auch ich bin ein Ausländer" die Grundlage des solidarischen Handlungszusammenhangs, der dadurch selbst dem Rahmen einer durch Bargaining-Prozesse strukturierten institutionalisierten Politik entzogen wird. Da dem Engagement fürs Leben a priori universale Legitimation zugesprochen wird, erübrigen sich im Verständnis der Akteure langatmige politische Debatten. Geht es nur um die Wahrung partikularer Besitzstände oder schnöde Profitinteressen, so beansprucht das lebenspolitische Engagement moralisch gesehen immer Vorrang vor zweckrationalen Interessen. Nur in der Kontroverse mit sozialen Emanzipationsansprüchen einzelner Gruppen gibt es, wie die Abtreibungsdebatte deutlich gezeigt hat, unversöhnliche Geltungsansprüche von "Pro-Life"- und "Pro-Choice"-Positionen. Als Existenzfragen formuliert, werden politische Streitfragen hochmoralisch aufgeladen und Kompromißbildungen nahezu unmöglich gemacht – obschon oder gerade weil sich die Beantwortung der Frage, wann das Leben anfängt und wann es aufhört, in den Debatten um Abtreibung, Gentechnologie oder Sterbehilfe als keineswegs konsensfähig erwiesen hat.

Strategien der magischen Verzauberung – Mobilisierung im Zeichen von Erlebnis- und Mediengesellschaft

Das „kulturelle Milieu“ (Nedelmann) der humanitären oder, allgemeiner gesprochen, „lebenspolitischen“ Kampagnen ist nicht nur durch eine kognitive Entdifferenzierung, Moralisierung und Emotionalisierung geprägt, sondern vor allem durch eine mediengerechte Ästhetisierung entsprechend der spezifischen Anforderungen einer Medien- und Erlebnisgesellschaft. Waren die Basisbewegungen der 70er und 80er Jahre angetreten mit dem Ziel unmittelbarer und sinnlich konkret erfahrbarer Politikgestaltung, scheint im publizistischen Kampf um die “prime time” am Ende die zeitraubende und z. T. auch nervenaufreibende Basisarbeit marginalisiert und die Etablierung subkultureller Gegenöffentlichkeiten, zumindest gemessen an ihrem systemtranszendierenden Anspruch, gescheitert zu sein.

Neil Postmans kulturpessimistische Warnung „Wir amüsieren uns zu Tode“, mit der er die Unterhaltung als geheime Superideologie des Fernsehens brandmarken wollte, ließe sich angesichts der Inflation von Solidaritätskonzerten und karitativer Galas mit John Lennon zeitgemäß umformulieren: “We are benefitted to death.” Die Inszenierung von Wirklichkeit ist nicht nur für Akteure der etablierten Politik, sondern ebenso für die Initiatoren von Solidaritätskampagnen zur wesentlichen Strukturbestimmung politischen Handelns geworden. Waren die Straßendemonstrationen des 19. Jahrhunderts eine Reaktion auf regierungsoffizielle Paraden und Militäraufmärsche, so sind die medienwirksamen Showspektakel abenteuerlicher Greenpeace-Helden, Rock Against Racism oder Band Aid in ihrem telegerechten Inszenierungscharakter Antwort und Teil einer allgemeinen Aufwertung der expressiven, symbolischen Dimension des Politischen. Die generelle Transformation des Politischen von der Realpolitik zum Politmarketing, Reaktion auf gesellschaftliche Komplexitätssteigerung und daraus resultierender politischer Steuerungsprobleme, hat über den Bereich von Herrschaftssicherung und parteipolitischen Stimmenfang hinaus auch die Politik von unten, d. h. den Charakter partizipatorischer Eingriffsmöglichkeiten der Bürger, verändert.

In der Epoche des Bildschirms reichen traditionelle politische Aktionsformen wie Demos, Inis, AGs und Podiumsdiskussionen nicht mehr aus, um erfolgreich um die Akzeptanz weiter Bevölkerungskreise für ein bestimmtes Anliegen zu werben. Während Evidenz früher unmittelbar auf der Straße hergestellt werden konnte, bedarf gesellschaftliche Akzeptanz heute der Hilfe lebender Bilder, denn kein anderes Medium ist gegenwärtig dazu in der Lage, soviel Glaubwürdigkeit und Sichtbarkeit zu inszenieren wie das Fernsehen.

Die Inszenierung des Scheins scheint alternativlos geworden – Hungerkatastrophen, Umweltprobleme, Kriege, Drogenmißbrauch, Rassismus und Jugendgewalt sind gleichermaßen der Dominanz einer mediengerechten Erlebnisorientierung unterworfen. Die von den Postmodernisten monierte „Agonie des Realen" (Baudrillard) ist in der telegenen Katastrophenästhetik fatale Wirklichkeit geworden. Horrormeldungen werden als Erlebnis-Bits in das alltägliche Aktionsprogramm von Spielfilm und Werbung so eingespeist, daß die Aura des Fiktionalen von der Aura des realen Schreckens kaum noch unterschieden werden kann.

Absorbiert in die allabendlichen Nachrichtenrituale wird das Außergewöhnliche zugleich zur Routine degradiert. Die Inszenierung des Schrekkens spiegelt sich in der Inszenierung humanitärer, lebensschützerischer Gegen-Feldzüge. Unter den Bedingungen einer an den ästhetischen und erlebnisrationalen Bedürfnissen der Zuschauer orientierten Medienwelt unterliegt die Ausrichtung und Organisation von Solidaritätskampagnen den gleichen Gesetzmäßigkeiten wie die Vermittlung der Katastrophenmeldung. Analysiert man z. B. die Solidaritätskonzerte der letzten Jahre, so dominiert der Eindruck einer mit hochrangigen Stars besetzten Musikshow: Informationen über Anlaß und Adressaten des Appells werden höchstens in Umbaupausen in Form kurzer Grußadressen oder auf Leinwänden eingespielten Videoclips eingestreut.

Auf den nicht musikalischen Aktionen schlägt die „Inflation der Worte" (Münch) zuweilen dialektisch in eine „Inflation des Schweigens" um. Die großorganisierten Lichterketten des Winters 1992/93 zeugen eindrucksvoll von der symbolischen Verdichtung moderner Solidaritätskampagnen: Erlebnisqualität und nonverbale Ästhetik haben die Kampfparolen und agitatorische Rhetorik klassischer Protestdemonstrationen abgelöst. Ähnliches gilt auch für die heldenhaften Taten der Regenbogenkrieger oder Robin Woods moderner Öko-Multis. Mitreißender als viele Action-Krimis inszenieren sie in ihren weltweiten „Abenteuerspielen" Thrill und Nervenkitzel – die Taten müssen für sich sprechen, nur spärliche Transparente zeugen noch von der anfänglichen Diskursorientierung linksalternativer Gegenöffentlichkeit.

Erfolgs- und Erlebniskommunikation ersetzen dabei zunehmend die in den 80er Jahren dominierende Angstkommunikation. Die sog. „neuen sozialen Bewegungen" wie Friedens-, Öko- und Anti-Atombewegung mobilisierten ihre Anhängerschaft durch eine permanent erzeugte 5-vor-12-Stimmung. Dieser ständige Appell an rationale, wie zum Teil aber auch irrationale Ängste scheint zunehmend leerzulaufen. Die unablässige Erzeugung von Bedrohungsgefühlen auf höchstem Niveau muß am Ende unweigerlich zum Glaubwürdigkeitsverlust und Abstumpfen der moralischen Empörung führen. Die Folgen für die Aufopferungsbereitschaft der Anhänger sind evident: Die neue Generation Jugendlicher ist nicht mehr zur Selbstkasteiung bereit – Engagement ja, aber nur, wenn's Spaß macht und der Aufwand nicht zu groß ist.

Die Kaste der Mediokraten – Popstars und Presseagenten als Priester und Politiker

"The whole world is watching", sang die Menge am 11. Juni 1986 im Wembley-Stadion, als die Musiker auf der Benefizveranstaltung zum siebzigsten Geburtstag des ANC-Führers ihr "Free Nelson Mandela" intonierten. Rockmusiker wie Bruce Springsteen, Peter Gabriel, Stevie Wonder, U2, Sting, Phil Collins oder aus dem deutschen Sprachraum Herbert Grönemeyer, Udo Lindenberg oder BAP erreichen gegenwärtig größere Kreise als Kirche und Schule zusammen. Moralisch-politische Mobilisierung und Aufklärung ist ohne ihre Mithilfe kaum noch denkbar. Sie sind die neuen Helden, Magier und Priester, Symbole einer humanitären Haltung mit ökologischem Einschlag, die sich in vieler Hinsicht, etwa im Kampf gegen Rassismus, Hunger und Folter, radikaler engagieren als die offiziellen Repräsentanten der etablierten Kirchen.

Auf der Inszenierungsebene sind moderne Solidarkampagnen häufig in zwei Akteursgruppen zu differenzieren: Publikum und Darsteller. Dies gilt jedoch nur mit Einschränkungen, denn in vielen Aktionen werden die direkt teilnehmenden Zuschauer zu indirekt mitwirkenden Darstellern, und in vielen anderen, wie den magischen Umhegungen in Form von Lichter- oder Menschenketten, wird die klassische Egalitätsforderung gewahrt, und alle Mitmachenden werden zu gleichberechtigten Akteuren. Gleiche Rollenverteilung meint dabei aber keineswegs gleiche Medienpräsenz: Vor der Straßenöffentlichkeit mögen sie noch gleich sein, aber nicht vor den diskriminierenden Argusaugen der Fernsehkameras. Leben neun von zehn Prominenten nach dem Grundsatz „Tue Gutes und rede drüber", so besorgt auch für den bescheidenen Rest die ausgleichende Gerechtigkeit der Medienberichterstattung, daß auch ihre gute Tat kein Geheimnis bleibt.

Die barmherzigen Mediokraten kommen aus allen Sparten des Mediensystems. Dabei hat sich im Prozeß der Expansion humanitärer Aktionen ein für alle Beteiligten vorteilhafter, arbeitsteiliger Unterstützungsmechanismus herauskristallisiert, in dem Redakteure das Image der berühmten Helfer aufpolieren, die VIPs den Journalisten gute Stories vermitteln, die Fernsehproduzenten hohe Einschaltquoten erzielen und Zeitungsverleger – nicht ohne Interesse an Auflagensteigerungen – Kampagnenaufrufe veröffentlichen.

Ähnlich wie beim Publikum sind auch bei den Darstellern innen- und außengeleitete Handlungsmotivationen eng miteinander verwoben; nur daß das Motto „sei barmherzig und profitiere davon" von den Prominenten einträglicher in Image- und Reputationssteigerungen umgesetzt werden kann. Anders als die Sozialarbeiter und Streetworker vor Ort, kann die neue Kaste der professionellen Helfer, die sich im Laufe der Zeit herausgebildet hat, ihr Engagement werbewirksam inszenieren – und dabei noch steuerliche Vergünstigungen reklamieren. Moralität kann im Medienzeitalter nicht mehr auf Altruismus reduziert werden. Das prinzipielle „Altruismusparadox“, die „egoistische“ Fundierung altruistischen Handelns, ist nicht neu, nur die Offenheit der Thematisierung dieses Dilemmas zeugt von einem ungewohnt selbstbewußten, wenn nicht zuweilen sogar selbstgefälligen Umgang mit dieser moralischen Paradoxie. Moralisierung und ökonomische Profitorientierung schließen sich nicht nur nicht aus, ihre Durchdringung ist wesentliches Erfolgsrezept für die Breitenwirkung moderner Solidaritätskampagnen: ohne sie wäre das “social sponsoring” privater Unternehmer ebenso undenkbar wie das bereitwillige Engagement von Künstlern und Medienfachleuten in der Konkurrenz humanitärer, pazifistischer oder ökologischer Initiativen.

Betrachtet man die Entstehungsgeschichte moderner Kampagnen, so scheint die postmoderne Vision einer Selbstreferenz der Zeichen zumindest insoweit realisiert zu sein, als Journalisten und andere Medienexperten zunehmend selbst die Anlässe ihrer eigenen Berichterstattung ins Leben rufen. Da sie die Funktionsprinzipien des Mediensystems, d. h. vor allem die Konstitutionsbedingungen nachrichtenwerter Ereignisse, aus eigener Anschauung am besten kennen, sind sie die prädestinierten Regisseure symbolischer Politikinszenierungen: Beispiele solcher Initiativen sind etwa die von der MAX-Redaktion kreierte “Life Aids”-Kampagne zur Aidsbekämpfung oder die „Ausländer-her“-Kampagne von ›Tempo‹. Bemerkenswert ist in dem Zusammenhang auch die Entstehungsgeschichte der Lichterkettenaktionen im Herbst 1992: Sowohl bei der ersten Lichterkette in München als auch beim nachfolgenden „Alsterleuchten“ in Hamburg waren mit Giovanni di Lorenzo (Süddeutsche Zeitung) bzw. Michael Jürgs (damaliger Chefredakteur von Tempo) jeweils renommierte Redakteure unter den Initiatoren. Auch die seit den siebziger Jahren erfolgreich und publikumswirksam arbeitende Cap-Anamur-Initiative verdankt ihre Entstehung und fortlaufende Organisation mit Rupert Neudeck letztlich einem Journalisten.

Darüber hinaus gibt es auch reine Presse- und Fernsehkampagnen, die ausschließlich auf Medieninitiativen zurückgehen. Beachtenswert ist aus der jüngsten Zeit vor allem der Aufruf des britischen ›Independent‹ zum militärischen Eingriff in Sarajewo, bei dem er die gesamte erste Seite einer Ausgabe der namentlichen Auflistung der Unterstützer des Appells widmete, sowie eine ähnlich gerichtete Aktion des britischen Channel 4, der im August 1992 ein fünfzehnstündiges Programm zum Thema ›Bloody Bosnia‹ ausstrahlte.

„Die Macht der geheimen Verführer" – Unternehmen und Werbeagenturen als Agenten politischer Mobilisierung

Kentnisse der Regeln strategischer Aufmerksamkeitserzeugung gehören nicht nur ins unabdingbare Berufsrepertoire der Experten von Presse, Funk und Fernsehen, auch die in den 80er Jahren wie kein anderer Dienstleistungsbereich boomende Werbebranche hat sich mittlerweile zu einem einflußreichen gesellschaftlichen Subsystem ausdifferenziert, auf dessen „geheime Verführungsmacht" moderne Solidaritätskampagnen nicht verzichten mögen. „Hätte Hitler verhindert werden können, wenn seinerzeit Top-Werbeagenturen die Chance und den Auftrag erhalten hätten, eine gigantische Anti-Nazi-Kampagne durchzuführen?" fragte Burkhard Straßmann anläßlich der vom HR 3 initiierten bundesweiten Kampagne „Ausländerhaß – nicht mit uns" in der TAZ (TAZ, 15. 11. 91). Die Frage steht noch immer zur Beantwortung offen, aber nicht zuletzt die antirassistischen Werbeanzeigen und Videoclips, die seit den Brandanschlägen von Hoyerswerda in einem bisher ungekannten Ausmaß die Medien überschwemmen, zeugen von einer gewachsenen Inanspruchnahme kommerzieller Persuasionsexperten von staatlichen wie privaten Auftraggebern.

Dabei werden private Unternehmen und Werbeagenturen immer häufiger auch aus Eigeninitiative zu Trägern moralisch-politischer Mobilisierung. Da die Werbebranche wie kein anderes gesellschaftliches Subsystem sich zum Seismographen aktueller Zeitgeistveränderungen entwickelt hat, reagiert sie blitzschnell auf gesellschaftliche Trendwenden wie die Abkehr vom hedonistischen Yuppietrend.

Moralität ist in, doch – betrachtet man die veränderten Stratgegien moderner Lifestyle-Werbung – nicht im Sinne weinerlicher Betroffenheit und klerikaler Jammergemeinschaften, sondern visualisiert in humorvollen Wortspielen und ästhetisch überformten "Come-Together"-Mythen. So werben Saatchi & Saatchi – kostenlos und als reine Imageaktion – mit der ironisch-witzigen Parole „Linkshänder raus" für Antirassismus und soziale Verantwortung, und Fabrikanten jugendlicher Textilwaren wie „Benetton" und „Esprit" machen sich mit lifestyle-gerechten Bildern zu Vorkämpfern multikultureller Toleranz. "Love and Peace" hieß die Werbebotschaft von Otto Kern im Jahr 1993, präsentiert von Monika Griefahn als neuem Polit-Model in Jean-d'Arc-Pose auf kampfbereitem Panzer oder als entrückter Friedensengel mit Taube – natürlich nicht ohne publicity-wirksamen Hinweis auf die gute Tat: „Monika Griefahn und Otto Kern spenden 100000,– Mark zur medizinischen Hilfe für die Kinder von Tschernobyl."

Vom generalisierten Ausbeutungsverdacht marxistischer Kapitalismuskritik befreit, ist die globale Werbewirtschaft gegenwärtig auf dem besten Wege, die traditionellen Träger der Moral zu substituieren. Angesichts wachsender staatlicher Haushaltsdefizite und grassierendem Glaubwürdigkeitsverlust der etablierten politischen Akteure erscheint die Privatwirtschaft nahezu als einzig kompetenter und ökonomisch fähiger Agent sozialmoralischer Mobilisierung. „Zusätzlich", so der Werbe-Guru Michael Schirner, „zu ihren wirtschaftlichen Aufgaben übernimmt die Werbung von Unternehmen mehr und mehr Aufgaben der Politik, der Kultur und des Sozialen – nicht nur, weil die öffentlichen Institutionen kaum die Kraft haben, starke Kampagnen in die Welt zu setzen, sondern weil sie kaum noch Geld dafür haben" (nach Elle 2/93).

Wo die Politik versagt, wird Werbung zur Fortsetzung der Politik mit privaten, persuasiven Mitteln. Werbefeldzüge sind auch Feldzüge, wenn auch nur unter Einsatz symbolischer Zeichen. Daß aber auch diese durchaus wirkmächtig sein können, haben nicht zuletzt die inzwischen zahlreichen Arbeiten zur „symbolischen Politik" hinlänglich gezeigt.

Kampagnenanalysen – Politikwissenschaft im Schnittpunkt von Sozial- und Kulturwissenschaften

Handelt es sich bei den humanitären oder ökologisch orientierten Kampagnen überhaupt um politische Willensäußerungen? Wären sie nicht eher als allgemein ethisch-existenzialistische Aktionen einzustufen und somit als politikwissenschaftlichen Analysen fernliegend zu betrachten? Legt man eine komplexe und umfassende Definition des Politischen zugrunde, wonach Politik als spezifische Form sozialen Handelns gilt, das auf die Herstellung allgemeiner Verbindlichkeit vor allem von allgemein verbindlichen Regelungen und Entscheidungen in und zwischen Gruppen von Menschen abzielt, so gilt auch für das humanitäre oder allgemein lebensschützerische Engagement: „Das Private ist das Politische." Als kollektiv inszenierte, werden auch private Hilfs- und Protestaktionen zu politisch-relevanten Ereignissen, die auf die Durchsetzung allgemein verbindlicher Handlungsmaximen zielen und subsidiär private Hilfe dort organisieren, wo staatliche Institutionen nicht intervenieren wollen oder mit ihrer Leistungskraft am Ende sind.

Geradezu paradigmatisch illustrieren die modernen Solidaritätskampagnen die von Richard Münch aufgezeigte Entwicklungstendenz der zunehmenden „Interpenetration" gesellschaftlicher Subsysteme. Im Gegensatz zur Luhmannschen Theorie, die von einem autopoietischen Prozeß fortschreitender funktionaler Systemdifferenzierung infolge zunehmender Komplexitätssteigerung ausgeht, betrachtet Münch gesellschaftliche Modernisierung vor allem als dialektischen Prozeß der Ausdifferenzierung und zugleich expandierenden, gegenseitigen Durchdringung der Subsysteme von Politik, Ökonomie, Kultur und Gemeinschaft. Nicht zunehmende Autonomie, sondern fortschreitende intersystemische Kommunikation, Vernetzung, Aushandlung und Kompromißbildung sind nach Münch die wesentlichen Konsequenzen systemischer Komplexitätssteigerungen.

Für das politische System bedeutet dies zum Beispiel regelnde Intervention in das Wirtschaftssystem bei gleichzeitig wachsender Abhängigkeit politischer Entscheidungen von ökonomischen Faktoren etwa im Rahmen der Fiskalpolitik. Gleiches gilt für die Interdependenz von Politik und Kultur: Im Rahmen der Kulturpolitik greifen politische Entscheidungen fortschreitend in die kulturelle Sphäre ein, gleichzeitig vollzieht sich eine „Entmachtung der Politik“ infolge der immer breiteren Durchdringung des politisch-administrativen Geschehens durch „religiös-politische, moralisch-politische und wissenschaftlich-politische Diskurse“ (1991, 263f.).

In die humanitären, lebensschützerischen Kampagnen gehen Elemente fast aller gesellschaftlichen Subsysteme eine neuartige Synthese ein: Ästhetisch-expressive, zuweilen religiös-rituelle Aktionsformen werden initiiert mit moralisch-politischer Zielsetzung – und dies alles immer häufiger unter Zuhilfenahme ökonomisch-werblicher Strategien und zuweilen direkter privatwirtschaftlicher Unterstützung. In ihrem synkretistischen Charakter zeugen sie von einer zunehmenden Hybridisierung von Politik und Moral. Aufgrund ihrer primären Erlebnis- und Medienfixierung sind sie dabei stets von einer Paralysierung der Ziele durch die angewandten Mittel bedroht: Die den Massenmedien eigene Tendenz zur Selbstreferentialität und Gleichgültigkeit der Zeichen gegenüber dem Bezeichneten betrifft auch die persuasiven Solidaritätskonstruktionen moralisch-politischer Kampagnen. Eine Kritik moderner Kampagneninszenierungen müßte deshalb insbesondere an der ihnen inhärenten Gefahr der bloßen Simulation moralisch-politischen Handelns ansetzen.

Die zunehmende intersystemische Kommunikation gesellschaftlicher Subsysteme zwingt auf der Wissenschafts- und Forschungsebene zu verstärkter interdisziplinärer Zusammenarbeit. Für die Politikwissenschaft, die sich häufig als primär den Verwaltungs- und Rechtswissenschaften verwandt versteht, bedeutet dies vor allem eine Öffnung für das gesamte Spektrum der Sozial- und Kulturwissenschaften. Aufgrund der Komplexität von Mobilisierungsformen, sozialen Trägern und Zielen entzieht sich die Analyse von Protest- und Hilfskampagnen dem traditionellen Untersuchungsinstrumentarium der Politikwissenschaft. Die an ihrem Beispiel exemplarisch aufzuzeigende Transformation des Politischen im Sinne einer zunehmenden Ästhetisierung, Mediatisierung und Moralisierung verlangt vor allem eine verstärkte Einbeziehung der Kenntnisse und Methoden von Medienwirkungsforschung, Kultursoziologie wie Werbepsychologie in die politologische Forschungsperspektive.

„Wozu Politikwissenschaft?“ – Als Wissenschaft politischen Handelns hat die Politologie keineswegs ihren Gegenstand verloren, wenn auch die konkreten Zielsetzungen sowie die institutionellen oder informellen Kontexte dieses Handelns, wie am Beispiel der Kampagnenpolitik aufgezeigt, Transformationsprozessen unterliegen. Diese Wandlungen gilt es kritisch nachzuzeichnen. Methodisch inhaltliche Abschottung führt dabei unweigerlich in die Erstarrung. Ohne die Spezifik der politikwissenschaftlichen Forschungsperspektive aus dem Auge zu verlieren, kann nur im vielfältigen Austausch mit angrenzenden Disziplinen die fortschreitende systemische Durchdringung des Politischen erfaßt werden.

Literatur

Armbrecht, Wolfgang/Horst Avenarius/Ulf Zabel (Hrsg.): Image und PR, Opladen 1993.

Edelman, Murray: Politik als Ritual. Die symbolische Funktion staatlicher Institutionen und politischen Handelns, Frankfurt a. M./New York 1976.

Hartley, John: The Politics of Pictures. The Creation of the Public in the Age of Popular Media, London/New York 1992.

Hondrich, Karl Otto/Claudia Koch-Arzberger: Solidarität in der modernen Gesellschaft, Frankfurt a. M. 1922.

Kertzer, David I.: Ritual, Politics, and Power, New Haven/London 1989.

Kotler, Philip: Marketing für Nonprofit-Organisationen, Stuttgart 1978.

Leif, Thomas/Ulrich Galle (Hrsg.): Social Sponsoring und Social Marketing. Praxisberichte über das 'neue Produkt' Mitgefühl, Köln 1993.

Macho, Thomas H.: Von der Elite zur Prominenz, Zum Strukturwandel politischer Herrschaft, in: Merkur 9/10 (1993), S. 762–769.

Münch, Richard: Dialektik der Kommunikationsgesellschaft, Frankfurt a. M. 1991.

Nedelmann, Brigitta: Das kulturelle Milieu politischer Konflikte, in: F. Neidhardt u. a. (Hrsg.), Kultur und Gesellschaft. Sonderheft der Kölner Zeitschrift für Soziologie und Sozialpsychologie (1986), S. 397–414.

Rucht, Dieter (Hrsg.): Research on Social Movements. The State of the Art in Western Europe and the USA, Frankfurt a. M. 1991.

Sarcinelli, Ulrich (Hrsg.): Politikvermittlung. Beiträge zur politischen Kommunikationskultur, Bonn/Stuttgart 1987.

Scannell, Paddy/Philip Schlesinger/Colin Sparks (Hrsg.): Culture and Power. A Media, Culture & Society Reader, London u. a. 1992.

Schulze, Gerhard: Die Erlebnisgesellschaft. Zur Kultur der modernen Gesellschaft, Frankfurt a. M. 1992.

Wieland, Josef (Hrsg.): Wirtschaftsethik und Theorie der Gesellschaft, Frankfurt a. M. 1993.

Eva Kreisky

Das ewig Männerbündische?*

Zur Standardform von Staat und Politik

Vorbemerkung

Absicht dieses Beitrages ist nicht die Beschreibung der „Freimaurer" oder anderer Organisationen als *Männerbünde,* sondern die Arbeit am *Männerbündischen als Standardform von Staat und Politik.* Daß hierfür auch konkrete Männerbünde Pate gestanden haben, steht historisch wohl außer Zweifel. Männerbünde sind erwiesenermaßen Instrumente des Machterwerbs sowie des Machterhalts. Zu wissen, wie und warum sich vor allem diese *eingeschlechtliche* Organisationsform gesellschaftlich und politisch durchgesetzt hat, würde einen Erklärungsgewinn bedeuten, was aktuelle *patriarchale* Herrschaftsmuster und ihre besondere Resistenz anlangt. Humanität und Demokratiequalität von politischen Systemen bemißt sich nicht zuletzt auch an der „Frauenfrage" – und genau diese stellt ein „unbewältigtes" Problem der – vordergründig der Aufklärung verbundenen – „Freimaurerei" dar. Aber: „Die Menschenrechte haben kein Geschlecht" (Dohm 1876, S. 185).

Der Staat als Männerbund

In einer Rede vor Berliner Studenten im Oktober 1922 entrollte der Schriftsteller Thomas Mann einen Faden, der männlichen Eros, Staat, Schöpfertum und Geist fest verknüpfte, als er ausführte: „Eros als Staatsmann, als Staatsschöpfer sogar ist eine seit alters vertraute Vorstellung, die noch in unseren Tagen aufs neue geistreich propagiert worden (ist)." Hierin ist der gar nicht so undeutliche Hinweis Thomas Manns auf das Faszinosum seiner Zeit enthalten, nämlich die Vision einer männerbündisch

* Aus: Freimaurer. Solange die Welt besteht, hrsg. vom Historischen Museum der Stadt Wien, Wien 1992.

strukturierten Gesellschaft. Und Mann sieht auch ganz direkt in der „innigen Liebe zwischen Kameraden" ein staatstragendes Prinzip. Er spielt auf die homoerotische Komponente an, die den Zusammenhalt auch der republikanischen Gemeinschaft garantiert, wenn er sagt: „... ich meine jene Zone von Erotik, in der das allgültig geglaubte Gesetz der Geschlechtspolarität sich als ausgeschaltet, als hinfällig erweist und in der wir Gleiches mit Gleichem, reifere Männlichkeit mit aufschauender Jugend, in der sie einen Traum ihrer selbst vergöttern mag, oder junge Männlichkeit mit ihrem Ebenbilde zu leidenschaftlicher Gemeinschaft verbunden sehen." Daß in dieser „deutschen Republik" die Frauen bereits im Prinzip gleichberechtigte politische Bürgerinnen waren, kommt Thomas Mann gar nicht in den Sinn, zumal ja für ihn „... objektiv, das Männliche der reinere und schönere Ausdruck der Idee des Menschen ..." ist.

Soweit die Worte eines wohl allseits anerkannten Schriftstellers, die illustrieren, daß Phantasien zur Identität von Staat und Männlichkeit weder skurrilen Außenseitern der Männerwelt zuzuschreiben sind, noch daß sie etwa abwegiger feministischer Paranoia entstammen. Sie sind vielmehr selbstverständlicher Teil einer kulturellen Tradition, die die Geschlechterhierarchisierung als naturhaft legitimiert, sie als ewig setzt und durch Gleichberechtigungs- und Gleichbehandlungsforderungen der Frauen in Bedrängnis und aggressive Abwehr gerät.

Spätestens um die Jahrhundertwende hat der Geschlechterkampf insofern auch auf den modernen bürgerlichen Staat übergegriffen, als Frauen die ihnen zustehenden politischen Rechte massiv einzufordern begannen. Diese Terminisierung bedeutet freilich nicht, daß nicht auch schon in den Zeiten zuvor einseitig „vergeschlechtlichte" Staatlichkeit dominierte, daß Frauen dagegen auch rebellierten, nur der *organisierte* Widerstand der Frauen als soziale, politische und kulturelle Bewegung steht in direktem zeitlichen Zusammenhang mit der „Moderne".

Der moderne Staat *äußert* sich zwar als Apparat, aber er *ist nicht* der Apparat. Die repressiven und ideologischen Apparate sind bloß Mittel, mit Hilfe derer der Staat agiert (vgl. Poulantzas 1974, S. 97f. und 348). Dennoch „personalisiere" ich im folgenden ganz bewußt das „schauerliche, abstrakte Gespenst" Staat (Mayreder 1922, S. 127), indem ich den *Apparat* des Staates, eigentlich sogar die *„Apparatschiks"*, zum zentralen Thema meiner Überlegungen zum Staat mache. Das Hervorkehren des Apparathaften hilft nicht nur die allgemeinen Herrschaftsaspekte staatsbürokratischer Mechanismen, wie die darin eingelassenen Unterdrückungs- und Entfremdungsstrukturen, zu entschlüsseln, es bietet auch in besonderem Maße Material zur Einsicht in *Männlichkeit als System,* die sich im Staatsapparat modellartig historisch eingeschrieben hat. Sir Karl Popper weist darauf hin, daß das Funktionieren der Institutionen nicht unerheblich von jenen Personen abhängt, die im Rahmen dieser Institutionen tätig sind: „Institutionen sind wie Festungen; sie müssen wohlgeplant *und* wohlbemannt sein" (Popper 1957/1980, S. 177).

Auch im Staatsapparat kann also das Grundmodell patriarchaler Herrschaft aufgespürt werden. Er steht u. a. auch für die Ausweitung des patriarchalen Prinzips auf die „öffentlichen" Strukturen. Was wir heute gemeinhin als Staatsapparat verstehen, hat sich unter gesellschaftlichen Voraussetzungen herausgebildet, für die Ausschluß und Beschränkung der Frauen zentral war. Unsere staatlichen Institutionen sind also ihrer Provenienz nach nichts anderes als sedimentierte männliche Interessen und männliche Lebenserfahrungen. Männlichkeit ist nicht nur gesellschaftlich konstruiert (MacKinnon 1989, S. 100), sondern sie konstruiert auch selbst gesellschaftliche Strukturen. Auch der Staat als politische Struktur ist davon nicht ausgenommen. Der Staat und sein Apparat kann demnach gar nicht anders als ein direkter und offener Ausdruck von Männlichkeit gedeutet werden.

Trotz aller einseitigen Bindung an die männliche Interessenslage kann ein merkwürdiges *Paradoxon* des Staates freilich nicht vermieden werden: Derselbe Staat, der geradezu *die* Superstruktur aller männlichen Superiorität verkörpert, setzt gleichzeitig aber auch das Ideal unabhängiger Männlichkeit außer Kraft. Er ist es, der das Wunschbild der initiativen und selbständigen Männlichkeit in das Zerrbild einer abhängigen und inferioren Untertanenschaft transformiert (vgl. Kreisky 1991, S. 195f.).

„Berufspolitik" als ein Auf und Ab von Männerfreundschaften

Jeder Blick in Tageszeitungen bestätigt, daß die politische Dynamik wesentlich von *persönlichen* Beziehungen *zwischen Männern* bestimmt wird. Hinter jeder scheinbar noch so *sachlichen* Regel verbergen sich *emotionale* Bindungen zwischen Männern. Ausgelebt und gepflegt wird dieses freundschaftlich-emotionale Gleitmittel der „Berufspolitik" – je nach gesellschaftlichem Standort – in verschiedenen sozialen Räumen: am Stammtisch, in eigenen Klubs, beim Sport, in Jagdgesellschaften. In den Analysen des Phänomens der „Berufspolitik" bleibt freilich der Stellenwert der Männerfreundschaften unerwähnt. Max Weber muß wohl als der schärfste politische Analytiker an der Schwelle zur modernen Parteiendemokratie betrachtet werden. Weber hat wie kein anderer zu Beginn dieses Jahrhunderts den Strukturwandel der Politik einschließlich ihrer Bürokratisierung kritisch beobachtet. Auf seine Analysen wird auch heute noch gerne rekurriert.

Die „Leitung" oder die „Beeinflussung der Leitung" eines „politischen Verbandes", etwa des Staates, war für ihn „Politik" (Weber 1971, S. 493).

Spätestens seit Weber ist uns „Politik als Beruf" ein vertrautes Konzept.

Anschaulich hat Weber entfaltet, wie man „aus der Politik“ seinen „Beruf“ machen kann (Weber 1971, S. 513) und wie sich überhaupt die Politik zu einem regelrechten „Betrieb“ entwickelt hat (ebd., S. 519). Diese *Professionalisierung* von Politik hat er plausibel mit der Modernisierung des Staates in Zusammenhang gebracht.

Was Weber allerdings ausgespart hat, ist die Tatsache des faktischen Ausschlusses von Frauen aus dem Beruf Politik und dessen männlich-verzerrte Vercodung. Weder thematisiert er den Frauenausschluß als Problem, noch kommen ihm seine beschreibenden Kategorien in irgendeiner Weise verdächtig oder gar einseitig vor. So verbindet er den „Beruf“ mit der „Berufung“ und diese mit dem „Charisma des Führers“, mit der „Hingabe seines Anhanges: der Jüngerschaft, der Gefolgschaft“ (ebd., S. 508), der „Sachlichkeit und Ritterlichkeit“ (ebd., S. 549), der „Brüderlichkeit“ (ebd., S. 560) und dem „Helden“ der Politik (ebd.).

Max Weber setzt in seinen Vorstellungen „charismatische Herrschaft“ deutlich ab vom „legalen“ und „traditionalen Herrschaftstypus“. Die „Gefolgschaft“ des „charismatischen Führers“ ist auch in seiner Sicht eine „emotionale Vergemeinschaftung“: Dem „Führer“ entsprechen die „Vertrauensmänner“. Die „Jünger“ oder Gefolgen „leben (primär) mit den Herren in Liebes- bzw. Kameradschaftskommunismus“ (Weber 1922/1972, S. 141).

Weber beschreibt die Politik als ein Feld des Kampfes und Krieges, als ein „Wahlschlachtfeld“ (Weber 1971, S. 535), und alles in allem als eine männlich verfaßte und genormte Welt. Im Zuge der Darstellung der Entwicklung der politischen Vergemeinschaftung referiert Weber, ohne auch nur relativierende oder kritische Anmerkungen zu machen, den Stand der zeitgenössischen Männerbundtheorie und ihre frauenausschließende Sicht der Verknüpfung von Krieg und Politik: „Als politischen Volksgenossen erkennt der Waffentragende nur den Waffentüchtigen an. Alle anderen, Nichtwaffengeübte und Nichtwaffentüchtige, gelten als Weiber“ (Weber 1922/1972, S. 616). „Wer die Kriegerprobe nicht besteht, bleibt ‚Weib‘, d. h. von der Gefolgschaft ausgeschlossen“ (ebd., S. 145).

Für die Welt des politischen Handelns postuliert Weber gar nicht überraschend eine „andere“ Ethik. In seiner die wirkliche Differenz karikierenden Frage sind sein männliches Interesse sowie sein männlicher Blick kaum zu übersehen: „. . . ist es denn wahr: daß für erotische und geschäftliche, familiäre und amtliche Beziehungen, für die Beziehungen zu Ehefrau, Gemüsefrau, Sohn, Konkurrenten, Freund, Angeklagten die inhaltlich *gleichen* Gebote von irgendeiner Ethik der Welt aufgestellt werden könnten?“ (Weber 1971, S. 549f.). So erscheint seine Unterscheidung von „Gesinnungsethik“ und „Verantwortungsethik“ nur die konsequente Fortführung der gespaltenen Welt (ebd., S. 551). Seine Sicht der Differenz ist freilich keine gleichwertige oder gleichrangige, sie ist vielmehr eine der Über- und Unterordnung.

Wenn es Weber aber darum geht, die für den Beruf Politik erforderlichen Qualitäten hervorzukehren, bedient er sich der „Weiblichkeit" als illustrativer Figur zur Beschreibung von Unfähigkeit und Unangemessenheit: „Statt nach alter Weiber Art nach einem Kriege nach dem ‚Schuldigen' zu suchen – . . . –, wird jede männliche und herbe Haltung dem Feinde sagen: Wir verloren den Krieg – ihr habt ihn gewonnen. Das ist nun erledigt: nun laßt uns darüber reden, welche Konsequenzen zu ziehen sind entsprechend den *sachlichen* Interessen, die im Spiel waren, . . ." (ebd., S. 549). Das ist dann das von Weber eingeforderte nötige „Augenmaß" des Politikers, die „Fähigkeit, die Realitäten mit innerer Sammlung und Ruhe auf sich wirken zu lassen", also: die „*Distanz* zu den Dingen und Menschen" (ebd., S. 546). Weitverbreitetes – und oft sehr folgenreiches und inhumanes – männliches Verhalten wird also nicht problematisiert, sondern unter der Hand zum richtigen politischen Verhalten verklärt und verabsolutiert. Obwohl Max Weber nur selten ausdrücklich von Männern spricht, bezieht er sich ausschließlich auf die Spannweite männlicher Erfahrungswelt. Die enge Verbindung zwischen männlichem Denken und politischem Denken ist bei Max Weber kaum zu leugnen (genauer dazu, vgl. Bologh 1990).

Webers Beschreibung der „Herrschaft des Klüngels" (Weber 1971, S. 544) in der Sphäre der Berufspolitik, der Vernetzung der „Stellenjäger" in „gesinnungslosen Parteien" (ebd.) sowie des Kampfes um die „Staatskrippe" (ebd., S. 516) hat seit 1916 kaum an deskriptiver Schärfe verloren. Für Weber war es ganz selbstverständlich, daß „Realpolitik" Sache von Männern sei. Er lebte und arbeitete in einem eindeutig patriarchalen Zusammenhang. Und so hatte er wenig Grund, dieses Faktum zu verschleiern, wenngleich es ihn auch nicht zu spezieller Kritik angestachelt hat. Die politische Geschlechterteilung war für ihn völlig in Ordnung.

Heute ist es schwerer geworden, sich – auch wenn man(n) manchmal gerne wollte – offen zum Frauenausschluß in Politik, Verwaltung, Wirtschaft und Wissenschaft zu bekennen. So tendiert man in der Sozialwissenschaft zur „Entsexualisierung" der Politik durch den Anschein geschlechtsneutraler Politikanalysen. Der im politischen Alltag oftmals nur formellen Gleichbehandlung entspricht in der wissenschaftlichen Arbeit die peinliche Einhaltung der Maximen geschlechtsneutraler Darstellung. Das nicht unangenehme Nebenprodukt: Damit wird natürlich auch die ganz „normale" männliche Dominanz abgeschminkt.

Das Unsichtbare, nämlich die Frauen und ihre Geschichte, sichtbar zu machen, galt/gilt als eine der ersten Absichten feministischer Forschung. Im Falle der politischen und bürokratischen Institutionen ist diese erkenntnispolitische Absicht jedoch schwer umzusetzen. Der formelle/informelle

Frauenausschluß war so umfassend und nachhaltig, daß die institutionelle Welt der „Berufspolitik“ immer noch als männliche Lebenswelt fortbesteht und somit das Weibliche beim besten Willen nicht sichtbar zu machen ist. Feministische Forschung muß in diesem Bereich daher eine methodische „Inversion“ versuchen: Wenn das „sichtbare Unsichtbare“ in der Politik freizulegen ist, so ist dieses Verborgene keinesfalls das Weibliche, denn der „weibliche Lebenszusammenhang“ hat in dieser Sphäre kaum noch gestaltend wirken können. Wenn etwas freigelegt werden muß, dann ist es das Männliche, das sich unter dem Deckmantel der „Neutralität“ der politischen und bürokratischen Institutionen bis in die untersten Gefilde hinein verborgen und festgesetzt hat. Dazu bedarf es einer feministischen „Institutionenarchäologie“, die die formaldemokratisch camouflierten Schichten männerbündischer Strukturen und männerbündischen Verhaltens ganz nach oben kehrt. Es muß vorrangig darum gehen, die Institutionen als männliche zu dechiffrieren.

Egal von welchem gesellschaftlichen oder politischen System die Rede ist, immer sind es Konjunktur- und Krisenverläufe von Männerbeziehungen, die die tagespolitische Dynamik überproportional bestimmen, ohne daß dieses Faktum auch als solches benannt wird. Nicolaus Sombart realisiert die Bedeutung dieses Umstandes und faßt daher Freundschaft als *politischen* Begriff. Zur Unterstützung seiner Argumentation rekurriert er auf einen der NS-Männerbundtheoretiker, Alfred Baeumler, der geschrieben hat, daß „das Freundschaftsverhältnis . . . eine Beziehung zum Staat hat . . . Die Freundschaft ist etwas anderes als eine persönliche Liebhaberei. Die Freundschaft als Lebensform gedeiht nur in bezug auf den Bund und den Staat“ (Baeumler 1933, zit. n. Sombart 1988, S. 157). Nicolaus Sombart radikalisiert in kritischer Absicht die Vorstellungen Baeumlers: „Freundschaft ist natürlich Männersache, wie der ‚Staat‘ Männersache ist (nur Männer können Freunde sein). Der Staat ist eine Sache von ‚Freunden‘. Die Basis des Staates ist ein Freundesbund – mit anderen Worten der ‚Männerbund‘“ (Sombart 1988, S. 157). Sombart ortet in dieser Sicht eine „wesensmäßige Identität von Staat und Männerbund“. Die „Entscheidung für den ‚Staat‘“ ist die „Entscheidung gegen den ‚Feind‘“ (ebd.). Das Freund-Feind-Denken reguliert politische Zusammenhänge. Ähnlich sieht der (heute immer noch gerne zitierte) Staatsrechtler Carl Schmitt „die Unterscheidung von Freund und Feind“ als *das* „Kriterium“ des Politischen (Schmitt 1932/1963, S. 26). Der „Feind“ steht für das „Andere“, das es abzugrenzen und auszuschließen gilt.

Politisches Handeln ist also Umgang mit Macht, sei es als „Streben nach Machtanteil“ oder „nach Beeinflussung der Machtverteilung“ (Weber 1971, S. 506). „Ausschluß“ ist immer eine besondere Machtkonstellation. Unter demokratischen Vorzeichen hat Macht sich aber als „gute Macht“ darzustellen. Machtphantasien bedürfen immer gewisser „Repräsentationsformen". „Die Herrschaft *,präsentiert'* sich dem Volk, umgibt und schützt sich mit Zeremonien, die Distanz, Wertigkeit und Hierarchie schaffen" (Heinrichs 1990, S. 87). Widerstand wird dann nicht nur gegen reale, sondern auch gegen symbolische und rituell geregelte Macht notwendig. Individuelles Machtstreben wird ins Unterbewußte abgedrängt und auf das „Kollektiv des Männerbundes der Politiker" übertragen (ebd.). Zunehmende Identifikation mit diesem Bund impliziert die Aufgabe von „Eigenem", bedeutet aber auch Teilhaben am „Schutz" und der „magischen Kraft". „Im Männerbund wird der Machtwunsch des einzelnen durch das Bündnis mit anderen Männern verstärkt und institutionalisiert" (ebd., S. 88).

Ohne Zweifel stellt die Berufspolitik im Vergleich zu anderen einen *loseren* Männerbund dar, der auch eher dem „steten Zerfall" ausgesetzt ist (ebd., S. 90). Politiker sind Initiierte, „aber mit weniger Aufwand und Verpflichtung als in anderen Bünden" (ebd., S. 89). Ihr männerbündischer Kitt liegt in der Geschichte und den Instanzen der Gesellschaft, durch die faktische Herrschaft garantiert und legitimiert wird, so daß „allein ihr Auftreten ihren Anspruch schon zu rechtfertigen scheint" (ebd.). Die männerbündischen Initiationsriten und Zeremonien werden durch Frauenquotierung und Grünenrotierung „aufgeweicht". Dennoch bewahrt sich die Politik ihre wesentlich männerbündische Tendenz, nämlich die Ausschließung des „Anderen". Verschiedene „magische Techniken", aber auch Sprachregelungen sind selbstverständlich „für die im männerbündischen Verhalten vereinten Politiker" (ebd., S. 92).

Die politische Theorie des Männerbundes im historischen Entstehungskontext

Der Hinweis auf das Männerbündische geht in der Frauenbewegung leicht über die Lippen. Der bloße Hinweis scheint schon zu entlasten. Der Begriff suggeriert Klarheit, schafft Vertrauen, wo man eigentlich noch im Dunkeln tappt. Zudem hat er in unreflektierter und enthistorisierender Weise in die Frauenbewegung Eingang gefunden. Aber,

- was ist das Männerbündische?
- wie strukturiert es sich?
- welche Auswirkungen hat es?
- woher stammt der Begriff?
- in welchem historischen, politischen und theoretischen Kontext ist er entstanden?
- mit welcher Absicht und welchem Inhalt wurde er propagiert?
- welchen Verlauf hat die Diskussion um den Begriff genommen?

– ist er für feministische Staats- und Institutionenanalyse brauchbar und ohne Probleme einsetzbar?

Eine Fülle von Fragen tut sich also auf.

Der „wissenschaftliche Begriff" des Männerbundes ist an der Wende zum 20. Jahrhundert in Deutschland entstanden. An dieser Aussage sind zwei Fakten bedeutsam: erstens der Zeitpunkt der Entstehung und zweitens der geopolitische Rahmen der Kreation.

Im 19. Jahrhundert war eine Männerbund*theorie* (noch) nicht notwendig gewesen, da der Frauenausschluß in und mit der damaligen Politikstruktur ohnehin realisiert war. Männerbundtheorien sind also theoretischer Ausdruck des 20. Jahrhunderts, jener Zeit also, in der es die „Mädchen- und Fraueninvasion" (Blüher 1921) abzuwehren galt. Zudem ist es auch jene Zeit, in der die „Moderne" die ungerechte Geschlechterordnung „wissenschaftlich" zu untermauern begann (vgl. Honegger 1991). Die Männerbundtheorie ist eindeutig im antifeministischen Kontext zu verorten und hat in ihren Anfängen nichts, aber schon gar nichts mit Patriarchatskritik, wie es heute mit einer gewissen Automatik unterstellt wird, gemeinsam gehabt.

Völger/Welck weisen auf das Kuriosum hin, daß der Terminus Männerbund, so wie er in Deutschland entstanden ist, in keiner anderen Sprache ein Äquivalent gefunden hat (vgl. Völger/Welck 1990, S. XXIII). Geistesgeschichtlich ist dieser Begriff also in einem Maße in Deutschland verwurzelt, woran auch die gelegentliche Beschäftigung mit Detailfragen zum Männerhaus durch ausländische Ethnologen nicht rütteln kann, denn nirgendwo gab es denselben Anspruch einer „Gesamtschau" bzw. dasselbe ehrgeizige Hochstilisieren des Phänomens zu einer „Gesellschaftstheorie" (Schurtz 1902, Blüher 1921). In Deutschland ist also zuerst der Anstoß zur Entstehung der Männerbundideologie erfolgt, und dann ereignete sich dort auch noch durch den Nationalsozialismus die übersteigerte Ausformulierung sowie Realisierung vieler Aspekte der männerbündischen Theorie (vgl. Reulecke 1990, S. 5).

Drei Termine sind es, die die „Karriere" des Männerbundkonzeptes markieren können. Der Blick auf sie soll freilich die *kontinuierliche* Ausbreitung und Weiterbildung männerbündischer Ideologien nicht übersehen lassen. Dies schon deshalb, weil es keinesfalls isolierte „Denker" waren, die dafür verantwortlich zu machen wären. Auch handelt es sich bei den Männerbundkonzepten keinesfalls um „private Phantasien von einigen mehr oder weniger offen Homosexuellen (z. B. Blüher, Mann, George)" (Widdig 1992, S. 31). Der Begriff wurde rasch und breit von deutschen Wissenschaftlern (Ethnologen, Soziologen, Volkskundlern, Skandinavisten, Germanisten usw.) aufgegriffen, und die Idee des Männerbundes hat – auch angeregt durch die Erfahrungen des Ersten Weltkrieges – die literarischkünstlerische Sphäre erfaßt (z. B. St. George, H. Hesse, Th. Mann, E. Jünger). Diese enthusiastische Aufnahme entsprach völlig den Bedürfnissen und Wunschvorstellungen der Männer dieser Ära.

Im konkreten sind also folgende 3 Zeitpunkte von Bedeutung:

1. die Zeit um die Jahrhundertwende (Heinrich Schurtz, 1902),
2. die Zeit während und nach dem Ersten Weltkrieg (Hans Blüher, 1917–1922),
3. die Ära des Nationalsozialismus (Alfred Rosenberg, 1930; Alfred Baeumler, 1934).

Überschlagsartig sollen im folgenden die wichtigsten Meilensteine der Genesis, aber auch die Kontinuität der antifeministischen und antidemokratischen Absicht des Männerbundbegriffes veranschaulicht werden.

Der Ethnologe *Schurtz* entdeckte quer durch die Kulturen den „Familien-" und den „Geselligkeitstrieb" (Schurtz 1902, S. 14 und S. 16); beim weiblichen Geschlecht beobachtete er eine „Schwäche" der gesellschaftlichen Neigungen (ebd., S. 17f., 20f. und 58f.). Die Männer dagegen tendieren zu den „Geselligkeitsverbänden", aus denen sich die höherwertigen Grundformen des öffentlichen Lebens und vor allem des Staates entwikkeln.

Der Wandervogelhistoriograph *Blüher* baute den Schurtzschen Männerbundbegriff zu einer „homoerotischen Staatstheorie" (Sombart 1991, S. 56) aus: Der Familie steht als zweite Gesellungsform der Männerbund gegenüber. Nur der Männerbund hat staatenbildende Kraft. Der mannmännliche Eros „rauscht im tiefsten Untergrund des menschlichen Staatstums" (Blüher 1918, S. 22). Der Staat ist der „oberste Männerbund" (Blüher 1921, S. 217ff.). „Er ist nichts, was man gründen oder machen kann" (ebd., S. 219). Der Staat hat also eine *sakrale* Bedeutung; die Heiligkeit des Staates darf durch Frauen nicht entehrt werden: „Vom Votum einer Frau darf im Staate niemals etwas abhängen" (Blüher 1916, S. 8).

Der *Nationalsozialismus* griff die Männerbundtheorien auf, radikalisierte sie und legitimierte damit eine frauenfeindliche und frauenunterdrückerische gesellschaftliche und politische Praxis. Die Männerbundideologen des Nationalsozialismus *(Rosenberg, Baeumler)* stießen anfangs zwar auf die empörte Kritik so mancher NS-Frau (z. B. *Gottschewsky*), deren oppositionelle Haltung aber binnen weniger Monate gebrochen war. Der Männerbundbegriff ging aus dem Nationalsozialismus als ideologisch belasteter Begriff hervor und verschwand in der Folge aus der wissenschaftlichen und theoretischen Diskussion – nicht jedoch auch aus den Männerköpfen (vgl. Völger/Welck 1990, S. XXIV). (Wieder-)belebt wurde der Begriff durch die feministische Kritik der achtziger Jahre an männerdominierter Politik und männerdominierten Institutionen.

Die Grundstrukturen des Männerbundphänomens

Im nächsten Schritt werden die „Bauelemente“ männerbündischer Strukturen herausgestellt und in ihrem Staatsbezug erörtert. Ich gehe jedenfalls nicht davon aus, daß „Männerbund“ nur das ist, was sich auch als solcher *deklariert*. Denn da gäbe es in unseren aktuellen Gesellschaften tatsächlich nur Einzelbeispiele (wie z. B. studentische Korporationen, CV, Organisation der Freimaurer). Ich möchte also nicht nur auf Entstehung und Verfassung als „Männerbund“ abstellen. Männerbünde äußern sich meines Erachtens eben vor allem in modernen Gesellschaften in vielfältigen informellen oder latenten Formen, die oftmals nur faktisch wie Männerbünde wirken (vgl. Heinrichs 1990, S. 89). Der Frauenausschluß oder das Männerreservat kann intendiert oder nichtintendiert sein. In jedem Fall aber bleiben Frauen ausgeschlossen. Die „loseren“ Männerbundformen zu übersehen, würde die analytischen Möglichkeiten des Männerbundkonzeptes erheblich einschränken. Nur unter dieser Voraussetzung läßt sich erst das Männerbundkonzept in sinnvoller Weise auch auf den (formal- und nicht unbedingt real-)demokratisch verfaßten Staat des ausgehenden 20. Jahrhunderts beziehen. Nicolaus Sombart konstatierte völlig zu Recht, daß das „Männerbundsyndrom als psychisches Verhaltensmuster und als Mentalitätsraster“ (Sombart 1988, 17ff.) auch dort noch „wirksam und nachweisbar (ist), wo es eine akute Männerbundbindung nicht (mehr) gibt“ (ebd., S. 172).

Die Geschichte macht deutlich, insbesondere wenn wir sie mit der feministischen Wiederbelebung in Beziehung bringen, daß wir von einer ambivalenten Bedeutung des Begriffes auszugehen haben:

Einerseits wird mit dem Begriff ein „gesellschaftlicher Idealtypus“ (ebd., S. 157) bezeichnet (vgl. Schurtz, Blüher, Baeumler), und andererseits wird er in dezidiert herrschafts- bzw. patriarchatskritischer Absicht gebraucht (etwa in der feministischen, aber auch in der psychoanalytischen Diskussion). Was die einen also zum Wunsch steigern, entdecken die anderen im Übermaß bereits in den gesellschaftlichen Normalstrukturen.

Die „Vorstellung einer wesensmäßigen Identität von Staat und Männerbund“ (Sombart 1988, S. 157) bildet die eigentliche Substanz männlicher Wunschvorstellungen von idealer politischer Gestaltung, wie sie in den zwanziger und dreißiger Jahren massiv artikuliert worden waren. Diese „wesensmäßige Identität“ zielte ganz vordergründig auf Ausschluß, um männliche Machtpositionen zu konservieren. Völger/Welck diagnostizieren eine „historisch gewachsene Grundtendenz männlichen Verhaltens. Männer verbünden sich mit dem Ziel, die männliche Dominanz in der Gesellschaft zu erhalten“ (Völger/Welck 1990, S. XXI). Wenn diese aggressive Abwehrstrategie in ihren Totalitätsansprüchen (wie z. B. im Faschismus, der im Gefolge der Frauenbewegung eine umfassende Reorganisation des Geschlechterverhältnisses gewaltsam anstrebte) sich nicht durchsetzen kann, dann geht es bei den männerbündischen Zielen immer noch um die Erhaltung oder Schaffung von zumindest punktuellen „Männerreservaten".

Männerbünde sind eine „männergemäße, männerbezogene, exklusiv von Männern geprägte Form der Gesellung" (Sombart 1988, S. 158). Der Zusammenschluß der Männer kann *freiwillig* und *bewußt* sein, es kann sich aber auch um *unbewußtes informelles* oder *faktisches* Verhalten handeln. Männerbünde sind immer Wertegemeinschaften. Die Affinität und Solidarität der Männer hat eine nicht bloß *rationale,* sondern auch *emotional-affektive* und häufig *erotische* Basis. Männerbünde haben eine extrem *hierarchische Binnenstruktur:* Um die zentrale Figur des „Männerhelden" („Führer", „Meister") scharen sich die libidinös gebundenen „Brüder", „Freunde", „Kameraden". Männerbünde haben eigene Verkehrsformen, Wertmaßstäbe und Denkfiguren: *Treue, Ehre, Gefolgschaft, Gehorsam, Unterwerfung.* Männerbünde bedürfen der Aura des *Geheimnisvollen.* Initiationsriten, Zeremonien, magische Techniken, Sprache „verbinden". Künstliche Feindbilder (z. B. Bolschewismus, Weiblichkeit) schweißen – trotz aller internen Differenzen und Gegensätze – zusammen.

„Masse" und „Männerbund" sind also Modelle gesellschaftlicher und politischer „Ordnung", aber eben „nicht bloß für eine politische oder soziale Außenwelt, sondern auch als Mittel der Konstruktion einer männlichen Ich-Identität" (Widdig 1992, S. 29).

Die Idee des Männerbundes steht als Gegenbegriff zur ungestalteten, objekthaften, gleichzeitig aber auch bedrohlichen (weiblich vercodeten) passiven Masse. Typisch für den Idealtypus der männerbündisch strukturierten Gesellschaft ist ihr elitäres, männlich-fixiertes Kulturverständnis, für das der Ausschluß der Frauen konstitutiv ist. Der Drang zur männlichen „Selbstfindung" bedarf der „radikalen Abgrenzung" (vgl. ebd., S. 25f). Die Idee des Männerbundes ist in ihrem Kern ein Kampfprogramm gegen Ängste: „Frauenfeindlichkeit, antikapitalistische Tendenzen und andere Strategien der Ausgrenzung gehen eine eigenartige Mischung ein, um das zu verhindern, was . . . als der Untergang männlicher Identität erscheint: den Beginn des Zeitalters einer Herrschaft der Massen" (ebd., S. 21).

Charakteristisch für die männerbündischen Konzepte ist ihre „strikte Trennung" von der Welt der Familie bei gleichzeitiger Opposition zu patriarchalen Strukturen. Dieses Merkmal findet Fortsetzung in „einer strikten Absetzung von ‚Privatheit' und ‚Öffentlichkeit'. Während die Familie als strukturbildendes Element von Privatheit und somit als Bereich des Weiblichen verstanden wird, ist Öffentlichkeit ein von ‚homosozialen' (. . .) Strukturen durchsetzter Bereich" (ebd., S. 30). Öffentlichkeit umfaßt in diesem Zusammenhang . . . den Staat, die hohe Kultur, die Armee. Diese Öffentlichkeit und vor allem der Staat basieren auf der Vorstellung einer Identität von Staat und Männerbund (vgl. ebd.). Die Sphäre der Produktion bleibt außerhalb der Männerbundideen. Schon bei Max Weber ist reines Charisma „wirtschaftsfremd" und lehnt „den planvollen rationalen Geldgewinn, überhaupt alles rationale Wirtschaften, als würdelos ab. Darin liegt sein schroffer Gegensatz auch gegen alle ‚patriarchale' Struktur, welche auf der geordneten Basis des ‚Haushalts' ruht" (Weber 1922/1972, S. 142 und S. 663). Auch Hans Blüher lehnt in seinem Konstrukt der Männergesellschaften das „wirtschaftliche, besitzschaffende Handeln" ab. Er kritisiert die Familie unter anderem auch als „wirtschaftsorientierte Institution". Der patriarchale Mann als Familienoberhaupt wird in seiner Funktion und Rolle letztlich von den Strukturen weiblicher Sexualität gelenkt und verkörpert keine männliche Führergestalt. Der weiblichen Sexualität schreibt Blüher alles „ökonomische Trachten" zu (vgl. Widdig 1992, S. 53f.).

Nur ein Exkurs in die Sozialpsychologie kann weiterhelfen, wenn es um die Klärung der Frage geht, auf welche Konflikte der Antifeminismus eigentlich reagiert. Die Konflikte wurzeln in der männlichen Konfrontation mit der Geschlechterdifferenz, also der Zurkenntnisnahme der Tatsache, daß Frauen als Gebärende und Sozialisierende „größeres Gewicht in der Generierung und subjektkonstituierenden Reproduktion der Menschheit" (Becker-Schmidt 1992) haben. Diese Konflikte kreisen um die Erfahrung „männlicher Ohnmacht" (omnipotent erscheinende Mutter, Rivalität von Mutterschaft und Vaterschaft), diese Ohnmacht unterliegt aber der Verdrängung. „Die reale Ausschließung der Frauen ist die unbewußte, negative Präsenz des Verdrängten: des weiblichen Geschlechts und seiner gesellschaftlichen Bedeutung. Im Unbewußten geht nichts verloren. So ist das aus den Männerbünden Ausgeschlossene als Abwesendes im männlichen Bewußtsein vorhanden" (ebd.).

Die Entwertung der Frauen erfolgt nicht nur im Bereich ihrer produktiven häuslichen oder außerhäuslichen Arbeit, sondern es geht vielmehr um die Herabsetzung der „Funktion des weiblichen Geschlechts in seiner generativen und sozialisierenden Potenz" (ebd.).

Auch in der Frauenforschung gibt es die Neigung, in der geschlechtsspezifisch hierarchischen Arbeitsteilung den *alleinigen* Grund der Frauenunterdrückung auszumachen. Das Männerbundthema kann hier durchaus die Perspektive erweitern: Die ethnologische und ethnopsychoanalytische Literatur führt uns vor Augen, daß es im „Männerhaus" (als einer frühen Form des Männerbundes) um den „Gattungserhalt durch das männliche Prinzip", um die „Festlegung einer rein männlichen Genealogie" ging. Das Männerhaus ist daher nicht nur ein Symbol für die Höherwertigkeit der männlichen Tätigkeit, es repräsentiert auch nicht bloß die politische Macht des männlichen Geschlechtes, es soll auch nicht nur die Kontrolle über Nachkommen und Erbfolge sichern, sondern das Ritual des Männerhauses konstituiert eine „Funktionsteilung in der generativen Reproduktion".

Dazu wird unterschieden zwischen einer „profanen" und einer „sakralen Geburt des männlichen Geschlechts". Die sakrale Geburt wird dabei zur wesentlichen und damit das „Bewußtsein einer männlichen Selbstzeugung" bzw. die „Vorstellung einer rein homosexuellen Vergesellschaftung" etabliert. Dieser „Wiedergeburtsvorgang" hat sich auch im freimaurerischen Initiationsritual niedergeschlagen, in dem die Geburt des Mannes aus dem Geiste des Mannes symbolisiert werden soll. Diese Perspektive der Reproduktion gesellschaftlichen und kulturellen Lebens bestimmt die soziale Organisation des Geschlechterverhältnisses und damit die gesamtgesellschaftliche Politik. „Aber dieses Fundament wird unbewußt gehalten" (ebd.). *Psychoanalytische* Deutungen des Männerbundsyndroms greifen auf Freuds „Totem und Tabu" zurück, wo dem Ursprung der kulturellen Institutionen nachgegangen wird. Freuds Theorie versucht mit der „Urhorde", dem Ereignis des „Vatermordes" sowie der „Totemmahlzeit" die Übergänge vom Alten zum Neuen zu klären. Der Zusammenschluß der Brüder machte der Vaterhorde ein Ende: „Vereint wagten sie und brachten zustande, was dem einzelnen unmöglich geblieben wäre" (Freud 1912–13/1991, S. 196). „Der gewalttätige Urvater war . . . das beneidete und gefürchtete Vorbild eines jeden aus der Brüderschar gewesen." Durch den „Akt des Verzehrens" eigneten sie sich „ein Stück seiner Stärke" an *(„Identifizierung")*. Die Totemmahlzeit ist „die Wiederholung und die Gedenkfeier dieser denkwürdigen, verbrecherischen Tat, mit welcher so vieles seinen Anfang nahm, die sozialen Organisationen, die sittlichen Einschränkungen und die Religion" (ebd.). Mit der Tat allein war die Sache freilich noch nicht erledigt. Die Brüderschar hatte „ambivalente" Gefühle gegen den Vater, sie haßte ihn, aber sie liebte ihn auch. Reue und Schuldbewußtsein ließen sie einen „Vaterersatz" *(„Totem")* schaffen, dessen Tötung sie untersagten, sie verzichteten aber auch auf die „freigewordenen" Frauen *(„Inzestverbot")*. Die Brüder mußten sich zusammentun, damit „niemand von ihnen vom anderen behandelt (werde) . . ., wie der Vater von ihnen allen gemeinsam" (ebd., S. 198ff.). An die Stelle der *Vaterhorde* war der *Brüderclan* getreten, „welcher sich durch das Blutband versichert hat" (ebd., S. 200). Dies wäre gewissermaßen die Geburtsstunde des Männerbundes.

Mario Erdheim deutet „Totem und Tabu" als Erklärungsmodell für die „Institutionalisierung" von Bewegungen: „Freuds Phantasie von der Urhorde spiegelt in gewisser Hinsicht die Situation vor jeder Institutionalisierung wider" (ebd., S. 21). Freud beschrieb „Prozesse, die die Unbewußtmachung einschneidender und gewaltsamer Umstürze und Machtverlagerungen erwirken", und er erklärt auch, „wie es möglich war, hierarchische Ordnungen aufzubauen, die eine Mehrheit zugunsten einer Minderheit entmachteten" (ebd., S. 36). Der „Mythos des Vatermordes" sollte die Privilegien der Männer vor der Rache der entmachteten Frauen schützen und rechtfertigen. Das alles überragende Männerhaus als Basis aller politischen Strukturen war ein Instrument dazu. Mit zeremoniellen Kriegen und oft grausamen Initiationsritualen taten die Männer „Buße" (ebd., S. 39f.). Weil keiner der Brüder/Männer den Sieg davongetragen hatte, rotteten sie sich zusammen, nicht aber aus dem Bewußtsein ihrer erwünschten Gleichheit. Sie machten aus der Not eine Tugend.

Nun zurück zur Realgeschichte der Männerbünde: Zumeist ist von der besonderen „egalitären" Qualität der Männerbünde die Rede. Wenn Männer unter Männern sind, spielen soziale Gegensätze angeblich keine Rolle. Diese soziale Männlichkeitsidylle hat Angelika Ebrecht entmystifiziert: Die Freimaurer profitierten als Opposition gegen den Staat vor allem von ihrem politisch-moralischen Vertretungsanspruch. Sie hatten aber ihre deklarierte Moral mit ihrer so ganz anderen internen Praxis zu verknüpfen. Der Widerspruch hatte in zweifacher Hinsicht Bedeutung:

Einmal als soziales Problem, die „vorgeblich allgemeine Gleichheit des Zugangsrechts zur Loge" mußte mit der internen Differenzierung und Hierarchisierung in Einklang gebracht werden. Die scheinbare Gleichheit nach außen wird daher „über das *Ritual* in interne Hierarchie und Macht" transformiert (Ebrecht 1989, S. 30). Und das andere Mal als geschlechtsrelevantes Dilemma: Auch hier bietet sich die „strukturelle Doppelmoral" als Ausweg an. Die Freimaurer erhoben den „Alleinvertretungsanspruch auf allgemein-menschliche Moralität", und mit den Instrumenten der Exklusivität und Geheimhaltung mußten sie sich „zugleich vor dem Partizipationsverlangen der Frauen" schützen (ebd., S. 38).

Orte der wirklichen Gleichheit sind Männerbünde jedenfalls nicht. Das erweist sich auch an den nun zu diskutierenden extrem hierarchisierten Beispielen von Militär und Bürokratie.

Am Beispiel von Militär und Bürokratie als Kernstrukturen des Staates: Der Staat als männerbündischer Staatsapparat

1. Männerbund Militär

In der politischen Männerbundtheorie sind nicht nur Staat und Männerbund, sondern auch *Militär* und Männerbund eins. Der Mann in der Männerbundtheorie ist immer der männliche, soldatische, heroische Mann. Die Nichtwaffenfähigen oder Nichtwaffentragenden galten immer schon nur „als Weiber" (Weber 1922/1972, S. 616). Das Militär ist nicht bloß eine Männerinstitution, es ist die „Schule der (männlichen) Nation" und damit die

„Schule der Nation (zum Mann)“. Es ist eine „Illusionsmaschine“, die das *Konstrukt der Männlichkeit* produziert: Hier wird das Geheimnis gepflegt, wodurch der Mann zum Mann wird (Erdheim 1982, S. 336). Nicht nur „äußerer Zwang“, sondern auch „libidinöse Strukturen“ halten Armeen zusammen (Freud 1974, S. 89). Jeder einzelne ist einerseits an den Vorgesetzten und anderseits an die anderen Soldaten gebunden. Identifizierung mit dem Führer läßt die bewußte Einzelpersönlichkeit schwinden, richtet Gedanken und Gefühle aus, läßt Affektivität und Unbewußtes vorherrschen. Statt hehrer „idealistischer Ziele“ (Vaterland, ...) taucht „Männlichkeit“ als Kampfmotivation auf. Zum Überleben wird die männliche Solidarität („Kameradschaft“) prioritär und verselbständigt sich. Der Männerbund Militär reproduziert sich über Initiationsriten, die die Männer äußerst ungleiche Ordnung akzeptieren läßt. Hinter den Mauern der Kaserne muß der Rekrut zuallererst eine Frauenrolle erlernen; nur wer dort als Frau behandelt wurde, wird sich den Frauen gegenüber so verhalten können, wie es bei uns üblich ist (vgl. Erdheim 1982, S. 343).

Masochismus ist synonymisiert mit weiblicher Unterwerfung, die ein sexuelles Verhältnis, nämlich die sexuelle Lust an der Unterwerfung, meint. Wenn „Masochismus die sexuelle Besetzung einer Autoritätsbeziehung“ ist, dann fragt sich, „warum die männliche Unterwerfung etwa beim Militär und im Sport zumindest gemeinhin nicht als sexuelle Unterwerfung wahrgenommen wird. Machtbeziehungen zwischen Männern werden im allgemeinen entsexualisiert. Sexualität wird nach außen projiziert, auf Frauen, die den Männerbünden auch möglichst ferngehalten werden sollten“ (Rommelspacher 1992, S. 110). „Auch die sexuelle Bemächtigung der Frau durch den Mann in der Vergewaltigung wird für ihn durch den Bezug zum Männerbund entsexualisiert und zum ‚normalen‘ Männlichkeitsbeweis im Wetteifer mit anderen Männern“ (ebd.).

2. *Männerbund Bürokratie*

Männerbündische Kontinuitätssehnsucht läßt sich auch am folgenden Beispiel aus der Literatur demonstrieren. So direkt und deutlich bekommen wir das ja heute nicht mehr zu hören. Antons Worbs angesichts des Kriegsausbruches im Frühling 1914:

„Jetzt ist alles aus, jetzt bricht die Herrschaft der Weiber an!“ „... wissen Sie auch, wer auf Ihrem Stuhle sitzen wird? Eine Dame! Und auf den Stühlen der anderen Herren Kollegen, denn sie sind alle jung und werden hinausmüssen? Damen! Der ganze Dienstraum voll Damen! Meinen Sie, daß da viel gearbeitet werden wird? Wissen Sie noch nichts von der Unzuverlässigkeit der Frauen im Denken? Wissen Sie, daß das ganze Beamtentum einem sicheren Untergang entgegengeht, weil es durch unzureichende weibliche Kräfte verseucht werden muß? Und wissen Sie nicht, daß das Beamtentum die Grundlage eines gesunden Staatswesens ist? Wollen Sie das? Sagen Sie es ruhig! Dann würde ich Ihnen ein Disziplinarverfahren bis aufs Schlachtfeld nachschicken, das lassen Sie sich gesagt sein! Der deutsche Beamte ist der deutsche Mann!" (Arnold Ulitz, Worbs, Berlin 1930).

Auch in den bürokratischen „Herrenclub" ist den Frauen der Einbruch in Wirklichkeit nicht gelungen. Die Herrschaftspositionen in den staatlichen Bürokratien sind – wie ehedem – fest in den Händen von Männern. Und selbst die (weitgehend informelle) „Karrierekultur" ist immer noch von männerbündischen Symbolen und Ritualen bestimmt: Die Zugehörigkeit zu einem „Beziehungsnetz", einer „Seilschaft", die Präsenz in der (als Informationsbörse nicht unwichtigen) Stammtischkultur, all das sind die nicht unbedeutenden Voraussetzungen einer Karriere in der Bürokratie. Mit Sicherheit aber nicht Erfahrungen mit Hausarbeit, Kindererziehung oder Altenpflege. Der Verwaltungssoziologe und Kriminalschriftsteller Horst Bosetzky betont zu Recht, daß auch aktuell und in unseren Kulturen „die Männerbünde in der öffentlichen Verwaltung, populär Seilschaften oder Promotionsbündnisse genannt (...), ... in der Regel ... in einer Art Männerhaus zusammen(finden), ... Kneipe, Pinte, Gasthaus oder Restaurant genannt – und der Initiationsritus ist zumeist mit viel Alkoholkonsum und sexistischen Witzen und Ferkeleien verbunden" (Bosetzky 1992, S. 26).

Republikanisierung und Parlamentarisierung haben die männerbündische Struktur der staatlichen *Bürokratie* also nur unter einem Schutzmantel parademokratischer Normen verhüllt. Aber Männerbünde beweisen enorme Bunkereigenschaften. Die Staatsbürokratie, die eigentlich verfassungsmäßig *nicht mehr* Männerbund *sein darf,* umgibt sich daher mit einem äußerst vielfältigen und vitalen *Berufsumfeld extremer Männerbünde* (CV, Burschenschaften, studentische Korporationen, Freimaurer, ...). Die Aura des Geheimen und Geheimnisvollen verbirgt die tätigen Männerseilschaften. Die Schutz- und Notgemeinschaft funktioniert. Frauengerechtere Gesetze und Normen werden lasch gehandhabt, unterlaufen, ja überhaupt nicht umgesetzt. Der „strukturelle Konservativismus der Bürokratie" (Häußermann 1977) läßt alle frauenpolitische Reform zur „symbolischen Politik" (Edelmann 1976) verkommen. Das „ewig Männerbündische" scheint zu überdauern.

Was bleibt von der Beschäftigung mit dem Männerbundthema?

Ich kann keine Rezepte zur Aushebung der Männerbünde benennen, aber die Beschäftigung mit ihren Strukturen und Mechanismen kann auf dem mühsamen Weg der Entpatriarchalisierung und Feminisierung der

Gesellschaft vor Übererwartungen und Enttäuschungen bewahren. Weiterhin hilft die Befassung mit der Geschichte, die innere Logik der Dialektik von Bewegung und Gegenbewegung zu durchschauen sowie die gesellschaftliche und politische Konstruktion des Geschlechtes besser zu verstehen. „Frauenbünde" stellen für mich jedenfalls nicht per se die Lösung des Problemes dar, wenn sie bloß ein weibliches Abbild der männlichen Variante beabsichtigen. Wenn Frauenbeziehungen, Frauenfreundschaften, Frauennetzwerke gesellschaftliche Aufwertung erfahren, so ist dies nicht automatisch gleichzusetzen mit der Konzeption eines „Bundes". Der hat ganz andere historische Hypotheken zu bewältigen. Und das wollte ich aufzeigen.

Der *Antifeminismus* hatte sich als *Gegenbewegung* zur Frauenbewegung in Wissenschaft, Kunst und Politik formiert. In dieser Strömung erschienen die Männerbünde als *praktische* Alternative zu den sich abzeichnenden gesellschaftlichen Veränderungen. In Männerbünden konnte angegriffene und gefährdete Männlichkeit Zuflucht suchen, sich in traditioneller Männlichkeit bestätigen und „Männlichkeit" im Sinne traditioneller Gesellschaftsrestauration politisch durchsetzen lassen. Der drohenden „Verweiblichung" der Männer und „Verweiblichung" der staatlichen Tätigkeit sollte die alte Geschlechterordnung entgegengestellt werden.

Der bloße „Rückzug" von Männern in Reservate stellt noch nicht das Problem dar. Das ergibt sich erst dann, wenn der Männerbund zum *politischen Strukturelement* schlechthin wird und die *Standardform aller Politik* abgibt.

Die Geschichte des neuzeitlichen Staates vermittelt anschaulich die *Affinität des Staates zu dieser Männerbundform.*

Bibliographie

Becker-Schmidt, Regina: Gesellschaft, Geschlechterverhältnisse und Staat, in: E. Biester et al. (Hrsg.), Staat aus feministischer Sicht, Berlin 1992, S. 75–85.

Blüher, Hans: Der bürgerliche und der geistige Antifeminismus, Berlin 1916.

–: Die Rolle der Erotik in der männlichen Gesellschaft. Eine Theorie der menschlichen Staatsbildung nach Wesen und Wert, 2 Bde., Jena 1921.

Bosetzky, Horst: Die öffentliche Verwaltung als Männerbund und Formen dessen ständiger Reproduktion, Ms., Frankfurt a. M. 1992.

Edelmann, Murray: Politik als Ritual. Die symbolische Funktion staatlicher Institutionen und politischen Handelns, Frankfurt a. M.–New York 1976.

Erdheim, Mario: „Heiße" Gesellschaften und „kaltes" Militär, in: Kursbuch 67 (März 1982), S. 59–70.

Freud, Sigmund: Massenpsychologie und Ich-Analyse, in: S. Freud, Studienausgabe, Bd. IX, Frankfurt a. M. 1974/1921, S. 61–134.

Gottschewsky, Lydia: Männerbund und Frauenfrage. Die Frau im neuen Staat, München 1934.

Häussermann, Hartmut: Die Politik der Bürokratie. Einführung in die Soziologie der staatlichen Verwaltung, Frankfurt a. M.–New York 1977.

Heinrichs, Hans-Jürgen: Politik als männerbündisches Handeln und Verhalten, in: Völger/Welck 1990.

Kreisky, Eva: Bürokratisierung der Frauen. Feminisierung der Bürokratie, in: B. Schaeffer-Hegel, H. Kopp-Degethoff (Hrsg.), Vater Staat und seine Frauen, 2. Bd., Studien zur politischen Kultur, Pfaffenweiler 1991, S. 193–207.

MacKinnon, Catharina A.: Feminismus, Marxismus, Methode und der Staat: Ein Theorieprogramm, in: E. List, H. Studer (Hrsg.), Denkverhältnisse. Feminismus und Kritik, Frankfurt a. M. 1989, S. 86–132.

Mann, Thomas: Von deutscher Republik. Gerhart Hauptmann zum sechzigsten Geburtstag, Rede vor Berliner Studenten, 18. Oktober 1922, in: Gesammelte Werke, Bd. 15, hrsg. von Peter de Mendelssohn, Frankfurt a. M. 1984.

Popper, Karl R.: Die offene Gesellschaft und ihre Feinde, Bd. I, Der Zauber Platons, 6. Aufl., Tübingen 1980.

Poulantzas, Nicos: Politische Macht und gesellschaftliche Klassen, Frankfurt a. M. 1974.

Reulecke, Jürgen: Das Jahr 1902 und die Ursprünge der Männerbund-Ideologie in Deutschland, in: Völger/Welck, a. a. O., S. 3–10.

Rommelspacher, Birgit: Mitmenschlichkeit und Unterwerfung. Zur Ambivalenz der weiblichen Moral, Frankfurt a. M.–New York 1992.

Schurtz, Heinrich: Altersklassen und Männerbünde. Eine Darstellung der Grundformen der Gesellschaft, Berlin 1902.

Sombart, Nicolaus: Männerbund und politische Kultur in Deutschland, in: J. H. Knoll, J. H. Schoeps (Hrsg.), Typisch deutsch: Die deutsche Jugendbewegung, Opladen 1988, S. 155–176.

–: Die deutschen Männer und ihre Feinde. Carl Schmitt – ein deutsches Schicksal zwischen Männerbund und Matriarchatsmythos, München–Wien 1991.

Ulitz, Arnold: Worbs, Berlin 1930.

Völger, Gisela, Karin v. Welck (Hrsg.): Männerbande. Männerbünde. Zur Rolle des Mannes im Kulturvergleich, 2 Bde., Köln 1990.

Weber, Max: Wirtschaft und Gesellschaft, Frankfurt a. M. 1972/1922.

–: Politik als Beruf, Vortrag, Oktober 1919, in: Gesammelte politische Schriften, hrsg. von Johannes Winckelmann,3. Aufl., Tübingen 1971.

Widdig, Bernd: Männerbünde und Massen. Zur Krise männlicher Identität in der Literatur der Moderne, Opladen 1992.

Anwendungen und Korrekturen

Christine Landfried

Politik als Beruf heute

Ein Anforderungsprofil an Professionelle

Politik als Beruf heute ist Sachzwang, Hektik und Darstellungskunst. Nicht „Leidenschaft", die heute bedeuten würde, mit Reformwillen und einer langfristigen Perspektive die Politik zu gestalten. Nicht „Verantwortungsgefühl", das heute bedeuten würde, ein Folgenbewußtsein zu entwikkeln. Nicht „Augenmaß", eine Fähigkeit, die heute bedeuten würde, in Ruhe und mit Skepsis die Dinge zu betrachten.[1] Politische Kompetenz als die Verbindung von Reformwillen, Folgenbewußtsein[2] und Skeptizismus[3] hat Seltenheitswert.

Die politische Klasse beurteilt dies selbst so. „Es regiert der Sachzwang", meinen 42% der Abgeordneten des 11. Bundestages. Dieser Sachzwang und der enge Handlungsspielraum des Parlamentes führen dazu, daß die Abgeordneten immer häufiger darauf verzichten, Reformprogramme, die diesen Namen verdienen,[4] zu konzipieren und sich für die Realisierung dieser Programme mit „Leidenschaft im Sinn von Sachlichkeit"[5] einzusetzen. Hektik ist an der Tagesordnung: 77% der Abgeordneten sind der Meinung, daß sie zu wenig Zeit haben, sich umfassend zu informieren. 81% der Abgeordneten stimmen der Aussage zu: „Man hat zu wenig Zeit, um vertiefend über politische Probleme nachzudenken." Kein Problem sei es hingegen, „sich in der Öffentlichkeit zu profilieren".[6]

In der Öffentlichkeit ist die politische Klasse gleichwohl in Verruf geraten. Nicht nur in Deutschland gilt sie als korrupt, an hohen Diäten und einträglichen Posten interessiert und die meiste Zeit mit Selbstdarstellung im Fernsehen beschäftigt. Ihr Geld sei diese Klasse nicht wert, da es ihr nicht gelinge, die Probleme der Gesellschaften am Ende des 20. Jahrhunderts zu lösen. Ein Indiz für die Verselbständigung der politischen Klasse ist der hohe Prozentsatz der Bürgerinnen und Bürger, die der Meinung sind, daß ihre Probleme im Bundestag keine Berücksichtigung finden.[7] Die Sympathie der Bürgerinnen und Bürger für politisches Engagement hat seit 1976 kontinuierlich abgenommen.[8]

Und wer würde schon auf die Idee kommen, Politik als „geistige Arbeit" zu bezeichnen? Max Weber hat seine Rede ›Politik als Beruf‹ im Rahmen einer Vortragsreihe zum Thema ›Geistige Arbeit als Beruf‹ gehalten.[9] Heute hingegen, so kritisiert Hans Magnus Enzensberger, geben die Parteipolitiker die vielen Millionen zur Produktion inhaltsloser Broschüren aus, die man ohne Umweg vom Briefkasten in den Papierkorb werfe.[10]

Trotz mancher Übertreibungen[11] ist die Kritik an der Korruption, der Verselbständigung und dem Machterhaltungsinteresse der politischen Klasse berechtigt. Doch mittlerweile dreht sich die Diskussion im Kreis. Immer neue Korruptionsfälle und immer wieder fortgeschriebene Statistiken über die Parteienfinanzierung tragen wenig zur Beantwortung der Frage bei, weshalb Politik heute kein angesehener Beruf mehr ist. Am besonders schlechten Charakter der politischen Klasse kann es nicht liegen, da „Gut und Böse wie immer ziemlich gleichmäßig verteilt" ist.[12] Es hilft auch nicht weiter, den Kritikern die Kehrseite der Medaille vorzuhalten und zu argumentieren, daß es um die „politische Verfaßtheit der Staatsbürger" ja auch nicht besser stehe.[13]

Es ist meine These, daß die Institutionen und Kommunikationsmuster im Parteienstaat wenig geeignet sind, politische Kompetenz zu fördern. Unter politischer Kompetenz verstehe ich im Anschluß an Max Weber die eingangs skizzierte Fähigkeit der Politikerinnen und Politiker, gesellschaftliche Probleme mit *Reformwillen, Folgenbewußtsein* und *Skeptizismus* zu lösen. Elitenforschung und Institutionenanalyse müssen kombiniert werden,[14] um das Verhalten und das Handeln der politischen Klasse zu erklären und aus der zirkulären Diskussion auszubrechen. Max Webers Fragestellung: „Was besagt diese Ordnung, dieser Typ gesellschaftlicher Beziehungen für den menschlichen Typus, dem sie Schranken setzt oder Chancen eröffnet?"[15] ist also noch immer aktuell. Wie wirkt die Zugehörigkeit zum Parlament auf den „menschlichen Typus" einer Politikerin oder eines Politikers und ihre Qualifikation? An der Willensbildung im Parlament und an der politischen Kommunikation im Fernsehen werde ich prüfen, auf welche Weise die Machtstrukturen und die Kommunikation in diesen Institutionen systematisch dazu beitragen, daß politische Kompetenz eher bestraft als belohnt wird. Auf der Basis dieser Analyse werde ich abschließend die Anforderungen an den Beruf des Politikers formulieren.

1. Die politische Klasse in einem gewandelten Parlament

Zur politischen Klasse werden im folgenden die Inhaber von Spitzenpositionen im Regierungs-, Parlaments- und Parteienbereich auf Bundes- und Landesebene gezählt. Die Inhaber dieser Spitzenpositionen besitzen ähnliche ökonomische Grundlagen und Wertorientierungen sowie vergleichbare

Karrieremuster und beeinflussen politische Entscheidungen. Die Differenzierung zwischen politischer Elite und politischer Klasse, wie sie Klaus von Beyme vorschlägt, ist wenig erklärungskräftig, da nach seiner Definition auch Hinterbänkler zur politischen Klasse zählen und damit das Kriterium einer maßgeblichen Einflußnahme auf politische Entscheidungen fehlt. Die möglichen Folgen einer klassenmäßigen Abgehobenheit der Politikerinnen und Politiker für die Problemlösungswege und die Inhalte der getroffenen Entscheidungen geraten nicht in den Blick, wenn man zur politischen Klasse alle Politiker zählt, die ungeachtet ihrer Entscheidungskompetenz an den ökonomischen Privilegien teilhaben. Differenziert man zwischen der politischen Klasse auf der einen Seite, die sich um den Ausbau ihrer Privilegien kümmere und der politischen Elite auf der anderen Seite, die auf Steuerung und bindende Entscheidungen ausgerichtet sei, dann werden die Folgen der Verselbständigung der politischen Klasse für das Steuerungshandeln unterschätzt.[16]

Für Spitzenpolitiker lassen sich drei Karrieremuster unterscheiden. Mehr als die Hälfte, etwa 60% der Spitzenpolitiker, treten schon früh in eine Partei ein und übernehmen erst nach einer Karriere im Beruf ein politisches Mandat oder ein politisches Amt. Nur etwa 10% der Spitzenpolitiker sind Seiteneinsteiger. Die rein politische Karriere, in der ein privater Beruf fehlt, wählen 30% der Mitglieder der politischen Klasse.[17] Für Standardkarrieren wie für die rein politischen Karrieren ist der sukzessive Aufstieg von Partei- und Wahlämtern auf der kommunalen Ebene bis zur Erlangung eines Bundestagsmandates und dort wiederum einer Spitzenposition charakteristisch. Der Werdegang von Herta Däubler-Gmelin ist im Handbuch des Deutschen Bundestages folgendermaßen beschrieben: „Studium der Rechtswissenschaft und Volkswirtschaft in Tübingen und Berlin. Rechtsanwältin in Stuttgart . . . Mitglied der SPD seit 1965. 1971 bis 1972 Vorsitzende des SPD-Kreisverbandes Tübingen; 1971 bis 1976 Vorsitzende der Arbeitsgemeinschaft sozialdemokratischer Frauen Baden-Württemberg; Mitglied des Präsidiums der SPD, Mitglied des SPD-Bundesvorstandes . . . Mitglied des Bundestages seit 1972. 1980 bis 1983 Vorsitzende des Rechtsausschusses. Seit 1983 stellvertretende Vorsitzende der SPD-Bundestagsfraktion.“[18] Entscheidend ist die Sozialisation über Parteiämter, die für eine politische Karriere oberhalb der kommunalen Ebene die Funktion eines Berufsverbandes übernehmen.[19] Was die Professionalisierung über Parteiämter inhaltlich genau bedeutet, geht aus den vorliegenden empirischen Studien nicht hervor.[20] Zwischen der Übernahme eines kommunalen Parteiamtes und dem Erwerb des ersten Bundestagsmandates liegen bei allen Parteien etwa 9 Jahre.[21]

Die Mitglieder der politischen Klasse entwickeln im Laufe ihrer Karriere ein hohes Potential an gemeinsamen politischen Werten. Der ähnliche

Karriereweg, ein hoher Bildungsgrad,[22] die soziale Herkunft aus der Mittelschicht[23] und eine vergleichbare ökonomische Basis[24] lassen es als gerechtfertigt erscheinen, von einer politischen Klasse zu sprechen. In ihrer sozialen Homogenität unterscheidet sich die politische Klasse deutlich vom Sozialprofil der Wählerschaft. Die unzureichende Repräsentativität der Volksvertreterinnen und Volksvertreter ist einer fragmentierten Gesellschaft durchaus angemessen und wird auch von der großen Mehrheit der Wählerinnen und Wähler akzeptiert.[25] Umstritten hingegen ist die zunehmende Professionalisierung der politischen Klasse. Etwa ein Drittel der Abgeordneten des 11. Bundestages übte noch einen privaten Beruf aus. Für diesen privaten Beruf hatten die Abgeordneten durchschnittlich nur 10 Wochenstunden Zeit und empfanden dies im Gegensatz zu früheren Umfragen auch nicht mehr als problematisch.[26]

Wie ist es nun möglich, daß eine politische Klasse mit hohem Bildungsgrad, langjähriger Erfahrung in Parteigremien und einer Konzentration auf Politik als Beruf sich von einem Mitglied der eigenen Klasse vorwerfen lassen muß, daß keine politische Führung herangebildet werde, die die notwendige Qualifikation für das Regierungshandeln besitze?[27]

Der Auswahlprozeß der Mitglieder der politischen Klasse allein über Parteiämter ist für die Gewinnung politischer Kompetenz nicht optimal. Es wäre denkbar, zusätzliche andere Wege für die Erlangung eines Bundestagsmandates zu eröffnen. Claus Offe hat beispielsweise vorgeschlagen, auch Nichtparteimitglieder an der Willensbildung und der Personalpolitik der Parteien zu beteiligen.[28] In modernen Parlamenten stehen die Mitglieder der politischen Klasse vor durchaus widersprüchlichen Aufgaben. Auf der einen Seite sollen sie Parteipolitik betreiben und auf der anderen Seite sollen sie die gesellschaftlichen Teilsysteme integrieren. Während sie auf Parteipolitik bestens vorbereitet sind und auch als Abgeordnete einen großen Teil ihrer Zeit für die Teilnahme an Parteiversammlungen und Parteigremiensitzungen verwenden,[29] gehören Kooperation und Koordination als Voraussetzungen für die politische Integration einer sich differenzierenden Gesellschaft nicht zu ihrem Qualifikationsprofil. Es ist die Funktion eines modernen Parlamentes, die Entwicklungen der gesellschaftlichen Teilsysteme in einer differenzierten Gesellschaft zu koordinieren.[30] Für eine solche Koordination müssen Programme mit klaren Prioritäten und langfristiger Perspektive entwickelt werden. Darüber hinaus müssen „neue Formen parlamentarisch-gesellschaftlicher Kommunikation“[31] gefunden und Verhandlungssysteme eingerichtet werden, damit es gelingt, eine „gesellschaftliche Optionenpolitik“[32] zu betreiben. Für eine Politik der Koordination der Teilsysteme ist im Parlament die interfraktionelle Kooperation von Bedeutung.[33]

Wie sieht angesichts dieser Anforderungen die parlamentarische Praxis aus? Im 11. Deutschen Bundestag hatten 45 % der Abgeordneten der CDU/CSU und 38 % der Abgeordneten der SPD sehr oft oder häufig Kontakt mit Abgeordneten anderer Fraktionen.[34] Aus dem interfraktionellen Netzwerk sind also mehr als die Hälfte der Abgeordneten in beiden Fraktionen ausgeschlossen. Wichtiger als die Zahl der informellen Kontakte ist das Rollenverständnis der Abgeordneten. Die Abgeordneten verstehen sich nur zu einem kleinen Teil als Vertreter der Partei. Es ist jedoch voreilig, daraus zu schließen, daß die These vom Parteienstaat durch diesen Befund falsifiziert werde. Zum einen sind die Umfrageergebnisse nicht nach Funktionsträgern und Nichtfunktionsträgern aufgeschlüsselt und damit für das Rollenverständnis der Inhaber von Spitzenpositionen nur begrenzt aussagekräftig. Zum anderen wird mit solchen Befragungen das Selbstverständnis der Politikerinnen und Politiker ermittelt, das sich von der realen Bedeutung der Parteien für die Abgeordneten durchaus unterscheiden kann. Das Zeitbudget der Abgeordneten ergibt schon ein etwas anderes Bild von der Rolle der Parteien im Parlament. Einen großen Teil ihrer Zeit verbringen die Abgeordneten mit Fraktionssitzungen, Sitzungen der Landesgruppe und Sitzungen von Parteigremien, während für „innovative Tätigkeiten“ wie die fachliche Vorbereitung, Einarbeitung und Weiterbildung die wenigste Zeit verbleibt.[35] Die Aufteilung der Arbeitszeit scheint wenig geeignet, daß sich die Abgeordneten darauf konzentrieren können, innovative Programme mit klaren Prioritäten und langfristiger Perspektive auszuarbeiten. Denn Parteien, in deren Gremien die Mitglieder der politischen Klasse viel Zeit verbringen, sind nicht dafür bekannt, daß sie neue Initiativen und Ideen hervorbringen.[36] Einem Viertel der Bundestagsabgeordneten erscheint ihre Arbeit gar als sinnlos, da die Probleme ja doch nur unzulänglich gelöst würden. Bedenkt man, daß langfristige Perspektiven in den Programmen durch die kurzfristigen Wahlperioden nicht begünstigt werden und klare Prioritäten in den Programmen an einer unklaren Verteilung zwischen nationalen und europäischen Kompetenzen scheitern, dann sind die Chancen für angemessene Lösungen der komplexen gesellschaftlichen Probleme gering.

Von der Unzulänglichkeit der Problemlösungen sind die Parlamentarierinnen noch überzeugter als ihre männlichen Kollegen.[37] Könnten Frauen als Mitglieder der politischen Klasse dazu beitragen, daß langfristige Perspektiven, Folgenbewußtsein und Skeptizismus eine größere Rolle bei der Entwicklung von Programmen und der Koordination der Interessen der Teilsysteme spielen?

Eine Studie zum Thema ›Politischer Umgang mit Macht bei Frauen und Männern‹ kommt zu dem Ergebnis, daß Frauen eher auf die Vielseitigkeit der Probleme achten und auch die Nebenfolgen politischen Handelns eher in Betracht ziehen als Männer.[38] Interviews, die ich mit den Senatorinnen und Senatoren des rot-grünen Berliner Senates im September 1989 geführt habe, ergaben, daß Frauen in der Politik besonderen Wert auf Fachwissen legen. So berichtete der ehemalige Regierende Bürgermeister von Berlin, Walter Momper, daß er eine Frau als Innensenatorin gewinnen wollte, um endlich einmal die übliche Rollenteilung, nach der Frauen für Soziales, Familie und Jugend zuständig sind, zu durchbrechen und ein Signal zu geben. Es seien mehrere Frauen in Frage gekommen, die die Voraussetzungen für eine Innensenatorin erfüllt hätten und die er gebeten habe, dieses Ressort zu übernehmen. Doch die Betreffenden haben alle mit dem Argument abgelehnt, dafür fachlich nicht kompetent zu sein. Frauen wollten lieber ein Gebiet übernehmen, in dem sie sich „auskennen". Eine Juristin sei durchaus bereit, Justizsenatorin zu werden, aber eben nicht Innensenatorin. Wenn man hingegen einen Mann fragt, ob er das Ressort „Gesundheit" übernehmen wolle und dieser Politiker hatte noch nie etwas mit Gesundheit zu tun, dann sage dieser selbstverständlich: „Na klar, mach ich." Walter Momper ist daher der Meinung, daß es eine neue Rollenteilung zwischen Frauen und Männern in der Politik gibt. Bedeutete Rollenteilung früher, daß Frauen für bestimmte „frauenübliche" Ressorts zuständig waren, so sei es heute so, daß Frauen politische Verantwortung in ihrem Fachgebiet übernehmen und Männer für das „Allgemeine" zuständig sind und damit für die Querschnittsressorts wie Inneres und Wirtschaft. Dies sei keine sinnvolle Entwicklung.[39]

Die Frage nach den inhaltlichen Veränderungen der Politik durch die Beteiligung von Frauen haben nicht alle Senatorinnen und Senatoren beantwortet, weil sie der Meinung waren, daß sich Stil und Inhalt in der Politik schwer trennen lassen. Drei Senatorinnen und zwei Senatoren haben jedoch hervorgehoben, daß für Frauen der Mensch im Mittelpunkt der Politik steht und das gesamte soziale Umfeld eines Politikbereiches stärkere Berücksichtigung findet als bei Männern. Politik werde auf diese Weise sensibler, weil die Frauen die vielfältigen sozialen Bezüge eines Politikbereiches und die Folgen für die Menschen in ihren politischen Entscheidungen eher bedenken als Männer. Genau dies, so der ehemalige Regierende Bürgermeister Walter Momper, sei die Stärke seines Senates. Die Antworten auf die Frage nach der inhaltlichen Veränderung der Politik durch die Beteiligung von Frauen bestätigen damit die These Hagemann-Whites, daß Frauen einen Sinn für die Komplexität der Wirklichkeit besitzen.

In der Frage, ob Frauen auch ein anderes Zeitbewußtsein in die Politik einbringen, weil sie die langfristigen Folgen politischen Handelns und die Generationenverträglichkeit ihrer Entscheidungen eher beachten als Männer, waren die Meinungen geteilt. Drei Senatorinnen und zwei Senatoren antworteten, daß dies „exakt so" sei. „Frauen schauen nicht so auf die Legislaturperiode als Zeit, in der sie was geboten haben müssen. Das ist eines der schlimmsten Dinge in der Politik, daß Politiker in Vier-Jahres-Abschnitten leben. Sie wollen etwas vorweisen und Lorbeeren für die Wiederwahl. Bei Frauen ist das anders. Sie schauen nicht nur auf den Ruhm des Augenblicks, sondern auf die Entwicklung der Gesellschaft und das, was für die Kinder wichtig ist." – „Wenn ich eine bestimmte Politik durchsetzen möchte und weiß, das dauert aber mindestens 6–8 Jahre, dann bringe ich die Sache auf den Weg und es ist mir egal, welcher Kollege oder welche Kollegin nach mir kommt. Das tut ein Mann nicht, es sei denn es wäre Herr Grottian." Drei Senatorinnen und zwei Senatoren hingegen waren der Meinung, es sei nicht genuin weiblich, die langfristigen Folgen und die Generationenverträglichkeit in der Politik zu berücksichtigen. Auch für diese Position seien zwei Antworten zitiert: „Ich wehre mich gegen diesen Anspruch. Frauen müssen überhaupt nichts besser machen, um in der Politik tätig zu sein. Die Beachtung der langfristigen Folgen ist individuell verschieden und nicht geschlechtsspezifisch. Ich selbst fühle mich nicht unter Druck, daß ich Maßnahmen sofort im Hinblick auf die nächste Wahl realisieren muß." – „Auch die Männer achten in unserem Senat auf die Generationenverträglichkeit der Politik."

Frage: Bringen Frauen ein anderes Zeitverständnis in die Politik ein, weil sie die langfristigen Folgen politischen Handelns und die Generationenverträglichkeit der Entscheidungen eher beachten?

Antworten	Senatorinnen	Senatoren	zusammen
Ja, dies ist exakt so	3	2	5
Das wäre meine Utopie	1		1
Es ist ist nicht genuin weiblich, die langfristigen Folgen zu beachten	3	2	5
Keine Angaben	1		1

Quelle: Interviews mit den Senatorinnen und Senatoren des Berliner Senats, 11.–15. 9. 1989.

Die Interviews mit den Senatorinnen und Senatoren des Berliner Senates[40] lassen den Schluß zu, daß Frauen, wenn sie nicht als Einzelkämpferinnen auftreten, durchaus die Politik in Richtung einer größeren Beachtung der langfristigen Folgen verändern können. Doch ist eine mehrheitlich mit Frauen besetzte Landesregierung die Ausnahme geblieben. Auch wenn im 12. Bundestag immerhin 20,6 % der Abgeordneten Frauen sind, so sind sehr viel weniger Frauen in Spitzenpositionen und damit Mitglieder der politischen Klasse.

Eine Karriere über Parteiämter, eine durch Parteien dominierte Macht- und Kommunikationsstruktur und Arbeitsbedingungen, die folgenbewußte

Problemlösungen mit Langzeitperspektive nicht fördern, tragen dazu bei, daß politische Kompetenz im Parlament nicht prämiert wird.

Die Kommunikation zwischen der politischen Klasse und den Bürgerinnen und Bürgern findet zunehmend über das Fernsehen statt. Während sich die „einfachen" Abgeordneten kaum über das Fernsehen äußern können,[41] orientieren die Mitglieder der politischen Klasse ihr Handeln häufig an einer Darstellung im Fernsehen und schaffen Ereignisse, die sich zur Präsentation auf dem Bildschirm eignen. Diese inszenierte Fernsehöffentlichkeit bleibt nicht ohne Folgen für die Problemlösungskompetenz der politischen Klasse.

2. Die politische Klasse in einer gewandelten Öffentlichkeit

Die Personal- und Programmpolitik sind die Einfallstore für den Einfluß der politischen Klasse auf die Kommunikation im Fernsehen. Etwas mehr als die Hälfte der wichtigen Positionen im öffentlich-rechtlichen Rundfunk – Radio und Fernsehen – ist mit Parteimitgliedern besetzt.[42] Von den zehn Intendanten der Rundfunkanstalten der ARD und des ZDF waren 1990 vier Intendanten parteilos. Zwei der zehn Fernsehdirektoren und drei Chefredakteure des Fernsehens waren ohne Parteibuch.

Das Prinzip der Personalpolitik im Rundfunk ist der Proporz. Es werden „Proporz-Tableaus" vereinbart, Personal„pakete" geschnürt und das Partei„ticket" bestimmt Stellenbesetzungen bis in die Abteilungsleiterebene hinein. Es wird als Ausnahme betrachtet, ohne Partei im Rundfunk Karriere zu machen.

Der Proporzgedanke hat über die Forderung nach Ausgewogenheit in das Programm des Fernsehens Einzug gehalten. Die Zauberformel „Mindestmaß an Ausgewogenheit" beschränkt die Bandbreite an Information und Kritik durch das Fernsehen auf das von den Parteien tolerierte Maß.[43]

Ein weiterer Faktor, der die Beschaffenheit der Qualität politischer Kommunikation im Fernsehen prägt, ist die Öffentlichkeitsarbeit von Regierung, Parteien und Verbänden. Die Bedeutung der Öffentlichkeitsarbeit für die Kommunikation im Fernsehen kommt beispielsweise in der Sendung „Journalisten fragen – Politiker antworten" zum Ausdruck. Diese Sendung wurde bei der Gründung des ZDF als Parteiensendung konzipiert. Die im Bundestag vertretenen Parteien sollten Gelegenheit bekommen, auch außerhalb der Wahlkampfzeiten ihre Politiker und ihre politische Meinung im Fernsehen zu präsentieren. In den Sendungen von 1963 bis 1976 traten vor allem Spitzenpolitiker der jeweiligen Partei auf, weil diese am ehesten in der Lage seien, so der Moderator Reinhard Appel, verbindliche Antworten zu geben.[44] Der Informationswert der Sendung ist damit auf die Mehrheitsmeinung der Partei eingeengt. In den 162 Sendungen im untersuchten Zeitraum nahmen von der CDU 42 Politiker, von der FDP 37 Politiker und von der SPD 53 Politiker teil. Innerhalb dieses schon sehr begrenzten Teilnehmerkreises gab es noch einmal eine kommunikative Hierarchie: jede Partei hat fast die Hälfte aller Auftritte mit vier Politikern bestritten.[45] Betrachtet man die Ämter der Politiker, die in der Sendung vertreten waren, so fand während der 13 Jahre eine Umverteilung der Kommunikationschancen statt. Der Anteil der Regierungsmitglieder stieg von 15% auf 34%, während der Anteil der Repräsentanten des Parlaments und der sogenannten „Nur-Abgeordneten“ zurückging. Das dargestellte Spektrum an Meinungen umfaßte damit die offizielle Richtung einer Partei, die durch formal ausgewiesene Positionsinhaber repräsentiert wurde.

Der Einfluß der Öffentlichkeitsarbeit auf die politische Kommunikation im Fernsehen wie in den anderen Massenmedien wird mit der wachsenden Professionalisierung der Pressedienste staatlicher Institutionen zunehmen. Die Pressekonferenzen werden zu einer „Börse für Politik und Medien“, die unter der Regie der Exekutive stattfinden. Konflikte zwischen Medien und Politik werden durch eingespielte Beziehungsmuster auf ein Minimum reduziert und Konsens wird zur Regel.[46]

Auch die Eigenschaften des Mediums Fernsehen haben Einfluß auf die Qualität der politischen Kommunikation. An der Nachrichtensendung und am Fernsehinterview kann dies veranschaulicht werden. Nach der These Neil Postmans[47] präsentiert das Fernsehen die Nachrichten in Form einer Varieté-Veranstaltung. Die durchschnittliche Länge einer Kameraeinstellung in den Nachrichtensendungen beträgt nur wenige Sekunden, so daß das Auge nicht zur Ruhe kommt. Ein Beitrag dauert zwischen 60 und 90 Sekunden, eine Zeitspanne, in der es kaum gelingen könne, eine ernsthafte Information zu vermitteln. Zerstückelte Nachrichten ohne jeden Kontakt seien folgenlos und wertlos, eben reine Unterhaltung. Worauf es ankomme, sei das Bild und seine Wirkungsweise. Nicht die Programmatik, sondern die Kosmetik sei das Gebiet, auf dem sich der Politiker auskennen müsse, wenn er in den Nachrichten überzeugen wolle. Schon der Aufbau einer Sendung sei diskurswidrig: Nachrichtenbruchstücke, die nicht zum Denken anregen, weil ja nach spätestens 90 Sekunden ein neues Thema folgt. Die Bilder der Beiträge müßten den Kern einer Meldung nicht dokumentieren, doch sie müßten faszinierend und unterhaltsam sein. Eine Nachrichtensendung suggeriere, daß man die Meldungen nicht ernst nehmen und sich auch nicht auf vernünftige Weise mit ihnen auseinandersetzen müsse. Statt dessen seien Abwechslung, Neuigkeit, Diskontinuität, Aktion, Bewegung, Einschränkung auf die einfache Botschaft und visuelle Stimulierung als Ersatz des Denkens gefragt.[48]

Postman hat seine Interpretation der Nachrichten als Showgeschäft im

Kontext des amerikanischen Fernsehens entwickelt. Doch sind viele seiner Beobachtungen auch für Nachrichten im deutschen Fernsehen nicht von der Hand zu weisen. Das Bild, das oft den begleitenden Text überlagert und inhaltlich nicht genau paßt, prägt die Nachrichtensendungen. Eine Inhaltsanalyse von Tagesschau und „heute" ergab, daß eine starke Personalisierung der Politik mit einer Begünstigung der jeweiligen Regierung die Nachrichten dominiert.[49] Der Bonus für die Regierung ist bei den Privatsendern noch ausgeprägter als beim öffentlich-rechtlichen Fernsehen. Bei der Tagesschau beziehen sich etwa ein Drittel der Nachrichten auf die Regierung, bei SAT 1 hingegen 44%.[50] Mehr als die Hälfte aller Ereignisse in Tagesschau und „heute" sind als „künstliche Ereignisse" zu qualifizieren, weil sie vom politischen System ganz oder teilweise in Inhalten, Zeitpunkt und Verlauf gesteuert und publikumswirksam in Szene gesetzt werden. Ein wichtiger Faktor in allen Nachrichtensendungen sind Aktualität und Dauer einer Nachricht. Kurzfristige Ereignisse haben im Vergleich zu anderen Massenmedien im Fernsehen eine größere Chance, zur Nachricht zu werden, als langandauerndes Geschehen. Im Fernsehen handelt die Mehrzahl der Beiträge von punktuellen Ereignissen.[51]

Das Fernseh-Interview ist durch „staatstragenden Journalismus"[52] gekennzeichnet. Oft wird nicht einmal der Schein eines Streitgespräches gewahrt. Wie das Medium Fernsehen mit der politischen Klasse und umgekehrt die politische Klasse mit dem Fernsehen in Interviews umgeht, prüfte der Kommunikationswissenschaftler Klaus Merten in einer Analyse des verbalen und nonverbalen Verhaltens der Kanzlerkandidaten Kohl und Rau in Fernsehinterviews anläßlich des Bundestagswahlkampfes von 1987. Beide Sendungen wurden vom ZDF ausgestrahlt und von Reinhard Appel moderiert. Das verbale Verhalten der beiden Kandidaten zeigt wesentliche Unterschiede. Kohl nutzt 75% der gesamten Sendezeit für seine verbale Darstellung, Rau nur 57% der Sendezeit. Kohl verwendet häufiger Floskeln wie „Ich habe überhaupt keinen Zweifel daran, daß . . ." oder „Ich bin überzeugt", die in der Kommunikationswissenschaft „Sicherheitsstanzen" genannt werden. Die Dialogsituation zwischen Journalist und Politiker wird u. a. mit folgenden Variablen erfaßt: Störung durch den Politiker pro Einstellung, Frage des Journalisten kann beendet werden, Umdeuten von Fragen durch den Politiker pro Einstellung, Stellen von Gegenfragen statt Antwort, Beschwerde des Politikers und Wechsel der Fragestellung durch den Politiker statt Beantwortung der Frage. In der Dialogführung und Selbstdarstellung lassen sich zwei fast gegensätzliche Typisierungen erkennen. Kohl läßt die Journalisten nur in 29,3% der Fragen ausreden (Rau in 38,6%) und unterbricht die Journalisten doppelt so oft wie sein Herausforderer. In jeder 11. Einstellung deutet Kohl die Fragen der Journalisten um, während Rau dies unterläßt. In jeder 5. Einstellung beschwert sich Kohl über die Journalisten und bricht die Diskussion ab, wenn er durch Nachfragen oder Einwände in eine schwierige Situation kommt. Auf die Frage nach Bekämpfung der Arbeitslosigkeit z. B. antwortet Kohl zunächst mit der Aufzählung der Faktoren, die Arbeitslosigkeit verursachen. Auf den Einwand des Journalisten, daß er danach gar nicht gefragt habe, besteht Kohl auf einer Diskussion der Ursachen von Arbeitslosigkeit. Nach längerem Hin und Her zwischen dem Journalisten und dem Politiker, ob auf die gestellte Frage zu antworten sei, greift der Moderator ein: „Ich bitte, den Herrn Bundeskanzler ausreden zu lassen."[53] Kohl erweise sich als „verbaler Django", der seine Stärke durch Nichtbeantworten von Fragen, Ins-Wort-Fallen und Einschüchterung der Journalisten demonstriert. Die Selbstdarstellung von Kohl hat noch den zusätzlichen Effekt, daß die häufigen Unterbrechungen die Kamera zwingen, auf Kohl umzuschwenken. Auf diese Weise beherrscht er auch optisch das Bild. Rau hingegen sei als „verbaler Jesus" zu charakterisieren, da er sehr viel seltener unterbricht, Fragen nicht umdeutet und sich bemüht, sachlich zu bleiben.[54] Das Interview mit Kohl ist ein Beispiel für den Darstellungscharakter von Fernsehinterviews. Es wird kein Dialog geführt, sondern es findet ein Monolog des Politikers statt.

Die politische Kommunikation im Fernsehen belohnt diejenigen Mitglieder der politischen Klasse, die die Darstellungskunst möglichst perfekt beherrschen. Klaus Merten hat die erwähnte Inhaltsanalyse der beiden Interviews mit Kohl und Rau einer Wirkungsanalyse bei den Zuschauern gegenübergestellt. Den Zuschauern wurden wegen des raschen Fortgangs des „Dialogs" die negativen Elemente der „Django-Strategie" nicht bewußt. Kohl wurde als Kandidat perzipiert, der es versteht, sich durchzusetzen. Wer als Politiker sein Auftreten als erfolgreich darstellen könne, gelte auch faktisch als erfolgreich. Argumente und faires Diskussionsverhalten seien für die Wirkung bei den Zuschauern weniger wirksam und würden wegen der Kürze der Zeit kaum wahrgenommen und nicht honoriert. „Das Auftreten von Politikern in den Medien gewinnt auf diese Weise mehr und mehr eine Substitutionsfunktion für politisches Handeln, es ist politisches Handeln."[55] Dabei gilt für die Darstellung im Fernsehen: Image geht vor Information. Eine Analyse der Wahlspots im Fernsehen zur Bundestagswahl von 1990 hat ergeben, daß insbesondere die Wahlspots von CDU und SPD eher image- als themenorientiert sind. Selbst im Vergleich zu den personalisierten Präsidentschaftswahlen in den USA weisen die deutschen Parteienspots eine stärkere Imageorientierung auf.[56]

Auch wenn die Darstellung der Politik im Fernsehen eine verzerrte Realität vermittelt und die realen Zusammenhänge verborgen bleiben,[57] ist es für die Zuschauer kaum möglich, die Inszenierung auf ihren Realitätsgehalt zu prüfen. Das Fernsehen gilt bei den Bürgerinnen und Bürgern noch immer als das mit Abstand glaubwürdigste Medium. Doch auch für die Mitglieder der politischen Klasse rücken Inszenierung und reales politisches Handeln immer näher zusammen. Die übermäßige Bedeutung, die der mediengerechten Darstellung zugemessen wird, beeinträchtigt die politische Kompetenz der politischen Klasse. Denn es sind gerade nicht die langfristigen Perspektiven, die möglichen Folgen der Entscheidungen und die Offenheit für den Zweifel oder das bessere Argument, die im Fernsehen gut darstellbar sind.

Politische Kommunikation im Fernsehen prämiert das faszinierende Bild, die Aktualität, die extreme Kürze von Beiträgen, den Verzicht auf Nuancen und den Unterhaltungswert einer Sendung. Die Eigenschaften des Mediums und der Einfluß der Parteien auf Programm- und Personalpolitik verhindern, daß das Fernsehen die Aufgabe eines Massenmediums erfüllt, durch umfassende Information, Kritik und Kontrolle an einer Rationalisierung politischer Machtausübung mitzuwirken. Auch wenn man darauf verzichtet, Öffentlichkeit auf Wahrheit zu beziehen, so muß dieser Verzicht auf das Wahrheitskriterium nicht mit einer Reduktion der Funktion von Öffentlichkeit auf die Herstellung von Allgemeinheit einhergehen.[58] Unverzichtbares Kriterium für eine intakte Öffentlichkeit bleibt ihr Beitrag zur Rationalisierung politischer Machtausübung. Ob die durch Parteien beherrschte Fernsehöffentlichkeit wirklich auf ein kritisches und resistenzfähiges Publikum stößt, wie Jürgen Habermas dies in der teilweisen Revision seiner Studie ›Strukturwandel der Öffentlichkeit‹ annimmt, kann bezweifelt werden.[59] Ich sehe keine empirischen Belege für eine optimistische Einschätzung der politischen Folgen der Fernsehöffentlichkeit. Ebenso fragwürdig ist die Annahme, vermachtete und nichtvermachtete Öffentlichkeitsbereiche ließen sich genau abgrenzen.[60] Die „Produktivkraft Kommunikation" muß sich nicht *gegen* die öffentlichen Institutionen zur Geltung bringen, sondern eine an Vielfalt orientierte politische Kommunikation muß *in* den öffentlichen Institutionen und *in* den Medien eine Chance haben. Eine diskursive politische Kommunikation muß nicht nur „grundrechtlich ermöglicht",[61] sie muß auch organisatorisch ermöglicht werden, wenn die parteipolitische Vermachtung des Mediums Fernsehen nicht weiter fortschreiten soll.

3. Politik als Beruf heute

Es konnte gezeigt werden, daß die Willensbildung im Parlament und die politische Kommunikation im Fernsehen auf systematische Weise verhindern, daß politische Kompetenz honoriert wird. Politische Kompetenz als Verbindung von Reformwillen, Folgenbewußtsein und Skeptizismus ist jedoch unabdingbar, wenn es der politischen Klasse gelingen soll, die Eigeninteressen der gesellschaftlichen Teilsysteme zu koordinieren und zu integrieren. Die heute übliche Hektik, mit der die politische Klasse versucht, immer neue Aufgaben zu lösen und diese dann ohne Prioritätensetzung und bar jeder langfristigen Perspektive möglichst ohne große Diskussion abzuarbeiten, hat mit Professionalität nichts zu tun. Helmut Willke interpretiert dieses Verhalten der politischen Klasse als „Fluchtstrategie von hoher Komplexität". Das Mißverhältnis zwischen Problemstellungen und Problemlösungsfähigkeit führe dazu, daß die politische Klasse durch die „Selbstüberlastung mit irrelevantem Kleinkram" von der Erkenntnis abzulenken versuche, daß politische Steuerung unter diesen Bedingungen zum Scheitern verurteilt ist.[62] Dies führt dann zu einem „luxurierenden Verbrauch von Eliten", wie Antje Vollmer dies nennt.[63]

Politische Kompetenz kann überhaupt erst zur Entfaltung kommen, wenn der Staat von Aufgaben entlastet wird, die sich auch in Verhandlungssystemen unterhalb der staatlichen Ebene erledigen lassen.[64]

Auf der Basis einer neuen Verteilung zwischen öffentlichen und privaten Aufgaben ist die erste Anforderung an politische Kompetenz der Wille zur Reform. Da Reformen zu Umgestaltungen der gesellschaftlichen Ordnung und zu Umverteilungen der gesellschaftlichen Ressourcen führen können,[65] geht es bei diesem Aspekt der politischen Kompetenz immer auch um das Machtproblem.

Folgenbewußtsein als zweite Anforderung an politische Kompetenz ist mit dem Steuerungsproblem konfrontiert. Das Charakteristikum moderner Gesellschaften besteht darin, daß in vielen Bereichen nichts mehr zu entscheiden ist. Wir sind den Gefahren ausgesetzt, die als Folgen früherer Entscheidungen auf uns zukommen. Diese Situation sollte das Bewußtsein der politischen Klasse dafür schärfen, daß gegenwärtiges Steuerungshandeln von der Verantwortung für den „Nachweltschutz" geprägt sein muß.[66]

Skeptizismus als dritte Anforderung an politische Kompetenz tangiert die Wissensproblematik. Da für zahlreiche Problemlösungen nicht nur Kenntnisse über soziale Verhaltensweisen und die Reaktionen von Organisationen gefragt sind, sondern zusätzliche Kenntnisse über physikalische und biologische Zusammenhänge, stellt sich die Wissensproblematik auf neue Weise. Die Notwendigkeit einer möglichst großen Vielfalt an Wissen, an Expertisen und Gegenexpertisen, an Argumenten und Gegenargumenten zeigt zugleich die Bedeutung der Qualität der Kommunikation für die Gewinnung politischer Kompetenz. Darstellungskunst kann nicht reichen. „Um so mehr, als der Demagoge auf ‚Wirkung' zu rechnen gezwungen ist, – er ist eben deshalb stets in Gefahr, sowohl zum Schauspieler zu werden wie die Verantwortung für die Folgen seines Tuns leicht zu nehmen und nur nach dem ‚Eindruck' zu fragen, den er macht."[67] Nicht die Schauspielkunst, sondern die Kunst des Zweifels, nicht Hektik, sondern Gelassenheit und Folgenbewußtsein, nicht Sachzwang, sondern Sachlichkeit und Reformwillen sind für Politik als Beruf heute entscheidend.

Anmerkungen

[1] Max Weber, Politik als Beruf (1919), in: Max Weber Gesamtausgabe, hrsg. von Horst Baier, M. Rainer Lepsius, Wolfgang Mommsen, Wolfgang Schluchter, Johannes Winckelmann, Abteilung I, Bd. 17, Tübingen 1992, S. 227, zu „Leidenschaft–Verantwortungsgefühl – Augenmaß" als den entscheidenden Qualitäten für den Politiker.

[2] Carl Böhret, Folgen. Entwurf für eine aktive Politik gegen schleichende Katastrophen, Opladen 1990.

[3] Ulrich Beck, Die Erfindung des Politischen. Zu einer Theorie reflexiver Modernisierung, Frankfurt a. M. 1993, S. 260ff., bezeichnet den Skeptizismus mit der „Vorwegnahme von Folgen" und der „Lust am Zweifel" als das politische Programm der Moderne.

[4] Claus Leggewie, Ein Reformprojekt für 94!, in: TAZ 31. 12. 1993, S. 3.

[5] Max Weber, a. a. O., S. 227. „Leidenschaft" bedeutet für Max Weber: „leidenschaftliche Hingabe an eine ‚Sache', . . ."

[6] Dietrich Herzog, Hilke Rebenstorf, Camilla Werner, Bernhard Weßels, Abgeordnete und Bürger. Ergebnisse einer Befragung der Mitglieder des 11. Deutschen Bundestages und der Bevölkerung, Opladen 1990, Tabelle 7.4, S. 97.

[7] Ebd., S. 55.

[8] Klaus von Beyme, Die politische Klasse im Parteienstaat, Frankfurt a. M. 1993, S. 46.

[9] Max Weber, Politik als Beruf (1919), a. a.O., Editorischer Bericht, S. 113–155.

[10] Hans Magnus Enzensberger, Ein Bonner Memorandum, in: Der Spiegel 48 (1983), S. 44.

[11] Klaus von Beyme, a. a. O., S. 195–198, zur Verselbständigung der Kampagne gegen die politische Klasse und zur Interessenlage der Kritiker.

[12] Richard von Weizsäcker im Gespräch mit Gunter Hofmann und Werner Perger, Frankfurt a. M. 1992, S. 151.

[13] Antje Vollmer, Der Ernst kehrt in die Politik zurück, in: FAZ, 10. Oktober 1992, Beilage ›Bilder und Zeiten‹.

[14] Für ein Plädoyer, die politische Klasse in ihrer Wechselwirkung mit Institutionen und der Gesellschaft zu analysieren vgl. Hans-Dieter Klingemann, Richard Stöss, Bernhard Weßels, in: Dies. (Hrsg.), Politische Klasse und politische Institutionen, Opladen 1991, S. 34.

[15] Wilhelm Hennis, Max Webers Fragestellung. Studien zur Biographie des Werks, Tübingen 1987, S. 56.

[16] Klaus von Beyme, a. a. O., S. 30ff.

[17] Dietrich Herzog, Hilke Rebenstorf, Bernhard Weßels (Hrsg.), Parlament und Gesellschaft. Eine Funktionsanalyse der repräsentativen Demokratie, Opladen 1993, S. 92. Die unter der Leitung von Dietrich Herzog durchgeführte Umfrage unter den Mitgliedern des 11. Deutschen Bundestages hat sowohl zwischen weiblichen

und männlichen Abgeordneten als auch bei einigen Fragen zwischen Funktionsträgern und Nichtfunktionsträgern differenziert.

[18] Handbuch des Bundestages, 11. Wahlperiode, 1. September 1988, S. 62.

[19] Hilke Rebenstorf, Interessenrepräsentation und Integration, in: Dietrich Herzog u. a. (Hrsg.), Parlament und Gesellschaft, a. a. O., S. 93.

[20] Ebd., S. 94: „Die Funktionen in der Partei leiten dazu an, sowohl integrative als auch Führungsfähigkeiten zu entwickeln, die Struktur des Sektors Politik zu erkennen, mitsamt dem dazugehörigen ‚Personal'. Man kann davon ausgehen, daß die Zeit des ‚Bewährungsaufstieges' in der Partei dazu dient, ‚die Hörner abzustoßen', idealistische Positionen mit Pragmatismus verbinden zu lernen."

[21] Ebd., S. 96.

[22] Hilke Rebenstorf, Frauen im Bundestag – anders als die Männer?, in: Der Bürger im Staat 40 (1990), Tabellen 2 und 3.

[23] Klaus von Beyme, a. a. O., S. 109.

[24] Neben den Diäten spielen für Mitglieder der politischen Klasse auch Direktspenden eine Rolle. Christine Landfried, Parteifinanzen und politische Macht, 2. Aufl., Baden-Baden 1994, S. 149ff.

[25] Dietrich Herzog u. a., Abgeordnete und Bürger, a. a. O., S. 56.

[26] Ebd., S. 96. Leider sind zu dieser Frage nach der Professionalisierung die Ergebnisse nicht nach Funktionsträgern und Nichtfunktionsträgern aufgeschlüsselt.

[27] Antje Vollmer, a. a. O.

[28] Claus Offe, Wider scheinradikale Gesten, in: Gunter Hofmann, Werner Perger (Hrsg.), Die Kontroverse. Weizsäckers Parteienkritik in der Diskussion, Frankfurt a. M. 1992, S. 138.

[29] Dietrich Herzog, Der Funktionswandel des Parlaments, in: Ders. u. a., Parlament und Gesellschaft, a. a. O., S. 49.

[30] Helmut Willke, Abwicklung der Politik, in: Siegfried Unseld (Hrsg.), Politik ohne Projekt? Nachdenken über Deutschland, Frankfurt 1993, S. 65.

[31] Dietrich Herzog, Der Funktionswandel des Parlaments, a. a. O., S. 15.

[32] Helmut Willke, Abwicklung der Politik, a. a. O., S. 65.

[33] Dietrich Herzog, Der Funktionswandel des Parlaments, a. a. O., S. 16.

[34] Dietrich Herzog u. a., Abgeordnete und Bürger, a. a. O., S. 70.

[35] Ebd., S. 87.

[36] Claus Offe, a. a. O., S. 136.

[37] Hilke Rebenstorf, Frauen im Bundestag – anders als die Männer?, a. a. O., S. 23. 46 % der weiblichen Abgeordneten halten die Problemlösungen für unzulänglich, aber nur 22 % der männlichen Abgeordneten.

[38] Carol Hagemann-White, Können Frauen die Politik verändern?, in: Aus Politik und Zeitgeschichte B 9–10 (1987), S. 34.

[39] Interview mit Walter Momper am 30. 10. 1989 in Bonn.

[40] Vgl. zur Gesamtauswertung der Interviews Christine Landfried, Politikorientierte Folgenforschung, 3. Aufl., Speyer 1993, S. 58–69.

[41] Nach einer Studie auf der Basis der Fernsehpräsenz der Bundestagsabgeordneten in der 7. Wahlperiode von 1972 bis 1976 hatten über 450 Abgeordnete oder 90 % aller Parlamentarier keinen Auftritt im Fernsehen. Ulrich Dübber, Neunzig Prozent ohne Resonanz, in: Hartmut Klatt (Hrsg.), Der Bundestag im Verfassungsgefüge der Bundesrepublik Deutschland, Bonn 1980, S. 150.

[42] Max Kaase, Massenkommunikation und politischer Prozeß, in: Ders. (Hrsg.), Politische Wissenschaft und politische Ordnung, Opladen 1986, S. 370.

[43] Beispiele für den Zusammenhang von Proporz in der Personalpolitik und Ausgewogenheit im Programm bei Christine Landfried. Die Macht des Fernsehens: Inszenierung statt Kontrolle von Politik, in: Hans-Hermann Hartwich, Göttrik Wewer (Hrsg.), Regieren in der Bundesrepublik III, Opladen 1991, S. 196–197.

[44] Claudia Mast, Politische Öffentlichkeit. Untersuchung einer Parteiensendung des Zweiten Deutschen Fernsehens, Osnabrück 1978, S. 69.

[45] Ebd., S. 84–85.

[46] Siegfried Weischenberg, Gladiatoren und Propagandisten? Die Akteure politischer Kommunikation in einer medialen Streitkultur, in: Ulrich Sarcinelli (Hrsg.), Demokratische Streitkultur, Bonn 1990, S. 105.

[47] Neil Postman, Wir amüsieren uns zu Tode. Urteilsbildung im Zeitalter der Unterhaltungsindustrie, Frankfurt a. M. 1985, Kap. 6 und 7.

[48] Ebd., S. 131.

[49] Heribert Schatz, Fernsehen und Demokratie. Eine Inhaltsanalyse der Fernsehnachrichten-Sendungen von ARD und ZDF vom Frühjahr 1977, Opladen 1981, S. 49.

[50] Heribert Schatz, Ist das Fernsehen noch zu retten?, in: Macchiavellismus, Parteien und Wahlen, Medien und Politik. Festschrift für Ernst Faul, hrsg. von Rupert Breitling und Winand Gellner, Gerlingen 1988, S. 77, Tabelle 4.

[51] Winfried Schulz, Die Konstruktion von Realität in den Nachrichtenmedien, Freiburg 1976, S. 68.

[52] Siegfried Weischenberg, a. a. O., S. 102.

[53] Klaus Merten, Django und Jesus. Verbal-non-verbales Verhalten der Kanzlerkandidaten Kohl und Rau im Bundestagswahlkampf 1987, in: Opp de Hipt, Erich Latniak (Hrsg.), Sprache statt Politik, Opladen 1991, S. 204.

[54] Ebd., S. 204–205.

[55] Klaus Merten, a. a. O., S. 208. Ebd. für den gesamten Abschnitt.

[56] Christine Holtz-Bacha, Lynda Lee Kaid, Wahlspots im Fernsehen. Eine Analyse der Parteienwerbung zur Bundestagswahl 1990, in: Dies. (Hrsg.), Die Massenmedien im Wahlkampf, Opladen 1993, S. 68.

[57] Winfried Schulz, Massenmedien und Realität, in: Max Kaase, Winfried Schulz (Hrsg.), Massenkommunikation. Theorien, Methoden, Befunde, Sonderheft 30 (1989) der KZfSS, S. 135–149.

[58] So aber Jürgen Gerhards, Friedhelm Neidhardt, Strukturen und Funktionen moderner Öffentlichkeit, Berlin 1990, S. 19.

[59] Jürgen Habermas, Strukturwandel der Öffentlichkeit, Vorwort zur Neuauflage, Frankfurt a. M. 1990, S. 30.

[60] Udo Bermbach, Plädoyer für eine ungeteilte Öffentlichkeit. Anmerkungen zum ‚normativen Begriff der Öffentlichkeit' von Jürgen Habermas, in: Gehard Göhler (Hrsg.), Macht der Öffentlichkeit – Öffentlichkeit der Macht, Baden-Baden 1994.

[61] Jürgen Habermas, a.a. O., S. 43.

[62] Helmut Willke, a. a. O., S. 76. Vgl. ebd., S. 78–80 zu den Anforderungen an den Beruf des Politikers.

[63] Antje Vollmer, Vom Menschenrecht, sich selbst zu schonen. Argumente für

eine neue Ethik des Politischen, in: Gunter Hofmann, Werner Perger (Hrsg.), Die Kontroverse, a. a. O., S. 238.

[64] Carl Böhret, Zur Handlungsfähigkeit des funktionalen Staates der spätpluralistischen Industriegesellschaft, in: Beate Kohler-Koch (Hrsg.), Staat und Demokratie in Europa, Opladen 1992, S. 123.

[65] Claus Leggewie, Ein Reformprojekt für 94!, in: TAZ, 31. 12. 1993, S. 3.

[66] Carl Böhret, Nachweltschutz, Frankfurt a. M. 1991.

[67] Max Weber, a. a. O., S. 229.

Literatur

Beck, Ulrich: Die Erfindung des Politischen. Zu einer Theorie reflexiver Modernisierung, Frankfurt a. M. 1993.

Beyme, Klaus von: Die politische Klasse im Parteienstaat, Frankfurt a. M. 1993.

Böhret, Carl: Folgen. Entwurf für eine aktive Politik gegen schleichende Katastrophen, Opladen 1990.

Gerhards, Jürgen, Friedhelm Neidhardt, Strukturen und Funktionen moderner Öffentlichkeit, Berlin, WZB 1990.

Hennis, Wilhelm: Max Webers Fragestellung. Studien zur Biographie des Werks, Tübingen 1987.

Herzog, Dietrich, Hilke Rebenstorf, Camilla Werner, Bernhard Weßels: Abgeordnete und Bürger. Ergebnisse einer Befragung der Mitglieder des 11. Deutschen Bundestages und der Bevölkerung, Opladen 1990.

Ders., Hilke Rebenstorf, Bernhard Weßels (Hrsg.): Parlament und Gesellschaft. Eine Funktionsanalyse der repräsentativen Demokratie, Opladen 1993.

Hofmann, Gunter, Werner Perger (Hrsg.): Die Kontroverse. Weizsäckers Parteienkritik in der Diskussion, Frankfurt a. M. 1992.

Holtz-Bacha, Christine, Lynda Kaid (Hrsg.): Die Massenmedien im Wahlkampf, Opladen 1993.

Klingemann, Hans-Dieter, Richard Stöss, Bernhard Weßels (Hrsg.): Politische Klasse und politische Institutionen, Opladen 1991.

Landfried, Christine: Politikorientierte Folgenforschung, Speyer, 3. Aufl. 1993.

Merten, Klaus: Django und Jesus. Verbal-non-verbales Verhalten der Kanzlerkandidaten Kohl und Rau im Bundestagswahlkampf 1987. In: Opp de Hipt, Erich Latniak (Hrsg.), Sprache statt Politik, Opladen 1991, S. 188–210.

Ders., Siegfried Schmidt, Siegfried Weischenberg (Hrsg.), Die Wirklichkeit der Medien, Opladen 1994.

Weber, Max: Politik als Beruf (1919). In: Max Weber Gesamtausgabe, hrsg. von Horst Baier, M. Rainer Lepsius, Wolfgang Mommsen, Wolfgang Schluchter, Johannes Winckelmann, Abteilung I, Bd. 17, Tübingen 1992, S. 113–252.

Weischenberg, Siegfried: Gladiatoren und Propagandisten? Die Akteure politischer Kommunikation in einer medialen Streitkultur. In: Ulrich Sarcinelli (Hrsg.), Demokratische Streitkultur, Bonn 1990, S. 101–120.

Willke, Helmut: Abwicklung der Politik. In: Siegfried Unseld (Hrsg.), Politik ohne Projekt? Nachdenken über Deutschland, Frankfurt a. M. 1993, S. 54–84.

Herfried Münkler

Die Moral der Politik

Politik, Politikwissenschaft und die sozio-moralische Dimension politischer Ordnungen

Vieles spricht dafür, daß es sich bei der ‚Politikverdrossenheit', von der zur Zeit so viel die Rede ist, im Kern um eine ‚Parteienverdrossenheit' oder mehr noch um eine ‚Politikerverdrossenheit' handelt. Nicht so sehr ein wachsendes Desinteresse gegenüber politischen Fragen und Problemen ist nämlich zu beobachten als vielmehr die Verbreitung des Zweifels, daß viele von denen, die sich von Amts wegen, in der Regel durch Wahl bestellt und gegen Bezahlung, mit solchen Fragen und Problemen zu befassen, Antworten zu suchen und Lösungen zu entwickeln haben, weder die fachliche noch die moralische Kompetenz dazu besitzen. Die Krise der politischen Systeme, wie sie nur wenige Jahre nach dem Zusammenbruch der realsozialistischen Regime in Mittel- und Osteuropa nunmehr in vielen Ländern Westeuropas sichtbar geworden ist – am dramatischsten sicherlich in Italien –, kann also zunächst als eine Krise der politischen Elite bzw. der politischen Klasse begriffen werden.[1] Viele trauen ihr nicht länger zu, daß sie die ökonomischen wie ökologischen, die demographischen und sozialpolitischen, die fiskalischen und beschäftigungspolitischen Probleme, in die nahezu alle westeuropäischen Länder geraten sind, zu lösen vermag, sie bezweifeln darüber hinaus, daß sie diese Probleme in der Öffentlichkeit angemessen darzustellen bereit und in der Lage ist, und sie konzedieren ihr auch nicht mehr die moralische Integrität, die wohl vonnöten wäre, um die erforderlichen Anpassungen und Reformen bei einer gerechten Lastenverteilung und ohne tiefgreifende soziale Verwerfungen in die Wege zu leiten. Von halber Wahrheit bis glatter Lüge ist die Rede. So wird die politische Legitimation, die Inhabern öffentlicher Ämter qua Wahl verliehen worden ist, durch fachliche wie moralische Inkompetenzvermutungen erodiert; die Häufigkeit, mit der solche Vermutungen durch Skandale augenscheinlich bestätigt werden, überträgt den Verdacht von Einzelnen auf ganze Parteien; schließlich wird die politische Elite in ihrer Gesamtheit unter Verdacht gestellt. So wird die Krise der politischen Elite, insofern die parlamentarische Opposition als potentielle

Alternative zur Regierung unter dieselben Inkompetenzvermutungen gerät, zur Krise des politischen Systems.

Dieser Entwicklung korrespondiert eine augenscheinliche Paradoxie: Je mehr im öffentlichen Sprachgebrauch in den letzten Jahren der Begriff der *Macht* durch den der *Verantwortung* ersetzt worden ist, desto mehr hat sich, zumindest in Teilen der Bevölkerung, der Verdacht breitgemacht, die politische Klasse zeichne sich durch gesteigerte Verantwortungslosigkeit gegenüber den Interessen des Gemeinwesens infolge gesteigerter Sorge um die Eigeninteressen und ein ausgeprägtes Gefühl der Unverantwortlichkeit gegenüber den Folgen ihres Tuns aus: Grundstückskäufe, Protektion von Verwandten und Bekannten, Protegierbarkeit durch Industrielle und Interessenvertreter, schließlich die (vielfältigen Bemühungen um die) Steigerung des eigenen Einkommens bei einigen Politikern haben die moralische Integrität der politischen Klasse insgesamt in Mitleidenschaft gezogen. Der Vorgang der Wahl wird weniger als Übertragung öffentlicher Aufgaben denn als Erschließung neuer oder weiterer Erwerbsquellen wahrgenommen. Die konstatierte Paradoxie der sich öffnenden Schere zwischen den Verantwortungslosigkeitsvermutungen gegenüber der politischen Klasse und deren gehäufter Versicherung, sie übe keine Macht aus, sondern habe Verantwortung inne, ist jedoch nur scheinbar, denn beide Entwicklungen sind offensichtlich komplementär: einem um sich greifenden Verdacht soll durch eine semantische Offensive die Grundlage entzogen werden, und die Hypertrophie des Verantwortungsbegriffs bestärkt den Verdacht, daß davon nur darum so viel die Rede ist, weil es in Wirklichkeit daran mangelt. – So jedenfalls nimmt sich in groben Zügen das Bild aus, das ein interessierter Beobachter von der gegenwärtigen politischen Situation in Deutschland gewinnen kann.[2]

Die auf diese Fragen und Probleme spezialisierte Wissenschaftsdisziplin, die Politikwissenschaft, hat auf die beschriebenen Verdrossenheiten bislang mit frappanter Sprachlosigkeit reagiert. Die Debatte darüber wurde und wird von Journalisten, Publizisten und Vertretern der unterschiedlichsten wissenschaftlichen Fächer geführt, während sich die Politikwissenschaft bei der öffentlichen Behandlung eines Problems, das genuin das Ihre ist, in auffälliger Zurückhaltung übt.[3] In den nachfolgenden Überlegungen soll darum der Frage nachgegangen werden, ob diese Zurückhaltung eher kontingent ist oder ob sich in der Geschichte des Fachs in den letzten Jahrzehnten Entwicklungen aufzeigen lassen, die für die weitgehende Sprachlosigkeit gegenüber dem Ansehensverlust der Politiker und der tiefgreifenden Krise des politischen Systems ursächlich sein könnten. – Tatsächlich sind in das oben gezeichnete Bild einer Krise des politischen Systems infolge weitreichender Veränderungen in den Werten und Einstellungen von Teilen der politischen Elite, das wohl eine weit verbreitete Stimmung wiedergibt, theoretische Voraussetzungen eingegangen, deren Erfordernis nicht nachgewiesen ist und die darum mit Grund bezweifelt werden kann: Müssen Politiker tatsächlich ein besonderes, überdurchschnittliches Bewußtsein von ihrer Verantwortlichkeit haben, um ihre Aufgaben erfolgreich bewältigen zu können?

Deutlicher als andere,[4] die im Prinzip einer ähnlichen Auffassung anhängen, hat Joseph Schumpeter diese Frage verneint, als er in Absetzung von der klassischen Demokratietheorie, bei der das Augenmerk auf der Form der Bestellung politischer Repräsentanten, nämlich der Wahl durch das Volk, lag, die Konstitutionsbeziehung umkehrte und nicht das Volk, sondern die politischen Akteure an den Anfang der Handlungsfolge stellte: „Die demokratische Methode", so seine berühmte Definition, „ist diejenige Methode der Institutionen zur Erreichung politischer Entscheidungen, bei welcher einzelne die Entscheidungsbefugnis vermittels eines Konkurrenzkampfes um Stimmen des Volkes erwerben."[5] Schumpeter glaubte damit eine Reihe von Problemen der klassischen Demokratietheorie gelöst zu haben, unter denen die Frage nach der moralischen Integrität der qua Wahl bestellten politischen Akteure nicht einmal eine besondere Rolle gespielt hat. Aber indem er die Funktionsweise der Demokratie am Modell des Marktes explizierte, wobei er die Marktfunktion nicht von der Nachfrage-, sondern von der Angebotsseite her begriff, hat er die Moral der Politik in eine Variable des Kampfes um Stimmen verwandelt, der keinerlei Funktion hinsichtlich der Herstellung und Sicherung der Arenabedingungen zukommt. Konstitutiv für die Demokratie ist allein das Vorhandensein von Konkurrenz; wo diese entfällt, aus welchen Gründen auch immer, kann von Demokratie nicht gesprochen werden; wo sie vorhanden ist und vermittels der Mehrheit der Stimmen des Volkes entschieden wird, haben wir es mit einer Demokratie zu tun. Moralische Integrität wird, wenn sie denn überhaupt eine Rolle spielt, zu einer Ressource im Kampf um die Mehrheit der Stimmen, so wie umgekehrt der Hinweis auf Defizite an moralischer Integrität des Konkurrenten dessen Attraktivität schmälern soll.

Unter diesen Umständen ist es sinnlos, Integritätsdefizite der politischen Klasse zu beklagen: Da die Anbieter, zumal unter den inzwischen herrschenden Bedingungen der Meinungsforschung, die Reaktion der Abstimmenden auf ein Mehr oder Weniger an moralischer Integrität antizipieren können, können sie auch ihr eigenes Verhalten bzw. ihr ‚Image' entsprechend modellieren.[6] Legen sie hierbei auf moralische Integrität einen geringeren Wert, dann offenkundig deswegen, weil auf der Nachfrageseite ein solches Angebot als nicht sonderlich attraktiv angesehen wird. Und sollte moralische Integrität, wiewohl sie nachgefragt wird, aktuell nicht angeboten werden, wie die Annahme einer völligen und umfassenden moralischen Korrumpierung der politischen Klasse in den modelltheoretischen Annahmen Schumpeters und seiner Nachfolger formuliert werden müßte, dann wäre eine Marktlücke vorhanden, in die sofort neue Anbieter hineinstoßen könnten: Die etablierten Parteien müßten dann Stimmen, womöglich gar die Macht, an neue Gruppierungen abgeben. Nicht am Vorhandensein politischer Gruppierungen mit dem Image der moralischen Integrität, sondern an der Möglichkeit ihres Zugangs zur politischen Arena, nicht an der Moral, sondern an der Konkurrenz hängt danach die Identität demokratischer Ordnung. Die einzige Moral, die unter diesen Umständen gefordert ist, ist die Akzeptanz der Konkurrenz selbst und der Verzicht darauf, sie unmöglich zu machen. Der Rest ist Imagepflege. Auf die Frage nach der Moral der Politik antwortet diese Sicht, indem sie auf die Politik der Moral als Ressource im Kampf um Macht verweist.

Von einer Krise des politischen Systems kann dieser Auffassung zufolge nur dann gesprochen werden, wenn es zu einer Marktverengung oder gar -schließung infolge von Kartellbildung kommt. Die politische Sklerose des sog. Realsozialismus ist danach das Ergebnis einer solchen Machtkartellierung gewesen. Demgegenüber signalisieren sinkende Wahlbeteiligungen in liberal-demokratischen Systemen keineswegs ‚Politikverdrossenheit', sondern müssen im Gegenteil als Ausdruck einer gewissen Zufriedenheit interpretiert werden, die darin zum Ausdruck kommt, daß viele die Kosten gesteigerten politischen Engagements scheuen: Nicht nur, indem sie sich selbst nicht zur Wahl stellen, sondern indem sie auch nicht zur Wahl gehen und so die Entscheidung anderen überlassen. Hohe Wahlbeteiligung und gesteigertes politisches Engagement ist in dieser Sicht kein Indikator für Zufriedenheit und Akzeptanz, sondern zeigt das genaue Gegenteil an.[7] Von ‚Politikverdrossenheit' zu sprechen ist demgemäß nur eine Obsession derer, denen die Konstruktionsprinzipien der demokratischen Ordnung verborgen geblieben sind.

Es ist jedoch sehr die Frage, ob mit der Forderung der Sicherstellung der Konkurrenz durch Offenhaltung der Arenazugänge die Grundvoraussetzungen und Funktionsimperative der Demokratie *hinreichend* expliziert worden sind. Schon die Forderung nach Akzeptanz der Konkurrenz durch die Konkurrenten führt auf einer Metaebene einen moralischen Imperativ ein, eben den einer grundsätzlichen Verweigerung von Kartellabsprachen, der modellimmanent nicht systematisch entwickelt werden kann.[8] Sollten nämlich die Anbieter ein Kartell des grenzenlos an egoistischer Nutzenmaximierung orientierten Machtgebrauchs bilden und – etwa mit Hilfe von Änderungen des Wahlrechts – den Zugang zur politischen Arena für kartellfreie Neuanbieter blockieren, so ließe sich dies nur durch eine nachhaltige Intervention des Nachfragers, hier des Volkes, verhindern; die aber ist im Modell nicht vorgesehen und modellplatonisch nicht möglich, ohne dabei wieder in die von Schumpeter als überwunden behaupteten Aporien der klassischen Demokratietheorie zu geraten. Gleichwohl ist zunächst festzuhalten: Für diejenigen Politikwissenschaftler, die in einem weiteren Sinn in der Tradition der ökonomischen Demokratietheorie Schumpeters oder aber jüngerer Theorien des *rational choice* bzw. der Spieltheorie stehen, stellt sich das Problem der moralischen Integrität politischer Eliten nicht in der Weise, daß Defizite daran sie dazu veranlassen könnten, in eine Debatte einzugreifen, in der es aus ihrer Sicht letztlich bloß um Strategien der gezielten Beeinflussung von Entscheidungen geht.

Dem steht eine Sicht gegenüber, die Politiker weder aus ihrer Bindung an allgemeine moralische Normen entlassen noch spezifische Normen für sie als ständische oder berufsfeldbezogene Ethik auszubilden gedenkt. Wiewohl diese auf der Universalisierungsfähigkeit moralischer Normen begründete Sicht politischen Handelns der einer am ökonomischen Nutzenmaximierer orientierten Politikanalyse zunächst diametral entgegengesetzt zu sein scheint, ähnelt sie ihr doch darin, daß sie der Politik keine gesonderte Bedeutung oder gar Ausnahmestellung von den allgemein geltenden Normen und Regeln zubilligt, sondern sie als Spezial- und Anwendungsgebiet eines allgemeine Gültigkeit beanspruchenden Prinzips begreift: im einen Fall die moralische Norm, im andern das rationale Nutzenkalkül. In diesem Sinne hat Immanuel Kant den von ihm formulierten kategorischen Imperativ, wonach ein jeder stets so handeln solle, daß die Maxime seines Handelns Grundlage einer allgemeinen Gesetzgebung sein könne, unmittelbar auf die Politik übertragen, als er das darin formulierte Prinzip der Universalisierbarkeit zulässiger Handlungsmaximen als die grundsätzlich zu fordernde Veröffentlichungsfähigkeit politischer Leitlinien wie Absprachen reformulierte. In dem der Schrift ›Zum ewigen Frieden‹ beigegebenen Anhang ›Über die Mißhelligkeiten zwischen der Moral und der Politik, in Absicht auf den ewigen Frieden‹ hat er alle Ansprüche der Politik auf Dispens von der Geltung moralischer Normen mit Blick auf die ihnen obliegenden Aufgaben, wie sie etwa im Rahmen der Staatsraisondebatte vorgetragen worden waren,[9] kategorisch zurückgewiesen und darauf bestanden, daß „die wahre Politik (...) keinen Schritt tun (kann), ohne vorher der Moral gehuldigt zu haben, und ob zwar Politik für sich selbst eine schwere Kunst ist, so ist doch Vereinigung derselben mit der Moral gar keine Kunst; denn diese haut den Knoten entzwei, den jene nicht aufzulösen vermag, sobald beide einander widerstreiten. – Das Recht des Menschen muß heilig gehalten werden, der herrschenden Gewalt mag es auch noch so große Aufopferung kosten. Man kann hier nicht halbieren, und das Mittelding eines pragmatisch bedingten Rechts (zwischen Recht und Nutzen) aussinnen, sondern alle Politik muß ihre Knie vor dem erstern beugen, kann aber dafür hoffen, ob zwar langsam, zu der Stufe zu gelangen, wo sie beharrlich glänzen wird."[10] Die Auflösung der Mißhelligkeiten und die Herstellung der

„Einhelligkeit der Politik mit der Moral“ glaubt Kant, wie er im 2. Teil des Anhangs ausführt, mit Hilfe einer transzendentalen Formel des öffentlichen Rechts bewirken zu können, und diese lautet: „Alle auf das Recht anderer Menschen bezogene Handlungen, deren Maxime sich nicht mit der Publizität verträgt, sind unrecht.“ [11] Damit will er sicherstellen, daß Maximen, deren öffentliche Bekanntmachung die in ihnen verfolgten Ziele unerreichbar machen, die also nur durch Geheimhaltung erfolgreich sind, aus der Politik verbannt werden. Er bezeichnet die Forderung nach Publizitätsfähigkeit politischer Handlungsmaximen darum als *transzendental*, weil sie der Erörterung aller konkreten Maximen und deren ethisch womöglich hochstehenden Zielen vorangeht und davon unabhängig *prinzipielle* Geltung beansprucht. So diskutiert er die Möglichkeit, die Eroberung eines kleineren durch einen größeren Staat könne ein bedeutender Schritt auf dem Wege „zum vermeintlich größeren Weltbesten“ sein,[12] weist solche „Zweizüngigkeit der Politik in Ansehung der Moral, einen oder den andern Zweig derselben zu ihrer Absicht zu benutzen“,[13] aber zurück, indem er die Orientierung an der Menschenliebe zur *bedingten*, die „Achtung fürs *Recht* der Menschen“ aber zur *unbedingten* Pflicht der Politik erklärt. Nicht Wohlwollen, sondern Publizität ist der Politik darum aufzuerlegen, und so präzisiert Kant die zunächst als negatives Prinzip entfaltete Forderung nach Publizitätsfähigkeit politischer Maximen zu dem nunmehr positiv formulierten Prinzip: „Alle Maximen, die der Publizität *bedürfen* (um ihren Zweck nicht zu verfehlen), stimmen mit Recht und Politik vereinigt zusammen.“ [14] Veröffentlichungsfähigkeit als strukturelles Äquivalent zur Verallgemeinerungsfähigkeit im Bereich der Individualmoral stellt für Kant den Schlüssel zur Unterstellung der Politik unter die Moral dar, und diese Unterstellung findet statt, indem der Politik, unabhängig von der politischen Verfaßtheit eines Gemeinwesens als Monarchie oder Republik, jedweder Anspruch auf eine aparte Moral abgesprochen wird. Dabei geht Kant davon aus, daß die Publizitätsmaxime in einer Republik eher respektiert und institutionalisiert werden kann als in einer Monarchie. Das heißt im Umkehrschluß aber auch, daß die Politik, die keinen Dispens hinsichtlich der ihr gegenüber erhobenen moralischen Anforderungen zugebilligt erhielt, auch nicht gesonderten, mit dem alltäglichen Tun verglichen höheren moralischen Forderungen unterworfen werden kann. Eine Argumentation wie die kantische muß daher dann, wenn Politikerverhalten im oben skizzierten Sinne (dem Verschwinden des Gemeinwohls im Eigeninteresse der Akteure) skandalisiert wird, die – tatsächlich ja auch immer wieder zu hörende – Rückfrage stellen, warum denn für Politiker nicht gelten solle, was für alle anderen Gültigkeit habe: daß ein Handeln, dessen Maximen mit einer allgemeinen Gesetzgebung zusammen bestehen können, moralisch nicht anstößig sei. Die Wahrnehmung individueller Erwerbschancen und die Maximierung des eigenen

Nutzens, wie sie im Falle verschiedener Politiker skandalisiert worden sind, ist aber genau das Prinzip, das eine marktvermittelte Gesellschaft in Gang hält. Wenn für Politiker zu gelten hat, was für jeden anderen auch gilt, so sind die meisten Skandale, die in den letzten Jahren die Republik beschäftigt haben,[15] eher das Ergebnis von Skandalisierungsstrategien, verstanden als Ressourcen im Kampf um Macht und Einfluß, als daß hier wirkliche Verstöße von Politikern gegen Normen, die für andere Gültigkeit haben, offengelegt worden wären.[16] Was die Skandale in der Regel erst zu Skandalen gemacht hat, war die dramatische Kluft zwischen den moralischen Ansprüchen der Akteure und ihrem tatsächlichen Verhalten. Wo diese Kluft nicht besteht, weil der politische Akteur öffentlich erkennbar gemacht hat, daß er an sein eignes Verhalten keine hohen Integritätsansprüche anlegt, greifen Strategien der Skandalisierung ins Leere (wie im Fall des früheren CSU-Politikers Strauß), und wo die Kluft nicht sichtbar wird, weil entsprechende Publikationen verboten sind oder unterdrückt werden, entsteht der (zeitweilige) Eindruck, die politische Elite agiere gemäß den von ihr propagierten Werten und Idealen (wie dies in autoritären und totalitären Regimen in der Regel der Fall ist). Die Frage nach der Moral der Politik stellt sich für eine auf universellen Normen begründete Moral insofern nicht, als für die politischen Akteure dieselben moralischen Anforderungen gelten wie für alle anderen. Was den Politikern moralisch abverlangt wird, wird ihnen abverlangt, weil und insofern es auch allen anderen abverlangt wird. Die Moral der Politik ist identisch mit der allgemeinen Moral.[17]

Als ein erstes Ergebnis kann also festgehalten werden: Weder die Explikation demokratischer Herrschaft nach dem Modell des Marktes noch die Subsumtion der Leitlinien und Maßstäbe für politische Akteure unter die Normen einer universellen Moral sind in der Lage, die eingangs beschriebene Politik- bzw. Politikerverdrossenheit und die damit begründete Krise der liberalen Demokratien in Westeuropa theoretisch schlüssig zu erklären. Zwei Gründe sind denkbar: Entweder es handelt sich bei der vorgeblichen Krise der politischen Systeme überhaupt nicht um eine Krise, sondern um das ganz normale Funktionieren dieser Systeme, bei dem Skandalisierungen als Ressourcen im Kampf um Macht eingesetzt werden bzw. tatsächliches Fehlverhalten aufgedeckt und durch Machtverlust sanktioniert wird, oder aber beide Theorien, die aus dem Modell allgemeiner Marktgesetze abgeleitete ebenso wie die einer universellen Moralgeltung, sind nicht in der Lage, die sozio-moralischen Funktions- und Bestandsvoraussetzungen der demokratischen Ordnung hinreichend zu erfassen. Im *ersten Fall* würde dies bedeuten, daß die angebliche Krise des politischen Systems das Ergebnis einer Erwartung an Politikerverhalten ist, die eher vordemokratischen als demokratischen Ordnungen entspricht. Danach werden an die Politiker Verhaltenserwartungen herangetragen, die politisch elitären oder hierarchischen

Ordnungsmodellen angemessen, aber für die Funktionsweise einer Demokratie völlig inadäquat sind. Was als Krise der politischen Ordnung begriffen wird, wäre danach nichts anderes als die allmähliche Anpassung des Verhaltens politischer Akteure an die Funktionsmechanismen der demokratischen Ordnung. Im *zweiten Fall* würde es dagegen bedeuten, daß beide Theorien die richtigen und angemessenen Erwartungen großer Teile der Bevölkerung an das Verhalten der politischen Klasse in einer Demokratie nicht hinreichend berücksichtigt haben und insofern die Beziehung zwischen Politik und Moral in einer demokratisch verfaßten Ordnung nicht adäquat zu erfassen vermögen.

Systemtheoretische Überlegungen auf das politische System anwendend, hat Niklas Luhmann einen Ausweg aus dem Dilemma aufzuzeigen versucht. Dabei ist er von der Grundintention her der ersten Lösung gefolgt, hat aber versucht, die in der zweiten Lösung ins Spiel gebrachten Erwartungen der Bevölkerung nicht nur als antiquierte Sentiments zu begreifen, die im Rahmen einer Aufklärungs- und Rationalisierungskampagne weggearbeitet werden müßten, sondern hat in ihnen eine Residualgröße politischer Partizipation unter den Bedingungen hochkomplexer Funktionssysteme gesehen, die aufgrund von Unüberschaubarkeit und Eigenrationalität die im Demokratieideal vorgesehene Partizipation nicht länger erlauben.

So hat er die Herantragung besonderer, hochstehender moralischer Maßstäbe an das Verhalten der Politiker und das Funktionieren der politischen Ordnung zunächst als überholt und eine der „Themenkonstellationen des Spätmittelalters und der Frühmoderne“ bezeichnet. Moderne Gesellschaften dagegen seien nur noch infolge einer Entmoralisierung zentraler Bereiche funktionsfähig. „Heute können wir dagegen sehen und haben wir zu akzeptieren, *daß die Werte der verschiedenen Funktionssysteme keine moralischen Werte sind.* Wir können keinen Sinn darin sehen, Eigentum im Unterschied zu Nichteigentum moralisch zu qualifizieren im Sinne von: das eine moralisch gut, das andere schlecht. Ebenso wie Regierungsmacht und Opposition, krank/gesund, Wahrheit und Unwahrheit als Resultat von Forschung oder Siegen und Verlieren im Sport. Die Zwei-Werte-Codierung der Funktionssysteme läßt sich in keinem Fall mit dem Moralcode von gut/schlecht gleichsetzen, und damit entzieht sich auch die gesamte Selbstorganisation dieser Funktionssysteme einer moralischen Kontrolle. Ja, der Rückzug der Moral aus diesen Bereichen wird durch die Moral selbst gefordert und gedeckt.“ [18] Wenn dennoch – und nunmehr nimmt Luhmann die tatsächlich zu konstatierenden moralischen Erwartungen an die politische Elite auf – moralische Forderungen eine gewisse Bedeutung in modernen politischen System hätten, so deswegen, weil angesichts deren funktionaler Komplexität eigentlich nur noch die Moral Urteile von Nichtspezialisten zulasse: „Die Leute neigen zum Moralisieren, weil das Moralschema gut/schlecht ihnen eine Chance gibt, sich selbst auf der guten Seite zu plazieren."[19] Diese Neigung zum Moralisieren, die angesichts des Differenzierungsgrades und der Rationalitätsstandards der Systeme unterkomplex sei, müsse freilich den Funktionsimperativen der Systeme kompatibel gemacht werden, und dafür sorgen die Massenmedien: „In einer durch die Massenmedien verwalteten Welt nimmt dieses Anliegen der moralischen Kontrolle der Funktionssysteme und speziell der Politik die Form von *Skandalen* an. Das hat viele Vorzüge. Man weiß wenigstens, was zu vermeiden ist und worin man sich vorsehen muß. Skandale heben die Einmaligkeit hervor, sie markieren individuelles Fehlverhalten und lassen damit den normalen Betrieb unmarkiert passieren. Wen es erwischt, der wird geopfert, damit alles andere unverändert weiterlaufen kann. Das erfordert hohe Eindeutigkeit des individuellen Fehlverhaltens mit der Möglichkeit, daß alle Unbeteiligten sich bei der Aufdeckung überrascht und entrüstet zeigen können. All dies ist auf die Selektionsbedingungen der Berichterstattung in Medien abgestellt."[20] Moral in der Politik ist danach aus sozialwissenschaftlicher Sicht nicht unter normativen Fragestellungen adäquat zu behandeln, sondern ist – in funktionalistischer Perspektive – hinsichtlich ihrer Bedeutung für die Systemintegration zu befragen. Dabei kommt es zu einer Spaltung in die Masse derer, die innerhalb des normativen Rahmens verbleiben, also eine *Innenperspektive* haben, und die Gruppe derer, die den normativen Forderungen ihren sozialfunktionalen Status zuweisen, also über eine *Außenperspektive* verfügen. Für erstere haben die moralischen Forderungen *unbedingte* Gültigkeit, für letztere hingegen nur *bedingte*, insofern sie abhängig sind von den ihr modelltheoretisch vorgeordneten Imperativen der Systemintegration. Oder pointiert: Bedingungslos gelten die Forderungen der Moral nur für die, denen der Über- und Durchblick fehlt.

Aber der gegenwärtig zu beobachtende Umschlag einer längeren Abfolge von Skandalen in ‚Politikverdrossenheit', also der allgemeine Zweifel, daß es sich bei dem skandalisierten Verhalten um einen, wie dies der Luhmannschen Konstruktion nach der Fall sein müßte, einmaligen und begrenzten Vorgang handelt, der den allgemeinen Politikbetrieb weithin unberührt läßt, sondern der Verdacht, daß die sich überrascht und unbeteiligt Gebenden sich vom Erwischten nur durch ein höheres Maß an Cleverneß, nicht aber durch größere moralische Integrität unterscheiden, hat den von Luhmann für die 70er und 80er Jahre durchaus zutreffend beschriebenen Mechanismus der strategischen Moralitätskanalisierung durch medial inszenierte Skandalisierung ausgehebelt. Offenbar gibt es einen Grenzwert der Skandalhäufigkeit, von dem an die zuvor wirkenden Mechanismen der Singularisierung von Politikfehlverhalten in einen generalisierten Verdacht gegen die politische Klasse umschlagen. Wie weitreichend die Folgen eines solchen Umschlags sein können, läßt sich zur Zeit am Beispiel Italiens sicherlich am genauesten verfolgen. Im Rahmen des von Luhmann vorgeschlagenen Modells würde dies heißen, daß hier – wie inzwischen auch andernorts – die medialen Mechanismen der Singularisierung von Fehlverhalten durch die Häufigkeit der Inszenierung überfordert worden sind: Die Regelmäßigkeit der Wiederholung des Singulären weckt den Verdacht, ihm liege ein Generelles zugrunde. Das Luhmannsche Modell legt nahe, die Ursachen dieses Umschlags weniger im tatsächlichen Verhalten der politischen Klasse, als vielmehr in einer Dysfunktion der Medien zu sehen.

Alle drei der hier vorgestellten Theorien und Modelle tendieren also dazu, die konstatierte ‚Politik-' bzw. ‚Politikerverdrossenheit' zu marginalisieren, und sie tun dies nicht infolge modifizierbarer Randbedingungen oder Nebenannahmen, sondern aufgrund von Voraussetzungen, die in ihrem Zentrum stehen: daß – im Falle Schumpeters und der daran anschließenden Theorien des *rational choice* – die Funktionsmechanismen politischer Arenen denen von Märkten analog sind; daß – im Falle Kants und der an ihn anschließenden Diskursethik – eine spezifisch politische Ethik aus dem allgemeinen Geltungsbereich von Ethik nicht ausdifferenziert werden kann; daß schließlich – im Falle Luhmanns und der auf ihn rekurrierenden Theorien – *politische* Ordnungen auf denselben Prinzipien beruhen wie *soziale* Systeme und das Geltendmachen moralischer Forderungen für deren Funktionieren eher dysfunktional ist und darum marginalisiert werden muß. In jedem der drei Fälle wird dabei der politischen Ordnung zunächst der Anspruch auf eine eigene Rationalität bzw. genuin nur ihr zukommender Funktionsimperative bestritten, um sie sodann als einen Spezial- und Anwendungsfall einer anderen Ordnung zu begreifen: der des Marktes, der einer universalen Moral oder der sozialen Systeme.

Auf eine ganz andere Situation als die heutiger ‚Politikverdrossenheit' bezogen,[21] hat Max Weber in seinem berühmten, im Revolutionswinter 1918/19 gehaltenen Vortrag ›Politik als Beruf‹ die „Beziehung zwischen *Ethik und Politik*"[22] als das zentrale Problem des Berufs zur Politik behandelt. Zwar wird die von Weber in diesem Zusammenhang entwickelte Unterscheidung zwischen Gesinnungs- und Verantwortungsethik auch und gerade in politischen Diskussionen heute immer wieder apostrophiert, doch ist, von wenigen Ausnahmen abgesehen,[23] nicht versucht worden, systematisch auszuarbeiten, was denn unter der spezifischen Verantwortung des Politikers zu verstehen sei. Weber selbst hat diese Frage in seinem Vortrag nicht weiter behandelt, sondern sich weitgehend darauf beschränkt, die *Erfordernis* einer politischen Verantwortungsethik gegen die apolitische Gesinnungsethik des Alltags herauszustellen. Dabei hat er zwei Aspekte in den Mittelpunkt seiner Überlegungen gestellt: das spezifische Mittel der Politik, die Gewaltsamkeit, und eine geschichtstheoretische Ebene, auf der die zukünftigen Folgen eines Handelns in den Horizont jetzt zu fällender Entscheidungen einbezogen werden müssen. So lautet denn der entscheidende Satz des Vortrags: „Auch die alten Christen wußten sehr genau, daß die Welt von Dämonen regiert sei, und daß, wer mit der Politik, das heißt: mit Macht und Gewaltsamkeit als Mitteln, sich einläßt, mit diabolischen Mächten einen Pakt schließt, und daß für sein Handeln es *nicht wahr* ist: daß aus Gutem nur Gutes, aus Bösem nur Böses kommen könne, sondern oft das Gegenteil. Wer das nicht sieht, ist in der Tat politisch ein Kind." [24] Es waren diese und ähnliche Formulierungen, in denen Weber den „Dämon der Politik" vom christlichen Liebesgott absetzte,[25] die über Friedrich Meinecke zu Gerhard Ritter in die Vorstellung von einer „Dämonie der Macht" geführt haben, in welcher es die spezifische Eigenart der Macht ist, moralisch aufrichtige Intentionen auf der Ebene ihrer Wirkung in ihr Gegenteil zu verkehren.[26] Was daraus bei Ritter ideengeschichtlich wurde, war die Exkulpation jener deutschen Konservativen, die sich im Januar 1933 darauf verstanden hatten, den Nazis die Macht zu übertragen, um sie so zu zähmen und für die eigenen Ziele im Kampf mit der politischen Linken dienstbar zu machen. So unterblieb die Ausarbeitung dessen, was im Anschluß an Weber über dessen bekannte Forderungen nach Augenmaß und Leidenschaft sowie die Reflexion auf die Folgen des Handelns hinaus unter politischer Verantwortung zu verstehen ist.

Hier liegt im Sinne der als Titel des Bandes gestellten Frage nach Sinn und Nutzen der Politikwissenschaft eine der wichtigsten Aufgaben des Fachs in den nächsten Jahren: in der systematischen Explikation der soziomoralischen Funktions- und Bestandsvoraussetzungen einer demokratischen Ordnung. Wenn denn zutrifft, was oben zu entwickeln versucht wurde, daß nämlich weder die Rückführung der politischen Ordnung auf Modelle der Ökonomie oder Soziologie, noch die Einvernahme politischer Erwartungsdimensionen und Handlungsimperative in die Prinzipien einer universalistischen Ethik die gegenwärtig zu beobachtende Krise der westlichen Demokratien als Krise zu begreifen vermögen, so ist dies mehr als ein bloßer Fingerzeig, daß sich die Politikwissenschaft auf die genuine Eigenständigkeit ihres Gegenstandsbereichs zurückbesinnen muß. Diese ist im Gefolge der szientistischen Entwicklung des Fachs seit Ende der 60er Jahre zunehmend in den Hintergrund getreten. Das Problem nämlich ist, daß sich das genuin Eigenständige des politikwissenschaftlichen Gegenstandsbereichs, die Untersuchung der Ermöglichungsbedingungen einer demokratischen Ordnung, infolge der untrennbaren Verbindung empirischer mit normativen Fragen einer streng szientifischen Betrachtungsweise entzieht. Die Folge dessen war, daß die soziomoralische Dimension politischer Gemeinwesen, in der sich die Frage nach den tatsächlichen Erwartungen und Dispositionen der Bürger (die mit szientifischen Methoden zu beantworten ist) mit der Frage nach der Zulässigkeit dieser Erwartungen und der Erfordernis bestimmter Einstellungen unter den Bedingungen einer auf der Freiheit der Bürger begründeten Demokratie (was eine normative Frage ist) untrennbar verbindet, zunehmend in den Hintergrund politikwissenschaftlicher Probleme getreten ist. Demgegenüber hat sich insbesondere die klassische politische Theorie von Aristoteles bis Rousseau und den ›Federalist Papers‹ mit diesen Fragen intensiv beschäftigt, erheblich intensiver als das moderne politische Denken, das sich, zentriert auf das jeweilige Interesse der Akteure, auf die formalen Regelungen der Verfassung oder aber die Durchsetzungspotentiale der Beteiligten konzentriert hat.[27] Das heißt nicht, daß wieder umstandslos an jene Problemkonstellationen angeknüpft werden könnte, wie sie im klassischen politischen Denken bearbeitet worden sind; dafür ist der Grad der Ausdifferenzierung gesellschaftlicher Teilrationalitäten zu groß, die Freisetzung der Individuen aus den Vorgaben der sozio-politischen Gemeinschaft zu weit fortgeschritten und schließlich die Bindekraft traditioneller Moralen wie Religionen zu sehr geschwunden. Aber das heißt gerade nicht, wie diejenigen meinen, die von der Obsoleszenz des klassischen politischen Denkens ausgehen, daß die darin eingebundenen politischen Probleme verschwunden seien. Im Gegenteil: es hat den Anschein, daß gerade in dem Sammelbegriff ‚Politikverdrossenheit' manches von dem zusammengefaßt wird, was sich angeblich durch die Fortschritte an Individualisierung und Rationalisierung von selbst gelöst hat. Die jetzt vielberedete ‚Politikverdrossenheit' und die darunter subsummierten Problembereiche, die defizitären Orientierungen der politischen Elite an dem, was gemeinhin mit dem Begriff ‚Gemeinwohl' bezeichnet wird, die diesbezüglich hochgespannten Erwartungen vieler Bürger, schließlich die Angewiesenheiten einer auf Partizipation begründeten Ordnung auf das Engagement der Bürger, zeigen an, welche Probleme von der Politikwissenschaft nach dem Ende der Blockkonfrontation und des durch sie bewirkten „Außenhalts" zu bearbeiten sein werden.

Anmerkungen

1 Zum Konzept der politischen Klasse vgl. Klaus von Beyme, ›Die politische Klasse im Parteienstaat‹, Frankfurt a. M. 1993, S. 99ff., dazu die Beiträge in Thomas Leif u. a. (Hrsg.), ›Die politische Klasse in Deutschland‹, Bonn 1992.

2 Joachim Fest (Die schwierige Freiheit, Berlin 1993, S. 25ff.) spricht (mit hörbarem Anklang an Sigmund Freud) von einem „rapide steigenden Unbehagen an der Politik", für das er zwei strukturelle Ursachen benennt: zum einen eine Handlungsunfähigkeit der Politik infolge sich blockierender Gruppeninteressen, zum anderen die sich ausbreitende Einsicht, daß mit den Mitteln der Politik keine Antworten auf Daseinsfragen gegeben werden können. In diesem Sinne ist ‚Politikverdrossenheit' nicht auf ‚Politikerverdrossenheit' zurückzuführen, sondern hat Ursachen, die mit

den säkularen Vorgängen der Rationalisierung und Demokratisierung selbst verbunden sind.

3 So ist etwa unter den insgesamt zwanzig Beiträgern des aus einer Sendereihe des Hessischen Rundfunks hervorgegangenen Bandes ›Opfer der Macht. Müssen Politiker ehrlich sein?‹ (hrsg. von Peter Kemper, Frankfurt a. M. 1993) nur einer, der von seiner akademischen Profession her als Politikwissenschaftler bezeichnet werden kann; bei den anderen handelt es sich zumeist um Philosophen, Soziologen oder Historiker. Nun könnte diese Verteilungsrelation freilich auch das Ergebnis zufälliger Vorlieben und Wertschätzungen des Rundfunkredakteurs bzw. Bandherausgebers sein. Eine Durchsicht der Jahrgänge 1990–1993 einschlägiger Fachzeitschriften kommt freilich zu einem ähnlichen Ergebnis: So ist in der ›Zeitschrift für Politik‹ in dem genannten Zeitraum von vier Jahren kein einziger einschlägiger Aufsatz erschienen; in der ›Zeitschrift für Parlamentsfragen‹ ist im Jg. 1990 im weiteren Sinn einschlägig ein Aufsatz von Oskar Niedermayer (Sozialstruktur, politische Orientierungen und die Unterstützung extrem rechter Parteien in Europa, in: Heft 4, S. 564ff.), in dem die Deutung der Unterstützung extrem rechter Parteien als „Folge eines Vertrauensverlustes in die Funktionsfähigkeit des bestehenden politischen Systems" angesprochen wird; im Jg. 1993 ist einschlägig der Aufsatz von Jürgen Rüttgers (Von der Gremienpartei zur Bürgerpartei. Zu den Kontroversen um die Krise der Parteiendemokratie, in: Heft 1, S. 153ff.), in dem davor gewarnt wird, die gegenwärtige Politikverdrossenheitsdebatte als Debatte über die Parteienverdrossenheit zu führen; für den ›Leviathan‹ ist über alle vier Jahre Fehlanzeige zu konstatieren, während in der ›Politischen Vierteljahresschrift‹ (Jg. 1992) in einem Aufsatz von Ferdinand Müller-Rommel (Erfolgsbedingungen grüner Parteien in Westeuropa, in: Heft 2, S. 189ff.) immerhin von „Institutionenverdrossenheit" (S. 208) die Rede ist, worunter ein „generelles Mißtrauen gegenüber der Handlungskompetenz und der Durchschaubarkeit politischer Entscheidungsprozesse in traditionellen politischen Institutionen" (ebd.) verstanden wird. Einschlägig im Jg. 1993 sind ein Beitrag von Oskar W. Gabriel, Frank Brettschneider und Volker Kunz (Responsivität bundesdeutscher Kommunalpolitiker, in: Heft 1, S. 28ff.), in dem am Beispiel des Finanzgebahrens von vier Kommunen eine nur geringe Responsivität kommunaler Politik konstatiert wird, sowie ein Beitrag von Andreas Schedler (Die demoskopische Konstruktion von ‚Politikverdrossenheit', in: Heft 3, S. 414ff.), in dem am Beispiel Österreichs die auf Politikverdrossenheit hindeutenden Ergebnisse demoskopischer Untersuchungen relativiert und als ‚demoskopisches Artefakt' kritisiert werden. Als Ergebnis läßt sich zusammenfassen: Manche Veröffentlichungen streifen das Thema oder greifen es indirekt auf, explizit einschlägig ist allenfalls der Aufsatz Schedlers – und der bezieht sich auf Österreich. (Für Hinweise zu diesem Thema danke ich Effi Böhlke.)

4 Die modelltheoretischen Annahmen Schumpeters hinsichtlich der Funktionsimperative einer Demokratie finden sich auch bei allen der sog. ökonomischen Demokratietheorie zugerechneten Autoren wie auch bei den Vertretern des *rational-choice*-Ansatzes in Fragen politischer Entscheidungen; vgl. hierzu die aus unterschiedlichen Perspektiven verfaßten Beiträge in dem von Martin Holleis und Wilhelm Vossenkuhl herausgegebenen Band ›Moralische Entscheidung und rationale Wahl‹ (München 1992); Schumpeters modelltheoretische Annahmen finden sich hier

in der insbes. von Karl Homann vertretenen These wieder, moralische Rationalität sei aus ökonomischer Rationalität begründbar und einer ihrer Teilbereiche. Wo diese Annahme – in wie modifizierter und differenzierter Form auch immer – geteilt wird, folgen die Autoren letztlich den hier beschriebenen Annahmen. Ihnen stehen diejenigen gegenüber, für die Moralität als öffentliches Gut grundsätzlich nicht als Folge von Präferenzentscheidungen begriffen werden kann, sondern des Rekurses auf eine von ökonomischer Rationalität grundsätzlich verschiedene praktische Vernunft bedarf.

[5] Joseph A. Schumpeter, ›Kapitalismus, Sozialismus und Demokratie‹, Tübingen 1950, S. 428.

[6] Giovanni Sartori hat Schumpeters Demokratietheorie darum als „Konkurrenz-Rückkopplungs-Theorie der Demokratie" bezeichnet (›Demokratietheorie‹, hrsg. von Rudolf Wildenmann, Darmstadt 1992, S. 161).

[7] Moses Finley hat diese unterschiedliche Sicht politischer Apathie zum Differenzierungskriterium zwischen antiker und moderner Demokratie gemacht (›Antike und moderne Demokratie‹, Stuttgart 1980, S. 8ff., 34, 72); bei genauer Betrachtung handelt es sich jedoch nur um eine spezifische Sicht der modernen Demokratie; so sieht Joachim Fest in der Anbieter-Konsumenten-Beziehung nicht nur eine theoretische Konstruktion, sondern eine tatsächliche Entwicklung innerhalb der von ihm so bezeichneten offenen Gesellschaften, in deren Folge es zu einer um sich greifenden ‚Politikverdrossenheit' komme. Nicht das Verhalten der politischen Klasse, sondern die Verwandlung von deren Gegenüber in bloße Konsumenten ist danach für die ‚Politikverdrossenheit' ursächlich.

[8] Neuere Arbeiten, die in einem weiteren Sinn den *rational-choice-* bzw. spieltheoretischen Ansätzen zuzurechnen sind, versuchen dieses Problem, das spieltheoretisch im ‚Gefangenen-Dilemma' bzw. im ‚Schwarzfahrer-Problem' formuliert worden ist, zu lösen, indem sie die zugrundegelegten Rationalitätsstandards durch Rückkopplungsmechanismen erhöhen, um so den „eingeschränkten Nutzenmaximierer" im Unterschied zum „uneingeschränkten Nutzenmaximierer" als einzig rationalen Handlungstyp zu erweisen (vgl. insbes. David Gauthier, ›Morals by Agreement‹, Oxford 1986).

[9] Vgl. Herfried Münkler, ›Im Namen des Staates. Die Begründung der Staatsraison in der Frühen Neuzeit‹, Frankfurt a. M. 1987, S. 174ff. und 187ff.; Niklas Luhmann, ›Gesellschaftsstruktur und Semantik. Studien zu Wissenssoziologie der modernen Gesellschaft‹, Bd. 3, Frankfurt a. M. 1989, S. 65–148, insbes. S. 96ff., sowie Maurizio Viroli, ›From Politics to Reason of State. The acquisition and transformation of the language of politics 1250–1600‹, Cambridge 1992, S. 238–280.

[10] Immanuel Kant, ›Werke‹, Bd. 9, hrsg. von Wilhelm Weischedel, Darmstadt 1964, S. 243f.

[11] Ebd., S. 245.

[12] Ebd., S. 249.

[13] Ebd., S. 250.

[14] Ebd. (Hervorh. von Kant).

[15] Vgl. den von Georg M. Hafner und Edmund Jacoby herausgegebenen Band ›Die Skandale der Republik‹ (Hamburg 1990 u. ö.).

[16] Ausdrücklich zu unterscheiden ist hier zwischen Skandalen und Straftatbeständen: Nicht die Fälle, in denen amtierende Politiker gegen Gesetze verstoßen haben,

sind hier von Interessen; und selbst wenn Politiker gegen geltendes Recht verstoßen haben, so richtet sich die Skandalisierung nicht unmittelbar auf den Rechtsverstoß, sondern auf die Politikern womöglich zuteil werdende bevorzugte Behandlung bei der Strafverfolgung, sei es in der Verschleppung von Verfahren, dem Nachschieben von „Amnestiegesetzen" oder anderem mehr.

17 Dies gilt auch für die auf Kant rekurrierende und die subjektiven Prinzipien seiner Philosophie intersubjektiv erweiternde Diskursethik, wie sie etwa von Karl-Otto Apel entwickelt worden und in Habermas' ›Theorie des Kommunikativen Handelns‹ eingegangen ist: Danach ist hinsichtlich der ethischen Forderungen jede systematische Differenzierung zwischen den politischen Akteuren und allen anderen zu verwerfen, insofern als Grundlage des Geltendmachens von Forderungen allein die kommunikative Vernunft der Menschen zu dienen vermag (vgl. insbes. Apel, ›Diskurs und Verantwortung. Das Problem des Übergangs zur postkonventionellen Moral‹, Frankfurt a. M. 1988, S. 201ff.; dazu auch Wilfried Röhrich, Eliten und das Ethos der Demokratie, München 1991, S. 118–126).

18 Niklas Luhmann, Die Ehrlichkeit der Politiker und die höhere Amoralität der Politik, in: ›Opfer der Macht‹, a. a. O., S. 32.

19 Ebd., S. 40f.

20 Ebd., S. 39f.

21 Eher mußte man – in Webers Sicht – von einer Situation der Überpolitisierung sprechen, die dadurch charakterisiert war, daß „von rechts nach links – *Irrsinnige* in der Politik ihr Wesen treiben"; zit. nach Wolfgang J. Mommsen, Max Weber und die deutsche Politik 1890–1920, Tübingen 1974, S. 351.

22 Max Weber, Politik als Beruf, in: Ders., Gesammelte Politische Schriften, hrsg. von J. Winckelmann, Tübingen ^{4}1980, S. 505–560, hier S. 549 (Hervorh. von Weber).

23 Zu nennen ist hier insbes. Hans Jonas' große Arbeit ›Das Prinzip Verantwortung. Versuch einer Ethik für die technologische Zivilisation‹ (Frankfurt a. M. 1979), die sich ausdrücklich an politische (und technologische) Eliten richtet und sie als Eliten gerade durch ihre besondere Verantwortlichkeit definiert (dazu Röhrich, Eliten und das Ethos der Demokratie, a. a. O., S. 115ff.). In eine ähnliche Richtung zielt auch Philipp Schmitz, Wohin treibt die Politik? Über die Notwendigkeit von Ethik, Freiburg u. a. 1993, der, ausgehend von einer ausdrücklichen Differenzierung zwischen Politik und Ethik (S. 26–36) versucht, eine eigene Ethik der Politik zu entwerfen. Offenbar sensibilisieren theologische Problemhorizonte für dieses Problem in höherem Maße als andere: Jonas ist von Hause aus Religionsphilosoph, Schmitz ist Moraltheologe.

24 Weber, Politik als Beruf, a. a. O., S. 554 (Hervorh. von Weber).

25 „Der Genius, oder Dämon, der Politik lebt mit dem Gott der Liebe, auch mit dem Christengott in seiner kirchlichen Ausprägung, in einer inneren Spannung, die jederzeit in unaustragbarem Konflikt ausbrechen kann" (ebd., S. 557).

26 Zu der Linie von Weber bis Ritter vgl. meinen Kommentar zu Ernst Vollraths Vortrag: Was studiert man, wenn man das politische Denken studiert?, in: John Locke und Immanuel Kant. Historische Rezeption und gegenwärtige Relevanz, hrsg. von Martyn P. Thompson, Berlin 1991, S. 394–403, hier S. 399ff.

27 Vgl. Herfried Münkler, Die Idee der Tugend. Ein politischer Leitbegriff im vorrevolutionären Europa, in: Archiv für Kulturgeschichte, 73. Jg., Heft 2, 1991, S. 379–403.

Sven Papcke

Wo bitte geht es zur Realität?

Sozialwissenschaften und Zeitdiagnose

When theory has done its worst,
two and two are still four.
Samuel Johnson

Nicht nur den Geisteswissenschaften fällt es heute schwer, ihre Existenzberechtigung nachzuweisen.[1] Auch die Gesellschaftswissenschaften stehen nicht gerade in öffentlicher Gunst. Das hat im Fall der Soziologie womöglich mit ihrem Ruf als Unruhestifter zu tun. Dieser Mißkredit ist indes auch als Enttäuschung zu erklären. Denn mit emsiger Datenhuberei oder wortreichen Großtheorien verfehlen die Sozialwissenschaften all die Gegenwartsfragen, die der Mitwelt heute auf den Nägeln brennen.

Dabei waren Soziologie/Politikwissenschaft einmal angetreten, um die Überforderungen der Moderne durch den beschleunigten Sozialwandel zu deuten. Mit festem Blick auf die „irdische Basis" (Marx) ging es der Theoriearbeit überdies um die Bedingungen der Ermöglichung menschenwürdiger Verhältnisse.

Ferne Sozialwelt

Derartige Krisenanalysen gibt es noch immer, und auch engagierte Sozialwissenschaftler finden sich. Aber viel Aufmerksamkeit bekommen sie nicht, weder in ihrer Zunft noch in der Außenwahrnehmung. Dabei wären für die realexistierende Sozialwelt, die unser aller Dilemma ist, solche klärenden Stimmen fraglos angemessener als die statt dessen vorherrschende analytische Abgehobenheit. Oder die etwa in allen heutigen Spielarten des Funktionalismus praktizierte methodische Verkleinerung der subjektiven Vernunft. Mündet die doch in nichts anderes als in eine „Apotheose der objektiven Marktlogik",[2] der man sich bewußt oder unbewußt, aber immer voller Selbstverleugnung unterwirft. Mithin prosperieren in der gängigen Sozialwissenschaft vornehmlich die „unserem gegenwärtigen Gesellschaftssystem äußerst gemäßen und genehmen Richtungen", denen

„die Menschen mit ihren Bedürfnissen ... erst gar nicht in den Blick“ [3] geraten.

Obwohl hochgemute Methodendebatten unbestreitbar intellektuell aufregend sind, stünde den Sozialwissenschaften etwas mehr Praxisbezug und – vor allem – Kritik der Marktgesellschaft nicht schlecht zu Gesicht.[4] Eine Sozialtheorie mit Welt- und Umweltbezug fehlt. Sie könnte Fragen des Allgemeinwohls aufgreifen und mit Blick auf den aktuellen Reformbedarf ihre Erkenntnisse auch vermitteln. Akzeptanz und Unterstützung wären ihr dafür sicher.

Diese Schlußfolgerung aus dem Debakel, daß für unsere gegenwärtigen Orientierungsnöte[5] sozialtheoretische Einlassungen kaum mehr eine Rolle spielen, ist nur auf den ersten Blick paradox. Denn modische Deutungsansätze wie etwa die Systemtheorie (Arbeit am Begriff) – Diskurslehre (Endeoffen-Hermeneutik) verfehlen nicht nur ihre Absicht, die Sozialverhältnisse und damit unsere vielschichtige Sozialmoderne wirklich zu durchschauen. Sie bleiben überdies eine Angelegenheit für Eingeweihte, schon deswegen, weil sie keinen sozialweltlichen Gestaltungsanspruch erheben. Mithin fehlt diesen Deutungsmustern die wissenssoziologische Rückkoppelung. Entsprechend enthalten sie keine Beziehungslehre, die zwischen gesellschaftlichen Handlungsträgern und ihren Sozialgebilden vermitteln könnte.

Ohne ein angemessenes Erklären dessen, was die Gesellschaft ursächlich in Gang hält, also ohne Beachtung etwa der Mikro-Makro-Transformation als Motor aller Vergesellung,[6] ist eine zutreffende Kausal- und Folgenanalyse kaum möglich, das Verstehen sozialer Zusammenhänge bleibt versperrt. Damit wird die im traditionellen Verständnis zentrale Dienstleistung der Gesellschaftswissenschaften verfehlt, über den Sozialverlauf zu informieren, um womöglich korrigerend in ihn eingreifen zu können.[7]

Der Bedarf für diese Hilfestellung wird aber eher noch wachsen, weil mit der produktiven Weiterrevolutionierung der Wirtschaftsweise auch die Überforderungen in der Lebens- und Umwelt steigen werden. Um noch verstehen zu können, was geschieht, werden zutreffende Erklärungsmodelle der Gesellschaft immer dringlicher. Entwürfe alternativer Pfade in die Zukunft sind dabei noch nicht einmal gemeint.

Theoriefragen sind also nicht müßig, allerdings sollten sie im Falle reifer Wissenschaften, die ihres Gegenstandes gewiß sind, nicht länger allzuviel Fachenergien binden. Die heutigen Rollenprobleme der Sozialwissenschaften hängen freilich neben der Frage der Werturteilsenthaltsamkeit, der Methodenemphase beziehungsweise der analytischen Weltferne auch mit erheblichen Erkenntnisschwächen zusammen, wie Hartmut Esser[8] jüngst nachgewiesen hat. Die Einheit einer Theorie ist ihrer Gültigkeit für die Realität zwar nachgeordnet; solcher Gegenstandsbezug scheint in der Soziologie/Politikwissenschaft jedoch überhaupt erst wiederhergestellt werden zu müssen.

Und das hat damit zu tun, daß man sich den Blick versperrt, wenn man zu sehr auf eine Eigenlogik der Sozialwelt starrt oder diese auf ausschließlich psychische Faktoren zurückführen will. Beides greift zu kurz, in das Zentrum der Aufmerksamkeit gerückt werden muß vielmehr das komplizierte Zusammenspiel kollektiver Phänomene als Rahmen und Ergebnis individueller Motive und Handlungen.

Der ebenso eindringliche wie kritische Blick auf die realexistierende Sozialwelt, die unser aller Zukunft birgt, scheint zudem auch nötiger als die statt dessen vorherrschende, hochgemute Ethikdebatte,[9] die heutigentags in den Sozialwissenschaften anzutreffen ist. Während allenthalben Unübersichtlichkeit und Problemdruck um sich greifen, wird hier, wenn auch nicht über die Natur der Engel, so doch heftig darüber diskutiert, wie denn wohl eine der Postmoderne zuträgliche und daher angemessen-komplexe Theorie des Guten (im Schlechten) auszusehen habe. Es scheint, den hiesigen Sozialtheorien fehlt für etwas mehr Weltbezug zum Beispiel eine Prise Pareto-Lektüre, so intellektuell anspruchsvoll das alles unbestreitbar ist.

Nüchternheit braucht es auch deswegen, damit angesichts der sozialen, politischen und ökologischen Komplikationen das Urteil über den Beitrag der Universitäten im nachhinein nicht wieder so lautet wie jene resignierten Vorhaltungen, die Moritz Julius Bonn[10] den Sozialwissenschaften machte: „Die deutsche Wissenschaft hat ihre große Stunde verschlafen. Die Mehrzahl ihrer Vertreter hat sich . . . in einen müden Relativismus zurückgezogen. Sie hat sich meist damit begnügt, ein liebevolles Bild der Wirklichkeit zu malen . . ., und selten den Willen gehabt, das praktische Leben geistig zu gestalten."

Wie sich die Zeiten gleichen, nur daß heute die Sozialwissenschaften nicht länger damit rechnen können, überhaupt noch Gehör zu finden. Ganz im Gegenteil, sie werden nicht mehr ernst genommen, seit sie den Nachweis ihrer Nützlichkeit schuldig bleiben.

Schelte

„Ich habe nicht verhindern können", so klagt Heinrich Franke[11] als einer der führenden Bonner Amtsträger, „daß zwei meiner Kinder Politikwissenschaft studieren – eine brotlose Kunst". Nun mag man bezweifeln, daß die Aussichten für Politikwissenschaftler tatsächlich so schlecht stehen, wie es dem bis vor kurzem amtierenden Präsidenten der Bundesanstalt für Arbeit damals vorgekommen sein mag. Immerhin erlebt das Fach seit geraumer Zeit einen Nachfrageboom unter Studenten, nicht nur hierzulande.[12] Zudem bleibt zu fragen, ob sich die Berufsaussichten für die Absolventen dieser Disziplin wirklich von der allgemeinen Misere auf dem Akademikermarkt noch negativ abheben?

In dem Vorwurf der ‚Brotlosigkeit' klang jedoch mehr an als Schwierigkeiten der Beschäftigungssuche. Franke artikulierte vielmehr einen Generalvorbehalt der politischen Klasse gegen die Sozialwissenschaften, wie er nicht erst seit der ‚Wende' zu Anfang der 80er Jahre, sondern spätestens seit Mitte der 70er Jahre zum mentalen Outfit der bundesrepublikanischen Führungskräfte zu zählen scheint. Das hat viel mit den turbulenten Erfahrungen der 60er Jahre zu tun. Der Ausbruch und die angeblichen Exzesse der Studentenbewegung ebenso wie die seither immer wieder als ‚Permissivierung der Zeitläufte' angeschwärzte Langzeitwirkung dieser Aufbruchsstimmung wurden umstandslos den Gesellschaftswissenschaften angekreidet.

Vor allem die Soziologie, damals noch der größere Bruder der Politikwissenschaft,[13] bekam seither ihr Fett als „revolutionsverdächtiges Fach"[14] ab. „Eltern handeln nicht mißbräuchlich", lautete eine höchstrichterliche Entscheidung,[15] wenn sie ihren Kindern, weil sie befürchten, deren „aus ihrer Sicht linksextremistische Einstellung werde sich dadurch noch weiter verfestigen, das Studium ... zum Beispiel der Soziologie verbieten".

Aber schon Helmut Schmidt[16] meinte maliziös, das Land produziere „viel zu viel" Sozialwissenschaftler. Wir benötigten demgegenüber Studenten, „die sich für anständige Berufe entscheiden", so sein damals vielbeachtetes Fazit, die „der Gesellschaft auch nützen".

Gegen diese geballten Vorverurteilungen, ja politischen Angriffe[17] auf die Sozialwissenschaften vermochte es wenig, daß aus ihrer akademischen Mitte geflissentlich immer wieder dargelegt wurde, in Wahrheit doch alles andere zu sein als gerade ein umstürzlerisches Fach.

Der Verweis auf die Geburt beispielsweise der Soziologie bei Saint-Simon und Auguste Comte aus dem Geist der Gegenrevolution richtete kaum etwas aus gegen die im Medienrummel allemal viel gefälligere Assoziation von Soziologie und Sozialismus.

Karriere

Paradoxerweise hatte diese Harthörigkeit viel mit einer *Überbewertung* der Rolle der Gesellschaftswissenschaften in den Weltläuften zu tun, gerade auch während der 60er Jahre. Im Rückblick spiegelt diese Hochzeit der Kritik immerhin eine Konjunktur wenigstens ihrer öffentlichen Beachtung als „wichtiger Produzent von Konstruktionen der sozialen Wirklichkeit".[18]

Und diese Außenwahrnehmung sah sich nicht nur durch Selbstbeschreibungen unterstützt. Man denke einzig an die Formel von Helge Pross,[19] wonach „Soziologie eine Zukunft hat", weil sie „durch theoretische Entwürfe an der Verbesserung praktischer Verhältnisse“ mitarbeitet. Gesellschaftswissenschaftliche Verlautbarungen fanden in jenen Jahren allerorten ein offenes Ohr. Es gab sogar soziologische Bestseller,[20] und die Medien griffen in ihrer Zeitdiagnostik gern auf sozialtheoretische Modelle zurück.

Wenn man so will, dann besaß der sozialwissenschaftliche Diskurs eine Art Leitbildfunktion, zumindestens vorübergehend, wobei sich der entsprechende Denk- und Empfindungsstand keineswegs etwa an enge Fachgrenzen oder akademische Vorgaben hielt. Durch die Studentenbewegung sowie die Gründung einer Unzahl intellektueller Medien (Kritische Universitäten, Republikanische Clubs, Diskussionszirkel) vermittelte sich dem Zeitgeist vielmehr eine sozialtheoretische Weltsicht, der sich weder die Hochschulen noch das Establishment oder das allgemeine Formulierungsgebaren zu entziehen vermochten.

Es handelte sich seinerzeit tatsächlich um eine Art von sozialtheoretischversierter und damit utopisch angehauchter ‚Kulturrevolution‘. Sie wirkt bis heute nach, und sei es nur durch die Erzeugung ihres Gegenteils in Form von innerfachlichen oder partei-konservativen Vorbehalten gegen die gesellschaftswissenschaftliche Sprachregelung jener Tage.

Dieser Erfolg wurde überdies von den Gesellschaftswissenschaften selbst bald eher als bedrohlich empfunden. Wollte man mit Kurt Sontheimer, Helmut Schelsky, F. H. Tenbruck u. a. m. in dieser Rollenübertreibung doch eine Überwältigung der Lebenswelt durch allerlei szientistische Sachzwänge erkennen, keineswegs aber eine sozialwissenschaftliche und damit bekömmliche Selbstmodernisierung der Moderne.

Aber auch in der breiten Öffentlichkeit kam es nach der ausgelebten Mode gesellschaftstheoretischer Metaphern zu einem Meinungsumschwung. Wirtschaftskrise, Terrorismus und/oder auch einfach der neue Zeitgeist bewirkten eine Veränderung des Denkklimas. Diese Abkehr machte dem Status und der Akzeptanz der Gesellschaftswissenschaften – aber nicht nur ihnen[21] – seither in mehr als einer Hinsicht erheblich zu schaffen.

Vom intellektuellen Hätschelkind der 70er Jahre geriet vor allem die Soziologie nun zum eher geschmähten Außenseiter der Weltläufte.

Dürftige Zeiten

Es gibt also *äußere* Gründe dafür, daß sozialwissenschaftliche Interpretamente nicht länger zur „Begriffsschrift“ (Frege) der Epoche zählen. Dabei spielen Animositäten eine Rolle, wie gesagt, der Ideologieverdacht hat einen langen Atem. Überdies werden die Sozialwissenschaften seit längerem als “would-be, may-be sciences” belächelt, die kaum anwendungsorientiertes, mithin irgendwie auch verwertbares Wissen liefern. Und wenngleich diese Geringschätzung inzwischen selbst Fächer wie die Wirtschaftswissenschaften trifft,[22] deren Absolventen neuerdings auf Jobfindungsprobleme stoßen, hat dieser Nachweisdruck die ohnedies vorhandenen Rollenprobleme der Sozialwissenschaften dramatisiert.

„Die Soziologie ist derzeit klein und häßlich", so brachte Gustav Seibt[23] das Resultat dieser Nichtachtung zum Ausdruck, „und darf sich nicht recht blicken lassen".

Das ist aber nur der äußere, gleichsam fachpolitische Aspekt der Mißlichkeiten, wenngleich die Zeichen der Zeit für die Gesellschaftswissenschaften insgesamt gesehen nicht besonders günstig stehen. Ihr realer Einflußschwund, abzulesen etwa am Verlust des Anhörungsanspruches bei gesellschaftspolitisch relevanten Entscheidungen, hat jedoch keineswegs nur, wie oft vermutet,[24] mit einem "hostile media phenomenon" zu tun. Es finden sich vielmehr auch Ursachen für diese Ansehensflaute, die mit fach*internen* Einstellungen und Entwicklungen zusammenhängen, selbst wenn diese ideengeschichtlich zum Teil als Reaktion auf die Außenkritik zu erklären sein mögen. Was ist damit gemeint?

„Die Aufgabe der Soziologie ist nicht so sehr, Systeme zu schaffen, als Erkenntnisse zu vermitteln." Im Sinne dieser Losung von Robert Michels[25] hatte die deutsche Sozialwissenschaft über die Jahre ihre internationale Geltung als historische Deutungslehre in sozialreformerischer Absicht gewonnen. Selbst die Soziologie der Zwischenkriegszeit[26] war eifrig bemüht, durch die Interpretation empirischer Daten die Zeitläufte nüchtern und damit als "essentially contested phenomena" zu verstehen. Die Zunft wollte, darauf aufbauend, noch in den 20er Jahren zudem gesellschaftskorrektive Aufgaben übernehmen; ihr entsprechendes Engagement wurde erst 1933 mit allen Mitteln erstickt.

Dieses Rollenverständnis scheint den Gesellschaftswissenschaften mittlerweile gründlich abhanden gekommen zu sein.[27]

- Zum einen wurden die einschlägigen Fächer „zu Tode akademisiert",[28] obschon wir seit Karl Mannheim wissen, daß „man am Sozialprozeß partizipieren muß, um soziologisch arbeiten zu können".[29]
- Zum anderen verinnerlichte man den einer wissenschaftspolitischen Arroganz geschuldeten Vorwurf der angeblichen Inferiorität der Gesellschaftswissenschaften. Seither ist es zu einer Segmentierung (Sozialtechnologie versus Analyse) der Gesellschaftslehre gekommen. Wobei unter dem Druck der Drittmittelbeschaffung der Verwendungsmaßstab beziehungsweise die Verkäuflichkeit zur Ultima ratio sozialwissenschaftlicher Triftigkeit geraten zu sein scheint.
- Das hat nicht nur zu einer Karriere der Kleinempirie geführt; paradoxerweise läßt sich als Ersatz für Gesellschaftstheorie eine „Aufbauschung

der Methodenfrage" (Oberndörfer) feststellen, welche die soziologische Phantasie als sachfernes Glasperlenspiel mißzuverstehen scheint.

Vergeblich

„Jetzt kommt es darauf an", hat Bundeskanzler Helmut Kohl im September 1987 dem in Berlin tagenden ‚Verein für Socialpolitik' als der historischen Mutterinstitution aller hiesigen Gesellschaftswissenschaften zugerufen, „daß die Ergebnisse nicht irgendeine akademische Angelegenheit bleiben".[30] Das war freilich eine Übung in Vergeblichkeit, denn die Gesellschaftswissenschaften haben seit geraumer Zeit, nicht zuletzt als Folge einer

- Professionalisierung als sozialtheoretischem Disengagement,
- interner Segmentierung und
- marktorientierten Empirisierung,

den Außenkontakt und die lebensweltliche Bodenhaftung verloren. Mit der gefälligen Forderung nach Distanz zur „impressionistischen Kultur- und Zeitkritik" ebenso wie gegenüber einer „spekulativen Sozial- und Geschichtsphilosophie"[31] beschritten Soziologie und Politikwissenschaft gemeinsam den Weg von einer Strukturdeutungs- beziehungsweise Demokratiewissenschaft zur hochgejubelten normal science.[32] Sie verzichteten nicht nur auf ihre gesellschaftswissenschaftliche Deutungskompetenz; beide Fächer verbindet seither auch eine „eigentümliche Orientierungslosigkeit und Zukunftsblindheit", die Wilhelm Hennis[33] allgemein dem politischen Denken der Epoche bescheinigt hat.

Die heute eher positivistische Hauptrichtung der Gesellschaftswissenschaften kann wegen des Fehlens eines normativen, allgemeinwohlbezogenen Konzeptes mithin nur mehr das darstellen beziehungsweise analysieren, was ohnehin vorfindlich ist. Die solchermaßen angestrebte/erreichte Verdoppelung der Realität als Ergebnis einer theorielosen Wissenschaft[34] ist aber außerstande, das Zuständliche noch zu kritisieren oder gar Verbesserungsvorschläge zu entwickeln. Laut Herbert von Arnim[35] neigt eine derartige Wissenschaft statt dessen „zu einer affirmativen Behandlung der Macht und zur Beschwichtigung gegenüber Kritik".

Hatte Klaus von Beyme[36] mit Blick auf die praxeologischen Bedeutungsvarianten der Gesellschaftswissenschaften noch von

- Frühwarnaufgaben,
- Interessen- und Konfliktschlichtung,
- Überwachungsfunktion und
- Legitimation

sprechen wollen, also von wesentlichen, wenngleich heiklen Obliegenheiten einer fachlichen Politikberatung, haben wir es, so wie die Dinge liegen, in Wirklichkeit mit einem normativen Zirkel zu tun. Denn die angestrebte Entsprechung von Theorie und Praxis bemüht sich am Ende um die wechselseitige Rechtfertigung. Die Gesellschaftswissenschaften in ihren Abbild- und Systematisierungsanstrengungen verleihen ihren Gegenständen überdies eine innere Logik und Stimmigkeit, die der Sozialwelt/Realpolitik selbst nicht innewohnt. Aber sie bedenken etwas nicht, gerade weil sie Wissenschaft sein wollen, was die Politik keineswegs aus den Augen verlieren darf: nämlich Deutungen/Entscheidungen mehrheitsfähig zu machen und dafür (im Idealfall) auch Verantwortung zu übernehmen.

Daher wirken die Vertreter der Gesellschaftswissenschaften, sobald es um zwingende Notwendigkeiten geht, immer häufiger perspektivlos. Sie haben sich als Interpreten des Realexistierenden festgefahren, und unverständlich reden sie ohnehin. Damit aber scheinen sie unfähig, einer interessierten und ratsuchenden Öffentlichkeit fällige Orientierungen in immer mehr Problem- und Konfliktfeldern zu vermitteln.

Entsprechend finden die gelegentlichen Beiträge öffentlich einvernommener Sozialwissenschaftler zu aktuellen Fragen wie Armut, Umweltbelastung, Krieg, Eurokratie oder Neonationalismus kaum noch Aufmerksamkeit. Der Wert solcher (Er-)Klärungsangebote geht aber oft auch gegen Null, weil so augenfällig der Praxis- oder auch Aktualitätsbezug fehlt.

Und wenngleich immerhin aus

- Legitimationsgründen für den/die Auftraggeber (Argumentationsverstärkung) und
- Reputationsmotiven für den Anbieter (Drittmittel)

das gesellschaftswissenschaftliche Informations- bzw. Beratungsgewerbe weiterhin florieren mag, haben wir es dabei offenbar eher mit einem Dialog unter Taubstummen zu tun denn mit der erfolgreichen Vermittlung von Expertenwissen. Das läßt sich für den Beobachter nicht nur an der tatsächlichen Unberatenheit der Tagespolitik, der fortschreitenden Umweltzerstörung, einer zurückfallenden Forschungsentwicklung etc. ablesen. Vielmehr wissen wir aus der Verwertungsforschung sozial- und politikwissenschaftlicher Erkenntnisse auch um

a) die Distanz der Akteure gegenüber dem tatsächlichen Gebrauchswert der angebotenen/abgenommenen Erkenntnisse,[37]
b) die Deprofessionalisierung des wissenschaftlichen Expertentums unter dem Verwendungsdruck[38] durch die Praxis.

Von einer sozialwissenschaftlichen Deutungsrolle kann heute also keine Rede mehr sein, die Interventionen dieser Fächer bleiben nahezu unbeachtet und vermehren nur den Informationsmüll, welchen Bildschirm und Blätterwald tagtäglich über uns ausschütten.

Meinungsführerschaft

Das heißt nun aber nicht, daß Orientierungswissen nicht mehr gebraucht wird, ganz im Gegenteil. Der überstandene ‚Historikerstreit' belegt, daß akute Deutungsnöte der Mitwelt durchaus aufgegriffen werden können. Einen sozialwissenschaftlichen Beitrag zur Meinungsbildung wird man aber vermissen. Statt dessen ist eine Selbstisolierung der Gesellschaftswissenschaften festzustellen, die vor lauter Methodenhuberei, gnoseologischer Bedenklichkeiten oder analytischer Sternenhöhe ihre diagnostische Funktion zu vergessen oder zu verleugnen scheinen.

Das war früher anders. Ende Februar 1932, auf einer Tagung reichsdeutscher Hochschuldozenten der Soziologie in Frankfurt am Main, referierte Karl Mannheim [39] über zeitgenössische Herausforderungen an sein Fach. Es ging diesem bedeutenden Sozialwissenschaftler der Zwischenkriegszeit dabei nicht um „die allein seligmachende Soziologie" (S. 1). Immerhin aber forderte er zur „rationalen Orientierung" in den Geschehnissen auf, durchaus mit Blick auf Publikumswirksamkeit, um in den Krisenzeiten von damals eine entfesselte „Stimmungsdemokratie" nicht in Diktatur umschlagen zu lassen (S. 37).[40]

Die Probleme mögen heute anders liegen oder auch nicht, aber die Gesellschaftswissenschaften haben ihr Interesse an der Sozialgestaltung inzwischen verloren, ja "they have ceased to be interested in society at all".[41] Das schließt die Beeinflussung der öffentlichen Meinungsbildung ein. Denn ehe ein Thema zu einem Einflußfaktor werden kann, „muß es das Bewußtsein der Mehrheit . . . gewonnen haben".[42] Davon kann aber mit Blick auf die Kunstprodukte der Sozialwissenschaften längst nicht mehr gesprochen werden.

Die Interpretenrolle hat heute die Geschichtslehre inne, mag die Historiographie als Wissenschaft gleich ein ausgesprochen „wackeliges Vorhaben" sein.[43] Gesucht wird gegenwärtig aber offenbar ein „Mittel gegen die Resignation", wie Nietzsche [44] die Geschichte bezeichnete, weil wir Heutigen vom *delirium praesens* überfordert werden. Freilich hat der Geschichtsboom unserer Tage mittlerweile einen Zug ins Monumentalische, die Darstellungen fallen immer umfänglicher aus.

Auch eine Flucht ins Detail läßt sich nicht übersehen, Urteil und Übersicht hingegen kommen zu kurz. Ernst Engelberg [45] hat daher von „Einschätzungsunsicherheiten" gesprochen, die sich unter Datenmengen und/oder sozialwissenschaftlichen *approaches* verbergen: wobei vor allem eine Reduzierung von Handlungen auf Sachzwänge beziehungsweise die Verwechslung von Entscheidungen mit Funktionen zu kritisieren sei.

Solche Faktenhuberei unterliegt der Gefahr, eher antiquarisch denn (mit dem alten Wilhelm Wachsmuth [46] gesprochen) „pragmatisch" zu wirken.

Also Tatsachen- oder Seitenschutt zu liefern, nicht jedoch jener *fable convenue* entgegenzuwirken, als die sich in der öffentlichen Wahrnehmung die Vergangenheit stets präsentiert. Als „rückwärtsgewandte Prophetie" (Schlegel) befriedigt die Geschichtswissenschaft aber offenbar den aktuellen Hunger nach Sinn. Und wenngleich bekanntlich ein „Übermaß an Historie dem Lebendigen schadet",[47] stehen andere, etwa sozialwissenschaftliche Angebote, heute nicht mehr zur Verfügung.

Engagierte Wissenschaft

"The skill of making and maintaining commonwealths", so meinte Thomas Hobbes als Vater der modernen Sozialwissenschaft,[48] "consisteth in certain rules, as doth arithmetic and geometry; not, as tennis, on practice only."

In diesem Sinne waren die Gesellschaftswissenschaften bekanntlich als Weltbewältigungshilfen entstanden. In Auseinandersetzung mit den Ordnungsnöten der Fabrikwelt wurde eine objektive Soziallehre mit einer Zeit- als Konfliktdiagnose verknüpft. Dem Rückblick entdeckt sich dieser Ansatz nicht nur theoriegeschichtlich, sondern vor allem auch sozialadministrativ als *die* Krisenwissenschaft der Fabrikepoche. Denn einzig sozialtheoretisch greifbare, wenngleich diskutierbare Rahmenbedingungen boten den Menschen noch die Chance, einige Übersicht im Strom der Zeit zu bewahren. Jedenfalls soweit das in einer den wirtschaftlich-technologischen Sachzwängen verpflichteten Moderne überhaupt noch möglich war. Ist das moderne Leben insgesamt gesehen doch ein Wagnis, wie wir Nachfahren von Aufklärung und Industrialisierung haben lernen müssen.

Als Wissenschaften verdanken Soziologie/Politologie ihre Existenz also der industriellen Umbruchskrise beim dramatischen Untergang Alteuropas zu Ende des 18. Jahrhunderts. Sie sind daher immer auf der Suche nach Wiederherstellung funktionierender Sozialbeziehungen. Ihr Auftrag besteht bis heute nicht etwa in der Sozialerlösung, wohl aber in der Anleitung, konkrete Unbillen nach ganzheitlicher Betrachtung beheben zu helfen. Der Erfüllung dieses Ziels werden durch Sachzwänge zwar enge Grenzen gesetzt. Diese Disziplinen sind aber auch Pionierwissenschaften, und als solche stellen sich ihnen die Fragen und Probleme in dem Bemühen um Situationsverständnis im Fluß der Zeit immer wieder neu.

In unseren Tagen scheinen die Sozialwissenschaften ihre Herkunft vergessen zu haben. Und zwar nicht nur, weil sie nichts als Wissenschaft sein wollen. Vielmehr verweigern sie auch die Wahrnehmung ihrer klassischen Gegenwartsaufgaben, die Mannheim[49] einmal als „rationales Zu-Ende-Denken-Können" sozialer Problemkonstellationen bezeichnet hat.

„Viele verstehen etwas von Soziologie", so hat König[50] daher schon vor langem gerügt, „aber nur wenige wissen etwas von gesellschaftlicher Praxis und Wirklichkeit". Wolkenschieberei hingegen betreiben die Sozialwissenschaften heute mehr denn je. Durchaus auf anspruchsvollem Niveau breitet sich eine „intellektuelle Selbstbefriedigung" aus, „in der Eigentlichkeit und Uneigentlichkeit objektlos um sich selbst rotiert".[51] Wenn Bernhard Giesen vor kurzem gar die Unvermeidbarkeit einer „Ablösung der Strukturen des Wissens von ihrem sozialen Fundament" annimmt,[52] dann mag das einen lohnenden Diskussionspunkt etwa der Erkennntistheorie bilden, und er ist fraglos relevant.

Doch ist er nicht Gegenstand der Soziologie/Politologie als „Wirklichkeitswissenschaften". Für deren Existenzberechtigung bleibt die gegenwärtig durchaus bestrittene ‚Wirklichkeit der Realität' unabdingbar, trotz aller systemtheoretischen Einwände durch Peter Fuchs.[53] So jedenfalls läßt sich nicht zuletzt anhand der historischen Leistungsbilanz der Sozialwissenschaften nachweisen, weswegen sie durch alle Krisen hindurch bisher nicht nur zur Einheit unserer Sozialwelt beitrugen, sondern auch eine – wenngleich indirekte – Sinnstiftung ihres Verlaufes zu offerieren suchten.

In diesem Sinn geht es um die flexible Begründung von Ordnung in einer pluralisierten und zunehmend dezentrierten Moderne. Und damit um das Bemühen um Kontinuität im Strudel der Jetztzeit als zukünftiger Vergangenheit.

Kein leichtes Unterfangen, besonders deswegen nicht, weil der desolate Zustand etwa der politischen Welt den Gesellschaftswissenschaften eigentlich immer *mehr* Regelungsbedarf nahelegt. Haben anonyme Schaltstellen nicht immer mehr Gewicht? Solche Sondierung setzt indes voraus, daß man sich um die Praxis noch kümmert. Und zwar nicht nur als emsiger, wiewohl unzuständiger Rohdatenlieferant, für welchen Auftraggeber immer. Vielmehr im Sinne einer engagierten Wissenschaft, die als interpretative Gesellschaftslehre öffentliche Rückmeldung braucht.[54] Die Alternativen zu einer sozialpolitisch aufgeklärten und vor allem aktiven Sicht fallen allemal anomisch aus.

Nun verhalten sich die Zeitläufte zwar unberechenbarer als ihre Individuen, denn diese meinen in ihrem Zeit- und Wahrnehmungshorizont zu wissen, was für sie persönlich nützlich ist. Beide gemeinsam haben aber keine Ahnung, was langfristig wichtig ist. Und auch die Sozialwissenschaftler als Zeitgenossen unterliegen den Modeerscheinungen. Sie sind heute mithin postmodern und individualistisch gestimmt, darum stehen die Aussichten für eine sozialkurative Wissenschaft zur Zeit nicht gut. Selbst der unübersehbare Einflußverlust in der Öffentlichkeit führt ja nicht zur Besinnung.

Er ist ohne Frage auch eine Folge des Abmarsches in die Abstraktion, die sich aber selbst als theoretisch letzter Schrei und damit auch als unabdingbar versteht. Bleibt vielleicht auf die historische Stunde zu hoffen?[55] Denn die Gesellschaftswissenschaften waren immer dann als intellektuelle Deutungsreserve gefragt, wenn die Probleme der Mitwelt derartige Sorgen bereiten, daß der Zeitgeist in Sozialdingen einfach nicht länger unberaten und daher richtungslos bleiben kann.

Anmerkungen

[1] Vgl. Jürgen Mittelstraß, Die Bedeutung der Geisteswissenschaften in der modernen Welt, in: Studienkreis Schule/Wirtschaft NRW, Düsseldorf 1988, S. 11ff.

[2] Vgl. Robert Kurz, Der Kollaps der Modernisierung, Frankfurt a. M. 1991, S. 268.

[3] Bernhard Schäfers, Fortschritt der Gesellschaft und Fortschritt der Soziologie, in: Ders. (Hrsg.), Thesen zur Kritik der Soziologie, Frankfurt a. M. 1969, S. 151ff., hier S. 165.

[4] „Jeder Industriefacharbeiter, jeder Abiturient, jeder CSU-Anhänger mit dem inzwischen ganz normalen ökologischen Bewußtsein hat konkrete Möglichkeiten einer Gesellschaftsveränderung vor Augen", mault daher Ulrich Beck (Die Erfindung des Politischen, Frankfurt a. M. 1993, S. 270) ganz zu Recht, „die auch nur zu erfassen ein Soziologe als Analytiker dieser Gesellschaft sich bei Strafe seines berufsständischen Über-Ichs verbietet".

[5] Frei nach der These, „Wissenschaft nennt man die Kenntnis der Bedingungen für die Erreichung von Zielen", Emile Callot, Gesellschaftslenkung und Politik, Tübingen 1950, S. 25.

[6] Vgl. J. S. Coleman, Foundations of Social Theory, Cambridge, Mass. u. a. 1990.

[7] Das Verblassen dieses Selbstbildes hat aber auch mit großflächigen ideenklimatischen Vorgängen zu tun, die auf die Gesellschaftswissenschaften zurückwirken, die in den Worten von Birgitta Nedelmann (Deutsche Soziologie – eine häßliche Wissenschaft, in: Rammstedt/Schmidt [Hrsg.], BRD ade!, Frankfurt a. M. 1992, S. 149ff.) der Öffentlichkeit seit längerem eher ein Ärgernis sind. Von einem unerläßlichen „Bildungswert" für das Selbstverständnis der Gegenwart jedenfalls ist schon lange nicht mehr die Rede, als welchen René König (Fischer Lexikon Soziologie, Frankfurt a. M. 1967, S. 13) sie noch interpretierte.

[8] Soziologie. Allgemeine Grundlagen, Frankfurt a. M./New York 1993.

[9] Man nehme nur einen neuen Sammelband zu diesem Thema zur Hand, etwa Micha Brumlik/Hauke Brunkhorst (Hrsg.), Gemeinschaft und Gerechtigkeit, Frankfurt a. M. 1993.

[10] Das Schicksal des deutschen Kapitalismus, Berlin [5]1930, S. 121f.

[11] Zit. Welt am Sonntag, 25. 9. 1988, S. 9.

[12] Vgl. Daniel Kübler, Die neuen Intellektuellen kommen, in: Weltwoche, 5. 8. 1993, S. 28. Für den Genfer Politikwissenschaftler Jean Ziegler drückt diese Attraktivität den Wunsch der Studenten nach einer politischen Orientierung aus, der freilich eher enttäuscht werden dürfte, schaut man sich etwa mit W. J. Patzelt (Einführung in die Politikwissenschaft, Passau 1992) die Lehrgestalt des Faches an.

[13] Weswegen Rainer Lepsius (in seiner im Auftrag der DFG verfaßten: Denkschrift zur Lage der Soziologie und der Politischen Wissenschaft, Wiesbaden 1961) die thematischen sowie sonstigen Interdependenzen beider Fächer betonte und eine „genaue Abgrenzung . . . ohne Willkür" nicht für möglich hielt (S. 7).

[14] So Erwin Scheuch, Kulturintelligenz als Machtfaktor?, in: Hamburger Jahrbuch 18 (1973), S. 246ff., hier S. 258.

[15] Vgl. Beschluß des OLG Köln vom 20. 11. 1972, in: Zeitschrift für das gesamte Familienrecht 20 (1973), S. 265.

[16] Zit. Der Spiegel Nr. 34 (1968), S. 88.

[17] Die immerhin dazu führten, daß sich die ‚Deutsche Gesellschaft für Soziologie' in einer einmaligen Aktion genötigt sah, die Sozialwissenschaften ausdrücklich zu verteidigen, vgl.: Erklärung zur Frage der Freiheit von Lehre und Forschung, in: Zeitschrift für Soziologie 4/2 (April 1975), S. 200.

[18] So R. M. Lepsius etwas vollmundig: Herausforderung und Förderung der sozialwissenschaftlichen Forschung, Mitteilungen der DFG 3 (1973), S. 36.

[19] Objektiv sind Soziologen unentbehrlich, in: Der Spiegel Nr. 47 (1969), S. 98.

[20] Dazu zählen beispielsweise Schriften von Ralf Dahrendorf, Urs Jaeggi, Oskar Negt, Jürgen Habermas, aber auch von René König.

[21] Noch aus anderen Gründen gerieten die Kulturfächer (Geistes- *und* Sozialwissenschaften) insgesamt seither in Bedrängnis. Geht es doch seit geraumer Zeit um den Nachweis ihrer Nützlichkeit, durchaus im marktwirtschaftlich engen Sinne verstanden. Gegen diesen Kosten-Nutzen-Druck verhilft es allerdings wenig, mit Odo Marquard auf die „Inkompetenzkompensationskompetenz" etwa der Philosophie hinzuweisen, um solchermaßen die „Unvermeidbarkeit der Geisteswissenschaften" demonstrieren zu wollen (vgl. Ders., Verspätete Moralistik, in: Frankfurter Allgemeine Zeitung, 18. 3. 1987, S. 33).

[22] Vgl. A.-W. Scheer, Betriebswirtschaft: Verstaubte Lehre, in: Wirtschafts-Woche, 8. 2. 1991, S. 84ff.; Horst Hanusch, Nationalökonomie: Zurück zur Wirklichkeit, in: Die Zeit, 19. 11. 1993, S. 38.

[23] Baukasten für Gesellschaftsmodelle, in: Frankfurter Allgemeine Zeitung, 11. 8. 1989, S. 28.

[24] Vgl. H. P. Peters, Journalismus und Sozialwissenschaften. Zwei feindliche Brüder?, in: Sozialwissenschaften und Berufspraxis 10/1 (1987), S. 21ff.

[25] Soziologie des Parteiwesens, Stuttgart [2]1925, S. XX.

[26] Die Schwäche der Soziologie der 20er Jahre ergab sich aus einer doppelten Realitätsverschätzung. Zum einen sperrten sich die im Fach üblichen Rationalitätsmodelle gegen die entfesselte Unvernünftigkeit der Epoche; die Wirklichkeit wollte einfach nicht in die Schablonen passen, mit denen die Sozialentwicklung so oder so vermessen wurde. Diese Diskrepanz zur Lebenswelt nahm man oft nicht richtig wahr, was der damaligen Soziologie einen weltfernen Charakter verlieh. Und zum anderen gab es Strömungen im eigenen Haus wie etwa den Leipziger Soziologen Hans Freyer, die mit den nationalsozialistischen Kräften kokettierten.

[27] Weswegen Nico Stehr (Praktische Erkenntnis, Frankfurt a. M. 1991) neu zu bestimmen versucht hat, wie sozialwissenschaftliche Erkenntnis vor dem Hintergrund wissenschaftsexterner Umstände als Handlungsvermögen zu praktischer Erkenntnis werden kann.

[28] Claus Offe, Vom politischen Nutzen der Gesellschaftswissenschaften, in: Vorgänge 50 (1981), S. 40ff., hier S. 43.

[29] Ideologie und Utopie, Frankfurt a. M. ^{4}1965, S. 42.

[30] Zit. K. P. Krause, Eine ratlose Gesellschaft, in: Frankfurter Allgemeine Zeitung, 18. 9. 1987, S. 15.

[31] So schon Lepsius (Anm. 13), S. 5.

[32] Vgl. Göttrik Wewer, Politikwissenschaft und Zeitdiagnose in der Bundesrepublik Deutschland, in: Aus Politik und Zeitgeschichte 46 (1989), S. 32ff.

[33] Politik und praktische Philosophie, Neuwied am Rhein/Berlin 1963, S. 80.

[34] Vgl. Max Horkheimer, Notizen, in: Ders., Gesammelte Schriften, Bd. 14, Frankfurt a. M. 1988, S. 220f., 339, 447.

[35] Der Staat als Beute, München 1993, S. 243.

[36] Politische Kybernetik?, in: Journal für Sozialforschung 1 (1984), S. 8ff.

[37] Vgl. schon Wolfgang Bruder, Sozialwissenschaften und Politikberatung, Opladen 1980, S. 61ff.

[38] Vgl. Klaus Fischer, Wissenschaftliche Vernunft im sozialen und politischen Kontext der Gegenwart, in: Aus Politik und Zeitgeschichte 49 (1987), S. 17ff.

[39] Die Gegenwartsaufgaben der Soziologie, Tübingen 1932.

[40] Soweit die Forderung; ansonsten hat der Vortragende selbst im Sinne dieser ‚Zeitdiagnostik' die seinerzeitige Radikalisierung eher ignoriert, die auch ihn wenig später außer Landes treiben sollte. Mit dieser Realabstinenz gegenüber den Weltläuften stand der Frankfurter Gelehrte freilich nicht allein, vielmehr „schwieg sich" beispielsweise die etablierte Soziologie „insgesamt über den Nationalsozialismus aus". Dieses Urteil findet sich in einem Buch (Stephen P. Turner/Dirk Käsler [Hrsg.], Sociology Responds To Fascism, London/New York 1992, S. 117) über die sozialwissenschaftliche Herausforderung durch die (so Goebbels) „Gegenaufklärung" von rechts. Während es durchaus Autoren gab, die sich – oft mit viel Sympathie – um die Herrschaft Mussolinis in Italien kümmerten, stieß der hausgemachte Nationalsozialismus eher selten und fast ausschließlich am linken Rand des Faches auf einiges Interesse. „Wir haben an dieser Figur und dieser Bewegung fast vorbei studiert", hat Günther Anders (Wenn ich verzweifelt bin, was geht's mich an?, in: Mathias Greffrath [Hrsg.], Die Zerstörung einer Zukunft, Reinbek 1979, S. 19ff., hier S. 21) im Rückblick zu Protokoll gegeben. Problematischer ist vielleicht noch die Feststellung von Emil Lederer (Ende der Klassengesellschaft? Zur Analyse des Faschismus, in: Ders., Kapitalismus, Klassenstruktur und Probleme der Demokratie in Deutschland 1910–1940, hrsg. von Jürgen Kocka, Göttingen 1979, S. 239ff., hier S. 242f.), daß selbst die vielbeschworene ‚Werturteilsenthaltsamkeit', hinter der man sich gegenüber den Meinungsmoden zu verschanzen beliebte, keinen Bestand haben konnte, falls die Politik sie nicht beachtete.

[41] P. L. Berger, Invitation to Sociology, Harmondsworth 1971, S. 24.

[42] Gaetano Mosca, Die herrschende Klasse. Grundlagen der politischen Wissenschaft, Salzburg ^{4}1950, S. 373.

[43] M. M. Adams, Theorie und Methode der Geschichte, in: Archiv für Sozialgeschichte 33 (1993), S. 612ff.

[44] Vom Nutzen und Nachteil der Historie (1874), Werke, hrsg. v. Karl Schlechta, München ^{3}1962, S. 209ff., hier S. 220.

[45] Soll und Haben, Krieg und Frieden, in: Frankfurter Allgemeine Zeitung, 5. 10. 1993, S. 32.

[46] Entwurf einer Theorie der Geschichte, Halle 1820.

[47] Nietzsche (Anm. 42), S. 219.

[48] The English Works of Thomas Hobbes, hrsg. von Sir William Molesworth, Bd. III, London 1839, S. 195f.

[49] Vgl. Anm. 38, S. 37.

[50] Die Situation der emigrierten deutschen Soziologen in Europa, in: Wolf Lepenies (Hrsg.), Geschichte der Soziologie, Bd. 4, Frankfurt a. M. 1981, S. 115ff., hier S. 149.

[51] König, Handbuch der empirischen Sozialforschung, Bd. 2, Stuttgart 1969, S. VI.

[52] Die Entdinglichung des Sozialen. Eine evolutionstheoretische Perspektive auf die Postmoderne, Frankfurt a. M. 1991, S. 10.

[53] Vgl. dessen Buch über ›Die Erreichbarkeit der Gesellschaft. Zur Konstruktion und Imagination gesellschaftlicher Einheit‹ (Frankfurt a. M. 1992).

[54] Frei nach "the proper role of social scientists is to identify the institutional means by which the mixed passions of human nature can be harnessed in the pursuit of a more decent society" (J. J. Muller, Adam Smith In His Time And Ours. Designing the Decent Society, New York u. a. 1993, S. 5).

[55] Wenn die angebliche *Erlebnisgesellschaft* (Schulze) von heute auch im Allgemeinbewußtsein wieder als die tatsächlich vorhandene *Überforderungsgesellschaft* empfunden wird, die sie ist, dann, ja dann schlägt wieder die Stunde einer ernsthaften Soziologie als Krisenbewältigungshilfe.

Günther Nonnenmacher

Nutzen und Nachteil des politikwissenschaftlichen Studiums für den politischen Journalisten

Die Politikwissenschaft hat es als akademisch etablierte Disziplin in Deutschland in den inzwischen mehr als vierzig Jahren ihrer Existenz nicht fertiggebracht, eine einheitliche Bezeichnung des Faches festzulegen. Da muß es nicht verwundern, daß es noch weniger gelungen ist, eine Aufstellung verbindlicher Texte oder Themen zu vereinbaren, einen Katalog, der im Laufe des Studiums abgehandelt werden muß, einen Kanon von Fragen, der in Prüfungen behandelt werden könnte. Man hat einen eher diffusen Konsens darüber erreichen können, daß das Fach in drei Unterdisziplinen gegliedert ist: Politische Theorie, Innenpolitik, Außenpolitik. Ohne zu petzen, läßt sich behaupten, daß dies inhaltlich kaum zu begründen ist, aber dem – legitimen – Selbstzweck dient, eine bessere Ausstattung der Universitäten mit Lehrstühlen zu befördern. Wissenschaftssystematisch läßt diese Gliederung manche Frage offen: Wo ist in der Dreifaltigkeit beispielsweise der Platz der vergleichenden Regierungslehre (comparative politics)? Die politikwissenschaftliche Zeitgeschichte taucht als eigenständige Unterdisziplin nicht auf; über das Problem, ob Karl Dietrich Bracher und Hans Peter Schwarz, um nur zwei prominente Vertreter der Zeitgeschichte zu nennen, eher Politologen oder mehr Historiker sind, könnte man sich lange den Kopf zerbrechen – wenn es denn lohnte.

Näheres Zusehen zeigt außerdem, daß unter den Dächern der Unterdisziplinen sehr Verschiedenes gelehrt und gelernt wird: Als Einführung in die politische Theorie kann eine eher wissenschaftstheoretisch orientierte Methodenlehre genauso daherkommen wie ein Kurs, in dem klassische Texte der Staatstheorie oder der Sozialphilosophie gelesen werden. Unter dem Dach der „Innenpolitik" mag eine verfassungsrechtliche Befassung mit dem Grundgesetz figurieren oder eine abstrakt angelegte Analyse über das Funktionieren politischer Systeme nach dem Input-Output-Schema. In einem Kursus über Internationale Beziehungen kann die Konstellation beim Ausbruch des Ersten Weltkrieges behandelt werden; man kann (oder konnte) aber auch modelltheoretische Analysen zur Rüstungsdynamik im internationalen System unterbringen.

Wer in Hamburg oder Kiel Politikwissenschaft studiert, wird nicht dasselbe lernen wie seine Kommilitonen in Köln, Gießen, Heidelberg, Trier, Freiburg oder München. Politikwissenschaft ist ein Fach mit vielen Facetten – das soll hier gar nicht kritisiert werden, man muß es jedoch konstatieren. Im übrigen ist es den Studierenden, vielleicht auch dem Fach selbst, gerade unter diesem Aspekt nicht gut bekommen, daß das Wechseln des Studienortes in Deutschland – aus vielerlei Gründen, die hier nicht zur Debatte stehen – seltener, weil schwieriger geworden ist: Der Verfasser hat es als ausgesprochene Bereicherung angesehen, daß er Politikwissenschaft an drei verschiedenen Orten, bei sehr verschiedenen Lehrern, hat studieren können. Das dürfte heute die rare Ausnahme sein.

Viele Facetten hat nicht nur die Politikwissenschaft; vielfältig ist auch der politische Journalismus. Ein Redakteur ist in der alltäglichen Berufswirklichkeit ein Wesen, das ganz unterschiedliche Arbeitsaufträge haben kann, unter ganz verschiedenen Umständen redigiert, recherchiert oder schreibt und womöglich auch ganz verschiedene Berufsrollen auszufüllen hat.

Es gibt den Nachrichtenredakteur, der in der Zentrale einer Agentur, in der Nachrichtenredaktion einer Tageszeitung, einer Rundfunkanstalt oder eines Fernsehsenders das eingehende Material sammelt, sichtet, auswählt und dann zur Veröffentlichung vorbereitet. Es gibt den Reporter oder Korrespondenten, der aus dem täglichen Geschehen berichtet oder sich bemüht, Informationen zu bekommen und Hintergründe zu recherchieren, die über offizielle Stellungnahmen hinausreichen. Es gibt den Schreiber von Leitartikeln und Kommentaren, der erklärt und bewertet, wie etwas soweit kommen konnte, wie es nun einmal gekommen ist und darüber urteilt, ob das gut, schlecht oder einfach unvermeidlich war.

Das ist nur eine Seite der beruflichen Rollenvielfalt im Journalismus. Die andere hat mit unterschiedlichen Medien zu tun: Es gibt den Redakteur einer Tageszeitung, der 100 Zeilen und knapp 90 Minuten Schreibzeit zur Verfügung hat, um die Bedeutung des Gaza-Jericho-Abkommens zwischen Israel und der PLO darzustellen oder zu analysieren. Dem Fernsehkorrespondenten in Jerusalem wurde womöglich eine halbe Stunde, nachdem über dieses Ereignis in Oslo erstmals berichtet wurde, von seiner Zentrale ein Kommentar von 30 Sekunden abverlangt. Dagegen hatte sein Kollege von der Magazin-Redaktion 15 Minuten, und dem Redakteur einer Wochenzeitung stand für dasselbe Thema eine ganze Seite zur Verfügung; außerdem blieb beiden mehrere Tage Zeit, um einen historischen Essay über den Nahen Osten in Geschichte, Gegenwart und Zukunft zu schreiben oder zu senden.

Ob einer das kann oder nicht, ob er es besser oder nicht so gut fertigbringt, hat nicht nur mit seinem Studium zu tun – da kommt es auf gute

Nerven an, übrigens auch auf ein gutes Gedächtnis, auf die Fähigkeit, die Gedanken schnell zu ordnen und in schriftliche Form zu bringen; die Einschätzung wird auch dadurch bestimmt, welche über den Nachrichtenstoff hinausreichenden Quellen der Journalist hat oder erschließen kann.

Durchaus salvatorisch gemeint, bleibt demnach festzuhalten, daß weder das Studium der Politikwissenschaft eine feste Größe ist noch die Arbeit des politischen Journalisten eine feste Gestalt hat. Aus zwei Variablen ergibt sich keine Konstante. Ausführungen über „Nutzen und Nachteil des Studiums der Politikwissenschaft für den politischen Journalisten" sind deshalb notwendigerweise gezähmter Subjektivismus.

Unter das Rubrum „subjektiv" gehört, daß der Hintergrund des Verfassers der politische Journalismus in einer Tageszeitung ist. Was den Zusammenhang mit dem Studium der Politikwissenschaft angeht, fließen ebenfalls eigene Erfahrungen ein. Wenn von „gezähmtem" Subjektivismus die Rede ist, liegt das unter anderem daran, daß der Verfasser seit längerer Zeit an der Auswahl von Hospitanten, Volontären und an der Einstellung von Redakteuren beteiligt ist, also einen gewissen Überblick hat. Die jungen Leute, die sich da vorstellen, sind nicht alle Politologen; aber es sind doch viele darunter. Es mag im übrigen sein, daß eine Tageszeitung – und womöglich auch ihr besonderes politisches Profil – eine spezifische Gruppe von Kandidaten anzieht. Mit all diesen Vorbehalten versehen, lassen sich doch einige Aussagen machen, die ein gewisses Maß an Generalisierung vertragen.

I

Ein examinierter Politologe, der sich überdies für praktische Politik interessiert – das ist nicht immer der Fall –, hat, so kann man hoffen, während seines Studiums einen guten oder zumindest angemessenen Überblick über sein Fach bekommen. In einem Proseminar hat er sich mit den Grundbegriffen des politischen Systems der Bundesrepublik Deutschland befaßt: Er weiß über das Parteiensystem Bescheid, hat sich womöglich sogar mit einem spezifischen Thema beschäftigt (›Die Debatte über den Nachrüstungsbeschluß in der SPD‹, ›Die FDP – von nationalliberalen Anfängen zum sozialliberalen Profil‹, ›Rolle und Einfluß der Sozialausschüsse in der CDU‹). Im Rahmen der Politischen Theorie hat er sich mit irgendeinem Theoretiker zwischen Platon und Luhmann beschäftigt, vielleicht auch mit einer politischen Idee (›Gerechtigkeit: Die Debatte im Neokontraktualismus‹, ›Der amerikanische Kommunitarismus – Rezeptionsmöglichkeiten in Deutschland‹); es könnte allerdings auch sein, daß sein Schwerpunkt auf Seminaren und Übungen zur Methodik der empirischen Sozialforschung lag. In der internationalen Politik hat er eine Vorlesung über ›Ansätze zur Friedenssicherung‹ besucht und sich in einem Seminar vertieft mit der Geschichte der KSZE beschäftigt (›Antagonistische Kooperation und Heteronomie der Zwecke‹), unter Umständen hat er auch ein anderes politisches System kennengelernt (›Frankreich: der rationalisierte Parlamentarismus der Fünften Republik im Vergleich zum Stellenwert des Bundestages im politischen System der Bundesrepublik‹). Das alles – und vieles mehr – ist nützlich; er erlaubt es unserem diplomierten Politologen – wenn er sich denn auch noch Überblicksvorlesungen angehört oder in der wissenschaftlichen Literatur auf andere Themen eingelassen hat –, aktuelle Probleme der Politik „einzuordnen", also in größeren Zusammenhängen zu sehen, womöglich auch, die „Interdependenz" bestimmter Erscheinungen und Entwicklungen zu begreifen (etwa des Aufkommens eines „neuen Nationalismus" im mittleren und südöstlichen Europa, dann auch im westlichen).

Der Akzent wird dabei, mit dem französischen Historiker Fernand Braudel zu sprechen, auf der «longue durée» liegen, auf Evolution, auf Modellen, auf Prozeß und Struktur – was normal ist, weil Vorlesungen und Seminare an Hochschulen sowie wissenschaftliche Bücher nicht für den Tag geschrieben sind, sondern das zu erfassen suchen, was über den Tag hinaus Bestand hat.

Für die journalistische Arbeit in einer Tageszeitung (oder die tägliche Berichterstattung in elektronischen Medien) steht aber genau dieser Tag im Mittelpunkt. Anders gesagt: es ist gut, wenn der Journalist den Blick für historische Tiefe und weiterführende Perspektiven hat, wenn Prozeß und Struktur für ihn keine Fremdwörter sind. Aber sein tägliches Brot ist das Ereignis, das in seinen Facetten dargestellt und ausgeleuchtet werden muß, und dabei spielen in aller Regel die handelnden Personen eine Hauptrolle.

Das kann und soll man an der Hochschule nicht trainieren – es läßt sich "on the job", mit Hilfe von Nachrichtenagenturen, Korrespondentenberichten, Hintergrundmaterial und einem ordentlichen Archiv auch mehr oder weniger gut und schnell lernen. Doch der Perspektivenwechsel aufs „Kleinteilige" mit seinen Erfordernissen der Genauigkeit – Personen- und Ortsnamen, Amtsbezeichnungen, genaues Zitieren, präzise Chronologie, das schnelle Einordnen in die Ereignisse der vergangenen Tage, das Herstellen einer Verbindung zur nächsten Zukunft – fällt vielen Politologen erfahrungsgemäß schwer. Es gibt die Versuchung, sich in Modelle oder in Kategorien von der Art „Struktur und Prozeß" zu flüchten, bei denen es weniger ums Detail als um die „große Linie" geht; im übrigen ist das oft auch intellektuell reizvoller als das Rekonstruieren von Einzelheiten, die in 14 Tagen ihre Bedeutung verloren haben mögen. Doch wer für Details nichts übrig hat, sollte nicht Journalist werden, jedenfalls sollte er sich nicht unbedingt bei einer Tageszeitung bewerben.

Von den Ereignissen des Tages und den Personen, die „Nachrichten machen“ war die Rede: letztere kommen in der Politikwissenschaft gar nicht oder nur am Rande vor – insofern ist sie in der Tat Sozialwissenschaft geworden und hat die Zeitgeschichte weitgehend den Historikern überlassen (natürlich gibt es da Ausnahmen: eine der herausragenden ist die große Adenauer-Biographie von Hans Peter Schwarz,[1] eine andere die mehrbändige ›Geschichte der Bundesrepublik Deutschland‹ an der vor allem Politologen mitgewirkt haben[2]). Aus dieser methodischen oder theoretischen Orientierung – die durchaus legitim sein mag – folgt jedoch oft, daß Politologen sich für Persönlichkeiten und Personalfragen in der Politik vergleichsweise wenig interessieren.

Das ist insofern verheerend, als jeder Journalist weiß, daß der politische Tagesbetrieb weitgehend von diesen Dingen beherrscht wird. Typische Fragen lauten immer wieder: Wer will was werden, wer will wen „absägen“, wer muß wo oder wie „versorgt“ werden? Wer sich mit Haut und Haar auf diese Querelen, Intrigen und Kabalen einläßt, könnte zu der Einschätzung kommen, daß die Entscheidung politischer Sachfragen eine im Grund nicht-intendierte Nebenfolge von Personalfragen, ein Ergebnis des Politikerkampfes um „Macht“ ist. Das kann man im übrigen ekelhaft oder verwerflich finden, dagegen lassen sich leicht und regelmäßig moralisch aufgerüstete Kommentare schreiben. Das ändert allerdings nichts daran, daß solche Dinge die tägliche Arbeit des politischen Berichterstatters bestimmen. Ist er nach Ausbildung Politologe, hat er davon während seines Studiums vermutlich wenig gehört; vielleicht bringt er an Vorbildung noch nicht einmal die Lektüre von Machiavellis ›Principe‹ mit.

Man kann natürlich wiederum sagen, solche Dinge ließen sich besser “on the job” als während eines Studiums erlernen – und das ist richtig. Was hier kritisiert wird, ist eher, daß die Politikwissenschaft eine intellektuelle Disposition fördert, in der Personen keine Rolle spielen, womöglich gar nicht mehr vorkommen – etwa nach dem Motto, daß Politiker bestenfalls Geschichten machen, während die wirkliche Geschichte sich „hinter dem Rücken der Akteure“ entwickelt. Ob das so ist oder nicht, braucht hier nicht zu interessieren. Eine gute oder auch nur brauchbare Maxime für die journalistische Tagesarbeit ist es jedenfalls nicht. Der Zeitungsleser will wissen, wer was warum gesagt oder getan hat – der Hinweis darauf, daß das angesichts „struktureller Entwicklungen“ ohnehin unwichtig sei, wird ihn nicht darüber hinwegtrösten, daß er sich schlecht informiert fühlt.

Die strukturelle Betrachtungsweise der Politikwissenschaft kann es außerdem mit sich bringen, daß man es mit institutionellen Dingen nicht so genau wissen will (es auch gar nicht so genau zu wissen braucht). Das gilt nicht nur für jene Politologen, die über die Personen hinaus auch Institutionen als eine Art Epiphänomen, als äußere, vergleichsweise unwichtige Gestalt „tiefer liegender“ Erscheinungen ansehen. Es ist zum Beispiel eine häufig anzutreffende Erfahrung, daß examinierte Politologen nicht den Unterschied kennen zwischen einem beamteten Staatssekretär und einem parlamentarischen Staatssekretär. Wer das als lächerliche Mäkelei abtut, sollte immerhin bedenken, daß die Qualität, das Ansehen und damit letztlich auch der Erfolg einer Zeitung oder Zeitschrift davon abhängen, daß sie als verläßlich gilt, weshalb Präzision und Korrektheit bis in Details hinein wichtig sind. Politiker oder andere Persönlichkeiten des öffentlichen Lebens, die von einem Bericht unangenehm berührt sind, spießen sehr gerne ein falsches Detail auf – und sei es noch so unwichtig –, um die Glaubwürdigkeit des gesamten Artikels und des Mediums, in dem er erschienen ist, in Frage zu stellen.

Doch auch wenn man von solchen Peinlichkeiten absieht, kann es zu gravierenden Fehlurteilen führen, wenn man über die Arbeitsweise von Institutionen nichts weiß, oder wenn die Funktionsrollen, die es in ihnen gibt, gar nicht bekannt sind und in ihrer Bedeutung falsch eingeschätzt werden. Solche Unkenntnis aber ist bei Politologen leider keine Ausnahme sondern heutzutage eher die Regel. Die Reichweite einer politischen Äußerung kann nur richtig erkannt werden, wenn klar ist, von wem sie kommt: da macht es einen Unterschied, ob sich ein „einfacher" Abgeordneter zu einem bestimmten Thema äußert, ob das der von der Fraktion (oder der Partei) bestellte Sprecher für dieses Gebiet ist, ob die Äußerung vom Vorsitzenden eines Parlaments-Ausschusses, eines Partei-Arbeitskreises oder vom parlamentarischen Geschäftsführer einer Fraktion getan wird. Wiederum: das alles kann man "on the job" lernen; aber man muß es auch lernen – wer Politikwissenschaft studiert hat, bringt da meist kein besseres Rüstzeug mit als Absolventen anderer Studiengänge.

Ein Unterkapital des Themenbereichs „mangelnde Kenntnis der Institutionen" trägt den Titel ›Die Politologen und das Recht‹. Abgesehen von wenigen verwaltungswissenschaftlichen Studiengängen und solchen Fachbereichen, in denen es noch akademische Lehrer gibt, die sich mit Staatsrecht oder öffentlichem Recht befaßt haben, bekommen Studenten heutzutage meist keine systematische Einführung in das Verfassungsrecht der Bundesrepublik Deutschland. Das ist auch unter wissenschaftlichen Gesichtspunkten ein Manko, gerade in einem politischen System, das so „verrechtlicht" ist wie das deutsche. In journalistischen Belangen ist es oft verheerend; jedenfalls führt es dazu, daß viele große Tageszeitungen für ihre innenpolitischen Ressorts lieber politisch interessierte Juristen als Politologen einstellen, denen oft selbst elementare Rechtskenntnisse fehlen.

II

Max Kaase hat festgestellt,[3] daß sich die Politikwissenschaft kaum mit Massenkommunikation beschäftige. Das ist um so erstaunlicher, als in der praktischen Politik die Medien schon seit Jahrzehnten eine eminente Bedeutung haben; in einem übertragenen Sinn könnte man geradezu sagen, Politik sei in weiten Teilen zur Massenkommunikation geworden. Ein Politologe, der zum Journalisten wird – sagen wir im Fernsehen oder in einem viel gelesenen Wochenmagazin oder in einer bedeutenden Tageszeitung –, wird als erstes feststellen, daß er nun unter völlig neuen Bedingungen arbeitet. Während wissenschaftliche Bücher oder Aufsätze in der Regel nur von einer eng begrenzten Fachwelt rezipiert werden, findet nun auf einmal fast jedes Wort, das er sagt, finden Artikel, die er schreibt, ein ungewohntes Echo: bei den Lesern, aber auch bei Politikern, die sich künftig bei ihm beklagen oder bedanken, jedenfalls aber versuchen werden, ihn zu beeinflussen. Darauf sind nicht nur Politologen kaum vorbereitet; damit haben auch studierte Historiker oder Ökonomen oder Juristen, die den Journalismus zu ihrem Beruf machen, nicht gerechnet.

Dagegen ist es ein spezifischer Nachteil der Politologen – etwa im Vergleich zu Historikern oder Juristen –, daß sie sich mit dem einen entscheidenden Medium der Kommunikation, mit Sprache (das zweite Medium sind Bilder), nur am Rande oder gar nicht auseinandergesetzt haben. Juristen lernen an Gesetzestexten und -kommentaren die Kunst sprachlicher Exegese, Historiker üben das an Quellen. Zu viele Politologen haben sich weder mit der einen noch der anderen Textgattung jemals intensiv beschäftigen müssen.

Wenn von einem bedeutsamen Nachteil die Rede sein kann, den das Studium der Politikwissenschaft seinen Absolventen auf den angestrebten journalistischen Berufsweg als Bürde und Last mitgibt, dann ist es ihr Verhältnis zur Sprache. Dabei geht es zunächst um die Sprache der Politikwissenschaft selbst, ihren (sozial-)wissenschaftlichen Jargon. Darüber ist schon so viel gespottet worden, daß man es fast nicht mehr hören mag. Das Thema muß dennoch abgehandelt werden, weil es gar nicht lustig ist.

Ein Arzt wird, wenn er abends den seinen Stand auszeichnenden weißen Kittel ablegt, meist zu einem normalen Menschen, mit dem man sich normal unterhalten kann. Die Erfahrung mit politologisch ausgebildeten Bewerbern, die sich für einen Redakteursposten bewerben, zeigt dagegen leider, daß sie – nach zehn, zwölf oder mehr Semestern „Sprachschulung“, nach dem Absolvieren der akademischen Rituale – ihren Jargon nicht mehr ablegen können, daß sie aus der Kunstwelt ihrer Fachbegriffe auch im Alltag nicht mehr herausfinden. Anders gesagt: Nicht wenige Politologen sind nach ihrer Ausbildung unfähig geworden, ihre wissenschaftlichen Erkenntnisse oder Einsichten in einer Form zu präsentieren, die dem politologisch nicht Geschulten verständlich oder auch nur zugänglich wäre.

Eine Fachsprache mag zur binnenwissenschaftlichen Kommunikation nötig oder unvermeidlich sein; doch die Annahme, man müsse sie auch nach außen präsentieren, um „Identität" und „Kompetenz" des Faches hervorzukehren, ist nicht nur falsch, sondern schlimmer als das: ein verheerender Fehler. Als Folge hat sich ein negatives Image der Politikwissenschaft festgesetzt: Wenn Politologen reden, könne und brauche man nicht zuzuhören. Weil viele Politologen nicht mehr imstande sind, ihre Fachsprache so zu übersetzen, daß ein breiteres Publikum die Erkenntnisse ihrer Wissenschaft verstehen kann, sind sie für den Journalismus untauglich. Professoren der Politikwissenschaft, die auf die sprachliche Qualität von Thesenpapieren, Referaten, Examens- und Doktorarbeiten keinen Wert legen – und dies scheint bei der Mehrzahl der Lehrenden der Fall zu sein –, leisten ihren Studenten einen Bärendienst. Sie bilden Leute aus, die Arbeit letztlich nur im geschlossenen Kreislauf von Hochschulen und Instituten, Planungsstäben und "thinktanks" finden; in den Medien sind sie nicht zu gebrauchen.

Das gilt übrigens auch in einem erweiterten Sinn: Vertreter der Politikwissenschaft sind als politische Experten oder Interviewpartner im Fernsehen, im Rundfunk, für Zeitungen relativ wenig gefragt, weil man weiß, daß nur die wenigsten unter ihnen – die löblichen Ausnahmen müssen nicht erwähnt werden, weil sie bekannt sind – sich auf eine Weise ausdrücken können, die dem Publikum zuzumuten ist. Da fragt man lieber einen Juristen, dessen forensische Schulung ihn die Kunst der wirkungsvollen Rede gelehrt oder einen Historiker, der das erzählen gelernt hat. Es steht außer Frage, daß die Politikwissenschaft, nicht zuletzt aus diesem Grund, weniger Einfluß auf die öffentliche Meinungsbildung und damit auf die Politik hat als andere Disziplinen. Das wird von Standesvertretungen wie der DVPW zwar beklagt, daß Entscheidendes dagegen unternommen worden wäre, ist jedoch nicht bekannt.

Das ist aber nur das erste Problem, welches die Politikwissenschaft mit der Sprache hat. Als zweites kommt hinzu, daß sie sich mit der Funktion von Sprache in der Politik gar nicht oder nur am Rande befaßt. Es geht dabei, wohlgemerkt, nicht nur und nicht unbedingt um die „Sprache der Politiker": daß die hölzern ist, aus Leerformeln besteht, daß Politiker „Sprechblasen" produzieren, ist eine Evidenz, die der wissenschaftlichen Untersuchung nicht bedarf. Genau so schal erscheint mir übrigens die „ideologiekritische" Analyse der politischen Sprache: normalerweise findet man dabei heraus, daß Politiker in ihren Reden genau die ideologischen Muster produzieren oder diejenigen Vorurteile reproduzieren, die man ihnen von vornherein unterstellt oder zumindest zugetraut hat – bei Konservativen konservative Stereotypen, bei Progressiven progressive Stereotypen.

Viel interessanter ist die Frage, warum Politik, die eben – und Gott sei Dank – in erster Linie Mundwerk, sprachliches Handeln ist, eben jene Sprechblasen oder ideologischen Versatzstücke, jene markigen Sprüche und gummiweichen Formulierungen produziert. Da gibt es für Politiker eine fast unendliche Vielzahl von Gründen: Um sich festzulegen, weil man den eigenen Anhängern „Signale" geben will; um sich nicht festzulegen, damit niemand später einen „Wortbruch" konstatieren kann; um Reaktionen auf unbekanntem Terrain zu erkunden; um die eigene Partei auf neues Terrain zu führen; um „Pflöcke einzuschlagen", an die eigene Anhänger dann festgebunden sind; um ein Reizwort in die Debatte zu werfen, das den politischen Gegner aus der Reserve lockt; um Themen zu besetzen oder sie den Konkurrenten aufzuzwingen; um das Meinungsklima bei der Wählerschaft zu formen und so weiter, und so weiter.

Das Handwerk des politischen Sprechens – das ist etwas anderes als rhetorische Schulung – ist für die Politikwissenschaft eine „terra incognita"; beschäftigt haben sich damit nur einige wenige Grenzgänger zwischen Wissenschaft und Politik wie beispielsweise Wolfgang Bergsdorf.[4] Es gibt meines Wissens keine größeren politikwissenschaftlichen Studien, die sich mit dieser eminenten Realität praktischer Politik beschäftigt hätten – man denke nur an zu Recht berühmte Weizsäcker-Reden und die zu Unrecht verteufelte Jenninger-Rede –, ohne schnurstracks in die Niederungen der Sprechblasenkritik abzustürzen oder sich zu den vermeintlichen Höhen der Ideologiekritik aufzuschwingen. Viel wäre schon gewonnen, wenn jemand daran gehen würde, eine Art Klassifikation politischer Sprachstile und Sprechweisen aufzustellen.

Genausowenig werden, um ein anderes Feld anzuführen, Studenten der Politikwissenschaft systematisch darauf trainiert, politische Entwicklungen im Spiegel ihrer offiziellen sprachlichen Darstellung zu analysieren. Ein Beispiel könnte die Exegese der Nato-Kommuniques seit dem Jahr 1985 sein: da ließe sich der Wandel von der Ost-West-Konfrontation zur „Partnerschaft für den Frieden" mit Osteuropa und Rußland hervorragend darstellen. Für den politischen Journalisten, der von einem Nato-Gipfel berichtet, bei dem Diplomaten noch um das letzte Komma im Abschlußkommunique feilschen, für den politischen Leitartikler, der ein solches Ereignis kommentieren muß, ist es wesentlich, daß er Änderungen, mögen sie noch so geringfügig erscheinen, überhaupt erkennt und dann auch in der Lage ist, aus den sprachlichen Indizien zu schließen, wie Debatten verlaufen sind und in welche Richtung sie künftig laufen könnten. Von seinem Studium der Politikwissenschaft ist er darauf nicht oder nur unzureichend vorbereitet worden.

III

Die mangelnde Aufmerksamkeit der Politologen für die Sprache hat vielleicht auch damit zu tun, daß die Politikwissenschaft die politische Welt gewissermaßen durch ein umgekehrtes Fernglas sieht, jedenfalls aber von außen analysiert: sie sucht nach Fakten, klassifiziert diese, stellt Taxonomien auf und Verbindungen her, entwirft Szenarien oder entwickelt Makrotheorien über den Gang der Dinge. Der politische Journalist beschreibt einen Mikrokosmos, er beobachtet die Welt der Politiker von innen: er erfährt von ihren Motiven, lernt ihre taktischen Kniffe und Tricks kennen. Ihm stellt sich der Verlauf der Dinge nicht nach irgendwelchen „Gesetzmäßigkeiten" dar, sondern vermittelt über die Absichten der Akteure. Was aus der wissenschaftlichen Vogelperspektive in Strukturen gepreßt und in Prozessen kanalisiert werden kann, erlebt der Journalist im Tagesgeschehen als einen Kampf um Einfluß, in dem es immer wieder überraschende Wendungen und seltsame Zweckkoalitionen gibt.

Zur Veranschaulichung dieses Unterschiedes wie zur Illustration des „Kommunikationsdefizits" der Politikwissenschaft soll hier aus einer Studie zitiert werden, deren Autor und Titel besser nicht genannt werden. Selbiger Autor stößt auf den „unerwarteten Befund", daß ein Gegenstand „in der Wahrnehmung der staatlichen Administration etwas anderes dar(stellt) und . . . einer anderen Logik unterliegt als aus dem Blickwinkel der Unternehmen". Das führt zu der – offensichtlich wieder unerwarteten – Einsicht, „daß die vorliegenden Diskrepanzen ganz offensichtlich nicht mit unterschiedlichen Interessenlagen oder Nutzenmaximierungskalkülen zu erklären sind, sondern – viel substantieller – akteurseigene Handlungs- und Deutungskontexte reflektieren". So kann man das auch sagen, was immer mit dem Wort „substantiell" in diesem Zusammenhang gemeint sein mag: Aus der Perspektive des politischen Systems sieht die Welt anders aus als sie aus der Führungsetage eines Unternehmens oder vom Sessel eines Wissenschaftlers wahrgenommen wird. Erstaunlich an der Erkenntnis, daß die Welt der Fakten eine andere ist als jene der Perzeptionen, ist in diesem Fall nur, daß diese Einsicht als Überraschung nach dem Abschluß eines Studiums der Politikwissenschaft erlebt wird.

Selbstverständlich kann und soll der Wissenschaftler nicht in die Welt der Politiker „eintauchen", so wie der politische Journalist das tun muß – übrigens nicht immer zum Vorteil des Journalismus, denn mangelnde Distanz zum Objekt oder gar eine Art Kumpanei sind für die Berichterstattung genauso übel wie ideologische Borniertheit für die Wissenschaft. Aber die mangelnde Kenntnis des politischen Lebens, welche die meisten Politologen auszeichnet, die Politik-Ferne der Politikwissenschaft überhaupt, sind mit Sicherheit ein Handicap. Ob sich das durch in das Studium einzubauende Praktika in Verbänden, bei Parteien, in Parlamenten oder Bürokratien verbessern ließe, ist nicht sicher, wäre aber eine Überlegung wert.

Nun ist der politische Journalismus kein Hexenwerk, sondern ein Handwerk, das man lernen kann; wer mit dem nötigen Interesse und der entsprechenden Intelligenz ausgestattet ist, der wird die Handlungsmaximen und Winkelzüge, die das politische Leben beherrschen, bald begreifen und einige der Vorprägungen (aber auch Illusionen), die ihm sein Studium der Politikwissenschaft mitgegeben hat, irgendwann vergessen. Das ist nicht unbedingt ein Tadel; im Beruf stellen sich die Dinge immer anders dar als in den Vorlesungssälen und Seminarräumen von Universitäten – auch für Betriebswirte, für Juristen oder Theologen.

Wenn – um einen versöhnlichen Abschluß zu finden – vom Nutzen des Studiums der Politikwissenschaft zu reden ist, dann fallen vor allem zwei Vorteile auf. Der erste ist die Spezialisierung auf ein gewisses Land oder eine Region oder einen Kulturkreis – Rußland, den Balkan, die arabische Welt, Lateinamerika –, verbunden mit speziellem historischen Wissen und der Kenntnis der dort gesprochenen Sprache(n). Derartige Fachleute sind zwar gesucht, allerdings eher im Einzelfall als immer und überall. Kleine Zeitungen können sich Spezialisten kaum leisten; große Blätter oder Rundfunk- und Fernsehstationen haben nur einen begrenzten Bedarf. Zusätzlich variiert das Interesse an Expertise mit den Konjunkturen der Weltpolitik: gegenwärtig ist Lateinamerika "out" und Osteuropa "in", morgen kann das wieder anders sein. Das Risiko, das in dieser Art Spezialisierung liegt, muß also sorgfältig bedacht sein.

Der zweite Vorteil liegt im Gegenteil; er läßt sich mit der Formel „Spezialisierung auf das Allgemeine" beschreiben. Eine gründliche Ausbildung – dazu gehört meines Erachtens unbedingt die Beschäftigung mit der „klassischen" politischen Philosophie, die zum Durchdenken der Grundprobleme von Staat und Gesellschaft anregt; unentbehrlich sind historische Kenntnisse, vor allem in der neueren Geschichte; unersetzbar ist zumindest eine Grundausbildung in Staats-, Verfassungs- und Völkerrecht; erwünscht wäre das Verständnis wenigstens grundlegender ökonomischer Zusammenhänge – eine solche Ausbildung kann die ideale Ausgangsbasis für den politischen Journalismus sein, im Sinne der methodischen Schulung, aber auch als intellektueller Proviant, von dem sich über das Tagesgeschäft hinaus leben läßt. Überdies hätte eine breite Ausbildung den Vorteil, daß der journalistische Anfänger nicht von vornherein auf Themen oder Problemkreise fixiert ist, sondern in der Lage bleibt, auf die Chancen und Angebote zu reagieren, die sich im Verlauf seines Berufslebens – wie in anderen Branchen – manchmal überraschend ergeben.

Schon die umrißhafte Beschreibung der Kenntnisse, die ein als Idealtyp vorgestellter Bewerber für einen Redakteursposten haben sollte, zeigt allerdings, daß die Politologen da nicht allein auf weiter Flur stehen, sondern viele Konkurrenten haben: da gibt es Juristen und Historiker, Theologen oder Philosophen, Soziologen, Philologen und Ökonomen, die – Intelligenz, Lust am Schreiben, Interesse am Tagesgeschehen und politische Kenntnisse vorausgesetzt – als Journalisten geeignet sind. Letztlich werden diejenigen, welche die Kandidaten dann aussuchen und einstellen, sich nicht nur, vielleicht nicht einmal zuerst, am Studienfach des Bewerbers orientieren, sondern daran, wie intelligent und eloquent er seine Ansichten und Meinungen vertritt.

Anmerkungen

[1] H. P. Schwarz, Adenauer, 2 Bde., Stuttgart 1986/91.

[2] Geschichte der Bundesrepublik Deutschland, hrsg. von K. D. Bracher, Th. Eschenburg, J. Fest, E. Jäckel, 5 Bde., Stuttgart/Wiesbaden 1983–87.

[3] Politische Wissenschaft und politische Ordnung. Festschrift zum 65. Geburtstag von Rudolf Wildenmann, hrsg. von M. Kaase, Opladen 1986, S. 357 ff.

[4] W. Bergsdorf, Herrschaft und Sprache, Pfullingen 1983; vgl. auch W. Bergsdorf (Hrsg.), Wörter als Waffen. Sprache als Mittel der Politik, Bonn 1979. Mit dem Versuch systematischer Ansätze, aus politologischer Sichtweise aber ungenügend H. J. Herringer, Ich gebe Ihnen mein Ehrenwort. Politik, Sprache, Moral, München 1990.

Barbara Sichtermann

Politikwissenschaft ist immer noch ein Männerfach – warum?

Zu den geschlechtsspezifischen Differenzen, die sich trotz Emanzipation und lebhaftem Wandel von Rollen, Selbstbildern und Biographien bei Frauen und Männern durchhalten, gehören die Berufswünsche. Bei kleinen Jungen ist zwar der Lokführer vom Astronauten ersetzt worden, bei Mädchen die Krankenschwester aber durch die Ärztin – und nicht durch die Ingenieurin. Junge Männer wünschen einen 'interessanten' Beruf, d. h., er darf ihnen technisches Know-how, politisches Geschick oder intellektuelle Drahtseilakte abverlangen; auch junge Frauen wollen etwas Interessantes machen – und das Interessante ist für sie das *Soziale*. Schülerinnen nennen es „was mit Menschen" und stellen sich darunter, je nachdem, welchen Bildungsgrad sie anstreben, die Tätigkeit einer Verkäuferin, einer Fremdsprachenkorrespondentin oder einer Lehrerin vor. Sosehr sich auch die feministische Agitation und die Bildungspolitik, die unter Schülerinnen technischen Nachwuchs rekrutieren möchte, abmühen: Mädchen bleiben bei „Menschen". Eine starke Mehrheit möchte im Berufsleben weder hinter Maschinen und Apparaten verschwinden noch hinter der funktionellen Barriere einer abgehobenen Verantwortung. Das heißt: Frauen suchen als berufstätige Personen den unmittelbaren Kontakt – zu Kunden, Patienten, Schülern etc. Sie tun das vermutlich, weil sie fühlen, daß ihre Stärke in der Gestaltung dieses Kontaktes liegt, und sie haben wahrscheinlich recht damit.

Wenn junge Männer sich sehr gut vorstellen können, am Arbeitsplatz zunächst mit einer Maschine, einem Apparat (im unmittelbaren und im übertragenen Sinn) sowie mit einer anonymen Hierarchie zu tun zu haben, so bedeutet das indessen nicht, daß sie „mit Menschen" nichts im Sinn hätten. Menschen sind im arbeitsteiligen Erwerbsleben überhaupt nicht zu umgehen, und insofern Männern das Rivalisieren im Blut liegt – ihnen jedenfalls nicht anerzogen werden muß und nicht aberzogen werden kann – darf man vermuten, daß ihre Flüge zum Mond und zum Mars kühne Umwege sind, die sie nur unternehmen, um schwungvoll inmitten bewundernder 'Menschen' wieder zu landen. Frauen bevorzugen, auf der Suche nach 'Menschen', den direkten Weg, während Männer Umwege einschlagen. Diese Umwege sind vom patriarchalischen Wertmaßstab und vom männlichen Blick auf die Geschichte mit Zivilisation gleichgesetzt worden. Ob zu Recht, will ich hier offen lassen. Auch ob sich in Zukunft mehr Frauen finden, die sich zu 'Umwegen' entschließen und sich beruflich – scheinbar – vom Menschen weg in die Welt der Technik und der Macht bewegen, kann heute niemand wissen. Mir scheint es plausibel, daß die natürlichen Rollenunterschiede in der Fortpflanzung ihre psychischen Entsprechungen haben und Frauen mit einer besonderen Begabung für den spontanen Kontakt mit Fremden ausstatten. Das eigene Kind ist zunächst – für jede Mutter – auf eine geradezu geheimnisvolle Weise fremd, und es kostet Mühe und bereitet Freude, seine Wünsche zu erraten. Frauen sind in dieser Kunst auffallend talentiert und deshalb auch besonders motiviert, sie auszuüben – nicht nur mit Säuglingen, versteht sich. Wahrscheinlich gehört es zur Eigenart des homo sapiens, daß er Befriedigung dabei empfindet, eine Begabung unter Beweis zu stellen, die nicht jeder hat. Das unausrottbare Bedürfnis junger Männer, ihre Körperkraft und Geschicklichkeit unter Beweis zu stellen, insbesondere dann, wenn Mädchen zugucken, ließe sich so erklären. Und es ist nur natürlich, daß ein Berufswunsch dem Bewußtsein einer Begabung entspringt bzw. dem Bedürfnis, eine Begabung zu entwickeln. Daß Frauen sich auf Berufe werfen, in denen sie ihre Kommunikationsfähigkeiten einsetzen können, deute ich jedenfalls nicht als das Produkt (immer noch hie und da in katholischen Dörfern praktizierter) konservativer Erziehung und auch nicht als Resultat eines inneren Zwangs („Ruf der Natur"), sondern als das legitime und kulturell ermunterte Bedürfnis, sich da zu bewähren, wo man sich stark fühlt. – Ich sollte hinzufügen, daß die soziale Orientierung nicht für alle Frauen gilt, nur für die Mehrheit. Eine starke Minderheit – die noch wachsen könnte, wenn die mitmenschlich eingestellte Frau vom dominanten Leitbild zum frei gewählten Vorbild unter anderen geworden ist – fühlt sich in sozialen Berufen unwohl und strebt in traditionell männliche Berufsfelder. Für Männer gilt, mit umgekehrtem Vorzeichen, dasselbe. Nur durften Männer ihrem Wunsch nach einem pflegerischen oder pädagogischen Beruf immer schon nachgeben, während die geborene Physikerin oder Kranführerin erst heute (fast) kein Aufsehen mehr erregt.

Diese männlich/weiblichen Präferenzen tauchen selbstverständlich auch an den Universitäten auf. Während ein Student, der sich unter Frauen wohler fühlt als unter seinesgleichen, nur an die PH gehen muß, ist dem Weiberfeind mit einem naturwissenschaftlichen Fach oder mit der Wirtschaftswissenschaft bestens gedient. In den letzten zehn Jahren haben sich die Verhältnisse allerdings zwar nicht dramatisch, aber doch merklich verändert – Zeichen dafür, daß die jungen Frauen aus der gebildeten Mittelschicht die Angebote zu nutzen verstehen, die ihnen die Emanzipation eröffnet. Das neue Modefach BWL wird auch von Frauen gewählt – in den 70er Jahren gab es fast keine Studentin dieser Wissenschaft. Auch die Informatik zieht

Frauen an; die Rechtswissenschaft ist, ebenso wie die Medizin, länger schon attraktiv für sie. 'Reine' Naturwissenschaft wie Physik und Mathematik bleiben männlich dominiert. Denn hier menschelt es beim besten Willen nicht. Auch die Politikwissenschaft ist ein Männerfach geblieben: weil sie von Macht handelt. Zwar ist Macht etwas ungemein Menschliches, dennoch stößt sie Frauen ab. Vielleicht deshalb, weil sie als unmenschlich gilt oder weil man von ihr weiß, daß sie sich gern „verselbständigt" und dann nicht mehr durch spontanen Kontakt zu fassen und zu bändigen ist. Wie menschlich sie auch immer sein mag – Macht ist ein typischer „Umweg" und deshalb den (meisten) Frauen fremd.

In der Gleichgültigkeit von Frauen gegenüber Macht, gegenüber „Umwegen" überhaupt, liegt eine kritische Abschätzigkeit, die berechtigt sein könnte. Diese Abschätzigkeit erstreckt sich auf alles, was – um es mit einem Gegensatzpaar aus dem Fundus der feministischen Propaganda zu sagen – als „abstrakt" und damit kritikwürdig und nicht als „konkret" und damit sinnreich gilt. Männer reden gern „abstrakt", fühlen sich in „abstrakten" Zusammenhängen wohl und unterjochen die Welt und sich selbst mittels „abstrakter" Strukturen – während Frauen sagen, was Sache ist, d. h. „konkret" bleiben, auf „konkrete" Beziehungen aus sind und sich dazu eignen, die ganze Welt zu einer „konkreten" Vernunft zu bringen. Diese feministische Illusion ist nicht ohne ein Körnchen Wahrheit. Und sie bietet uns eine Begründung für die Angst der Frauen vor der Politik und vor der Politikwissenschaft.

Politik ist geradezu paradigmatisch „abstrakt" und deshalb zu beargwöhnen. Obwohl ich zu den Frauen zähle, welche die Notwendigkeit und Schönheit von Abstraktionen gegen die naiven Attacken bornierter Geister, seien sie nun männlich oder weiblich, die überall „Konkretion" einfordern, wo sie was nicht verstehen, in Schutz nehmen möchten, muß ich doch zugeben, daß der Affekt so vieler Frauen gegen die Abstraktionsgrade, die in der Politik und in der Politologie vorherrschen, nicht ganz unberechtigt ist. „Abstraktion" zu verteufeln und gegen „Konkretion" auszuspielen, ist dumm und demagogisch: die Philosophen lehren uns, daß das Konkrete sich gerade der Abstraktionsleistung verdankt, d. h., daß der geordnete Kosmos von Dingen und Bezügen, den wir erschauen und durchschauen, nur zustande kommt, weil zuvor der abstrahierende Gedanke den unordentlichen Zufall ausgetrieben und so die Ordnung entdeckt und damit hergestellt hat. Mag Abstraktion ein „Umweg" sein: er ist uns vielleicht lästig, aber er ist nötig. Wer will unser wirtschaftliches und soziales Leben ohne Mathematik und Rechnerei organisieren, in denen eine Abstraktion triumphiert, die es in sich hat und die, nachdem sie ihren Zweck erfüllte, eine konkrete Ordnung hinterläßt – gleichsam als Lohn für die Anstrengung, die sie verlangte, als Ziel, zu dem es keinen geraden Weg, sondern nur diesen Umweg gibt? –

Auch für die Politik wird man Umwege und Abstraktionen als Notwendigkeit und Fluch bis zu einem gewissen Grade anerkennen müssen – aber nur bis zu einem gewissen Grad. Das Mißtrauen vieler Frauen gegen die Politik und ihre Wissenschaft läßt sich, meine ich, auf einen Eindruck von „Abgehobenheit“ zurückführen, der nicht mehr in der Sache selbst begründet ist. In den oberen Rängen der Macht waltet ein Mysterium, das nicht mehr lesbar oder sonst auf eine konkrete Interpretierbarkeit zu bringen ist und deshalb von politikabstinenten Frauen als Bluff und Betrug beargwöhnt wird. Obwohl es falsch wäre, Politik in toto als Spiegelfechterei abzuqualifizieren, ja obwohl sogar ein Stück unleserliches Mysterium und Spiegelfechterei zu diesem Geschäft dazugehört und also gekonnt sein will, möchte ich doch daran festhalten, daß die kritischen Frauen mit ihrem Bestehen auf einer „konkreten“ Politik nicht ganz danebenliegen. Der Umgang mit Macht verführt offenbar zur Verschleierung des Wie und Wozu – und daß wir derzeit in eine Epoche eintreten, in der Macht zunehmend entmystifiziert und auf die Erde runtergeholt wird, könnte etwas mit der Kritik der Frauen an der Politik und an der Wissenschaft, die sich mit ihr beschäftigt, zu tun haben.

Aber wohl nur am Rande. Die demokratischen Forderungen nach transparenten Strukturen und kontrollierbaren Entscheidungsprozessen sind viel älter als die Frauenbewegung – sie haben aber in dieser Bewegung einen Verstärker gefunden, der ihre Erfüllung wahrscheinlicher macht. Die GRÜNEN sind unter allen Parteien die einzige, welche die demokratische und feministische Forderung nach Transparenz aufgegriffen haben – sie haben dabei übertrieben und mit ihrer Rotationsidee und „Basis“-Vergötzung ihre eigene Handlungsfähigkeit empfindlich beschnitten. Dennoch haben ihre Experimente Eindruck gemacht: diese kleine und junge Partei versuchte doch tatsächlich, das Erzübel *aller,* auch der demokratisch legitimierten Macht und Politik, die Tendenz zur Verselbständigung, zur Loslösung vom Auftraggeber und zur Selbstmystifizierung, in den eigenen Reihen, so gut es ging, auszurotten oder doch einzuschränken. – Es ging nicht besonders gut, sagen Insider; aber das Thema ist auf dem Tisch und das Mißtrauen gegen informelle und schwer kontrollierbare Machtansammlung wach geblieben. Daß die GRÜNEN durch ihren hohen Frauenanteil unter Mitgliedern und Funktionsträgern auffallen, ist nur folgerichtig.

Es gibt überall in der Welt elder statesmen oder vorzeitig aus dem politischen Geschäft Abgewanderte, die, rückblickend, genau *das* an der Politik beklagen und an der politischen Klasse rügen, was Frauen von der Politik und deren Wissenschaft fernhält: die Abgehobenheit der Macht-Elite, ihre Unfähigkeit, sich das Leben ihrer Wähler vorzustellen, ihr Kreisen in der dünnen Luft realitätsferner diplomatischer Poker-Partien, ihre Selbstüberschätzung und Ineffektivität. Solange sich hieran nichts ändert, wird es

Frauen nicht in größerer Zahl in die Politik ziehen. Und wo sie selbst nicht vertreten sind und sein wollen, darüber mögen sie auch nichts lesen und studieren.

Nun wird „die Politik", wie wir sie alle kennen und gehörig verachten, recht gut ohne Frauen auskommen. Das hat sie auch bis jetzt gekonnt – und da die emanzipierten Frauen sich selbst überall und ungefragt gegen die Anmutung verwahren, daß mit ihrem Erscheinen auf der Bühne das Stück werthaltiger und wertvoller werden könnte („Frauen sind nicht die besseren Menschen"), gibt es auch keinen Grund für die politische Klasse, sich nach weiblichem Nachwuchs umzusehen. Das Problem ist vielmehr, daß der männliche Nachwuchs ausbleibt. Politik als Beruf und Bewährungsfeld ist so unattraktiv geworden, daß der ehrgeizige junge Mann lieber Astronaut wird, als sich an der Verwaltung des Raumschiffs Erde zu beteiligen. Die vielbeklagte Politik- und Parteien-Verdrossenheit der Bevölkerung ist nur ein anderer Aspekt derselben Sache. Wenn also die öffentlichen Angelegenheiten wieder von Interesse sein wollen – als Berufsziel für die intelligente Jugend und als Gegenstand der Aufmerksamkeit und Kritik für alle – müssen sie etwas Neues bieten. Dazu könnte gehören, daß die Umwege, welche die Macht einschlägt und einschlagen muß, kürzer werden, daß die belächelten Bemühungen der GRÜNEN, Hierarchien einzuebnen oder wenigstens stärker an Sachen („funktionelle Autorität") als an Personen zu orientieren, von den „Alt-Parteien" doch bedacht und vielleicht nachgeahmt werden. Dazu könnte gehören, daß die „Abstraktheit" von Politik sich durch entschlossenere Bürgernähe ein Stück weit selbst abschafft, daß Politik ein Geschäft wird, das „was mit Menschen" zu tun hat. Für die deutschen Bundespolitiker gäbe es einen sehr geeigneten Schritt in eine solche Richtung: der baldige Umzug nach Berlin. Daß ein Bonner nicht wissen kann, wovon er spricht, wenn er „draußen im Lande" sagt, wird jeder bestätigen, der das Bundesdorf am Rhein in seiner idyllisch-sterilen Exterritorialität kennt. Bonn ist sozusagen eine kompakte Metapher für das, was in unserem Kontext „Umweg" oder „Abstraktion" genannt wurde. In Berlin kann ein gelernter Politiker den Realitäten zwar weiterhin aus dem Weg gehen, aber es ist nicht mehr so leicht für ihn.

Eine derart „konkretisierte" und transparentere Politik wäre weiblichen Anwärterinnen mit Sicherheit theoretische und praktische Versuche wert. Sie würden sich als Kandidatinnen aufstellen lassen und an der Universität politische Wissenschaften belegen – weil sie „die Menschen", um die es ihnen mehrheitlich nun mal geht, wahrnähmen und hoffen dürften, daß ihre kommunikativen Kräfte gefordert würden. Von Kritikern des Feminismus ist immer wieder betont worden, daß „die Macht" oder „die Politik" strukturell zu hart geschmiedet seien, um sich der weichen Kritik von Frauen zu fügen, ja daß umgekehrt jede Frau, die dort einsteige, sich den Zwängen anpassen und deshalb dieselbe Politik machen müsse wie nur je ein Mann. Vielleicht stimmt das ja. Derzeit aber hat sich die Politik auf ihren Umwegen so verirrt, daß selbst Männer nicht mehr folgen mögen, daß das Spiel der Macht und der Mächtigen sich ganz unabhängig von der feministischen Herausforderung selbst reformieren muß, um weiterzugehen. Diese Reform könnte den Frauen zugute kommen, indem sie ihnen Arbeitsplätze eröffnet. Und sie könnte der Politik zugute kommen, insofern ja Frauen mit ihrem Blick für „Menschen" die Macht auf ihren Zweck, den *Dienst* an der Bevölkerung, zurückführen wollen. Ob sie das auch schaffen, ist eine andere Frage. Der historische Zeitpunkt aber ist günstig für einen Versuch. Auch die Politikwissenschaft wird in dem Moment zum Frauenfach, wo man ihr auf Anhieb anmerkt, daß sie „was mit Menschen" zu tun hat.

Wolfgang Fach

Politik studieren

Eine Motivations-Skizze (Ost)

Die (west-)deutsche Politikwissenschaft kann Vollzug melden. Sie hat jenen Abschnitt des alten DDR-Regimes, für den sie zuständig sein sollte, unter ihre Kontrolle gebracht: vergleichsweise schnell, erstaunlich reibungslos (vor allem in der Provinz), unterm Strich sachlich vertretbar. Allerorts etabliert sich so etwas wie liebgewonnene Routine: Professuren werden oder sind weitgehend besetzt (mit *Wessis,* deren Qualifikationen und Zertifikate jedenfalls ausreichen, um die *instant*-Politologie transmutierter Wissenschafts-Kommunisten aus dem Feld zu schlagen); Professoren bestellen ihre Felder (feilschen um Ausstattung, verlangen Extra-Würste, basteln an Prüfungsordnungen, klagen über Studenten); und – bestes Zeichen für eine neugewonnene Normalität – man hat bereits wieder „reflexive" Ressourcen frei: genügend Zeit, mit sich ins Unreine zu kommen, und genug Energie, einander das Leben schwerzumachen.

Kurzum: „Oben" gibt es im Osten nichts Neues; dort herrscht unumschränkt der Westen, man ist gewissermaßen unter sich, vertraute Gesichter im ungewohnten Milieu. Um so gespannter durfte man darauf sein, wie die unausweichliche Begegnung mit dem *fremden* Element ausgehen würde: den Studenten.

1. Stehaufmenschen

Nachdem – in mehr oder minder turbulenten Prozeduren – die Alten erst einmal „abgewickelt" worden waren, gewann das Interesse an den Jungen auch fürs breitere Publikum an Gewicht. Einschlägige Erfahrungsberichte (1993 speziell im FAZ-Feuilleton regelmäßig nachzulesen) haben, aufs Ganze gesehen, ein durchaus rosiges Bild vom gemeinen Nachwende-Studenten gezeichnet. Indes entsteht dabei häufig der Eindruck, als ob die neuen Lehr-Herren auch ihrer inneren Stimmung nach (und nicht nur faktisch) als Kolonisatoren gekommen seien, deren Erwartung darauf programmiert war, „Negerländer" und „Gewürzinseln" (Kant 1991, 22) vorzufinden.

Immerhin: Faktum ist, daß sich die „Eingeborenen“ *überraschend schnell* an ihre schwierige Lage gewöhnt haben.

Schnell insofern, als eine Generation, deren prägende Zeit und primäre Sozialisation in ganz andere Umstände gefallen ist, ohne gravierende Anlaufprobleme den gewendeten Verhältnissen standhält. Was aus den vorgeschobenen Kreisen von drüben herüberdrang, ging jedenfalls in diese Richtung. Positiv vermeldet wurde, daß der studierende *Ossi* seinem westlichen Kollegen schon nach kurzen Fristen zum Verwechseln ähnlich geworden war: getragen von einem verwandten Leistungswillen und mit vergleichbarer Leistungskraft ausgestattet. Er hat schnell erfaßt, welche Sorte von Disziplin weiterführt, tut, was ihn voranbringt, antizipiert, was seine Pläne für später ihm heute abverlangen. Kommen dann, weil Überlasten noch kein Thema sind, günstige Umstände dazu, geraten *Wessis* auch schon mal ins Schwärmen, beschwören Humboldt und erleben die Lehre drüben als akademischen Jungbrunnen. Wenn überhaupt eine Ungleichzeitigkeit auftrete, dann liege der Fall eher umgekehrt: seine eigene, langsame Gewöhnung verleite den überscheuen West-Dozenten dazu, das „eingeborene“ Auditorium, um ja niemandem wehzutun, weiterhin mit Samthandschuhen zu behandeln, während es doch höchste Zeit sei, kräftiger zuzupacken, damit der zivilisatorische Aufholprozeß in unterforderten Gehirnen nicht künstlich verlangsamt und dadurch gefährdet werde. Vom Typ her also: eine *positive Subordination* (Ost unter West).

Eine zweite Impressionisten-Schar staunt gleich der ersten über die Rasanz der Verwandlung. Doch setzt sie negative Vorzeichen: zeigt sich verblüfft darüber, wie rapide schlechte Angewohnheiten aus dem Westen importiert werden, ob durch „Ansteckung“ oder sonstwie. Viele *Ossis* verfahren schon genauso ausgebufft „zweckrational“, wie wenn ihnen diese Modernität (M. Weber) in der Wiege gesungen worden wäre. Sprich: Es werden an allen Ecken Aufwände minimiert und Erträge maximiert. Diskussionsbereitschaft? Fehlanzeige zumindest dann, wenn nur schriftliche Leistungen zählen. Schiere Präsenz? Sie hört auf, sobald das Referat gehalten oder eine Hausarbeit „abgeholt“ worden ist. Kursvorbereitung? Davon kann jedenfalls dort keine Rede sein, wo die große Masse Gleichgesinnter den psychischen Druck des tumben Schweigens reduziert. Leistungswillen? Nicht mehr als nötig und dann rücksichtslos ertragsfixiert: z. B., wenn es sich anbietet und wahrscheinlich nicht auffällt, wird dasselbe Referat in zwei Kursen für zwei Scheine verwertet. Wenigstens, als Folge sozialistischer Disziplinierung, Dezenz? Höchstens in den vorderen Reihen – hinten lenkt man sich nach westlicher Manier ab, liest den Sportteil, trifft Verabredungen oder quatscht einfach. Etc. pp. Fazit: eine *negative Subordination.*

Nach dem, was man so auf Fluren hört, in Räumen und Sälen erlebt oder aus Journalen erfährt, sind die beiden skizzierten Reaktionen variierende

Typen einer schnellen Angleichung ans hegemoniale Wissensregime. Daneben existieren – quantitativ vernachlässigbar – Ausnahme-Figuren verschiedener Schattierung, zusammengenommen die dritte Kategorie, der verstreute Rest. Ihr Sinn, das einigt sie, steht nach überhaupt keiner Anpassung an den Status quo – sie wollen ihn, ungeachtet der Aussichtslosigkeit dieses Versuchs, mental übersteigen: *imaginierte Emanzipation.* Dahinter stecken ganz unterschiedliche Karrierepläne. „Lebens-Philosophen" treten auf, die dem erfahrenen Umbruch ablesen, daß es außer der eigenen Person keine feste Größe gibt – weshalb sie beschlossen haben, ihr Selbst ohne große Rücksicht auf Studienzwänge oder Verwertungschancen zu verwirklichen: soviel Spaß wie eben unter den unwirtlichen Umständen möglich soll das Lernen machen. Da und dort, freilich immer weniger, meldet sich ein „reaktionärer Rhetoriker" (A. O. Hirschman), dessen sozialistische Vision den großen Rückschlag einplant, nach dem seine Stunde und die aller wahrhaft Gerechten schlägt. Endlich gedeihen auch ganz famose „Haltungs-Virtuosen", denen es glückt, jede angemutete Denk-Mode aus westlichen Gefilden flexibel aufzugreifen(-heben), so daß sie immer schon einfach weiter sind (verglichen mit ihren östlichen Leidensgenossen sowieso, aber auch „koloniale" Dozenten können ihnen nichts mehr vormachen).

Doch das sind Exoten – daß sie vorkommen, ist höchstens für den überraschend, der die Zivilisationsmaschine des Sozialismus für dermaßen effektiv gehalten hat, daß selbst über ihren Zusammenbruch hinaus keine Abweichung stattfinden würde. Man kann sie bemitleiden, bewundern oder verlachen – aber *rechnen* muß man mit den anderen, jenen die sich überraschend geschwind dort einfinden, wo sie erwartet werden.

Überraschend wenigstens aus dem Blickwinkel einer mittlerweile geläufigen Diagnose, die dem *Ossi* als solchem eine „zivilisatorische Lücke" attestiert, deren Schließung erst künftigen Generationen möglich sein werde (Engler 1992).

2. Lückenbüßer?

Gemäß der Lücken-Theorie blieb die alte Gesellschaft „in ethnischer, wirtschaftlicher und kultureller Hinsicht differenziert, ohne daß diese Differenzen einen angemessenen und selbständigen Ausdruck fanden" (a. a. O., 27), d. h. politisch so repräsentiert wurden, wie es sich gehörte: durch pluralistische Entscheidungsträger und formalisierte Entscheidungsverfahren. Statt dessen ist es, so geht das Argument weiter, zu einer „Privatisierung des Politischen" gekommen: dem Aufstieg einer vollständig abgeschotteten, immer unberechenbaren, stets mißtrauischen, unersättlich informationshungrigen, endlos überwachungssüchtigen Staatsclique. Spiegelbildlich dazu sei dann die „Politisierung des Privaten" auf dem Fuße gefolgt. Sprich: Der persönliche Bereich wurde kapillarisch durchdrungen, Fundamente einer autonomen Charakterbildung systematisch unterhöhlt, Nischen selbständiger Interessenentfaltung wirksam ausgeleuchtet.

Herausgekommen sind dabei, so heißt es, defekte Persönlichkeiten mit einer „zivilisatorischen Lücke“ die, eingezwängt in determinierende Verhaltensvorgaben öffentlicher Apparate, nicht gelernt haben, ihr Leben auf rationale Weise privat zu gestalten. Dieses Autonomiedefizit wird zum politischen Programm umgemünzt:

„Wenn man weiß, daß eines der zentralen Zukunftsprobleme vormals sozialistischer Gesellschaften in der Durchsetzung eines anspruchsvolleren Musters der Verhaltenszivilisierung besteht, dann kann man sich in den Familien, in der schulischen und weiterführenden Ausbildung, in den Arbeits- und Produktionsstätten zielgerichtet um die Lösung dieses Problems bemühen. Es wird“ – *notabene* – „zweier, vielleicht dreier Generationen bedürfen, ehe sich die Lücke zwischen Objektivem und Subjektivem, veränderten Handlungsstrukturen und trägen Handlungsdispositionen, ganz schließen kann. Aber damit beginnen, die Fremdzwang-Selbststeuerungs-Balance der Menschen mehr der Selbststeuerungsseite zugeneigt zu machen, kann man schon jetzt“ (a. a. O., 48).

Zweifellos hilft diese Perspektive zu erklären, was nach dem Exitus des alten Systems *auch* passiert ist: Verkehrsdelikte und -unfälle haben zugenommen, Eigentums- und Gewaltkriminalität sind gestiegen, nachdem der staatliche Gesetz-Geber abgedankt hatte (a. a. O., 44). Rätselhaft muß aber bleiben, wie „generationslückenlos“ sich die angeblichen Nachzügler den weiterführenden Betrieb der universitären Ausbildung aneignen konnten.

Andere Untersuchungen legen den Verdacht nahe, daß gerade „die junge Generation in den neuen Bundesländern“ mit dem Prozeß der Lückenschließung schon begonnen hat, als diese Lücke noch gar kein (öffentliches) Thema gewesen ist (Gensicke 1993). Während „ältere Semester“ nach der Wende offenbar versuchten, möglichst viel vom alten Bestand ins neue Zeitalter hinüberzuretten (Greven in: Greven/Koop 1993), sind ihre Nachfolger dem System schon viel früher untreu geworden und haben eine Art *Doppelexistenz* geführt:

„Die junge Generation im Osten Deutschlands ist in den 80er Jahren so stark verwestlicht, daß sie sich in ihrer Mentalität von der westdeutschen Jugend kaum mehr unterscheidet. Dennoch leben die Jugendlichen“ – bis heute – „in Verhältnissen, in denen sie ihre ideellen und materiellen Ansprüche auf Selbstentfaltung viel zu wenig ausleben können. Solche Ansprüche haben sich in den 80er Jahren regelrecht aufgestaut und mit der deutschen Einheit weiter verstärkt. Selbstentfaltung kann dabei in den verschiedenen Teilen der deutschen Jugend Unterschiedliches bedeuten: z. B. beruflich erfolgreich zu sein, aufregende Erlebnisse in der Freizeit oder auch hohe materielle Lebensqualität zu haben" (Gensicke, a. a. O., 171) – oder auch alle drei Dinge zusammen, weil sie eben häufig zusammenhängen.

Man würde demnach – im studentischen Milieu und darüber hinaus – Menschen begegnen, welche „Lückenbüßer" *nicht* darum sind, weil sie unterzivilisiert wären, sondern die büßen müssen für Lücken der Bedingungen, unter denen sie gelebt haben.

3. Epigonen

Die genauere Analyse der Jugend-Ost (im allgemeinen und wohl auch ihres studierenden Teils) verschafft Gewißheit: *diese Fremden sind uns vertraut.* Man hat es, *cum grano salis,* mit Kopien zu tun.

(Westliche) Originale und (östliche) Nachbildungen leben dieselben Tendenzen aus (a. a. O., 175ff.). Beide sind im Kern *apolitisch* – jene schon lange, diese sinken nach einem kurzen Wende-Hoch auf den westlichen Minimalstand ab (rund drei Viertel zeigen kein nennenswertes politisches Interesse). Das fehlende Engagement zeigt jedoch keineswegs (und schon wieder) eine tiefgreifende Entfremdung an, im Gegenteil: trotz mancher Unzulänglichkeiten *en détail* stellt man sich „aktiv und optimistisch" der eigenen Zukunft. Nur sind eben die Gewichte völlig aufs Terrain des privaten Befindens verrutscht.

Hier wie dort stellen sich die Jungen ihr Leben als Abfolge gleichartiger *Konsumerlebnisse* vor. Auch im Osten sind die persönlichen Bedürfnisse ungebremst angestiegen: Freunde, eine eigene Wohnung, sexuelle Befriedigung, das Auto, Abenteuer, Modeartikel, ein Hauch von Luxus sind mehr oder minder stark nachgefragte Werte. Und je jünger einer ist, desto stärker zählen für ihn Abwechslung, Geselligkeit, Geld, Hobbys. Kurz: Weniger „Sozialismus", dafür mehr „Lebensgenuß", soviel wie irgend möglich, auf jeden Fall nicht nur das, was „im Strom der anderen" abfällt.

Dabei sind sich viele – die *Ossis* noch ein bißchen stärker – über zweierlei im klaren (a. a. O.). Erstens muß man sich wohl oder übel nach der Decke strecken. *Bescheidenheit* gilt als unvermeidlich: niemand darf „in der heutigen Zeit" wählerisch sein, jeder „muß die Möglichkeiten nehmen, wie sie sich einem bieten"; „Unterordnung und Anpassung", dem pflichten rund zwei Drittel bei, „gehören manchmal zu den Dingen, die man im Leben tun muß". Zweitens leben wir nicht im Schlaraffenland (eine östliche Vorwende-Illusion, was westliche Lebensqualitäten angeht). *Leistung* ist gefragt und lohnt sich – daran glaubt man und auch daran, daß gute Ausbildung nicht weniger zähle als persönliche Ausstattung (Intelligenz, Initiative).

Kurzum: Hüben wie drüben gleiche Haltungen, die Einigung ist im Kopf der Jungen so gut wie vollzogen. Für das epigonale *Ossi*-Hirn bedeutet das, daß sich seine Umstände vollkommen verkehrt, gewissermaßen auf die Füße gestellt haben. *Privatisierung des Politischen* heißt nun: Das Politische hat nur noch Bedeutung insoweit, als es private Verhältnisse tangiert, z. B. als ein denkbarer, wenngleich wenig erfolgversprechender Weg, Startchancen durch „Beziehungen“ oder eigene „politische Tätigkeit“ zu verbessern (a. a. O., 186). Ansonsten, will sagen: normalerweise, bleiben die Parteien, der Staat, das öffentliche Interesse außen vor, weil sie mit dem, was zählt – Leistung, Erfolg, Konsum –, kaum in meßbarer, geschweige denn in positiver Beziehung stehen.

Andererseits kann man sich diese Ohne-mich-Attitüde nur deshalb erlauben, weil auch die *Politisierung des Privaten* anders funktioniert als in den alten Schnüffel-Zeiten. Sie bezeichnet heute (auch) fürs Neue-Bundesländer-Publikum eine Bewegung in umgekehrter Richtung: Politik nimmt das private Interesse nicht als Rohstoff, den sie nach ihrer Räson bearbeiten würde; statt dessen wird es wie etwas Fertiges behandelt, mit dem besser rechnet, wer (in Wahlen) reüssieren will. Um souveräne Standpunkte durchsetzen zu können, wäre, nachdem der Apparat („Stasi“) fehlt, Moral notwendig – deren Konjunktur entweder schon ab- oder noch nicht angelaufen ist.

Beide Momente zusammengenommen erleichtern jenes selbstgenügsame, egozentrische „Monaden“-Dasein, als welches Marx das *bourgeoise* Leben charakterisiert hat. Dahinein sind die neuen Ost-Studenten massenhaft getaucht, virtuell schon unter alten Bedingungen, faktisch seit der Wende, und ihrem Charakter nach eben geworden, was sie dadurch werden mußten – studierende *Kleinbürger*.

4. Politologen?

Naturgemäß trifft diese Entwicklung keine Disziplin härter als die Politikwissenschaft. Im Kern besteht zwischen politischer – im Unterschied zu jeder anderen – *Wissenschaft* und politischem *Interesse* der Zusammenhang, den Max Weber für die Beziehung von Ethik und Politik – im Unterschied zu jedem anderen Feld – postuliert:

„Wie steht es denn aber mit der wirklichen Beziehung zwischen Ethik und Politik? Haben sie, wie man gelegentlich gesagt hat, gar nichts miteinander zu tun? Oder ist es umgekehrt richtig, daß ‚dieselbe‘ Ethik für das politische Handeln wie für jedes andere gelte? Man hat zuweilen geglaubt, zwischen diesen beiden Behauptungen bestehe eine ausschließliche Alternative; entweder die eine oder die andere sei richtig. Aber ist es denn wahr:

daß für erotische und geschäftliche, familiäre und amtliche Beziehungen, für die Beziehung zu Ehefrau, Gemüsefrau, Sohn, Konkurrenten, Freund, Angeklagten die inhaltlich *gleichen* Gebote von irgendeiner Ethik der Welt aufgestellt werden könnten? Sollte es wirklich für die ethischen Anforderungen an die Politik so gleichgültig sein, daß diese mit einem sehr spezifischen Mittel: Macht, hinter der *Gewaltsamkeit* steht, arbeitet?" (Weber 1992, 67f.).

Im Anschluß daran: Sollte es wirklich gleichgültig sein, ob jemand mit oder ohne politisches Interesse politische Wissenschaft studiert? Folgt nicht aus dem spezifischen Thema, daß eine kleinbürgerliche Mentalität, die der Gemüsefrau oder des Gemüsemannes, fatal ist, während man mit demselben halbierten – politikfreien – Hirn ohne weiteres ein „guter" Jurist, ein „exakter" Ökonom, ein „analytischer" Philosoph werden kann?

Verhaltensauffällig werden östliche Politikstudenten deshalb nicht ohne weiteres. Die Verwestlichung ist augenscheinlich nach allgemeinem Muster und mit gleicher Geschwindigkeit vonstatten gegangen. Binnen kurzem haben sie den gängigen *Comment* gelernt und sich unter seinem schützenden Dach eingerichtet. „Dem tiefer prüfenden Blick" (H. Krüger) will es gleichwohl scheinen, als ob ihre „Subordinations-Achse" um entscheidende Grade zur negativen Seite hin verschoben sei: als Folge jener eigentümlichen *Dezentriertheit* einer politischen Wissenschaft ohne politisches Interesse. Daher kommt es wohl nicht von ungefähr, daß gerade (auch Ost-)Politologen die *bourgeoise* Existenz gewissermaßen nackt leben, unverhängt durch thematische „Mäntelchen".

Als erster fällt der Effekt des *Schweigens* auf:

„Es sind immer nur Minderheiten, die sich öffentlich äußern. Die Mehrheit, jede Mehrheit schweigt. Es ist schwer, es ist streng genommen unmöglich zu sagen, inwiefern sie von dem, was die Minderheit sagt, überhaupt Notiz nimmt . . . Es handelt sich um eine spezielle, hochtrainierte Form des Ignorierens, um eine Wahrnehmung Als Ob, um ein beinahe ironisches Ein- und Ausklammern, einen stillschweigenden Vorbehalt, der letztlich unzerbrechlich ist" (Enzensberger 1985, 221).

Wer könnte von sich sagen, daß er diesem Phänomen – auch und gerade in seiner „politologischen" Variante – nie begegnet wäre? Studenten, deren Schweigen von so unerhörter Tiefe ist, daß es durch keine autoritäre Penetranz, keine didaktische Raffinesse, keine honorige Offerte aufgebrochen werden kann. Studenten, welche Kommunikationsangebote als unziemlichen Versuch empfinden, ihnen eine Überdosis an Engagement zu entlokken. Studenten, die andererseits jede Gegenattacke des frustrierten „Lehrkörpers" – Leistungstests dieser oder jener Art – erfolgreich parieren, weil sie zum eigenen Schutz das Nötigste richtig gelernt haben und im Ernstfall verläßlich memorieren können.

Die beharrliche Stille nach außen ergänzt der kleinbürgerliche Geist durch eine standhafte *Regression* im abgeschotteten Innern. Allerdings:

„Hier schreit kein historischer Rückstand danach, aufgeholt zu werden. Sondern die armen Opfer der Manipulation verbitten sich stumm aber energisch jede Belehrung. Um keinen Preis wollen sie sich emporziehen lassen auf eine höhere Stufe der Bildung, des Geschmacks, des politischen Bewußtseins, d. h. dorthin, wo der jeweilige Sprecher vom Dienst steht" (a. a. O., 222).

Geeignet modifiziert heißt das: Politologie-Studenten/Ost lassen die frohe Kunde – Pluralismus als Ausdruck fehlender Wahrheit, Wettbewerb um der Innovation willen, Belohnung nach Leistung, Demokratie als relativ beste Staatsform – bereitwillig über sich ergehen und repetieren den Text auf Anfrage pflichtschuldigst, ohne daß sie tiefere Spuren davontragen würden. So als ob „das Bedeutende" ihnen wieder einmal in seiner gewohnten Form, als „Zumutung", entgegentrete (a. a. O., 223). Übrigens schlägt, ganz bezeichnend, dieselbe Indifferenz dem entgegen, der sich großzügig von den Botschaften, die er (re-)präsentiert, selbst- und herrschaftskritisch distanziert. *Keine* Nachricht lockt aus der Reserve, noch schließt irgendeine (verkündete) „Relevanz" die (gewollte) „Lücke".

Das dritte Moment der kleinbürgerlichen Seele ist ihre *Beharrlichkeit:*

„Ihr Schweigen läßt sich auch als hinhaltender Widerstand gegen das schwindelerregende Tempo deuten, in dem sich die sogenannte Lebenswelt verändert. Für alle, denen die durchgreifende Modernisierung ein inneres Bedürfnis ist, kann sich die Normalität des Alltags nur als überständiger Rest, als Hindernis darstellen, das so schnell wie möglich abgehobelt werden muß. Dem steht die Renitenz der Mehrheit entgegen, eine Renitenz, die um so schwerer zu besiegen ist, da sie nicht in irgendeiner Idee wurzelt, sondern durchaus materiell, um nicht zu sagen materialistisch operiert" (a. a. O., 224f.).

Wende-Lagen lassen sich freilich nicht ganz ungerührt aussitzen. Der Augenschein spricht dafür und darin liegt auch eine (zweck-)rationale Vorsicht, daß man, um möglichst ungeschoren davonzukommen, in solchen Augenblicken das Tempo am besten den Zeiten anpaßt – *ohne* sie wissens- oder tatendurstig zu überholen. Eine vorauseilende Beweglichkeit, die versucht, den Gang der akademischen Dinge (studentisch organisiert) zu bestimmen, verbraucht Phantasie in Zeiten, da der gemeine Verstand alle Einbildungskraft für mehr Sicherheit reserviert; zieht Energien für Allgemeinheiten ab, deren Schicksal nicht sonderlich berührt; trägt den Aktivisten Publizität ein mit unkalkulierbaren Folgen; kurz: setzt ein *politik*-wissenschaftliches Interesse voraus, das dem studierenden *Bourgeois* konstitutionell ermangelt.

5. Dilettanten

Was diese fremden Figuren, „die“ ostdeutschen Studenten, uns so vertraut macht, ist der kleinbürgerliche Habitus. Er verbindet sie mit dem studierenden Publikum im allgemeinen. Was ihnen darüber hinaus eine paradigmatische Ausstrahlung verleiht, ist das minimale Interesse an der studierten Materie – dadurch tritt die spezielle (In-)Disposition zugespitzt, idealtypisch, ans Tageslicht.

Anders gesagt: Der politische Interaktions-Standard des *survival of the pettiest* (um Herbert Spencer zu variieren) vermenschelt die Arbeits-Haltung – ein klarer Fall von *Dilettantismus,* mit Max Weber (1975) verstanden als Mangel an spezialisiertem Ethos.

Eine Frage bleibt natürlich: Warum studieren sie überhaupt Politikwissenschaft, das Objekt ihrer fehlenden Begierde? Dafür gibt es keine logische Erklärung, wohl aber praktische Gründe: der Stoff, aus dem die „kleinen“ Bürgerhirne nun mal sind.

Literatur

Engler, W.: Die zivilisatorische Lücke, Frankfurt a. M. 1992.

Enzensberger, M.: Politische Brosamen, Frankfurt a. M. 1985.

Gensicke, T.: Unzufrieden, aber aktiv und optimistisch. Zur Mentalität der jungen Generation in den neuen deutschen Bundesländern, in: Journal für Sozialforschung 33 (1993), 171 ff.

Greven, M. Th., D. Koop: War der wissenschaftliche Kommunismus eine Wissenschaft?, Opladen 1993.

Kant, I.: Zum ewigen Frieden, Stuttgart 1991.

Weber, M.: Wissenschaft als Beruf, Berlin 1975.

–: Politik als Beruf, Stuttgart 1992.

Michael Th. Greven

Die Allgegenwart des Politischen und die Randständigkeit der Politikwissenschaft

Wer heute aus Besorgtheit um die gesellschaftlichen und politischen Probleme dieser Welt und seiner eigenen Gesellschaft ein Studium der Politikwissenschaft beginnt, wird in vielen Fällen schwer enttäuscht. Diese Enttäuschung ergibt sich aus der für die Studierenden unüberbrückbaren Kluft zwischen ihren mitgebrachten Erfahrungen und Wahrnehmungen des Politischen und der abstrakten und methodologisch begründeten Systematik einer Wissenschaft, in der sie erstere nicht wiedererkennen: Auf studentischer Seite herrschen das Bedürfnis und die Motivation vor, sich mit materieller Ungerechtigkeit, Geschlechterdiskriminierung, den Gründen von Krieg, Hunger und Unterdrückung zu beschäftigen, auf der Seite des Lehrangebots – vor allem im Grundstudium – das angestrengte Bemühen, die sich immer weiter spezialisierende Erforschung von Teilaspekten des „politischen Systems" und des „politischen Prozesses" in wenigen abstrakt konstituierten „Kernbereichen" der Disziplin grundlegend zu vermitteln.

Die jedenfalls in Deutschland recht junge Universitätsdisziplin, die es schwer hatte, sich zumeist gegen den Widerstand der Fakultäten und älterer Fächer nach dem Zusammenbruch des Nationalsozialismus zu etablieren, trägt in vielem noch heute die Spuren ihres Kampfes um Anerkennung. Sie hatte und hat dabei zu kämpfen mit einem in der „deutschen Tradition" (F. Croner) weitverbreiteten und tiefsitzenden Ressentiment gegen das Politische. Mit der „Politisierung" einer gesellschaftlichen Problematik wird in Deutschland zumeist auch heute noch die Vorstellung verbunden, es solle Zwietracht und Streit gesät werden, die der „sachlichen" Lösung von Problemen nicht gerecht würden. Der Konflikt und die Interessengegensätze und ihre gesellschaftliche Dynamik in einer pluralen Gesellschaft werden dabei bewußt oder unbewußt ausgespielt gegen die Vorstellung einer von berufenen Instanzen sachlich herbeigeführten „Lösung von Problemen", das heißt, dem abschätzigen und als potentiell gefährlich eingestuften Bild der Politik als dynamischem und konfliktreichen Interessenausgleich gesellschaftlicher Akteure steht die positiv bewertete Vorstellung einer sei es vernünftigen, sei es professionellen Aktivität öffentlicher Problemlösung und stabiler Institutionen – an vorderster Stelle natürlich Staat und Verwaltung – gegenüber, die am besten diskursiv arbeitenden Expertenrunden oder einer politisch weitgehend neutralisierten Verwaltung überlassen bliebe.

Wie in der letzten Formulierung angedeutet, gibt es im akademischen Bereich zwei Varianten dieses Ressentiments gegen das Politische, die ihren Vorbehalt recht gegensätzlich und auch in der politischen Auseinandersetzung konträr begründen:

- In der Tradition des Marxismus und der Kritischen Theorie hat sich der ehemals erhobene Anspruch, die „objektive Vernünftigkeit" bestimmter politischer Problemlösungen geschichtsphilosophisch herleiten zu können, vor allem durch die bemerkenswerten und wirksamen Arbeiten von Jürgen Habermas (1992) heute auf den „rationalitätsbegründenden Diskurs" verlagert, dem zugetraut wird, die Vielfalt normativer und interessenmäßiger Gegensätze in der modernen Gesellschaft – und zwischen ihnen auf internationaler Ebene – unter Beachtung von vorab anzuerkennenden prozeduralen Regeln auf einen „Konsens" reduzieren zu können, der in der sachlichen Problemlösungsdimension anderen Verfahren überlegen sein soll und der angesichts seines Zustandekommens Anerkennung oder im Politischen legitime Geltung beanspruchen könne.
- Diese Position verhält sich kritisch zu einer (nicht selten) heute in der systemtheoretisch fundierten policy-Forschung dominierenden Perspektive, nach der „Politik" vor allem das Problemlösungsverhalten und die Lösungsstrategien eines arbeitsteilig ausdifferenzierten „politischen Systems" meint, das in der Bereitstellung von autoritativ verbindlichen Entscheidungen für die anderen „Systeme" seine funktionale „Leistung" erbringt und dessen Rationalitätspotential gerade darin liegt, daß ihm, wie Niklas Luhmann (1969) schon vor vielen Jahren mit wünschenswerter Klarheit demonstriert hat, die „Abkopplung" dieses gouvernementalen oder administrativen Problemlösungsverhaltens von der als irrational eingeschätzten „Willensbildung", dem Parteienwettbewerb und Interessenstreit, gelingt, deren funktionale Leistung dann lediglich noch in der Produktion von „diffuser Loyalität" und „generalisiertem Vertrauen" besteht.

Beide in den Tagesauseinandersetzungen der Wissenschaft wie der Politik so kontroversen Positionen konvergieren in entscheidenden Punkten und tragen angesichts ihrer zunehmenden Dominanz auch in der akademischen Politikwissenschaft zur Ausgrenzung und Verdrängung eines nicht unwesentlichen Teiles oder Aspekts des Politischen bei; dies gilt insbesondere in folgenden Gedankengängen:

- Das Politische wird aufgeteilt in einen Bereich rationaler Problembearbeitung durch spezielle Agenturen der Gesellschaft und einen agonalen,

„lebensweltlichen“ Bereich, den es für die Problemlösung weitgehend zu neutralisieren oder externalisieren gilt.

- In dem somit bewußt unvollständig konstituierten Bereich des Politischen dominieren eigengesetzliche Sachlogiken, sei es des „rationalen Diskurses“, sei es der „administrativen Problemverarbeitung“.
- Diese „Rationalitäten“ sind den Methoden wissenschaftlicher Problemerfassung und -bearbeitung strukturell gleich oder ähnlich, was einerseits in einem wachsenden „Bedarf“ an wissenschaftlicher Politikberatung, andererseits in einer zunehmenden Politiknähe bei der wissenschaftlichen Problemfeststellung in den policy-Wissenschaften seinen praktischen Ausdruck findet. Der Plural ist dabei kein Zufall, denn die den politischen Vorgaben angeschmiegte Problemnähe derjenigen policy-Forschungen, die sich beispielsweise mit Umwelt-, Verkehrs-, Wohnungs- oder Technikpolitik beschäftigen, birgt die Tendenz zur Desintegration des Faches, das heißt aber, einer theoretisch noch integrierbaren Sicht des Politischen in sich; was das Politische in seiner besonderen historischen und gesellschaftlichen Qualität heute ausmacht, weiß am Ende keiner mehr und will es auch nicht wissen – mag er oder sie nun als Politiker oder als Politikwissenschaftlerin tätig sein.

Im Wissenschaftssystem reproduziert sich damit aber nur eine Tendenz der realen Gesellschaften, nämlich fundamentale Probleme, die potentiell das Politische insgesamt beträfen, arbeitsteilig in vermeintlich administrativ besser bearbeitungsfähige „Sachprobleme“ nach der Logik ministerialer Ressortverantwortung aufzuteilen und damit gerade ihrer politischen Bedeutung ein Stück weit zu berauben. Dies kann man besonders gut am Beispiel der jüngeren Frauenbewegung seit dem Ende der sechziger Jahre und der Art deutlich machen, wie die Politik ebenso wie die Politikwissenschaft auf sie mit einer Strategie der Ausdifferenzierung antwortet.

„Das Private ist politisch!“ lautete die Parole vor rund fünfundzwanzig Jahren, und sie symbolisiert in mehrfacher Hinsicht den Bruch mit der traditionellen Frauenbewegung, die eine Gleichstellung der Frauen im öffentlichen Leben – vor allem in Wirtschaft und Politik – mit der Forderung verband, auch die Männer sollten im Austausch sich an der Hausarbeit und Kindererziehung beteiligen. Während die traditionelle Frauenbewegung damit implizit das wesentliche Strukturprinzip einer Gesellschaft anerkannte, die sich in einen öffentlichen und einen privaten Bereich aufspaltete, stellte die neue Frauenbewegung die damit gegebene Begrenzung des Politischen gerade fundamental in Frage: die im privaten Bereich noch weitgehend in Übereinstimmung mit der traditionellen Frauenbewegung diagnostizierte Unterdrückung und Ausbeutung wird von ihr nunmehr als *politisches Verhältnis* im Zusammenhang mit den gesellschaftlichen Herr(!)schaftsverhältnissen insgesamt begriffen und die Praxis, die sich darauf bezieht, als *poli-*

tisches Handeln. „Private“ Konflikte in Ehen und Lebensgemeinschaften über die Aufteilung der Hausarbeit und andere Fragen der Regulierung des Alltags werden damit zu politischen Auseinandersetzungen. Das Kriterium für dieses Politischsein ist also nicht die Beteiligung des Staates oder seiner Agenturen und Institutionen, sondern der Bezug des Handelns auf eine gesamtgesellschaftliche Herrschaftsstruktur – die geschlechtsspezifische Arbeitsteilung und Ungleichheit – und die Intention, über den „privaten“ Konflikt des Augenblicks hinaus auf eine gesamtgesellschaftlich wirksame Neuregelung hinzuwirken. Das heißt, sowohl in beschreibender und analysierender wie normativer Hinsicht klagt die obige Parole einen Zustand ein, in dem das Politische nicht auf den für normal gehaltenen Bereich der „Haupt- und Staatsaktion“ begrenzt bleibt. Es wäre leicht zu zeigen, daß die heute fast vergessene Forderung einer damals breiten Partizipationsbewegung nach „Demokratisierung *aller* Lebensbereiche!“, also der Hochschulen ebenso wie der Krankenhäuser, des Militärs ebenso wie der Polizei, auf demselben Prinzip der Entgrenzung traditioneller Politikvorstellungen beruhte, wie die Parole und Praxis der Frauenbewegung.

Gekontert wurden die damaligen Forderungen durch eine konservative Wesensbestimmung des Politischen, in der sich ontologische Einteilungen des Handelns aus der aristotelischen Tradition praktischer Philosophie mit neukonservativen Vorstellungen einer Begrenzung des Politischen auf den Staat und sein hoheitliches Handeln zu einer Abwehrfront verbanden; wer die Demokratisierung von Familie oder Hochschule forderte, der beging nach W. Hennis (1970) nicht nur eine freiheitsgefährdende politische Dummheit, sondern einen „Kategorienfehler“. Während im öffentlichen Bereich der Gesellschaft politisches Handeln sehr wohl als ein Mittel und Weg der Emanzipation und Befreiung anerkannt war, führte auch die mit dem Ziel der Demokratisierung betriebene Politisierung anderer gesellschaftlicher Teilbereiche aus der Sicht dieser Kritiker geradewegs in den Totalitarismus. Dieser Kritik der Demokratisierungsforderung lag eine Theorie des Politischen zugrunde, die durch das Verhältnis von Staat und Gesellschaft strukturiert wurde und gewissermaßen eine Topologie des Politischen beinhaltete: nur der Staat und das auf diesen bezogene öffentliche Handeln war demnach „politisch“ – und in durchaus freiheitlicher Absicht seine rechtsstaatliche Begrenzung das entscheidende Problem der Demokratie. Auf dem Hintergrund dieses Schemas erscheint letztlich jede Politisierung eines gesellschaftlichen Bereiches als Einmischung des hoheitlichen Staates und, da die bürgerlichen Freiheiten klassisch negativ, das heißt als Ausgrenzung des Staatseingriffes definiert sind, als Angriff auf die Freiheit selbst. Auch der Demokratiebegriff selbst wird hier ganz auf seine staatliche Herrschaft kontrollierende und begrenzende Perspektive reduziert, Elitenherrschaft in der repräsentativen Demokratie aber als selbstverständlich unterstellt und einer Perspektive partizipatorischer Ausweitung und Verallgemeinerung des Demokratieprinzips vorgezogen.

Man darf bei der Kritik dieser Kritik freilich die bittere Erfahrung nicht vergessen, die gerade W. Hennis zu seinem weitverbreiteten Mahnruf motivierte, daß tatsächlich die beiden großen totalitären Regime unseres Jahrhunderts eine bisher nie gekannte staatsterroristische Politisierung aller gesellschaftlichen Bereiche brutal „von oben" durchgesetzt hatten. Aber das totalitäre Wesen der „ungleichen Brüder" Faschismus und Stalinismus bestand nicht in der Politisierung der ganzen Gesellschaft, sondern gerade in deren Unterdrückung mit staatlichen und terroristischen Mitteln. „Politik" in der Gesellschaft reduziert sich unter Bedingungen totaler Herrschaft auf ästhetisch inszenierte Massenakklamation, die mit ihren martialischen Paraden und Aufmärschen jubelnder Massen auch phänomenologisch auf der Erscheinungs- und Bildebene die Verwandtschaft der politisch verfeindeten Systeme bestätigte. Für politisches Handeln blieb aber in diesen Gesellschaften unterhalb der politischen Spitze gerade kein Raum und es ist deshalb unsinnig, den totalitären Grad der Mobilisierung und Durchdringung etwa der nationalsozialistischen oder stalinistischen Gesellschaft als „Politisierung" zu bezeichnen. Nur in der deutschen Überhöhung des kontinentalen Politikverständnisses konnte aber das Mißverständnis entstehen und sich hartnäckig in den Köpfen – und damit in der politischen Kultur insgesamt – festsetzen, demzufolge Politik und politisches Handeln mit dem Staat und den auf ihn bezogenen Handlungen nahezu identisch wurde.

Und in der Tat blieb und bleibt die Erfahrung einer staatlichen Politisierung von immer mehr gesellschaftlichen Bereichen ja keineswegs auf die extremen Formen moderner Herrschaftsausübung beschränkt (Z. Bauman 1992), sondern auch in den langfristigen Strukturentwicklungen der modernen Gesellschaft seit der frühen Neuzeit werden mit dem noch in vordemokratischen Zeiten entwickelten Instrumentarium des aufgeklärten Verwaltungsstaates immer mehr gesellschaftliche Bereiche politisch geregelt: der „Interventionsstaat" ist weder eine „spätkapitalistische" Erfindung noch Ergebnis einer sozialistisch-systemverändernden Strategie der Linken, wie es in den Debatten der siebziger Jahre manchmal erscheinen mochte, sondern er hat sich in einem langsamen und differentiellen Entwicklungsprozeß selbst in jenen politischen Gesellschaften wie den USA herausgebildet, die niemals einen eigenen absolutistischen Staatsapparat kontinentaler Prägung besaßen (A. Giddens 1985). Die Gründe seiner Entwicklungsdynamik sind in der Forschung umstritten und evident sind die verschiedenen institutionellen Ausprägungen und der Grad an staatlicher politischer Durchdringung, der bis heute in den verschiedensten Gesellschaften gegeben ist.

Aber entgegen der ahistorisch ontologisierenden Politikbestimmung der oben angesprochenen Kritik an der Politisierung von unten kann eine kritische Theorie der modernen Gesellschaften heute nicht übersehen, daß in ihnen gerade durch die Ausbreitung staatlicher Regelungsmöglichkeiten praktisch alle Bereiche politisch werden können; kein gesellschaftliches Verhältnis, keine soziale Sphäre, keine Institution und keine der zentralen sozialen Prozesse der gesellschaftlichen Reproduktion sind vor dem potentiellen Zugriff staatlicher Regelung gefeit, *virtuell* ist in der modernen Gesellschaft alles politisch, das macht ihren potentiell totalitären Charakter, die permanente Gefährdung der individuellen und kollektiven Freiheiten aus und rechtfertigt, daß ich dafür den Begriff *politische Gesellschaft* vorgeschlagen habe (1990, 1992). Die politische Gesellschaft ist eine Konsequenz der Entwicklung zur Moderne und teilt nur den Namen mit der vormodernen *societa civile,* und im Unterschied zum heute viel diskutierten Begriff der *civil society* oder „Zivilgesellschaft", mit dem in der Tradition Hegels und Gramscis nur ein Bereich der modernen Gesellschaft thematisiert wird, richtet sich der Begriff der politischen Gesellschaft an der oben beschriebenen, alle Bereiche prinzipiell erfassenden und für wesentlich erachteten Qualität aus.

Aus dieser Perspektive wird deutlich, daß mit der Politisierung durch staatliches Handeln „von oben" und der Politisierung „von unten" durch gesellschaftliche Praxis zwei in Form und Qualität verschiedene Strategien zur Entwicklungstendenz der politischen Gesellschaft beitragen und daß es auf keinen Fall mehr einen Sinn macht, den Politikbegriff ausschließlich mit dem staatlich-administrativen Handeln und den entsprechenden Institutionen engzuführen.

Unter normativen Gesichtspunkten ist für mich die entscheidende Frage, ob die auf aktive Beteiligung und Demokratisierung ausgerichtete Tendenz einer Politisierung „von unten" sich gegen die staatlich-administrative hoheitliche Steuerung „von oben" wird behaupten können und in Zukunft in der Lage sein wird, auch institutionell den verkrusteten organisatorischen und institutionellen Begrenzungsrahmen der repräsentativen Elitendemokratie aufzubrechen und zu verändern.

In der politischen Gesellschaft ist die autoritative Entscheidung über die Geltung von Normen und die Verteilung des gesellschaftlichen Reichtums längst nicht mehr auf staatlich-hoheitliche Institutionen und Prozesse im klassisch staatstheoretischen Sinne beschränkt; dieser von den Konservativen seit den zwanziger Jahren beklagten und bekämpften Tendenz einer „Vergesellschaftung des Staates" entspricht auf der an Politiksteuerung interessierten Reformlinken die Redeweise von den semi-staatlichen Steuerungsinstanzen und Verhandlungsinstitutionen, die den politischen Prozeß wesentlich strukturieren und auf die Inhalte der Politik Einfluß nehmen. In Wirklichkeit macht das symbolische Dispositiv einer Unterscheidung zwischen „Staat" und „Gesellschaft" analytisch und theoretisch keinen Sinn mehr, was immer der praktisch-politische Nutzen in den Augen mancher noch sein mag. Auch die von U. Beck vorgenommene Kategorisierung als „Subpolitik“ (1993, 149ff.) macht in der Anerkennung der politischen Qualität vielfältiger gesellschaftlicher Praktiken der anerkannten Regelung und Verteilung nur einen halben und inkonsequenten Schritt: zwar werden im Reichtum der Beispiele und analytischen Witz die Zunft der Politologen beschämend von U. Beck seit Jahren immer neue Ebenen und Phänomene des Politischen im Zuge „reflexiver Modernisierung“ analytisch aufgedeckt und phänomenologisch beschrieben, zwar wird auch von ihm der „Kategorienfehler“ der „Gleichsetzung von Politik mit Staat“ angeprangert (1993, 155), aber seine eigene Kategorisierung und Unterscheidung zwischen „Politik“ und „Subpolitik“ macht wenig Sinn, was sich am Gebrauch der Kategorie „des Politischen“ erweist: die gerade noch von ihm so nachdrücklich aufgewiesenen und für die Funktionsweise moderner Gesellschaften unverzichtbaren Prozesse, Institutionen und Regelungen der „Subpolitik“ liegen dann doch wieder „im Windschatten des Politischen“ (1993, 157) – das offenkundig der hohen Politik des Staates vorbehalten bleibt.

Bei U. Beck rächt sich in solchen Ungereimtheiten beim Begriff des Politischen das inkonsequente Festhalten an dem symbolischen Dispositiv der Unterscheidung von Gesellschaft und Staat, der sich nach Beck zwar in einer „Metamorphose“ von Absterben und Neuerfindung zum „Verhandlungsstaat, der Bühnen und Gespräche arrangiert und dabei Regie führt“ (1993, 216), wandeln *soll*, der aber eben doch als Staat getrennt von der Gesellschaft weitergedacht wird. Und wieso erscheint U. Beck der Gedanke attraktiv – in diesen Passagen ist seine Position ja normativ: der Staat „muß neu erfunden werden“ (1933, 214) –, dem „Staat“ in der „Selbstorganisation der Gesellschaft“ Initiative und Regie zu übertragen?! Wer führt Regie, wenn „der Staat“ Regie führt, wer richtet die Arenen der Auseinandersetzung ein und bestimmt damit die politische Tagesordnung, wenn man dem Beckschen Vorschlag folgte? Etwa jene „Zombie-Institutionen“ (1993, 217), die U. Beck ansonsten so nachhaltig kritisiert hat?

Wer wie U. Beck die vielfältigen Formen und Ebenen des Politischen in der modernen Gesellschaft wahrnimmt, die über die traditionelle staatsbezogene Politikvorstellung längst hinausgewachsen und für die gesellschaftliche Selbstorganisation unverzichtbar geworden sind, der beschreibt und analysiert in Wahrheit die *Realität der politischen Gesellschaft* mit ihren vielfältigen Erscheinungsformen des Politischen, unter denen die Handlungen und Institutionen des „politisch-administrativen Systems“ nur eine Gruppe von kollektiven Akteuren, freilich eine mit recht spezifischen Handlungsressourcen und strukturellen Begünstigungen ausgestattete darstellen. Man denke etwa an das Dauerthema der „Gesundheitsreform“: Wenn in der heute typischen Form der Politikproduktion Regierungsvertreter, Partei-

und Verbandsrepräsentanten, Vertreter der Industrie, „Experten" aus der Wissenschaft oder bestimmten Praxisbereichen und staatliche Behördenvertreter etwas „aushandeln", und wenn das alles auf der von den Journalisten und den Medien nicht nur neutral bereitgestellten, sondern kräftig inszenierten öffentlichen Bühne geschieht und damit massive Rückkopplungen auf die Verhandlungssituation zwischen allen Beteiligten und dem klientelistisch durchsetzten Publikum erzeugt – dann macht es keinen analytischen oder theoretischen Sinn, diesen nur in seiner Totalität verstehbaren sozialen Prozeß in „politische" und „unpolitische" oder „subpolitische" Handlungen je nach der Art der Akteure oder nach irgendeinem anderen Kriterium analytisch aufzuspalten. Und erst recht wäre es unsinnig, schließlich nur den gesetzgeberischen Vollzug und die administrative Umsetzung der vielleicht gefundenen Einigung als „Politik" zu bezeichnen, den vorrangegangenen qualitativ entscheidenden Prozeß aber als „Subpolitik".

Im Unterschied zu dem unklar bleibenden Konzept des von U. Beck proklamierten „Verhandlungsstaates" beschreibt der Begriff der politischen Gesellschaft also schon jetzt eine Realität der modernen Gesellschaft und macht auf die unübersehbare und unverzichtbare Ubiquität des Politischen aufmerksam.

›Wozu Politikwissenschaft?‹ fragt dieser Band im Titel, und in der Frage drückt sich nicht unberechtigt der Selbstzweifel einer Disziplin aus, der trotz ihrer internationalen Selbstverständlichkeit in der deutschen Politik und zum Teil auch im deutschen Wissenschaftssystem immer wieder das Existenzrecht abgesprochen wird. Es besteht ein eigenartiger Widerspruch zwischen der Allgegenwart und existentiellen Bedeutung, die Politik heute für jeden und alles in der modernen Gesellschaft angenommen hat und der prekären Randständigkeit, in der sich die akademische Disziplin befindet, die sie als Gegenstand im Namen führt. Die Formulierung ist mit Bedacht gewählt, denn so sehr sich gerade die Ökonomen und Juristen in ihren Fakultäten von der angeblich so politischen Politikwissenschaft abgrenzen und ihre angestammte Reputation gegen die zweifelhafte Nähe der neuen Disziplin zu behaupten suchen, so wenig können sie in Teilen verhehlen, daß Politik, daß das Politische ebenso ihr Gegenstand und ihr Problem ist. Zwischen der üblichen Strukturiertheit der praktischen Politik, wie sie etwa in der schon einmal erwähnten Aufteilung in die klassischen Ressorts zum Ausdruck kommt, und der Behandlung von Themen in den akademischen Disziplinen herrscht keine einfache Isomorphie: so wichtig z. B. die Finanz- und Wirtschaftspolitik in der praktischen Politik sein mag, in der Politikwissenschaft als Ausbildungsfach und Forschungsdisziplin spielt erstere gar keine und letztere kaum eine Rolle und obwohl diese policies zum traditionellen Profil der Wirtschaftswissenschaften gehören, kommen diese bei ihrer Behandlung doch kaum in den Ruch, unangemessen zu „politisieren", wie es der Politikwissenschaft wiederum regelmäßig unterstellt wird. Ähnliches ließe sich über die Sozialpolitik und ihre traditionelle Behandlung in der akademischen Soziologie sagen. Es gibt also, das läßt sich hier in der Kürze nur sagen, eine weit über die Politikwissenschaft hinausreichende Thematisierung der Politik und des Politischen im System der akademischen Fächer, aber offenkundig gibt es eine sehr merkwürdige Logik der gesellschaftlichen und wissenschaftlichen Rezeption und Beurteilung dieses Sachverhaltes. Während doch zum Beispiel in Bereichen der Wirtschaftswissenschaften munter und ohne jegliche Verbrämung der *politische* Konflikt zwischen gesellschaftspolitischen Richtungen und Schulen ausgetragen wird, ganze Institute problemlos und mit ihrem Einverständnis als „arbeitgeber-" oder „arbeitnehmernah" rubriziert und bei Gemeinschaftsgutachten in mühsam austarierten Proporzen berücksichtigt werden, ohne daß deshalb ihre „Wissenschaftlichkeit" ernsthaft bezweifelt und ihre akademische Reputation in Frage gestellt wird, sieht sich die Politikwissenschaft, wie parxisfern und irrelevant die meisten ihrer Studien auch immer sein mögen, dem Argwohn prinzipiell und als ganze Disziplin ausgesetzt. Das ist schwer zu verstehen und entbehrt jeder Rationalität. Aber vielleicht hat es doch etwas mit jener angesprochenen Tendenz der Fragmentierung des Politischen zu tun, die eingangs als gesellschaftliche Tendenz und Typus der Problembearbeitung angesprochen wurde. Immer dann, wenn sich die Aufmerksamkeit der Analyse und Erklärung nicht der praktisch vorgegebenen Problemstellung und Bearbeitungsroutine in der modernen Gesellschaft fügt, sondern auch in der Behandlung des Einzelaspekts noch die Allgemeinheit ihres akademischen Gegenstandes – des Politischen – zu reflektieren vermag, kommt ja eine Dimension ins Spiel, um deren Verdrängung und Ausklammerung sich die anderen Disziplinen wenig bemühen müssen, weil sie durch die Definition ihres Gegenstandes bereits nahegelegt ist. Nehmen wir das Beispiel des „Rechts", wie es im Alltag des Juristen erscheint, nämlich als unpolitisches Normengefüge, zwar in letzter Zeit mit einer der praktischen Anwendung hinderlicher Änderungsdynamik, aber doch in der juristischen Anwendung und Auslegung strikt getrennt von dem politischen Prozeß der Normensetzung, dem es entstammt. Selbst die unmittelbar normsetzende Praxis des „Richterrechts" – nicht nur des Bundesverfassungsgerichts, sondern zum Beispiel auch in der Arbeitsrechtsprechung – erscheint den härtesten Verfechtern der Trennung von Politik und Recht nicht als Grenzüberschreitung der Justiz. Wenn nun in der Fragestellung der Politikwissenschaft auch die Normsetzungspraxis von Gerichten mit den ihr eigenen Kategorien des Politischen untersucht wird, wenn also beispielsweise Machtdynamik, Interessenkonflikt und Legitimität der und innerhalb der Justiz auf dem Prüfstand liegen oder gar an normativ voraussetzungsreichen Demokratietheorien gemessen werden, dann erweist sich die Chance einer akademischen Disziplin, die gerade nicht in das Korsett der Ausbildung von Funktionären funktional ausdifferenzierter gesellschaftlicher Institutionen gepreßt ist, als Vorteil. Die Politikwissenschaft ist ja entgegen anderslautenden Gerüchten keine praktische Ausbildungsanstalt für zukünftige Politiker und Politikerinnen; man lernt in ihr ebensowenig Politik zu „machen" wie die Geschichtswissenschaft für die Ausbildung „großer Männer" verantwortlich ist. Ihre Rechtfertigung besitzt sie zunächst und vor allem als *Wissenschaft,* der es gelingt, erklärtes oder gedeutetes Wissen über das Politische, vordringlich die politische Praxis und die politischen Verhältnisse von Gegenwartsgesellschaften zu erarbeiten und in die Gesellschaft hineinzuvermitteln.

Erstaunlich und bedenklich ist nun aber, wie gering dieses Wissen in unserer Gesellschaft geschätzt wird, wofür als deutlicher Indikator der Stellenwert des Faches in der Lehrerausbildung und als Schulfach dienen kann. Im Stundenvolumen stets in Konkurrenz mit den Schulfächern Sport, Kunst, Musik und Religion – letzteres freilich angesichts der Verträge zwischen Staat und Kirchen ganz anders abgesichert und ausgestattet – darbt der entsprechende Unterricht im Schulalltag vor sich hin. Ein nicht unbeträchtlicher Anteil – konkrete Zahlen sind darüber leider nicht bekannt – des sowieso schon geringen Stundenvolumens wird von Lehrkräften erteilt, die „etwas Ähnliches", also zum Beispiel Geographie, Geschichte oder Ethik studiert haben, und manche Landesregierungen und Kultusministerien halten diese Situation angesichts ihrer offenkundigen Vorurteile gegenüber der Politikwissenschaft nicht einmal für defizient, sondern fördern noch mit einsemestrigen Zusatzausbildungen den weitverbreiteten Dilettantismus der Politikvermittlung. In der außerschulischen Bildung tummeln sich zwar im Bereich der politischen Bildung mit starken Eigeninteressen die Stiftungen der politischen Parteien, die Kirchen und zum Teil auch die Gewerkschaften, als öffentliche Aufgabe wird die politische Bildung der Bevölkerung darüber hinaus aber kaum begriffen. Sieht man sich das Verhältnis entsprechender Kurse an Volkshochschulen an, so kommt man wohl auf denselben Sachverhalt, wie bei der Betrachtung der Schulen: Macramée und außereuropäische Spiritualität rangieren vor Recht, Wirtschaft und Politik.

Ganz anders als in der Tradition älterer Demokratien, wie sie am Beispiel von John Deweys Hauptwerk (dt. 1930) aufzuzeigen wäre, scheint man bei uns der Verbindung von Erziehung und Bildung und Politik für die Demokratie wenig Gewicht beizumessen. Während bei uns die „Erziehung zur Demokratie", eine Aufgabe, die in den fünfziger und sechziger Jahren die Leitidee der nachholenden Institutionalisierung der Politikwissenschaft an deutschen Universitäten war, vor allem als *Wertevermittlung* gerechtfertigt und die Politikwissenschaft damit bei einigen ihrer frühen Vertreter tatsächlich als „politische Wissenschaft von der Demokratie" betrieben wurde, betont der amerikanische Pragmatismus neben den aufklärerischen Wertidealen vor allem den *kognitiven Wissensaspekt,* der für den Einzelnen in der modernen Welt notwendig sei, um sich auch politisch zurechtzufinden.

Viel von der heute so wortreich beklagten „Politikverdrossenheit" beruht auf einem angesichts der angedeuteten Verhältnisse öffentlich zu verantwortenden Wissensdefizit großer Bevölkerungsteile über die Funktionsweise, die Möglichkeiten und die Grenzen von Politik in Demokratien – (das ist eine These, die mindestens so plausibel ist wie prominente andere, und die der Überprüfung bedürfte). Tatsache ist, daß sich unsere demokratische Gesellschaft zunehmend ein riskantes Mißverhältnis zwischen der Erwartung an politischer Beteiligung und politischem Urteilsvermögen in immer komplizierteren Entscheidungsfragen einerseits und der Bereitstellung von Lernorten des Erwerbs politikbezogenen Wissens andererseits erlaubt. Während es allgemein offenkundig für unverzichtbar gehalten wird, daß die Masse der Schüler die innere Funktionslogik der DNS und RNS oder eines Neutrons durch vielstündige „Beschulung" vor Beginn eines entsprechenden Fachstudiums zu verstehen lernt, verläßt der durchschnittliche Abiturient die Schule, ohne Konkordanz- von Konkurrenzdemokratie und beide von autoritären Regimen angemessen differenzieren zu können. Kaum weiß er, wie sich das Wahlrecht seines Bundeslandes von dem auf Bundesebene unterscheidet, wenn er zum ersten Mal zur Wahl gerufen wird – und welche Funktion ein Regierungspräsidium im Unterschied zum örtlichen Gemeinderat bei der Unterbringung von Flüchtlingen besitzt, ist an den meisten Stammtischen eh' egal, an denen die Politikverdrossenheit blüht. In den politischen Gesellschaften von heute ist der angemessene Erwerb von Wissen aber eine, wenn nicht die wichtigste Voraussetzung der Wahrnehmung von Bürgerrechten in der Demokratie. Wo für die meisten alles unverstanden und undurchschaubar bleibt, wächst im Falle der Versagung individueller Interessen die Frustration gegenüber Politik insgesamt. Autoritäre Regime und Diktaturen können damit leben – Demokratien auf die Dauer nicht. Politikwissenschaft und Politische Bildung können das nicht alleine leisten, aber die Stellung, die sie in einer Gesellschaft einnehmen und die praktische Bedeutung und Wertschätzung, die ihnen beigemessen wird, kann als Indiz dafür gelten, wie sehr die verantwortlichen Eliten das Wesen der Demokratie, die aktive Beteiligung der Bürgerschaft, verstanden haben, respektieren und zu fördern bereit sind.

Literatur

Bauman, Z.: Moderne und Ambivalenz, Hamburg 1992.
Beck, U.: Die Erfindung des Politischen, Frankfurt a. M. 1993.
Dewey, J.: Demokratie und Erziehung, Braunschweig 1930.
Giddens, A.: The Nation-State and Violence, Cambridge 1985.
Greven, M. Th.: Die politische Gesellschaft als Gegenstand der Politikwissenschaft, in: Ethik und Sozialwissenschaften 2 (1990), 223–228 und 255–261.
–: Ist die Demokratie modern? Zur Rationalitätskrise der politischen Gesellschaft, in: Politische Vierteljahresschrift 3 (1993), 399–413.
Habermas, J.: Faktizität und Geltung, Frankfurt a. M. 1992.
Hennis, W.: Demokratisierung – Zur Problematik eines Begriffs, Opladen 1970.
Luhmann, N.: Legitimation durch Verfahren, Darmstadt und Neuwied 1969.

Serviceteil

Svenja Falk

Studium Politikwissenschaft

Eine Übersicht zu Forschung und Lehre

Dieser kleine tabellarische Apparat zur Politikwissenschaft soll vor allem Studierenden einen Überblick über Arbeitsschwerpunkte und Abschlußmöglichkeiten an deutschen Universitäten und Institutionen vermitteln (ohne Pädagogische Hochschulen, Bundeswehrhochschulen und Universitäten, an denen das Hauptfach Politikwissenschaft nicht angeboten wird). Er enthält den Namen der Fakultät, welcher die Politikwissenschaft jeweils zugeordnet ist. In den Vorlesungsverzeichnissen finden sich darüber die aktuell gültigen Anschriften und Telefonnummern für spezifische Beratung und Auskunft vor Ort. Der Apparat informiert über die Zahl der Hochschullehrer (HL), der Wissenschaftlichen Mitarbeiter (WM), der nichtwissenschaftlichen Mitarbeiter (nwM) sowie über die Anzahl der Studierenden und über die Forschungsschwerpunkte. Für einige Universitäten ist die durchschnittliche Studiendauer (dS), bezogen auf das Jahr 1989, angegeben. Ferner gibt die Tabelle Aufschluß über den an der jeweiligen Universität erwerbbaren Studienabschluß im Fach Politikwissenschaften, Magister Artium (Hauptfach: M.A.; Nebenfach M.A.n.), Diplom (D.) oder Lehramt (L.). Ein „*“ unter der Rubrik „Schwerpunkte“ weist auf fakultätsfreie Institute an den jeweiligen Instituten hin. Sie finden sich ebenso wie die freien Institute in einer Liste im Anschluß an die Tabelle. Die universitätsunabhängigen Institute und Stiftungen können eine wertvolle Hilfe für Studium und Materialbeschaffung sein, da sie meist über gut ausgestattete Bibliotheken verfügen. Zudem ist dort eine Reihe von Fachleuten zu finden, die bei inhaltlichen Fragen Hilfestellung leisten kann. – Für weitere Informationen geeignet ist der ›Deutsche Hochschulführer‹ und das ›Vademecum Deutscher Lehr- und Forschungsstätten‹.

Schwerpunkte:

1. Politische Theorie
2. Politische Soziologie
3. Innenpolitik
4. Internationale Politik
5. Vereinte Nationen
6. Europapolitik
7. „Dritte Welt“
8. Empirische Verwaltungsforschung
9. Vergleichende Verwaltungsforschung
10. Eliteforschung
11. Evaluation
12. Implementationsforschung
13. Policy-Analyse
14. Staatstheorie
15. DDR-Forschung
16. Historische Sozialforschung
17. Vergleichende Faschismusforschung
18. Historische Wahlforschung/Wahlen
19. Politische Parteien
20. Parteiensystem
21. Gewerkschaften
22. Verbände
23. Soziale Bewegungen
24. Rechtsextremismus
25. Gesetzgebungslehre
26. Forschungstransfer
27. Wohnungspolitik
28. Umweltpolitik
29. Stadtpolitik
30. Beschäftigungspolitik
31. Lokale Politikforschung
32. Politische Sozialisation
33. Strategienbildung
34. Wertewandel
35. Sozialismus
36. Politische Ökonomie
37. Sicherheitspolitik
38. Deutsche Zeitgeschichte
39. Vergleichende Herrschaftslehre
40. Ost-West-Beziehungen
41. Deutsche Außenpolitik
42. Liberalismus
43. Terrorismus
44. Friedenspolitik
45. Europäische Integration
46. Deutschlandpolitik
47. Sozialgeschichte
48. Christliche Gesellschaftsethik
49. Abfallwirtschaft
50. Internationale Beziehungen
51. Fachdidaktik Politik
52. Politische Systeme
53. Methodologie
54. Wissenschaftstheorie
55. Politische Bildung
56. Parlamentarismus
57. Verwaltungswissenschaft
58. Kommunikationswissenschaften
59. Vergleichende Politikwissenschaft
60. Internationale Wirtschaft
61. Politische Philosophie
62. Politische Kultur
63. Politische Institutionen
64. Regierungssystem Deutschland
65. Regierungslehre
66. Psychologie der Politik
67. Arbeiterbewegung
68. Geschlechterverhältnisse
69. Frauenbewegung
70. Sozialstrukturanalyse
71. Osteuropa
72. Industriegesellschaften
73. Lateinamerika
74. Südeuropa
75. Regionalismusforschung
76. Südostasien
77. Neutralität
78. Verfassungstheorie
79. Demokratietheorie
80. Prozeßanalyse
81. Empirische Analyse politischer und sozialer Wandlungsprozesse
82. Jugendforschung
83. Einstellungsforschung
84. Investitionen in Europa
85. Systemvergleich

86. Recht und Staat
87. Wirtschaft und Gesellschaft
88. Migration
89. Ideengeschichte
90. Öffentliches Recht
91. Extremismus
92. Politik Chinas
93. Integrationsforschung
94. Friedens- und Konfliktforschung
95. Erkenntnistheorie
96. Grundlagen der Politikwissenschaft
97. Außen- und Sicherheitspolitik
98. Afrika
99. Vorderer Orient

Name der Hochschule Gründungsjahr	**Statistische Angaben**	**Fakultät Politikwissenschaft**	**Schwerpunkte**	**Studienabschluß**
TH Aachen 1870	HL: 59 WM: 86 nwM: 39,5 S: 4019 dS: 13,4	Philosophische Fakultät	1, 2, 3, 4, 5, 6, 7	M. A. Zusatzstudium Europastudien nach Abschluß M. A.
Universität Augsburg 1970	HL: 62 WM: 59 nwM: 35 S: 2034 dS: 12,3 (M. A.)	Philosophische Fakultät I	o. A. *	M. A., L., D.
Universität Bamberg 1647	HL: 32 WM: 60 nwM: 31 S: 3159 dS: 11,9 (D.)	Sozial- und Wirtschaftswissenschaften	8, 9, 10, 11, 12, 13, 14	D., M. A. n.
Freie Universität Berlin 1948	dS: 11,6 (D.)	Otto Suhr Institut	3, 4, 35, 59, 75, 76, 85, 92, 96, 97, 98, 99 *	D., M. A. n.
Humboldt Universität zu Berlin 1809	HL: 22 WM: 19	Sozialwissenschaften	o. A. *	M. A.
TU Berlin 1946	HL: 11 WM: 9	Gesellschafts- und Planungswissenschaften	1, 3, 28, 32	M. A.
Rheinische Friedrich-Wilhelms-Universität Bonn 1818	dS: 13,2 (M. A.)	Philosophische Fakultät	4, 18, 19, 20, 38, 39, 40, 41, 43, 44, 45, 46, 91	M. A.

Name der Hochschule Gründungsjahr	Statistische Angaben	Fakultät Politikwissenschaft	Schwerpunkte	Studienabschluß
TU Carolo-Wilhelmina zu Braunschweig 1745	HL: 19 WM: 32 nwM: 13 S: 2031 dS: 13,6 (M. A.)	Sozialwissenschaften und Philosophie	1, 3, 18, 36, 37, 44, 49, 50, 51	M. A.
Universität Bremen 1971	HL: 33 WM: 26 nwM: 16 S: 1350	Erziehungs- und Gesellschaftswissenschaften	o. A. *	D., L.
TH Darmstadt 1877	o. A.	Gesellschafts- und Geschichtswissenschaften	1, 7, 19, 22, 41, 52, 53, 54, 55, 56	M. A.
Universität Dortmund 1968	HL: 28 WM: 35 nwM: 13 S: 333	Gesellschaftswissenschaften, Philosophie und Theologie	o. A.	D., L.
TU Dresden 1828	HL: 10 WM: 29 nwM: 9 S: 66	Philosoph. Fakultät	o. A.	in Gründung
Universität Gesamthochschule Duisburg 1654	HL: 42 WM: 33 nwM: 13,5 S: 2379 dS: 13,3 (D.)	FB1 Polit. Wissenschaft	1, 2, 4, 36, 38, 51, 57, 58, 59 *	D.-Sozialwissenschaftler/in, M. A. n.
Katholische Universität Eichstätt 1980	HL: 17 WM: 12 nwM: 10 S: 214	Geschichts- und Gesellschaftswissenschaften	o. A. *	M. A.
Friedrich-Alexander-Universität Erlangen-Nürnberg 1734	HL: 39 WM: 55 nwM: 28 S: 2222 dS: 12,7 (M. A.)	Philosophische Fakultät I	o. A. *	M. A.

Name der Hochschule Gründungsjahr	Statistische Angaben	Fakultät Politikwissenschaft	Schwerpunkte	Studienabschluß
Universität Gesamthochschule Essen 1972	HL: 27 WM: 46 nwM: 14,5 S: 1050	Philosophie, Geschichts-, Religions- und Sozialwissenschaften	1, 2, 3, 4, 18, 19, 20, 51, 55, 58, 59, 60, 61, 62, 63	o. A.
Johann Wolfgang Goethe-Universität Frankfurt/Main 1914	o. A.	Gesellschaftswissenschaften	2, 23, 50, 51, 53, 63, 70 *	D., M. A., L.
Philosophisch-Theologische Hochschule Sankt Georgen Frankfurt 1926	HL: 25 WM: 14 nwM: 3 S: 306	Philosophisch-Theologische Fakultät	o. A.	M. A. Aufbaustudiengang „Interdisziplinäre Frankreich-Studien"
Albert-Ludwigs-Universität Freiburg 1962	dS: 11,9	Philosophische Fakultät IV	6, 14, 45, 61 *	M. A. Colloquium politicum – im Rahmen des Studiums generale
Justus-Liebig-Universität Gießen 1607	HL: 12 WM: 17 nwM: 11 S: 389	Gesellschaftswissenschaften	o. A.	M. A., L.
Georg-August-Universität Göttingen 1737	HL: 27 WM: 65 S: 1858	Sozialwissenschaften	1, 2, 4, 51, 64, 65, 66	M. A.
Universität Hamburg 1921	dS: 12,7 (D.) 9,7 (M. A.)	Philosophie und Sozialwissenschaften	o. A. *	M. A., D.

Name der Hochschule Gründungsjahr	**Statistische Angaben**	**Fakultät Politikwissenschaft**	**Schwerpunkte**	**Studienabschluß**
Hochschule für Wirtschaft und Politik Hamburg 1948	HL: 43 WM: 37 nwM: 60 S: 2200			Integriertes Studium BWL, Jura (als Nebenfach), Soziologie und VWL; Schwerpunktwahl nach zweisemestrigem Grundstudium
Universität Hannover 1831	HL: 35 WM: 25 nwM: 11 S: 3437 dS: 13,1 (M. A.)	Institut für Politische Wissenschaft	2, 21, 23, 36, 50, 59, 67, 68, 69, 70	M. A.
Ruprecht-Karls-Universität Heidelberg 1386	dS: 13,3 (M. A.)	Philosophisch-Historische Fakultät	1, 3, 50, 71, 72, 73, 74, 75, 76 *	M. A., L.
Universität Kaiserslautern 1970	HL: 11 WM: 32 nwM: 7,5 S: 975	Sozial- und Wirtschaftswissenschaften	1, 15, 46, 49, 64, 65, 77, 78, 79	L.
Gesamthochschule Kassel 1633	HL: 20 WM: 10 nwM: 13 S: 436	Gesellschaftswissenschaften	o. A. *	M. A.
Christian-Albrechts-Universität zu Kiel 1665	HL: 22 WM: 54 nwM: 23 S: 2700 dS: 11,9 (M. A.)	Wirtschafts- und Sozialwissenschaften	1, 37, 41, 80 *	M. A.
Universität Köln 1388	HL: 54 WM: 193 nwM: 95 S: 10195	Wirtschafts- und Sozialwissenschaften	o. A. *	M. A.

Name der Hochschule Gründungsjahr	**Statistische Angaben**	**Fakultät Politikwissenschaft**	**Schwerpunkte**	**Studienabschluß**
Universität Konstanz 1966	dS: 12,6	Sozialwissenschaften	7, 8	M. A. Sozialwissenschaftler/in
Universität Leipzig 1409	o. A.	Philosophie und Geschichtswissenschaften	o. A.	D., M. A.
Universität Lüneburg 1946	HL: 20 WM: 27 nwM: 7 S: 2097	Wirtschafts- und Sozialwissenschaften	o. A. *	D., Sozialökonom/in
Johannes Gutenberg-Universität Mainz 1477	S: 5493 dS: 13,1	Sozialwissenschaften	4, 41, 45, 55, 62, 81, 82, 83, 84 *	M. A.
Universität Mannheim 1763	S: 819 dS: 12,4	Sozialwissenschaften	o. A. *	M. A.
Philipps-Universität Marburg 1527	HL: 24 WM: 17,5 nwM: 16,5 S: 2551 dS: 12,9 (D.)	Gesellschaftswissenschaften und Philosophie	o. A. *	D., M. A.
Ludwig-Maximilians-Universität München 1472	dS: 11,9	Sozialwissenschaften	1, 4, 52, 85 *	M. A.
Westfälische Wilhelms-Universität Münster 1780	S: 3089 dS: 11,7	Sozialwissenschaften/ Philosophie	o. A. *	M. A.

Name der Hochschule Gründungsjahr	**Statistische Angaben**	**Fakultät Politikwissenschaft**	**Schwerpunkte**	**Studienabschluß**
Carl-von-Ossietzky-Universität Oldenburg 1973	HL: 44 WM: 22 nwM: 17 S: 1523	Sozialwissenschaften	8, 59	M. A.
Universität Osnabrück 1974	HL: 15 WM: 13 nwM: 7	Sozialwissenschaften	1, 2 *	M. A.
Universität Potsdam 1991	HL: 3 WM: 18 nwM: 3	Sozialwissenschaften	o. A.	D., M. A., L.
Universität Regensburg 1967	HL: 25 WM: 37 nwM: 19 S: 1437	Philosophische Fakultät III	4, 46, 89, 90, 91	M. A.
Universität Rostock 1419	HL: 4 WM: 17 nwM: 16 S: 36	Lateinamerikainstitut	o. A.	M. A.
Universität des Saarlandes 1946	o. A.	Wirtschaftswissenschaften	1, 4, 45, 52, 76, 89, 92 *	M. A. der Philosophischen Fakultät
Universität – Gesamthochschule Siegen 1972	HL: 33 WM: 20 nwM: 14 S: 654	Sozialwissenschaften	o. A.	M. A.
Universität Stuttgart 1829	dS: 13	Geschichts-, Sozial- und Wirtschaftswissenschaften	3, 4, 61	M. A., L.
Universität Trier 1970	dS: 12,7	Politikwissenschaften	1, 4, 40, 41, 46, 52, 65, 91 *	M. A.

Name der Hochschule Gründungsjahr	**Statistische Angaben**	**Fakultät Politikwissenschaft**	**Schwerpunkte**	**Studienabschluß**
Eberhard-Karls-Universität Tübingen 1477	dS: 12,6	Institut für Politikwissenschaft	1, 50, 65, 93, 94 *	M. A., L.
Bergische Universität – Gesamthochschule Wuppertal 1972	HL: 16 WM: 18 S: 1051	Gesellschaftswissenschaften FB1	o. A.	D.-Sozialwissenschaftler/in
Bayrische Julius-Maximilians-Universität Würzburg 1575	dS: 12,3	Philosophische Fakultät III	4, 41, 54, 61, 65, 95 *	M. A.

Institute:

Universität Augsburg
Institut für Kanada-Studien

Freie Universität Berlin
Zentralinstitut Osteuropa-Institut

Zentralinstitut John F. Kennedy
Institut für Nordamerika-Studien

Zentralinstitut Lateinamerika-Institut

Zentralinstitut für sozialwissenschaftliche Forschung
Schwerpunkte: 15, 16, 17, 18, 19, 20, 23, 24

Zentralinstitut zur Förderung von Frauenstudien und Frauenforschung

Institut f. Wirtschaftspolitik und Wirtschaftsgeschichte
Arbeitsbereich: Wirtschafts- u. Sozialgeschichte

Humboldt Universität zu Berlin
Institut für Friedens- und Konfliktforschung

Institut für Friedens- und Konfliktforschung
Forschungsgebiet Frieden, Sicherheit und Entwicklung in der „Dritten Welt"

Stiftung Gesellschaftsanalyse Wissenschaftbereich IV – Theoretische Grundlagen politischer Strategienbildung
Schwerpunkte: 33, 34, 35

Universität Bielefeld
Institut für Bevölkerungsforschung und Sozialpolitik (IBS)

Ruhr-Universität Bochum
Institut für Entwicklungsforschung und Entwicklungspolitik

Institut zur Erforschung der europäischen Arbeiterbewegung

Institut für Deutschlandforschung

Forschungsinstitut der Deutschen Gesellschaft für Auswärtige Politik Bonn
Schwerpunkt: 4

Forschungsinstitut der Friedrich-Ebert-Stiftung e.V.
Schwerpunkte: 38, 41, 47
außerdem:
Archiv der Sozialen Demokratie
Spezialbibliothek zur Geschichte der Arbeiterbewegung

Institut für Gesellschaftswissenschaften Walberberg e.V.
Schwerpunkt: 48

Universität Bremen
Forschungsstelle für unabhängige Literatur und gesellschaftliche Bewegungen in Osteuropa

Universität Gesamthochschule Duisburg
Rhein-Ruhr-Institut für Sozialforschung und Politikberatung e.V.

Institut für Entwicklung und Frieden

Fachhochschule Düsseldorf
Arbeitsstelle Neonazismus im FB 6 Sozialpädagogik

Stiftung Wissenschaft und Politik – Forschungsinstitut für Internationale Politik und Sicherheit
Schwerpunkte: 4, 37, 50, 60

Katholische Universität Eichstätt
Zentralinstitut für Lateinamerika-Studien

Friedrich-Alexander-Universität Erlangen-Nürnberg
Sozialwissenschaftliches Forschungszentrum

Institut für Gesellschaft und Wissenschaft

Ruhrinstitut für gesellschaftspolitische Forschung und Bildung
Schwerpunkte: Forschungs-, Denk- und Kommunikationszentrum für Führungskräfte und regionale, nationale und internationale Beratung für Gemeinwohlaufgaben

Johann Wolfgang Goethe-Universität Frankfurt/Main
Institut für Sozialforschung

Zentrum für Nordamerika-Forschung

Hessische Stiftung Friedens- und Konfliktforschung Frankfurt/Main

Institut für Sowjetstudien – Datenbank und Bildarchiv Frankfurt/Main

Albert-Ludwigs-Universität Freiburg
Frankreich-Zentrum

Institut für Informatik und Gesellschaft

PH Freiburg
Arbeitsstelle Friedenserziehung

Forschungsstelle Migration und Integration (Zentrum für Migrationsforschung, zweisprachige Erziehung und interkulturelles Lernen)

Arnold-Bergstraesser-Institut für kulturwissenschaftliche Forschung Freiburg
Schwerpunkt: 7

Universität Hamburg
Hamburger Bibliothek für Sozialgeschichte und Arbeiterbewegung

Institut für Sozial- und Wirtschaftsgeschichte

Institut für Friedensforschung und Sicherheitspolitik

Forschungsstelle für die Geschichte des Nationalsozialismus in Hamburg

Institut für die Geschichte der deutschen Juden

Institut für Integrationsforschung der Stiftung Europa-Kolleg

Haus Rissen – Internationales Institut für Politik und Wirtschaft
Das Institut ist der Sitz der „Deutschen Gesellschaft Club of Rome"

Institut für Afrika-Kunde

Institut für Iberoamerika-Kunde

Ruprecht-Karls-Universität Heidelberg
Südasien-Institut

Gesamthochschule Kassel
Interdisziplinäre Arbeitsgruppe Nationalsozialismus

Christian-Albrechts-Universität zu Kiel
Institut für Weltwirtschaft

Institut für Sicherheitspolitik

Universität Köln
Institut für Mittelstandsforschung

Institut für Wirtschaft und Sozialpsychologie

Forschungsinstitut für Einkommenspolitik und Soziale Sicherung

Forschungsinstitut für Politikwissenschaft und Europäische Fragen

Forschungsinstitut für Sozialpolitik

Graduiertenkolleg für Sozialwissenschaften

Institut für Angewandte Sozialforschung

Universität Lüneburg
Institut für Mittelstandsforschung

Johannes Gutenberg-Universität Mainz
Interdisziplinärer Arbeitskreis „Dritte Welt"
Geographisches Institut

Forschungsinstitut für Wirtschaftspolitik

Institut Français

Universität Mannheim
Institut für Sozialwissenschaften

Europa-Institut

Forschungsstelle für gesellschaftliche Entwicklungen

Philipps-Universität Marburg
Japan-Zentrum

Ludwig-Maximilians-Universität München
Institut für Zeitgeschichte

Hochschule für Politik (Institutionell selbständige Einrichtung an der Universität München)
Schwerpunkte: 1, 4, 38, 86, 87

Westfälische Wilhelms-Universität Münster
Zentrum für Niederlande-Studien

Lateinamerika-Zentrum

Universität Osnabrück
Institut für Migrationsforschung und interkulturelle Studien

Universität – Gesamthochschule Paderborn
Lukács-Institut für Sozialwissenschaften

Universität Passau
Deutsch-Ostasiatisches Wissenschaftsforum

Internationales Institut für Wissenschaftliche Zusammenarbeit e.V. Ulm

Universität des Saarlandes Saarbrücken
Institut d'Etudes Françaises

Konrad-Adenauer-Stiftung St. Augustin
Schwerpunkte: 4, 6, 7, 18, 27, 46, 65, 91; außerdem: Aggregatdatenbank, Umfragearchiv

Universität Trier
Zentrum für Arbeit und Soziales

Forschungsstelle Zentrum für Kanada-Studien

Portugal-Zentrum

Eberhard-Karls-Universität Tübingen
Deutsch-Ostasiatisches Wissenschaftsforum

Bayrische Julius-Maximilians-Universität Würzburg
Europäisches Dokumentationszentrum

Gerhard-Möbers-Institut für Schlesienforschung

Die Autoren

ULRICH VON ALEMANN, geb. 1944; Dr. phil., Professor für Politikwissenschaft an der Fernuniversität Hagen; 1972–1984 Lehrtätigkeit in Bonn, Neuß und Duisburg. Veröffentlichungen u. a.: Grundlagen der Politikwissenschaft. Ein Wegweiser, Leverkusen 1993.

SIGRID BARINGHORST, geb. 1957; Dr. phil., wiss. Assistentin am Institut für Politikwissenschaft der Universität Gießen; Studium der Sozialwissenschaften und Germanistik in Aachen und Münster, 1986–1989 DAAD-Lektorin in Großbritannien. Veröffentlichungen u. a.: Fremde in der Stadt, Baden-Baden 1991.

ULRICH BECK, geb. 1944; Dr. phil., Professor für Soziologie an der Universität München. Veröffentlichungen u. a.: Die Risikogesellschaft, Frankfurt/M. 1986; Gegengifte. Politik im Atomzeitalter, Frankfurt/M. 1988; Die Erfindung des Politischen, Frankfurt/M. 1993.

KLAUS VON BEYME, geb. 1934; Dr. phil., Professor für Politikwissenschaft in Heidelberg; 1973–1975 Präsident der Deutschen Vereinigung für Politische Wissenschaft, 1982–1985 Präsident der International Political Science Association. Veröffentlichungen u. a.: Der Vergleich in der Politikwissenschaft, München 1988; Theorie der Politik im 20. Jahrhundert. Von der Moderne zur Postmoderne, Frankfurt/M. 1991; Die politische Klasse im Parteienstaat, Frankfurt/M. 1993.

DAN DINER, geb. 1946; Dr. jur., Professor für Neuere und Außereuropäische Geschichte an den Universitäten Essen und Tel Aviv. Veröffentlichungen u. a.: Krieg der Erinnerungen. Deutsche und Israelis im Ernstfall, Berlin 1991; Weltordnungen. Über Geschichte und Wirkung von Recht und Moral, Frankfurt/M. 1993.

ULRICH DRUWE, geb. 1955; Hochschuldozent am Institut für Politikwissenschaft der Universität Stuttgart. Veröffentlichungen u. a.: Wissenschaftliche Entwicklung und wissenschaftlicher Fortschritt, Freiburg 1985; Moralische Pluralität. Grundlegung einer Analytischen Ethik der Politik, Würzburg 1991; Politische Theorie, Neuwied 1993.

HELMUT DUBIEL, geb. 1946; Dr. phil., Professor für Soziologie an der Universität Gießen, Direktor am Institut für Sozialforschung in Frankfurt/M., Herausgeber der

Gesammelten Schriften Leo Löwenthals. Veröffentlichungen u. a.: Ungewißheit und Politik, Frankfurt/M. 1994.

Wolfgang Fach, geb. 1944; Dr. rer. soc., Professor für Politikwissenschaft an der Universität Leipzig. Veröffentlichungen u. a.: Tod und Verklärung, Wien 1990; Not der Tugend – Tugend der Not. Über den weiblichen Umgang mit der Doppelbelastung, 1994.

Svenja Falk, geb. 1964, M.A., Mitarbeiterin am Institut für Politikwissenschaft der Universität Gießen, arbeitet über Multikulturalismus und Rechtsradikalismus.

Michael Th. Greven, geb. 1947; Dr. phil., Professor für Politikwissenschaft an der TH Darmstadt; 1973–1991 Hochschullehrer für Politikwissenschaft und politische Soziologie in Paderborn, Ile-Ife (Nigeria), Marburg und Leipzig. Veröffentlichungen u. a.: War der Wissenschaftliche Kommunismus eine Wissenschaft? (hrsg. mit D. Koop), Opladen 1993; Kritische Theorie und historische Politik, Opladen 1994.

Eva Kreisky, geb. 1944; Studium der Rechts- und Politikwissenschaft in Wien, Assistentin und Abteilungsleiterin am Institut für Höhere Studien und 1989–1993 Professorin für Politikwissenschaft unter besonderer Berücksichtigung der Frauenforschung am Fachbereich Politische Wissenschaft der Freien Universität Berlin, seit 1993 Gastprofessorin für Politik der Geschlechterverhältnisse am Institut für Politikwissenschaft der Universität Wien. Forschungsarbeiten und Veröffentlichungen im Bereich von Bürokratie- und Frauenforschung sowie zu Fragestellungen der feministischen bzw. politischen Theorie.

Christine Landfried, geb. 1949; Dr. phil., Professorin für Vergleichende Regierungslehre an der Universität Hamburg. Veröffentlichungen u. a.: Bundesverfassungsgericht und Gesetzgeber, Baden-Baden 1984; Parteifinanzen und politische Macht. Eine vergleichende Studie zu Deutschland, Italien und den USA, Baden-Baden ^{2}1994; Politikorientierte Folgenforschung. Zur Übertragung der Chaostheorie auf die Sozialwissenschaften, Speyer ^{3}1993.

Claus Leggewie, geb. 1950; Dr. disc. pol., Professor für Politikwissenschaft an der Universität Gießen und Publizist, 1986–1989 Hochschullehrer in Göttingen. Veröffentlichungen u. a.: Druck von rechts. Wohin treibt die Bundesrepublik?, München 1993.

Ulrike Liebert, geb. 1951, Dr. rer. pol., Hochschulassistentin am Institut für Politikwissenschaft an der Universität Heidelberg. Veröffentlichungen u. a.: Neue Autonomiebewegung und Dezentralisierung in Spanien. Der Fall Andalusien, Frankfurt/M. 1986; Parlament in der Evolution der Demokratie: Deutschland, Italien und Spanien (1948–1990) (i. Ersch.).

Ulrich Menzel, geb. 1947; Dr. phil., Professor für Internationale und Vergleichende Politikwissenschaft am Seminar für Politikwissenschaft und Soziologie der

TU Braunschweig. Veröffentlichungen u. a.: Das Ende der Dritten Welt und das Scheitern der großen Theorie, Frankfurt/M. [3]1993; Geschichte der Entwicklungstheorie. Einführung und systematische Bibliographie, Hamburg [2]1993; (Hrsg.) Nachdenken über China, Frankfurt/M. 1990.

Herfried Münkler, geb. 1951; Dr. phil., Professor für Politische Theorie an der Humboldt-Universität zu Berlin. Veröffentlichungen u. a.: Gewalt und Ordnung. Das Bild des Krieges im politischen Denken, Frankfurt/M. 1992; Hobbes zur Einführung, Frankfurt/M. 1993; Bürgerschaft und Herrschaft (hrsg. mit J. Gebhardt), Baden-Baden 1993; Pipers Handbuch der politischen Ideen, 5 Bde. (hrsg. mit I. Fetscher).

Günther Nonnenmacher, geb. 1948; Dr. phil. habil., Redakteur und Mitherausgeber der Frankfurter Allgemeinen Zeitung, 1975–1982 wiss. Assistent für Politikwissenschaft an der Gesamthochschule Wuppertal. Veröffentlichungen u. a.: Die Ordnung der Gesellschaft. Mangel und Herrschaft in der politischen Philosophie der Neuzeit: Hobbe, Locke, Adam Smith, Rousseau, Weinheim 1989.

Sven Papcke, geb. 1939; Dr. rer. soc., Professor für Soziologie an der Universität Münster; 1968–1974 Lehrtätigkeit in Bochum und Berlin. Veröffentlichungen u. a.: Deutsche Soziologie im Exil. Gegenwartsdiagnose und Epochenkritik 1933–1945, Frankfurt/M. 1993.

Dieter Senghaas, geb. 1940; Dr. phil., Professor für internationale Politik und internationale Gesellschaft, insbesondere Friedens-, Konflikt- und Entwicklungsforschung, an der Universität Bremen. Veröffentlichungen u. a.: Friedensprojekt Europa, Frankfurt/M. 1992; Wohin driftet die Welt? Über die Zukunft friedlicher Koexistenz, Frankfurt/M. 1994.

Barbara Sichtermann, geb. 1943, Sozialwissenschaftlerin und Autorin in Berlin. Veröffentlichungen u. a.: Der tote Hund beißt. Karl Marx, neu gelesen, Berlin 1990; Weiblichkeit. Zur Politik des Privaten, Berlin 1991; Fernsehen, Berlin 1994.

Martin Warnke, geb. 1937; Dr. phil., Professor für Kunstgeschichte am Kunstgeschichtlichen Seminar der Universität Hamburg. Veröffentlichungen u. a.: Politische Landschaft, München 1992.

Michael Zürn, geb. 1959; Dr soc., Professor für Politikwissenschaft mit dem Schwerpunkt Internationale Beziehungen an der Universität Bremen; bis 1993 wiss. Assistent am Institut für Politikwissenschaft der Universität Tübingen. Veröffentlichungen u. a.: Gerechte internationale Regime, Frankfurt/M. 1987; Interessen und Institutionen in der internationalen Politik, Opladen 1992.